KB135024

4대보험**관리사**

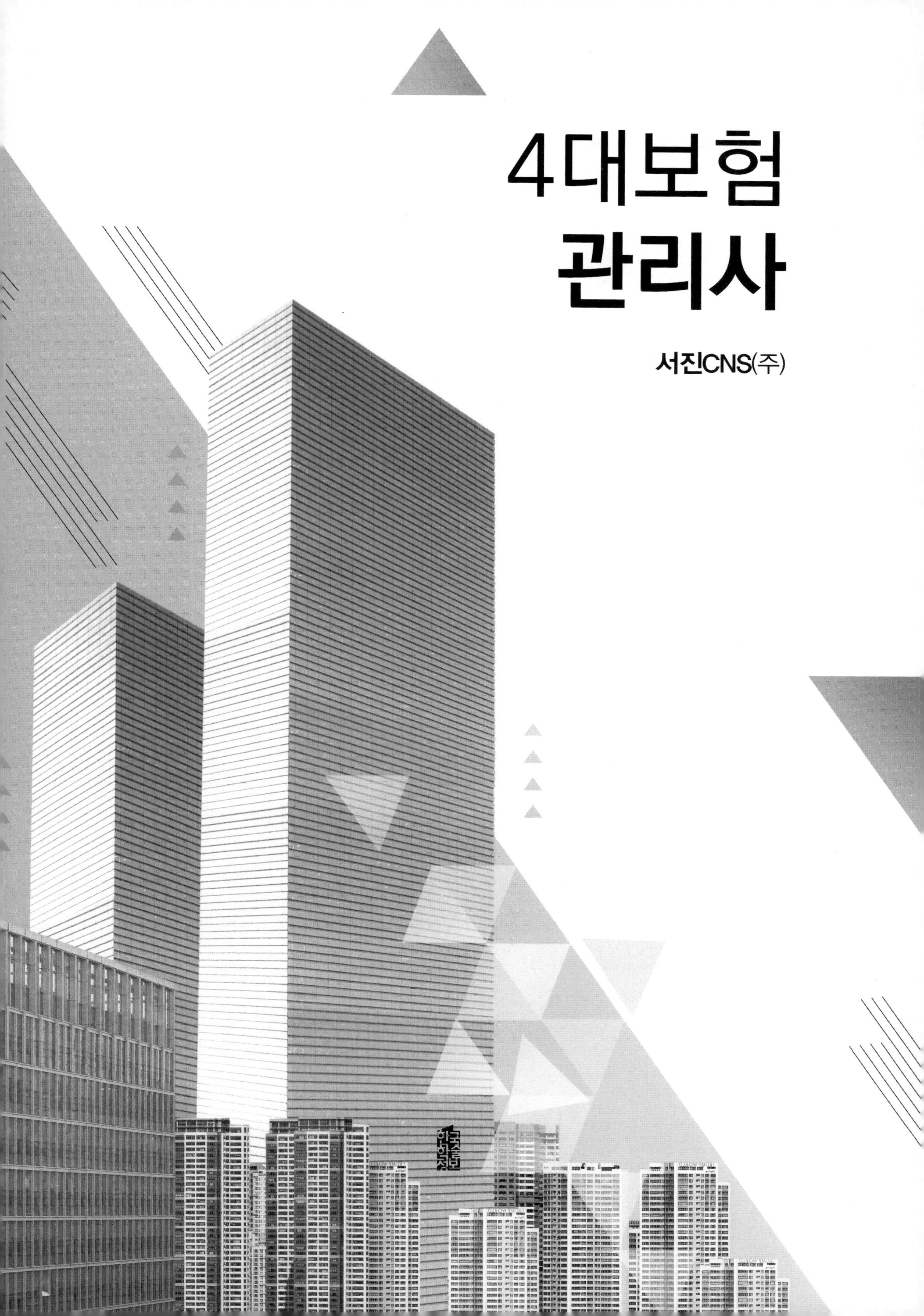

4대보험 관리사

서진CNS(주)

"제4차 산업혁명의 패러다임을 선도하는 실무형 인재, 4대보험관리사 자격증으로 완성!"

건설업은 공사와 관련된 공사관리뿐만 아니라, 인사관리와 경리까지 그 영역이 매우 넓고 매달 4대보험 관리기관에 신고해야 할 업무특성으로 인해 전문적인 업무의 노하우가 필요하다. 특히 AI, ICT, IOT 등 정보화시대를 맞아 건설업 역시 단순 · 반복적인 엑셀 관리 등 비효율적이고 분산된 업무처리에서 벗어나 정보화시대에 맞는 업무프로세스 구축이 절실하다.

본서에서는 이러한 건설업의 업무특성 중에서 4대보험 업무에 대한 실무적인 내용을 담으려고 했다. 매년 변경되는 보험료율과 정책들로 인해 건설업 경리담당자가 어려워하고 힘들어하는 업무를 ERP를 통해 해결할 수 있도록 안내하는 가이드 역할이 본서의 목표이다.

본서의 구성을 살펴보면,

제1편에서는 4대보험에 대한 전반적인 개요이다. 4대보험 업무를 처음 시작하는 분들이나 매년 변경되는 4대보험료율 등을 쉽게 파악할 수 있도록 구성되어 있다. 특히 임금관리와 연동된 근태관리와 각각의 신고업무에 대한 흐름을 파악할 수 있도록 구성했다.

제2편에서는 건설업에 특화된 4대보험 신고업무를 보여주고 있다. 사업장신고, 보험가입자신고, 건설일용직 신고, 외국인근로자 신고, 노무제공자 신고 등 규칙적으로 혹은 반복적으로 해야 하는 신고로서 건설업만 해당하는 신고업무 등을 실무적 예시를 통해 알 수 있도록 구성되어 있다.

머리말

제3편에서는 건설 ERP를 통해서 건설업 4대보험 업무를 해결할 수 있도록 프로그램 사용법과 활용법을 보여주고 있다. 근로자 출역관리, 취득 · 상실 신고, 퇴직공제 신고 등 건설업에서만 발생하는 업무를 전산화해서 일괄처리할 수 있도록 안내하고 있다.

이 한 권의 책으로 4대보험관리사 자격 수험서로서의 역할은 물론, 전반적인 건설 업무뿐 아니라 실무형 인재를 위해 활용할 수 있다.

본 교재의 순서대로 학습한다면 4대보험 업무 외에 건설 ERP 프로그램의 실무능력 향상과 이론 및 필기시험에 효과적으로 대비할 수 있을 것이다.

1. 정의

"4대보험관리사"란 국민의 건강과 소득을 보장하는 사회보험제도에 대한 이론과 실무지식을 가지고 기업의 인사 노무 담당자로서 사회보험 자격 징수 및 보상처리 등의 전반적인 실무처리 능력을 보유하고 있는 자를 말한다.

2. 직무 분야

자격 종목	등급	직무 내용
4대보험 관리사	단일등급	• 근로자 월출역 명세관리 • 4대보험 취득/상실신고 및 관리 • 지급조서 신고 및 관리 • 근로자 소득변경 내역관리 • 퇴직공제/퇴직금 신고 및 관리 • 장애인근로자 신고 및 관리 • 기업과 직원의 사회보험 자격 징수 및 보상처리 • 보수총액신고 • 휴직자 보험처리 • 고용/산재 개산/확정보험료 정산 등의 전반적인 사무업무를 수행

3. 진로 및 전망

- 종합건설회사 및 전문건설회사
- 생산 및 제조회사
- 철강회사, 자재회사, 자재임대회사
- 노무컨설팅회사 및 노무법인회사
- 세무컨설팅회사 및 세무법인회사
- 산림조합
- 문화재발굴회사
- 건설 ERP 개발회사

4. 시행 주관처

1) 인증 및 평가기관: 서진씨엔에스(주)

2) 시험주관: 서진씨엔에스(주)

5. 응시자격

등급	응시자격
단일등급	– 연령: 제한 없음 – 학력: 제한 없음 – 기타: 교육 4시간 이수 (본사의 지정 교육 수료)

6. 검정기준

자격 종목	등급	검정기준
4대보험 관리사	단일등급	사회보험 관련법에 대한 이론과 실무지식을 갖추고, 기업의 인사 노무 담당자로서 보수와 보험료를 계산하고 사회보험 자격 징수 및 보상처리 등의 전반적인 실무처리능력을 보유하고 있는지를 필기시험으로 평가함

7. 검정과목 및 검정방법

구분	검정과목	문항 수	시험시간	합격 기준
필기시험	사회보험 총론 고용보험 국민연금 건강보험 산재보험	객관식 4지선다형 객관식 총 40문제	40분	100점 만점에 평균 60점 이상 (과목당 40점 이하 과락)

PART 1

4대보험 개요

PART 2

건설업 4대보험

PART 3 건설 ERP 노무 실무

PART 4 부록

PART

4대보험 개요

제1장 사회보험법 총론

제2장 국민연금

제3장 건강보험

제4장 고용 · 산재보험법

제1장

사회보험법 총론

1. 의의

① 사회보험법은 사회보험제도의 운영과 그 실시에 관한 법을 말한다. 출산, 양육, 실업, 노령, 장애, 질병, 빈곤 및 사망 등의 사회적 위협으로부터 모든 국민을 보호하고, 국민의 삶의 질을 향상시키는 사회보험, 공공부조, 사회서비스를 총괄해서 말한다.

② 국민에게 발생하는 질병, 장애, 노령, 실업, 사망 등의 사회적 위험으로 인해 활동능력의 상실과 소득의 감소가 발생하였을 때, 보험의 방식으로 대처함으로써 국민의 건강과 소득을 보장하는 제도를 말한다(사회보장법 제3조). 장애 · 사망 · 노령에 대해서는 연금보험, 질병과 부상에 대해서는 건강보험, 실업 등에 대해서는 고용보험, 업무상 재해에 대해서는 산업재해보상보험으로 보장하는 보험체계를 구축하고 있으며, 이를 보통 4대보험이라고 한다.

③ 4대보험은 가입과 탈퇴가 자유롭지 못하다. 즉 일정 요건을 충족하게 되면 반드시 가입해야 하며, 요건을 충족하지 못하게 되면 탈퇴해야 하며, 본인의 자유로운 의사와는 무관하다. 이러한 측면에서 공적보험이라 부르며, 보험의 운용 주체가 국가 등이라는 측면에서 사회보험의 성격을 가진다.

④ 국민연금과 건강보험은 사업장(직장)과 지역가입제도로 나뉘어 있으나, 고용보험과 산재보험은 근로자를 대상으로 하는 사업장가입제도만 있고 지역가입제도가 없다. 고용 · 산재보험은 근로자만을 대상으로 하는 것이 원칙이나 예외적으로 중소기업사업주와 자영업자는 산재보험과 고용보험에 각각 임의가입할 수 있다.

> ▩ 의무가입이유
>
> 민간에서 사회보험을 맡는다면 보험사는 유리한 사람만 가입시키려고 할 수 있고, 사업주도 필요한 사람만 가입시키려 하는 등의 문제가 발생할 수 있어 전 국민을 사회적 위험으로부터 보호하기 위하여 법령으로 정하여 의무가입방식으로 운영된다.

2. 종류

① 사회보험: 보험방식, 건강과 소득보장, 4대보험

② 공공부조: 생활이 어려운 국민(국민기초생활보장법, 의료급여법)

③ 사회서비스: 재활, 정보제공, 상담(기초노령연금법)

④ 평생사회안전망: 기본 욕구와 특수욕구 동시에 고려

〈사회보험 보상내용 및 관련법〉

기준	내용	관련법
보험사고별	질병보험, 노인장기요양보험	국민건강보험법, 노인장기요양보험법
	노령보험, 장해보험, 유족보험	국민연금법
	실업보험	고용보험법
	산재보험	산업재해보상보험법
내용별	건강보험	국민건강보험법
	근로자보험	고용보험법, 산업재해보상보험법
	연금보험	국민연금법
급여 기간별	단기보험	국민건강보험법, 고용보험법
	장기보험	국민연금법 등

〈4대보험의 종류와 목적〉

종류	목적
국민연금	국민의 노령, 장애 또는 사망에 대하여 연금급여를 실시함으로써 국민의 생활안정과 복지증진에 이바지함
건강보험	국민의 질병, 부상에 대한 예방, 진단, 치료, 재활과 출산, 사망 및 건강증진에 대한 보험급여를 실시함으로써 국민보건을 향상시키고 사회보장을 증진함
고용보험	실업의 예방, 고용의 촉진, 근로자의 직업 능력의 개발과 향상을 꾀함.
산재보험	근로자의 업무상의 재해를 신속, 공정하게 보상. 재해근로자의 재활 및 사회복귀를 촉진하기 위하여 이에 필요한 보험시설을 설치, 운영

〈4대보험 자격관리〉

구분		국민연금	건강보험	고용보험	산재보험
적용 대상 (사업장)		상시 1인 이상의 근로자를 사용하는 사업장의 만 18세 이상 60세 미만의 사용자와 근로자	상시 1인 이상의 근로자를 사용하는 사업장 및 공무원 및 교직원을 임용 또는 채용한 사업장	• 근로자를 사용하는 모든 사업 또는 사업장 • 2천만 원 이상 건설공사 또는 건축(대수선) 연면적 100㎡(200㎡)를 초과하면서 총공사 금액 2천만 원 이상 • 농업, 어업 및 임업 중 상시 5인 이상(법인 1인 이상) 근로자를 고용하는 사업	• 상시근로자 1인 이상의 사업 또는 사업장 • 모든 건설공사 (2018.7.1. 이후) • 농업, 임업 및 어업 중 상시 5인 이상(법인 1인 이상) 근로자를 사용하는 사업
적용 제외	일용직	1개월 미만	1개월 미만	해당 없음	해당 없음
	기한부	1개월 미만	해당 없음	해당 없음	해당 없음
	계절적 일시적	1개월간의 근로시간이 60시간 미만 단시간근로자	(교직원) 또는 1월간의 소정근로시간이 60시간 미만인 시간제근로자, 공무원	1월간의 소정근로시간이 60시간 미만인 시간제근로자 (단, 3개월 이상은 제외)	해당 없음
관리단위		개인	개인 (세대주)	사업(장) (실업급여는 개인 단위 가입)	사업(장)
당연 적용 연령		만 18세 이상 60세 미만	제한 없음	만 65세 미만 (단, 만 65세 전부터 피보험자격을 유지한 근로자가 65세 이후에 계속하여 고용된 경우 제외)	제한 없음
2 이상 사업장		각 사업장 적용	각 사업장 적용	주된 사업장만 적용	각 사업장 적용
사용자 적용 여부		근로자와 동일한 가입자로 적용	직장가입자로 적용	50인 미만 또는 근로자 없는 자영업자 임의가입 가능	50인 미만 사업주, 화물지입 차주 등 임의가입 가능

3. 당사자

(1) 보험자

① 보험자란, 보험사고가 발생한 경우에 각종 보험급여를 지급하고 보험료를 징수할 수 있는 사회보험의 운영 주체를 말한다.

② 사회보험의 운영 주체로서는 근로복지공단, 국민연금공단, 국민건강보험공단, 공무원연금관리공단, 사립학교교원연금공단 등이 있다.

(2) 보험가입자

① 보험가입자란, 사회보험에 가입하여 소정의 보험료를 납부할 의무를 부담하는 자를 말한다. 일반적으

로 보험가입자는 피보험자와 동일인이 되는 것이 보통이나, 고용보험과 산재보험은 보험가입자와 피보험자로 구분하고 있다.

② 보험가입자는 해당 법률에 의한 당연적용 사업장 또는 임의적용 사업장에서 사회보험에 가입한 사업주가 되고, 보험급여를 받을 수 있는 피보험자는 해당 법률의 적용을 받는 근로자이다.

③ 건강보험은 직장보험과 지역보험으로 구분하여 보험료의 징수 관계를 이원화하고 있다. 즉 직장보험의 경우는 고용보험 및 산재보험과 마찬가지로 사업주가 보험가입자가 되고 지역보험의 경우는 보험가입대상인 국민이 보험가입자가 된다.

(3) 피보험자

① 피보험자란, 보험사고가 발생한 경우에 보험자로부터 보험급여를 받을 수 있는 자를 말한다. 보험급여 사유가 발생하면 피보험자는 보험급여를 받을 수 있는 권리를 취득하게 된다.

② 일반적으로 피보험자는 보험가입자가 되는 것이 원칙이나, 산재보험 및 고용보험에서는 사업주가 보험가입자가 되고 근로자는 피보험자가 된다.

4. 운영원칙

① 보편성: 이 제도를 필요로 하는 모든 국민에게 적용해야 한다.

② 형평성: 사회보장제도의 급여 수준과 비용부담에 형평성을 유지해야 한다.

③ 민주성: 정책결정 및 시행과정에 공익대표자 및 이해관계인 등을 참여시켜야 한다.

④ 연계성 · 전문성: 다양한 복지 욕구를 효율적 충족하기 위한 것이다.

⑤ 시행책임: 사회보험은 국가책임이며, 공공부조 및 사회서비스는 국가 및 지자체 책임이다.

5. 비용의 부담

① 사회보장 비용부담: 국가, 지자체 및 민간부문 간 합리적으로 조정

② 사회보험에 드는 비용

- 원칙: 사용자, 피보험자 및 자영업자가 부담
- 예외: 국가가 그 비용의 일부 부담 가능

③ 공공부조 및 부담능력 없는 국민의 사회서비스 비용: 국가 및 지자체가 전부 또는 일부 부담

④ 부담능력 있는 국민의 사회서비스

- 원칙: 수익자 부담
- 예외: 국가 및 지자체가 그 비용의 일부 부담 가능

〈4대보험 주요특징〉

구분		국민연금	건강보험	고용보험	산재보험
관련기관	자격관리	국민연금공단	국민건강보험공단	근로복지공단, 고용노동부 고용센터	
	보험료 징수	2011년부터 4대보험 통합징수에 따라 건강보험공단에서 수행			
목적		소득보장 (노령, 장애)	질병 치료, 출산	실업 및 고용안정	산업재해보상
대상		전 국민 (근로소득자)	전 국민 (근로소득자)	근로자	근로자
자격관리		사업장, 지역가입자	직장, 지역가입자	사업/가입자	사업장
보험료산정부과	부과기준	기준소득월액	보수월액	월평균 보수	
	보험료율	9%	7.09% (장기요양보험료: 건강보험 × (0.9182%/7.09%)	• 실업급여: 1.8% • 고용안정직업능력개발: 0.25~0.85%	사업종류별로 고용노동부 장관이 매년 결정 고시 (건설업: 3.5%)
	부담수준	• 사업장가입자: 근로자와 사용자가 각각 1/2씩 부담	• 직장가입자: 근로자와 사용자가 각각 1/2씩 부담	• 실업급여: 근로자와 사용자가 각각 1/2씩 부담 • 고용안정직업능력개발사업: 사용자 전액 부담	사용자 전액 부담
		• 지역가입자: 개인 전액 부담	• 지역가입자: 개인 전액 부담		
	부과 및 정산	매월 부과	매월 부과	건설업/벌목업	연 1회 개산(확정)보험료 납부(자진신고, 납부)
				상기 이외의 사업	매월 부과한 후 보수총액 신고로 사후정산

■ 보험료율 및 금액은 연도별로 변경될 수 있음

6. 타법률과의 관계

(1) 사회보장기본법

사회보장제도의 기본적인 사항을 규정한 기본법인 동시에 일반법이다. 사회보장기본법은 개별 사회보장법의 입법 방향과 이념 등에 관한 사항을 규정함으로써 개별법령의 해석기준과 지침을 제공한다.

(2) 민법

민법과 사회보험법이 충돌한 경우에는 사회보험법이 우선하여 적용되고, 사회보험법에 특례가 인정되지 않는 한, 민법의 규정이 준용된다. 따라서 보험료와 징수순위 등은 민법상 채권자 평등주의가 적용되지 않고 사회보험법의 규정이 적용되고, 사회보험법에 규정되지 않은 사항에 대해서는 민법의 규정이 적용된다.

(3) 근로기준법

근로기준법은 사용자와 근로관계를 맺고 있는 근로자의 근로조건을 보호하고 사회보험법은 근로자를 피보험자 또는 보험가입자로 하여 보험사고를 보호한다는 점에서 공통점을 가지고 있다. 하지만 사회보험법상의 근로자 범위는 근로기준법상의 근로자보다 광범위하다.

(4) 국세징수법

사회보험법상 보험의 가입과 보험료의 납부가 강제되는 것은 조세와 유사한 성격을 가진다. 사회보험법은 보험료가 체납된 때에는 보험자가 국세징수법에 규정된 국세 체납처분의 예에 따라 체납보험료를 징수하는 것을 허용하고 있다.

(5) 행정법

사회보험행정은 사회보장행정에 속하고, 사회보장행정은 행정법상 급부행정에 해당한다. 따라서 사회보험관계는 행정법상 행정행위로 행정처분에 해당하고 행정심판 및 행정소송에 따른다.

제2장

국민연금

1. 국민연금 제도

(1) 국민연금의 의의

혼자서 대비하기 어려운 생활의 위험을 모든 국민이 사회적으로 연대하여 공동으로 대처하는 "우리"를 위한 제도로서, 소득이 있을 때 일정액의 보험료를 납부하도록 하고, 일정한 사유(노령, 장애, 사망)로 소득이 줄어들거나 없어졌을 때 연금을 지급하여 최소한의 소득을 보장하는 사회보장제도

(2) 주요용어

용어	내용
사업장	근로자를 사용하는 사업소 및 사무소
근로자	사업장에서 노무를 제공하고 그 대가로 임금을 받아 생활하는 자(법인의 이사, 임원 포함)
사용자	해당 근로자가 소속되어 있는 사업장의 사업주
소득	– 근로자: 근로를 제공하여 얻은 수입에서 소득세법에서 정하는 비과세금액을 제외한 금액(근로소득) – 개인사업장 사용자: 사업 및 자산을 운영하여 얻는 수입에서 필요경비를 제외한 금액(사업소득 금액)
기준소득월액	연금보험료와 급여를 산정하기 위하여 가입자의 소득월액을 기준으로 하여 「국민연금법 시행령」에서 정하는 금액
사업장가입	사업장에 고용된 근로자 및 사용자로서 제8조에 따라 국민연금에 가입된 자

(3) 가입자 종별

구분	만 18세 이상 60세 미만 전 국민
당연가입자	– 사업장가입자: 1인 이상의 근로자를 고용하고 있는 사업장의 사업주와 근로자 ※ 단, 만 18세 미만의 근로자는 2015.7.29.부터 사업장가입자로 당연적용하나, 본인의 신청에 의해 적용제외 가능
	– 지역가입자: 사업장에 근무하지 않는 자영업자, 농어업인 등
	– 납부예외자: 사업장(지역)가입자 중에서 소득 활동을 하지 않아 소득이 없는 국민
적용제외자	전업주부, 학생, 타 공적연금 가입자 등
임의(계속)가입자	적용제외자 또는 60세 이상 국민 중에서 희망에 의하여 가입

(4) 공단에 신고해야 할 사항

신고 사유	신고서	비고 및 유의사항
사업장 신규적용	당연적용사업장 해당 신고서	가입대상자(사용자와 근로자) 자격취득신고서도 같이 제출
사업자 내용변경	사업장 내용 변경신고서	대표자, 사업자등록번호, 주소 명칭 등 변경 시 제출
사업장 탈퇴	사업장탈퇴신고서	휴/폐업, 최종근로자 퇴사 등 근로자가 없는 경우 제출
근로자 채용	자격취득신고서(외국인 포함)	근로자 1인 이상 채용 시 당연적용사업장 해당 신고서도 같이 제출
근로자 퇴사	자격상실신고서	최종근로자 퇴사 시 사업장 탈퇴신고도 같이함.
무보수 휴직한 경우	납부예외신청서	납부예외 신청이 없으면 납부 의사가 있는 것으로 봄
건설현장별 사업장 성립	당연적용사업장 해당 신고서 (건설현장사업장용) 보험료 일괄경정고지신청서 (원도급/하도급) 공사계약서 ※ 근로자 자격취득신고는 가급적 EDI로 신고	현장에 근무하는 상용직 근로자는 일용직근로자와 별도로 사업장 취득 ※ 대표이사는 본점과 현장 간 분리 전 출입 안 됨
사업장 분리적용	당연적용사업장 해당 신고서(지점성립) 분리적용사업장가입자 전입신고서(본 · 지점 간 이동하는 근로자) ※기성립된 사업장 간 분리적용은 분리적용신청서 제출	신규로 분리 적용하는 경우 ※ 당연적용 사업장 해당 신고서의 분리적용 사업장의 해당 여부에 체크

2. 가입 및 신고

(1) 사업장신고

① 신규적용

(가) 사업장 당연적용 대상

근로자를 1명 이상 사용하는 사업장

※ 대표이사 1명만 있는 법인사업장도 당연적용 대상

(나) 사업장 적용일

근로자를 1명 이상 고용한 때

(다) 신고

- 신고 의무자: 사업장 사용자
- 신고기한: 당연적용사업장 해당일이 속하는 달의 다음 달 15일까지

(라) 신고서류

- 당연적용사업장 해당 신고서 1부
- 사업장가입자 자격취득신고서 1부

(마) 신고서작성 시 유의사항

- 4대 사회보험 공통신고 시 해당 기관에 반드시 체크해야 함
  ※ 4대 사회보험(국민연금, 건강보험, 고용보험, 산재보험)
- 사용자의 자격취득신고가 누락되지 않도록 함

② 내용변경

(가) 변경대상

대표자, 사업자등록번호, 사업장명칭, 주소 등이 변경된 사업장

※ 개인사업장 사용자가 변경된 경우, 사업장 내용변경 대상이 아니라 기존사업장 탈퇴 후 사업장을 신규로 적용해야 함

(나) 신고

- 신고 의무자: 사용자
- 신고기한: 내용변경 사유 발생일이 속하는 달의 다음 달 15일까지

(다) 제출서류

- 사업장 내용변경신고서 1부(필요시 법인등기부등본 등 제출)

③ 사업장 탈퇴

(가) 탈퇴대상

- 휴업이나 폐업으로 영업을 하지 않는 사업장
- 합병이나 분할로 소멸하는 사업장
- 근로자가 없는 개인사업장

(나) 사업장 탈퇴일

- 휴업일 당일, 폐업일 다음 날: 폐업일이 초일인 경우에는 폐업일로 적용 가능

- 근로자가 없는 개인사업장의 경우 근로자의 최종상실일

④ 사업장 분리적용

- 본점사업장을 지점, 대리점 또는 출장소 등과 분리하여 각각 관리하고자 하는 사업장

※ 건설 현장사업장으로 가입하는 경우 포함

다만, 다음의 경우에는 분리적용 신청대상에 해당하지 아니함

• 법인격이 서로 다른 법인사업장

• 사업자등록번호가 다른 개인사업장

(2) 사업장가입자 신고

① 신고대상

- 만 18세 이상 60세 미만인 사용자 및 근로자

※ 단, 만 18세 미만 근로자는 2015.7.29.부터 사업장가입자로 당연적용하나, 본인의 신청에 의해 적용 제외 가능

- 단시간근로자로 1개월 이상, 월 60시간(주 15시간) 이상 일하는 자
- 월 60시간 미만인 단시간근로자 중 3개월 이상 근로를 제공하기로 한 대학 강사 또는 사용자 동의를 받아 근로자로 적용 희망하는 자

※ 단, 둘 이상의 사업장에서 1개월 소정근로시간의 합이 60시간 이상이 되는 단시간근로자는 본인이 희망하여 신청하는 경우는 사업장가입자가 될 수 있음

- 일용근로자 및 1개월 미만의 기한을 정하여 사용되는 근로자 중 1개월 이상 계속 사용되면서, 1개월간 근로일수가 8일 이상 또는 근로시간 60시간 이상인 사람, 1개월 동안 소득이 보건복지부 장관이 고시하는 금액 이상일 경우

「국민연금법 시행령」 제2조 제1호 및 제4호 라목에서 "보건복지부 장관이 정하여 고시하는 금액"은 220만 원이며 2022.7.1. 기준으로 매 3년이 되는 시점마다 재고시합니다.

※ 일용근로자 적용기준 (2022.1.1. 시행)

- 건설 일용근로자: 1개월 이상, 월 8일 이상 근로하거나 1개월 동안 소득이 보건복지부 장관이 고시하는 금액 이상일 경우
- 일반 일용근로자: 1개월 이상, 월 8일 이상 또는 월 60시간 이상 근로하거나 1개월 동안 소득이 보건복지부 장관이 고시하는 금액 이상일 경우
- 단시간근로자: 1개월 이상, 월 소정 60시간 이상 근로하거나 1개월 동안 소득이 보건복지부 장관이 고

시하는 금액 이상일 경우

(유의사항) 월 8일 이상 근로일수 산정 시, 1일 8시간 미만 근로한 날도 "1일" 근로한 경우로 산정

- 조기노령연금 수급권자로서 소득 있는 업무*에 종사하거나, 본인이 희망하여 연금지급이 정지된 사람

  * 〈소득 있는 업무종사〉란, 월 2,989,237원(2024년 기준, 사업소득자 필요경비 공제 후 금액, 근로소득자의 근로소득공제 후 금액)이 넘는 소득이 발생하는 경우

■ 보험료율 및 금액은 연도별로 변경될 수 있음

② 근로자의 개념

(가) 근로자: 직업의 종류와 관계없이 사업장에서 노무를 제공하고 그 대가로 임금을 받아 생활하는 자(법인의 이사, 기타임원 포함)

(나) 근로자에서 제외되는 자

- 일용근로자나 1개월 미만의 기한을 정하여 사용되는 근로자

  ※ 다만, 1개월 이상 계속 사용되면서, 1개월간 근로일수가 8일 이상 또는 근로시간 60시간 이상인 경우, 1개월 동안 소득이 보건복지부 장관이 고시하는 금액 이상일 경우에는 사업장으로 자격취득신고대상임

- 법인의 이사 중 「소득세법」에 따른 근로소득이 발생하지 않는 사람
- 1개월 동안의 소정근로시간이 60시간 미만인 단시간근로자

  ※ 다만, 해당 단시간근로자 중 3개월 이상 계속하여 근로를 제공하는 사람으로, 다음 중 어느 하나에 해당하는 사람은 근로자에 포함

  • 대학 강사
  • 사용자의 동의를 받아 근로자로 적용되기를 희망하는 사람

- 또한, 둘 이상 사업장에 근로를 제공하면서 각 사업장의 1개월 소정근로시간의 합이 60시간 이상인 사람으로서 1개월 소정근로시간이 60시간 미만인 사업장에서 근로자로 적용되기를 희망하는 사람도 근로자에 포함(2016.1.1. 시행)

③ 자격취득 시기

- 사업장이 1인 이상의 근로자를 사용하게(당연적용사업장) 된 때
- 국민연금적용사업장에 근로자 또는 사용자로 종사하게 된 때
- 단시간근로자가 당연적용사업장에 사용된 때 또는 근로자로 된 때
- 일용근로자가 1개월 이상 계속 근로하고, 1개월간 근로일수가 8일 이상 또는 근로시간이 월 60시간 이상, 1개월 동안의 소득이 보건복지부 장관이 정하여 고시하는 금액 이상으로 된 때

- 국민연금 가입사업장의 월 60시간 미만 단시간근로자 중 3개월 이상 근로를 제공하는 사람(대학 강사 제외)의 가입신청이 수리된 때
- 둘 이상의 사업장에서 1개월 소정근로시간의 합이 60시간 이상이 되는 단시간근로자의 가입신청이 수리된 때

※ 신고하지 않는 경우 근로자의 청구 또는 공단 직권으로 확인 시 자격취득

④ 제출서류

㈎ 사업장가입자 자격취득신고서 1부

㈏ 증빙서류 제출이 필요한 경우

- 특수직종 근로자의 자격취득신고

※ 광원: 상시 갱내 종사직종과 입갱 수당 지급이 명시된 "임금 대장 사본" 또는 공신력 있는 입증자료

※ 부원: 선원수첩사본이나 선원 근로계약서 사본 또는 기타 해운항만청의 공인을 받은 승무원 명부 등 부원임을 입증할 수 있는 서류

⑶ 사업장가입자 내용변경(정정) 신고

① 신고대상

- 내용변경 (4대보험 공통신고): 성명, 주민등록번호, 특수직종근로자 해당 여부, 자격 취득일, 자격상실일 등

※ 자격취득일 및 상실일 변경은 국민연금과 건강보험만 해당

- 내용정정(국민연금 고유): 기준소득월액 등

※ 내용정정 신고는 명백한 착오인 경우에만 가능하며 단순한 사정변경은 정정 대상이 아님에 유의

② 신고

- 신고 의무자: 사용자
- 신고기한: 내용변경은 사유 발생일이 속하는 달의 다음 달 15일까지, 내용정정의 경우 착오 발견 즉시

③ 제출서류

- 내용변경(4대보험 공통): 사업장가입자 내용변경신고서 (4대보험 공통내용 변경신고 시)
- 내용정정(국민연금 고유): 국민연금 사업장가입자 내용변경(정정)신고서

⑷ 사업자가입자 자격상실 신고

① 신고대상

- 사용 관계 종료(퇴직)
- 국외 이주 또는 국적상실
- 60세 도달
- 사망
- 60세 미만 특수직종근로자가 노령연금수급권을 취득한 자
- 60세 미만자로서 조기노령연금 수급권을 취득한(지급 정지가 해제된) 때
- 다른 공적연금 가입
- 근로자에서 제외된 때

② 제출서류

- 사업장가입자자격상실신고서 1부

③ 자격상실 시기

㈎ 다음 각 사유가 발생한 날의 다음 날

- 사용 관계 종료(퇴사) 때
- 60세에 달한 때
- 근로자에서 제외된 때
  - ※ 사용자의 동의를 얻어 가입자가 된 단시간근로자가 가입을 미희망하거나 사용자가 가입 동의를 철회하는 경우는 상실신고서 제출일의 다음 날
  - ※ 다만, 단시간근로자가 월 60시간 미만 근로하여 근로자 제외사유로 신고하는 경우에는 근로자에서 제외된 날(근로시간이 월 60시간 미만인 해당 월의 기산일)로 상실처리
- 기초수급자가 적용제외 신청서를 제출한 때
- 국적상실 또는 국외 이주한 때
- 사망(사망추정 포함)한 때

㈏ 다음 각 사유는 그 해당하게 된 날

- 다른 공적연금에 가입하거나 퇴직연금 등 수급권을 취득한 경우
- 60세 미만 특수직종근로자가 노령연금수급권을 취득한 때
- 60세 미만자로서 조기노령연금 수급권을 취득한(지급 정지 해제된) 때
- 소득이 발생하지 않는 사회복지시설대표자가 적용제외 신청한 때

⑸ 납부예외 및 납부재개

① 납부예외

㈎ 신청대상: 다음 사유로 소득이 없어 연금보험료를 납부할 수 없는 경우

- 휴직 중인 경우

※ 2012.9.20. 이후 납부예외 신청 시부터는 휴직 기간 동안 직전 기준소득월액의 50% 이상 소득이 계속 발생하는 경우는 납부예외 신청 불가

※ 휴업 · 휴직으로 고용유지지원금을 받는 경우, 휴업 · 휴직 기간 중 지급된 휴직수당 등 급여가 휴업 · 휴직 직전 적용 중인 기준소득월액의 50% 이상인 경우 납부예외 불가(다만, 무급 휴직 고용유지지원금을 받는 경우는 납부예외 인정)

- 산전후휴가 · 육아휴직, 산재 요양
- 병역의무를 수행하는 경우

㈏ 제출서류

- 연금보험료(□납부예외 신청 □납부재개신고)서
- 휴직발령서 등 납부예외 신청 사유를 입증할 수 있는 서류
- 단, 납부예외 사유가 산전후휴가 · 육아휴직, 산재 요양인 경우 증빙서류 생략 가능

② 납부재개 또는 상실신고

- 납부예외자가 복직하였을 경우 복직일을 "납부재개일"로 기재하여 납부재개 신고서 제출
- 납부예외자가 휴직(납부예외) 기간 중에 퇴사하였을 경우 "사업장가입자자격상실신고서" 제출

③ 기타 유의사항

- "납부예외일"은 납부 예외사유가 발생한 날임(예시:휴직일)
- 휴직 기간이 정해진 경우에는 "납부재개 예정일" 난에 복직예정일 기재
- 휴직자가 복직하였을 때에는 복직일이 속하는 달의 다음 달부터 연금보험료 납부 (다만, 복직일이 초일인 경우와 복직하는 달의 보험료 납부를 희망하는 경우, 해당 월 보험료 납부)
- 해외 파견근로자는 납부예외 신청대상이 아님에 유의

⑹ 둘 이상 적용 사업장가입자

① 용어 정의

사업장가입자가 둘 이상의 국민연금에 가입된 사업장에 종사하는 경우를 말함(하나의 사업장에서 근

로자이면서 다른 사업장의 사용자인 경우 포함)

② 기준소득월액 조정 결정

- 둘 이상 적용사업장가입자로 확인된 경우 각각의 사업장에서 받고 있는 소득월액으로 기준소득월액을 결정
- 합산한 소득이 최고 기준소득월액을 초과하는 경우 소득비율로 조정 후 부과

③ 기준소득월액 조정 결정 사례(24.1월 기준)

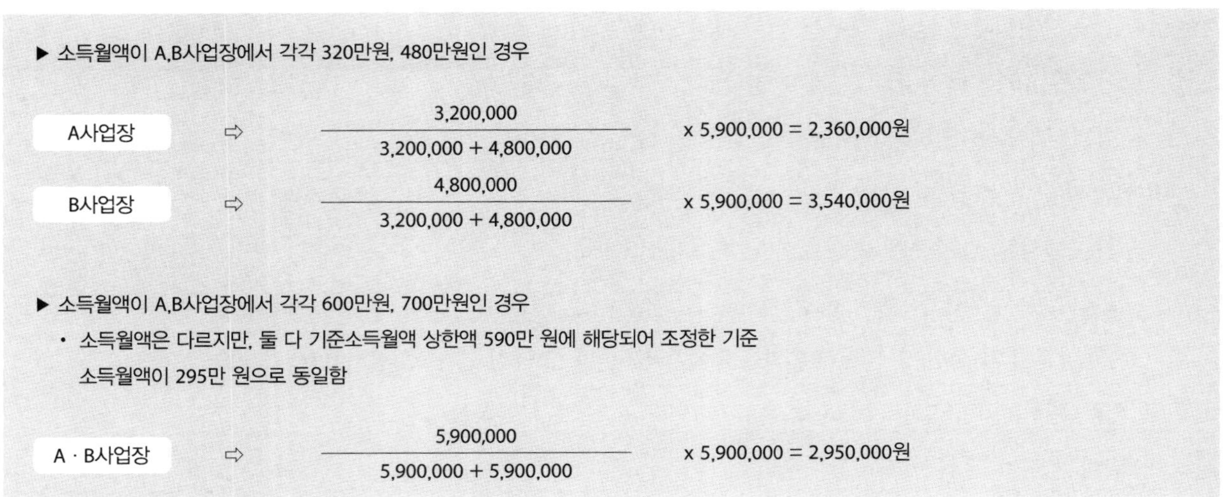

▶ 소득월액이 A,B사업장에서 각각 320만원, 480만원인 경우

A사업장 ⇨ $\frac{3,200,000}{3,200,000 + 4,800,000}$ x 5,900,000 = 2,360,000원

B사업장 ⇨ $\frac{4,800,000}{3,200,000 + 4,800,000}$ x 5,900,000 = 3,540,000원

▶ 소득월액이 A,B사업장에서 각각 600만원, 700만원인 경우

- 소득월액은 다르지만, 둘 다 기준소득월액 상한액 590만 원에 해당되어 조정한 기준 소득월액이 295만 원으로 동일함

A · B사업장 ⇨ $\frac{5,900,000}{5,900,000 + 5,900,000}$ x 5,900,000 = 2,950,000원

(7) 일용근로자

① 일용근로자 적용기준 (2022.1.1. 시행)

- 건설 일용근로자: 1개월 이상, 월 8일 이상 근로하거나 1개월 동안 소득이 보건복지부 장관이 고시하는 금액 이상일 경우
- 일반 일용근로자: 1개월 이상, 월 8일 이상 또는 월 60시간 이상 근로하거나 1개월 동안 소득이 보건복지부 장관이 고시하는 금액 이상일 경우
- 단시간근로자: 1개월 이상, 월 소정 60시간 이상 근로하거나 1개월 동안 소득이 보건복지부 장관이 고시하는 금액 이상일 경우

(유의사항) 월 8일 이상 근로일수 산정 시, 1일 8시간 미만 근로한 날도 "1일" 근로한 경우로 산정

② 건설현장사업장

(가) 사업장 적용

- 사업장 적용단위를 본사 및 일반 근로자와 구분하여, 건설현장의 건설일용직만을 대상으로 사업장 분리적용
- 원수급인, 하수급인 사업장별 건설일용직을 별도 고용하는 경우, 각 사업장별 현장 단위로 사업장 분리적용
- 최초공사(계약) 기간은 1개월 미만이나, 기간연장 및 갱신계약 등으로 실제 공사 기간이 1개월 이상 되는 건설현장도 당연가입

(나) 건설현장 사업장 신고방법 및 절차

- 사업장적용(등록)신고

※ 필수구비서류

• 당연적용 사업장 해당 신고서

• 보험료 일괄경정고지 신청서

• (원도급 또는 하도급) 공사계약서

※ 추가서류: 경과조치 사업장 인정을 위한 입증서류 제출

※ 신고방법

원칙: EDI로 신고

예외: 서면, 우편, 팩스, 4대사회보험 포털사이트

- 사업장 내용변경(정정)

공사 기간이 연장되거나 사업장 등록 또는 경과조치 여부 등에 변경(정정)사항이 있는 경우 신고

- 사업장 탈퇴

※ 탈퇴일: 공사 기간 종료 일의 다음 날

• 다만, 공사 기간 종료 후에도 근로자가 있는 경우 근로자가 최종 근로한 날의 다음 날

• 탈퇴 사유 코드: "09-사업종료"로 등록

• 분리적용 해지 절차 없이 탈퇴처리

(다) 건설현장 일용근로자 사업장가입자 적용

- 가입대상: (근로일수 · 소득금액별 판단) 공사현장에서 1개월 이상 근로하면서, 월 8일 이상 근로하거나, 1개월 동안 220만 원 이상의 소득*이 발생하는 경우 가입대상임

* 보건복지부 장관 고시[보건복지부 고시 제2022-16호, 2022.7.1., 일부 개정]에 따른 금액으로 매 3년이 되는 시점마다 그 타당성을 검토하여 조치

※ 1개월 이상 근로: 최초 근로(고용)일로부터 1개월 되는 날까지 근로하거나, 그날 이후까지 근로한 경우

※ (그날 이후까지 근로한 경우) 최초 근로일부터 1개월 미만 근로하였더라도 그 기간에 8일 이상

근로하였고 연속하는 월에 하루라도 근무하면 가입대상임

- 자격취득 및 상실 시기

◎ 자격취득일

※ 최초 근로일부터 1개월간 8일 이상 근로하거나 그 기간 동안 소득이 220만 원 이상인 경우: 최초 근로일

※ 최초 근로일부터 1개월간 8일 미만 근로 및 그 기간 동안 소득이 220만 원 미만이었지만, 최초 근로일이 속한 달의 다음 달 초일부터 말일까지 8일 이상 근로하거나 월 소득 220만 원 이상인 경우: 최초 근로일이 속한 달의 다음 달 초일(1일)

※ 최초 근로일로부터 1개월간 월 8일 미만 근로하였으나, 그 기간 동안 소득이 220만 원 이상인 경우: 최초 근로일

◎ 자격상실일

※ 자격취득일이 속한 달의 다음 달 이후 최종 근로일이 속한 달에 월 8일 이상 근로하거나 그 기간 동안 소득이 220만 원 이상인 경우: 최종 근로일의 다음 날

※ 최초 근로일부터 1개월간 8일 이상 근로 또는 그 기간 동안 소득이 220만 원 이상이고, 다음 달 초일부터 말일까지 8일 미만 근로하면서 월 소득이 220만 원 미만인 경우: 최종 근로일의 다음 날

- 최초 근로일이 초일인 경우는 최초 근로일부터 1개월이 된 날의 다음 날로 상실 가능

※ 자격취득 후 연속해서 가입 후 최종 근로일 속한 달의 초일부터 말일까지 월 8일 미만으로 근로하고 월 소득이 220만 원 미만인 경우: 최종 근로일이 속한 달의 초일(1일) 또는 최종 근로일의 다음 날*

* 사용자와 근로자가 희망하면 최종 근로일의 다음 날로 상실 가능하며, 희망 여부 판단은 신고서 제출로 확인

㈑ 건설 일용근로자 소득 적용기준

- 건설현장의 일용근로자에 한하여 매월 소득변경신고를 인정(기준소득월액 특례)

※ 건설현장 일용근로자는 본사 사업장과 분리하여 적용하고, 보험료는 근로자가 당해 사업장에서 매월 지급 받는 실제 소득월액을 기준으로 산정하므로 소득월액 변경 시에는 매월 신고하여야 함

⑻ 외국인근로자

① 외국인사업장가입자 적용 대상

㈎ 「국민연금법」을 적용받는 사업장에 종사하는 만 18세 이상 60세 미만의 외국인 사용자 또는 근로자 (내국인과 동일하게 적용)

(나)「무국적자의 지위에 관한 협약」과「난민의 지위에 관한 협약」에 따라 내국민과 동등대우를 받도록 되어 있는 무국적자나 난민

② 외국인사업장가입자 적용제외 대상

(가) 다른 법령 또는 조약(협약)에서「국민연금법」 적용을 배제한 자 예) 외교관, 영사기관원과 그 가족 등

(나) 해당 외국인의 본국법이「국민연금법」에 의한 "국민연금에 상응하는 연금"에 관하여 대한민국 국민에게 적용되지 않는 경우

(다) 체류 기간 연장허가를 받지 않고 체류하는 자

(라) 외국인 등록을 하지 않거나 강제퇴거명령서가 발부된 자

(마) 체류자격이 문화예술(D-1), 유학(D-2), 기술연수(D-3), 일반연수(D-4), 종교(D-6), 방문 동거(F-1), 동반(F-3), 기타(G-1)인 자

③ 외국인 사업장가입자 자격취득신고

(가) 신고 의무자: 가입대상 외국인이 종사하는 국민연금 적용사업장의 사용자

(나) 제출서류: 사업장가입자 자격취득신고서 1부

※ 외국 국적 동포는 법률상 외국인이므로 외국인 등록을 해야 하나, 외국 국적 동포가 국내 거소신고를 할 경우 외국인 등록을 한 것으로 간주하므로 '외국인등록증'이나 '외국 국적 동포 국내 거소 신고증'으로 확인 가능

〈나라별 적용 대상 국가(2024.4월 기준)〉

구분	국가
사업장 · 지역 당연적용국 (76개국)	가이아나, 카보베르데(까뽀베르데), 그리스, 네덜란드, 노르웨이, 뉴질랜드, 도미니카(연방), 독일, 덴마크, 라트비아, 러시아, 루마니아, 룩셈부르크, 리비아, 리투아니아, 리히텐쉬타인(리히텐슈타인), 모나코, 모로코, 모리셔스, 몬테네그로, 몰도바, 몰타, 미국, 바베이도스, 바하마, 버뮤다, 벨기에, 불가리아, 브라질, 세르비아, 수단, 세인트빈센트 그레나딘, 스위스, 스웨덴, 스페인, 슬로바키아(슬로바크), 슬로베니아, 아르헨티나, 아이슬란드, 아일랜드, 알바니아, 아제르바이잔, 에스토니아, 영국, 오스트리아, 오스트레일리아(호주), 우루과이, 우즈베키스탄, 우크라이나, 이스라엘, 이탈리아, 이집트, 일본, 자메이카, 중국, 체코, 칠레, 캐나다, 콜롬비아, 크로아티아, 키프로스, 탄자니아, 터키, 토고, 튀니지, 트리니다드토바고, 파나마, 팔라우, 페루, 포르투갈, 폴란드, 프랑스, 핀란드, 필리핀, 헝가리, 홍콩
사업장 당연적용국, 지역적용제외 (37개국)	가나, 가봉, 그레나다, 타이완(대만), 라오스, 레바논, 멕시코, 몽골, 바누아투, 베네수엘라, 벨리즈, 베트남(22.1.1), 볼리비아, 부룬디, 부탄, 솔로몬국도(23.07.11 이후), 스리랑카, 시에라리온, 아이티, 알제리, 에콰도르, 엘살바도르, 예멘(공화국), 요르단, 우간다, 인도, 인도네시아, 짐바브웨, 카메룬, 캄보디아(23.3.29), 케냐, 코스타리카, 코트디부아르, 콩고, 키르기스스탄, 타이(태국), 파라과이
사업장 · 지역 적용제외국 (21개국)	그루지야, 나이지리아, 남아프리카공화국, 네팔, 티모르민주공화국(동티모르), 말레이시아, 몰디브, 미얀마, 방글라데시, 벨라루스, 브루나이, 사우디아라비아, 싱가포르, 스와질란드(스와질랜드), 에티오피아(이디오피아), 이란(사회보장협정에 의함), 아르메니아, 카자흐스탄, 통가, 파키스탄, 피지

■ 적용 대상 국가는 연도별로 변경될 수 있음

④ 외국인에 대한 반환일시금

㈎ 대상

- 외국인의 본국법에서 우리나라 국민에게 반환일시금에 상응하는 급여를 주는 경우
- 반환일시금 지급에 관한 사회보장협정이 체결된 경우
- 체류자격이 E-8(연수취업), E-9(비전문 취업), H-2(방문취업)인 경우

㈏ 제출서류

- 급여지급 청구서, 신분증(여권, 외국인등록증), 예금계좌, 비행기티켓(1개월 이내 출국)
- 해외송금신청 시 해외송금신청서 추가

3. 보험료 징수

(1) 의의

「국민연금법」상 각종 연금 급여의 지급 등 국민연금 사업에 소요되는 비용에 충당하기 위하여 가입자 및 사용자로부터 가입 기간 동안의 가입자의 소득에 비례하여 일정 비율의 연금보험료를 징수하는 것을 말한다. 2011년 1월 1일부터 사회보험 징수 통합에 따라 건강보험공단에서 징수한다.

(2) 연금보험료

가입자 자격취득 시의 신고 또는 정기결정에 의한 기준소득월액을 기준으로 "연금보험료율"에 의하여 부과하는 금액을 말한다.

연금보험료 = 가입자의 기준소득월액 x 연금보험료율

① 사업장가입자의 연금보험료

연금보험료 = 기여금 + 부담금

사업장가입자의 연금보험료 중 기여금은 사업장가입자 본인이, 부담금은 사용자가 각각 부담하되, 각각 기준소득월액의 4.5%에 해당하는 금액으로 한다.

10원 미만은 절사함.

② 지역가입자, 임의가입자 및 임의계속가입자의 연금보험료

지역가입자, 임의가입자 및 임의계속가입자의 연금보험료는 가입자 본인이 부담하되, 그 금액은 9%로 한다. 2024년 현재 연금보험료율은 다음과 같다.

구분		연금보험료율
사업장가입자	근로자	4.5%
	사용자	4.5%
지역가입자/임의가입자/임의계속가입자		9%

■ 보험료율 및 금액은 연도별로 변경될 수 있음

(3) 납부절차

① 공단의 납입고지

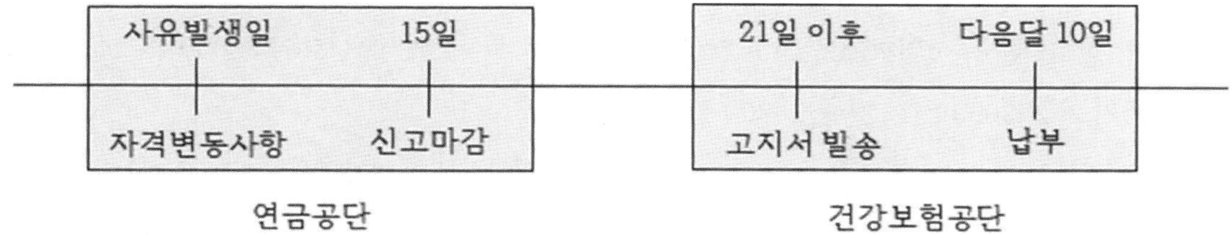

(가) 매월 자격 변동사항을 사유 발생일이 속하는 달의 다음 달 15일 이내에 신고해야 함

(나) 매월 15일까지 신고분은 당월분 고지에 반영하고, 16일~말일 신고분은 익월분 고지에 합산

(다) 자격 변동자료 마감 후 연금보험료를 산출하여 납입고지서로 각 사업장에 발송 · 고지함 (말일까지 고지서가 도착하지 않은 경우 재발급 요청)

※ 상실일 전날이 속하는 달에 자격을 재취득하는 경우에는 중복하여 가입 기간에 산입하지 않음

② 기여금의 원천공제

(가) 사용자는 사업장가입자가 부담하는 기여금을 매월의 임금에서 원천공제함

(나) 사업장가입자가 자격취득월의 다음 달부터 연금보험료를 납부함. 다만 자격취득일이 초일이거나 취득월 납부를 가입자가 희망하는 경우 당월분부터 납부 가능함

※ 다른 사업장가입자 또는 지역가입자로서 자격을 상실하면서 현 사업장의 취득월분 보험료를 납부한 경우 취득월 납부를 희망하더라도 납부 불가함.

(다) 국민연금 분리적용 사업장 간에 월중 전보로 인한 전출 · 입 가입자는 전출 사업장에서 공제 · 납부 (전입사업장에서 급여 전액을 지급하더라도 연금보험료는 전출 사업장을 통하여 납부해야 함)

(라) 사업장 이동 · 폐합 또는 분리 적용된 월은 가입자 자격이 상실되는 (통폐합 또는 분리전출) 사업장에서 납부

③ 보험료 납부

㈎ 사업장 사용자는 근로자가 부담하는 기여금 및 사업장 사용자 본인이 부담하는 부담금을 합산하여 납부

㈏ 납부기한: 해당월의 다음 달 10일
(10일이 공휴일인 경우 그다음 날까지 납부 가능. 단, 토요일은 그다음 날의 다음 날까지 가능)

㈐ 납기 내 납부: 사업장가입자는 사용자가 연금보험료를 납부기한 내에 납부해야 함

(4) 연금보험료 미납 시

① 연체금

납부기한 내에 연금보험료를 납부하지 아니한 때에는 연체금이 가산된 "납기 후 금액"을 납부해야 함. 연금보험료는 매월 10일까지 납부해야 하며 미납 시는 연체금이 최고 5%까지 가산됨

※ 납부기한 경과 후 30일까지는 최고 2%를 가산하고, 이후 매월 보험료의 5000분의 1씩 더해 최대 5%까지 가산(2020.1.16. 시행, 2020.1월분부터 적용)

※ 연체금 일할계산 제도도입 (2016.6.23. 시행, 2016.6월분부터 2019.12월분까지 적용)

- 납부기한 경과 30일까지는 1일 경과마다 미납보험료의 5000분의 1 가산(최대 2% 이내)
- 납부기한 경과 30일 초과 시에는 1일 경과마다 6천분의 1 가산(최대 5% 이내)

② 독촉 및 체납처분

건강보험공단은 연금보험료와 그에 따른 징수금을 기한까지 내지 아니하면 기한을 정하여 독촉하여야 하고(국민연금법 제95조 제1항), 독촉을 받은 자가 그 기한까지 연금보험료와 그에 따른 징수금을 내지 아니하면 보건복지부 장관의 승인을 받아 국세 체납처분의 예에 따라 징수할 수 있음(국민연금법 제95조 제4항)

※ 사업장의 사용자가 연금보험료를 납부기한 내 납부하지 않는 경우에는 근로자에게 체납 사실을 통지함

(5) 과오납금 반환청구

연금보험료, 연체금, 체납처분비 등의 징수에서 발생한 과오납금이 있는 경우 체납처분비, 급여의 환수금과 연체금, 미납된 연금보험료의 연체금과 보험료, 향후 납부해야 할 1개월분의 연금보험료(과오납금의 나머지 금액을 반환받을 자의 의사에 반하지 않아야 함)의 순서로 충당하고 잔여금이 있을 때는 건강보험공단에 반환청구 할 수 있음

※ 과오납금 근로자 개별반환: 사업장 폐업이나 개인사업장 사용자의 사망 · 행불 등으로 사용자에게 과오납금의 반환이 어려운 경우 근로자부담 기여금을 근로자 본인에게 반환 가능(2015.4.16. 시행)

(6) 추후납부제도

① 개요

가입 기간 중 실직 등으로 보험료를 납부할 수 없었던 기간에 대하여 추후납부능력이 있을 때 연금보험료 추후납부를 신청하여 납부함으로써 가입 기간을 늘려 연금급여 혜택을 받을 수 있도록 함

② 추납 대상 기간

㈎ 연금보험료 납부예외 기간

- 연금보험료를 납부한 날 이후의 무소득배우자 (1999.4월 이후), 기초수급자(2001.4월 이후) 및 1년 이상 행방불명자(2008.1월 이후) 사유로 적용 제외된 기간
- 1988.1.1. 이후 군복무기간(공무원연금 등 타 공적연금 가입 기간 제외)

③ 추납 보험료 납부신청

㈎ 신청대상 요건

- 현재 자격유지 기간 중이어야 함: 적용제외자의 경우 임의가입 후 신청 가능
- 연금보험료를 납부한 날은 최소 1개월분(과소납 불인정, 반환일시금 지급된 기간 불인정)의 연금보험료를 납부한 날을 의미

㈏ 신청 시 필요서류

- 혼인 관계증명서(상세), 제적등본

④ 납부방법

㈎ 일시납부: 납부횟수 1회, 납부기한은 신청일이 속하는 달의 다음 달 말일

㈏ 분할납부: 월 단위 최대 60회, 납부기한은 신청일 속하는 달의 다음 달부터 분할납부가 끝나는 달까지의 매월 말일

㈐ 이자율: 해당 기간에 적용되었던 1년 만기 정기예금 이자율

(7) 기준소득월액

- 기준소득월액

① 개념

㈎ 연금보험료와 급여를 산정하기 위하여 가입자의 소득월액을 기준으로 하여 대통령령으로 정하는 금액

※ 근로자의 경우 사용자가 근로자에게 근로의 대가로 지급되는 임금 중 소득세법상 비과세 근로소득을 제외한 금액이며, 사용자는 사업 및 자산을 운영하여 얻는 수입에서 필요경비를 제외한 금액을 기초로 「국민연금법시행령」 제5조에서 정한 최저 기준소득월액부터 최고 기준소득월액까지의 범위 내에서 정하여지는 금액

㈏ 신고한 소득월액에서 천 원 미만을 절사한 금액

② 상한액과 하한액 조정

㈎ 기준소득월액 상한액과 하한액은 국민연금사업장가입자와 지역가입자 전원(납부예외자 제외)의 평균소득월액의 3년간 평균액이 변동하는 비율을 반영하여 매년 3월 말까지 보건복지부 장관이 고시함

㈏ 2023년 7월부터 적용할 최저 · 최고 기준소득월액은 각각 37만 원과 590만 원임

■ 보험료율 및 금액은 연도별로 변경될 수 있음

● 소득의 범위

① 사용자(법인이 아닌 사업장의 사용자에 한함)의 경우

농업 · 임업 · 어업 소득 및 「소득세법」 제19조 제2항에 따른 사업소득(부동산 임대소득 포함)

※ 동일 사업자등록번호로 둘 이상 업종의 소득이 발생할 경우 소득을 합산 고지하고, 다른 사업자등록번호로 각각 소득이 발생하는 경우는 각 사업장별로 부과

② 근로자의 경우

소득세법 제20조 제1항의 규정에 따른 근로소득에서 동법 제12조 제3호의 규정에 따른 비과세소득을 차감한 소득. 단, 원양어업 선박이나 국외 등을 항행하는 선박에서 근로를 제공하고 받는 국외 근로 비과세소득 및 조세특례제한법에 의거한 비과세소득은 포함

※ 「소득세법」 제12조 제3호에 따른 비과세소득의 범위에 대한 유권해석기관은 국세청임

③ 소득월액 산정방법

입사(복직) 시점에 따른 근로자 간 신고 소득월액 차등이 발생하지 않도록 입사(복직) 당시 약정되어 있는 급여항목에 대한 1년 치 소득총액에 대하여 30일로 환산하여 결정

☞ 소득월액=입사(복직) 당시 지급이 약정된 각 급여항목에 대한 1년간 소득총액÷365 ×30

※ 단, 정규직 전환이 예정된 시보, 인턴 등의 취득 시 소득월액은 시보, 인턴 등의 소득과 그 이후 정규직 소득을 합산한 평균소득으로 신고함

▶ A사에 2021년 3월 5일, 월급제로 입사한 홍길동의 급여 내역
- 기본급: 1,000,000원, 교통비: 월 100,000원, 고정시간 외 수당: 월 200,000원
- 분기별 상여금: 기본급의 100%(1, 4, 7, 10월 지급)
- 하계휴가비(매년 7월): 500,000원

신고 내용	맞는 신고	착오 신고
판단 기준	기본급, 교통비, 고정시간외수당, 상여금, 휴가비(지급 약정된 급여항목 전체신고)	기본급, 교통비, 고정시간 외 수당 (입사월의 지급된 급여항목만 신고)
급여항목	[(1,000,000 + 100,000 + 200,000)x12 + (1,000,000 x4) + 500,000] ÷ 365 x 30	1,000,000 + 100,000 + 200,000
신고 소득월액	1,652,055원 (국민연금에 신고해야 할 월 소득액)	1,300,000원 (실제 소득보다 낮게 신고한 월 소득액)

※ 업무 특성상 야간수당 등 특정수당이 당연히 매월 발생할 수밖에 없는 경우
(예시: 종합병원 간호사, 생산현장 근로자 등) 전년도 해당 사업장에서 같은 업무에 종사한 근로자가 받은 수당의 최소 지급금액 이상을 반드시 포함해야 함

④ 적용 기간

(가) 2020년 12월 1일 이전 자격취득자는 2021년 6월까지 적용

(나) 2020년 12월 2일 이후 자격취득자는 2022년 6월까지 적용

4. 소득총액 신고

(1) 소득총액 신고

① 소득총액 신고란

사업장가입자에게 적용할 기준소득월액을 결정하기 위해 전년도의 소득총액을 신고하는 절차

② 전년도소득총액

2023.01.01.~2023.12.31. 기간의 소득총액 (2024년도 기준)

※ 연도중입사자(사업개시자): 입사일(사업 개시일)부터~2024.12.31

(2) 신고대상

① 신고대상

2023.12.1. 이전부터 해당 사업장에 근무 중인 가입자 (납부예외 중인 자 및 2023.12.2. 이후 납부재개

자는 제외), 과세자료에 의한 결정 대상자 제외

※소득총액신고서에 기재된 대상자

(3) 신고사항

① 근무 일수: 2023년도 중 해당 사업장에 근무한 일수(휴직일수 제외)

② 소득총액: 위 근무 기간 동안 사업장에서 지급한 급여

- 사용자(법인 아닌 사업장): 해당 사업장의 사업소득(이월결손금 공제 전 금액)을 신고, 종합소득세 · 농어촌특별세 · 지방소득세 과세표준확정신고 및 납부계산서에 첨부된 사업소득명세서상 ⑪번 소득금액 (총수입금액 － 필요경비)
- 근로자: 『근로소득원천징수영수증』상 현 근무처의 급여합계액(16번) + 소득세법상 비과세소득 이외의 비과세소득(주식매수선택권 비과세, 우리사주조합인출금 비과세, 장기 미취업자 중소기업 취업 비과세)
- 단, 원양어업 선박이나 국외 등을 항행하는 선박에서 근로를 제공하고 받는 금액(월 300만 원 이내)의 경우에는 (18)번 국외 근로소득 비과세소득(M02) 포함

※ 면세나 비과세 등으로 국세청에 소득신고를 하지 않는 사용자(예:어린이집 원장 등)도 공단에 소득총액신고 대상임

※ 외국에서 급여가 지급되어 소득파악이 곤란한 해외파견근로자는 해당 사업장에서 같은 업무에 종사하는 근로자의 평균액을 참고하여 신고

(4) 신고기한

사용자와 해당 근로자: 2024년 5월 말까지

[단, 개인사업장사용자 중 성실신고확인대상은 2024년 6월 말까지 신고 가능]

(5) 신고방법

공단에서 송부한 소득총액신고서에 신고대상자의 2023년도 해당 사업장에서의 근무 일수 및 소득총액을 작성하여 관할 지사에 직접, 우편 또는 팩스로 제출

(6) 기준소득월액 적용 기간

① 2023.12.1. 이전 취득자

2022년도 소득총액 기준으로 산정된 기준소득월액을 2024년 7월~2025년 6월까지 적용

② 2023.12.2. 이후 취득(납부재개)자

㈎ 취득(납부재개) 시의 기준소득월액을 2025년 6월까지 적용

㈏ 신고소득이 2024년 7월 적용하는 최고 기준소득월액을 초과하거나 최저 기준소득월액에 미달하는 경우에는 2024년 7월에 변경

(7) 기타 소득총액 신고방법

① EDI 신고

㈎ 국민연금 EDI(http://edi.nps.or.kr): "송수신문서"-"연금통지문서"-"소득총액신고서" 조회→②개인별 소득총액입력→④"신고서 발송"

㈏ 사회보험 EDI: "수신함"-"소득총액신고(년)"수신→②"문서조회"→③개인별 소득총액입력→④"문서저장 및 송신"에서 파일 송신

② 4대사회보험 포털사이트(www.4insure.or.kr) 신고

5. 연금보험료 지원제도

(1) 두루누리

① 지원대상

국민연금 사업장가입자 중 사용자(법인 대표이사 포함)를 제외한 근로자가 10명 미만인 사업장에 근무하는 기준소득월액이 고시소득* 미만인 근로자로 재산 및 종합소득 요건 충족자

* 고시소득: 근로자의 소득수준을 고려하여 매년 보건복지부 장관이 고용노동부 장관과 협의하여 고시하는 금액(24년 기준 270만 원)

구분		변경 전(2022년)	변경(2024년)
지원 대상 보수		월평균 보수 220만 원 미만	270만 원 미만
지원율	신규가입자	80% (10명 미만)	
	기 가입자	미지원	
지원 기간		2018.1.1.부터 근로자별 최대 36개월까지 지원	
지원 제외 대상	재산	전년도 재산세 과세표준의 합이 6억 이상	
	종합소득	전년도 종합소득이 연 3,800만 원 이상	전년도 종합소득이 4,300만 원 이상

■ 보험료율 및 금액은 연도별로 변경될 수 있음

② 건설현장사업장

본점이 10명 미만이고, 건설현장 사업장 단위별 10명 미만으로 요건 동시 충족한 경우에만 지원대상

본점(타지점포함)(A)	건설현장(B)	지원 여부
10명 미만	10명 미만	A, B 모두 지원
10명 미만	10명 이상	A만 지원 (본점은 건설현장의 10명 이상 여부와 상관없음)
10명 이상	10명 미만	A, B 모두 미지원 (건설현장은 본점이 10명 이상이면 미지원)

(2) 실업크레딧 제도

① 개요

(가) 구직급여 수급자*가 연금보험료 납부를 희망하는 경우 보험료의 75%를 지원하고 그 기간을 가입 기간으로 추가 산입하는 제도

* (구직급여수급자) 고용보험에 가입되었던 사람이 이직 후 일정 수급요건을 갖춘 경우 재취업 활동을 하는 기간에 지급하는 급여

(나) 실업 기간에 대하여 일정 요건을 갖춘 사람이 신청하는 경우에 가입 기간으로 추가 산입하는 제도이므로 국민연금제도의 가입은 별도로 확인 처리해야 함

② 지원대상

(가) 국민연금 가입자 또는 가입자였던 사람 중, 만 18세 이상 60세 미만의 구직급여 수급자

(나) 다만 전년도 재산세 과세금액이 6억 원을 초과하거나 종합소득(사업 · 근로소득 제외)이 1,680만 원을 초과하는 자는 지원 제외

(다) 1개월 이상 납부한 이력이 있는 가입자

③ 지원방법

(가) 인정소득 기준으로 산정한 연금보험료의 25%를 본인이 납부하는 경우에 나머지 보험료인 75%를 지원

(나) 인정소득은 실직 전 3개월 평균소득의 50%로 하되 최대 70만 원을 넘지 않음, 예를 들어 인정소득 70만 원인 경우, 연금보험료는 63,000원이고 본인이 15,750원을 납부하면 나머지 47,250원을 지원

연금보험료 = 본인 부담(25%) + 지원(75%)

④ 지원 기간

(가) 구직급여 수급 기간으로 하되, 최대 1년(12개월)까지 지원

(나) 구직급여를 지급받을 수 있는 기간은 120~270일(월로 환산 시 4~9개월)

⑤ 신청장소

전국 국민연금 공단지사 또는 고용센터

⑥ 신청 기간

구직급여 종료일이 속한 달의 다음 달 15일까지

6. EDI 신고제도

(1) EDI 서비스

EDI(Electronic Data Interchange)란 4대사회보험(국민 · 건강 · 고용 · 산재)에 대한 공통신고 및 국민연금 고유업무를 인터넷을 이용하여 신고 · 신청하고, 국민연금 보험료 월별결정 내역 등의 각종 통지문서를 받아볼 수 있는 민원처리서비스

(2) EDI 서비스 이용 시 장점

① 언제 어디서나 서비스 이용이 가능하여 4대 기관방문 시간 절약

② 별도의 신청 없이 매월 · 수시 국민연금의 각종 정보 및 데이터 수신 가능

③ 국민연금 제 증명서를 지사 방문 없이 EDI로 발급 가능(직인 날인)

④ 완벽한 보안체계로 개인정보보호

(3) EDI 서비스 내용

구분	내용
가입자 취득신고	신고서작성→4대 공통신고서→1. 사업장가입자 자격취득신고서→해당 신고서작성→신고서 발송
가입자 내용변경	● 신고서작성→연금 고유신고서→1. 사업장가입자 내용변경(정정)신고서→해당 신고서작성→신고서 발송 ● 신규 입사자에 대한 취득취소는 EDI로 처리 불가. 지사에서 처리 ● 지연신고 또는 증빙이 필요한 경우, 담당자가 증빙 자료 확인 후 처리
증명서발급	● 증명서신청→증명서 서식선택→작성 후 신청서 발송 ① 가입자 가입증명 ② 사업장 가입증명 ③ 국민연금 보험료 월별납부증명 ④ 연금산정용 가입내역확인서 ⑤ 00년 00월분 연금보험료 결정내역서 ⑥ 자격변동확인통지서 ⑦ 사업장가입자명부 ⑧ 결정금액변동통지서 ⑨ 사용자부담금 납부확인서 ⑩ 사회보장 협정에 의한 가입자 가입증명서 ⑪ 국민연금 보험료 지원 내역 ☞ 증명서에 따라 즉시 발급 또는 10여 분 소요. 발급 후 24시간 이내에 출력 가능 ☞ 송수신문서→증명서 처리현황에서 발급 확인이 가능
신고서처리 소요기간	● EDI 신고에 따른 처리결과는 기관에서 처리 즉시 발송 ● 4대 공통신고서는 기관별 처리 소요시간이 각각 상이 ● 송수신문서→신고서 처리결과에서도 확인 가능
통지문서 확인	● 송수신문서→연금통지 문서에서 확인 ☞ 이전문서는 처리기간 변경 세팅 후 조회 ● 연금보험료 결정 내역, 정기자료 확인대상자, 소득총액신고서 등 공단에서 사업장으로 보내는 문서수신
연금보험료 결정 내역 1, 2차 발송	● 1차(17일경): 당월분 결정 내역/전월분 수납 내역, 가입자 내역, (예정) 당월분 산출 내역, 소급분 내역→가입자 보험료 공제 관련 사항 ● 2차(21일경): 당월취득자 중 취득월 미결정자, 자격변동 확인통지서, 연금보험료 결정금액 변동통지서, 연금보험료 지원 대상자, (최종) 당월분 결정 내역, (연금보험료 지원결정통지서, 연금보험료 지원 제외 결정통지서, 보험료 지원환수금 결정통지서, 연금보험료 지원예정 대상자)
오류반송 처리조치방법	● 송수신문서→민원처리현황에서 처리상태가 '오류'인 건은 정상처리가 되지 않은 건으로 각 해당 기관으로 확인. 국민연금신고서의 경우, 담당자 확인 후 '정상' 처리 건에 대해 "처리+1일"에 처리결과가 통보됨→연금통지문서 '타 신고방법 or 지사 재처리 결과통지' ● 처리 시 증빙 자료가 필요한 경우 관할 지사에 팩스로 보내거나 EDI에서 첨부파일로 발송하면 지사 담당자 확인 후 처리

7. 연금종류 및 수급

(1) 국민연금 혜택

매월 일정 금액을 지급하는 노령연금, 유족연금, 장애연금(1~3급)과 한꺼번에 지급하는 장애일시보상금(장애 4급), 반환일시금, 사망일시금이 있다.

(2) 연금종류 및 내용

구분	내용
노령연금	가입 기간이 10년 이상이면 만 60세~65세에 도달하는 때부터 평생연금이 지급
장애연금	가입 중에 발생한 질병, 부상으로 장애가 남은 때에는 장애가 존속하는 동안 지급
유족연금	연금 수급자가 사망하는 경우 유족에게 지급
반환일시금 사망일시금	연금 수급요건을 충족하지 못한 경우에는 납부한 보험료에 이자를 가산하여 지급

〈노령연금을 받을 수 있는 요건〉

구분	요건
노령연금	● 가입 기간 10년 이상, 만 60세에 도달한 자 ※ 노령연금 수급권자가 만 65세 전에 소득이 있는 업무에 종사하는 경우에는 초과소득 월액에 따라 구간별로 연금액이 감액됩니다. (최대 감액 비율 노령연금액의 1/2). 근로소득공제 또는 필요경비 공제 후의 월평균소득액이 전체 사업장 가입자 및 지역가입자의 평균소득(A값)* 이하인 경우에는 해당 없음 * A값: 2,861,091원(2024년 기준)
조기노령연금	● 가입 기간 10년 이상, 연령 55세 이상인 자가 소득이 있는 업무에 종사하지 아니하고, 60세 도달 전에 청구한 경우(소득이 있는 업무에 종사하는 경우 만 60세 전에는 그 기간의 연금을 지급 정지하고, 만 60세 이후 65세 전에는 초과소득 월액에 따라 구간별로 연금액이 감액 (최대 감액 비율 노령연금액의 1/2)
분할연금	● 가입 기간 중 혼인 기간이 5년 이상인 노령연금수급권자의 이혼한 배우자가 만 60세가 된 경우

■ 보험료율 및 금액은 연도별로 변경될 수 있음

〈노령연금 예상월액〉

가입 기간 중 평균 소득월액	연금보험료	가입 기간				
		10년	15년	20년	30년	40년
1,200,000	108,000	206,860	308,380	409,910	612,970	816,020
4,000,000	360,000	349,480	521,010	692,540	1,095,590	1,378,650

■ 보험료율 및 금액은 연도별로 변경될 수 있음

- 2024년 1월에 최초 가입한 것으로 가정하여 현재의 A값(2023년도 2,861,091원)을 적용하였으며, 실제 연금수급 월액은 연금수급 당시의 "A"값 및 "재평가율"을 적용함

(3) 수급 기간

연금급여는 수급 사유가 발생한 날이 속하는 달의 다음 달부터 수급권이 소멸한 날이 속하는 달까지 지급받을 수 있습니다.

- 노령연금의 경우 수급 사유 발생일은 지급연령도달일(만 60세~65세 생일)이며 조기노령연금의 경우 청구일, 장애연금의 경우 완치일 또는 1년 6개월 경과일 등, 유족연금의 경우 사망일입니다.
- 연금급여 수급권은 수급권자의 사망으로 소멸하며, 유족연금의 경우 배우자인 수급권자의 재혼, 자녀 또는 손자녀인 수급권자의 파양, 25세 도달(자녀), 19세 도달(손자녀) 등으로 소멸합니다.

8. 국민연금 Q & A

● 근로자가 입사 또는 퇴사하였다면?

① 신고방법

구 분	제출할 신고서	취득(상실) 일자
입사 시	자격취득신고서	입사 일자
퇴사 시	자격상실신고서	퇴사일의 다음 날

② 신고대상

- 만 18세 이상 60세 미만 근로자(월 60시간 이상 근로)
- 만 18세 미만 근로자도 사업장 가입대상이나, 본인 신청에 의해 적용제외 가능

③ 취득월 납부희망

- 2일 이후 입사한 경우, 취득월 납부희망 여부를 신고서에 기재
- 취득월 "납부희망" 선택 시 입사월부터 보험료가 부과되고, "납부미희망" 선택 시 입사 다음 달부터 보험료가 부과(1일 입사자는 입사월부터 보험료 부과)

● 근로자가 휴직 또는 복직하였다면?

① 신고방법

구분	제출할 신고서	납부예외(재개) 일자
휴직 시	납부예외신청서	납부예외 사유 발생일(육아휴직, 산재 요양, 질병 휴직, 무급 노조 전임자 등)
복직 시	납부재개신고서	복직일 또는 납부예외 사유가 없어진 날

- 휴직 기간이 연장된 경우도 공단에 신고해야 한다. (내용변경신고서 제출 필요)
- 근로자가 휴직한 기간 동안 희망하시는 경우 납부예외를 신청하시면 연금보험료를 부과하지 않는다. (가입 기간 불산입)
- 휴직 기간 중에도 정기적 급여(기준소득월액의 50% 이상)가 지급되는 경우는 납부예외 신청이 불가하다.
- 근로자가 휴직하였어도 사용자와 근로자 간의 합의 또는 사내 규칙에 따라 계속 납부하고자 하는 경우 납부예외 신청을 하지 않아도 된다.

● 자격변동사항 적기신고로 소급분보험료 & 과오납금 발생 예방 (매월 15일까지 신고)

① 국민연금 보험료는 매월 자격변동 처리기한까지 신고한 사항을 반영하여 산정되므로 자격변동사항 발

생 시 가급적 당월 자격변동 처리기한까지 신고해야 한다.

- (자격변동사항: 입사, 퇴사, 입(퇴)사일 변경, 소득변경 등)
- 자격변동처리기한: 매월 15일

② (사례1) 2024.1.1. 입사자(1월분부터 납부대상)

- 1.14 신고(적기신고): 1월분 고지서에 포함
- 1.20 신고: 2월분 고지서에 1월분 함께 고지(소급부과)

③ (사례2) 2023.2.16. 퇴사자(2월분까지 납부대상)

- 3.14 신고(적기신고): 3월분 고지서부터 제외
- 11.14 신고: 11월분 고지서부터 제외 (이미 납부한 3~10월분 보험료에서 과오납금 발생)

● 과오납이 발생하면?

① 미납보험료 또는 향후 납부할 보험료에 충당 후 남은 금액은 사용자에게 반환한다.

② 과오납금이란, 퇴사 휴직 등 자격변동 사항을 지연 신고하거나, 이중으로 납부하여 원래 납부하여야 할 연금보험료보다 더 많이 납부한 금액

③ 사용자에게 반환 시, 근로자 기여금 정산 및 환급금 신청 등의 절차가 발생하므로 자격변동 처리기한 내 꼭 신고가 중요

● 입사한 근로자의 소득월액 결정

① 소득월액 산정기준

입사 당시 사용자가 근로자에게 지급하기로 약정한 금액(지급이 예측 가능한 모든 과세소득 합산)

- 휴직 후 복직한 경우에도 동일
- 소득예시: 기본금, 직책수당, 직급보조비, 정기(명절)상여금, 기본성과급, 휴가비, 교통비, 고정(최소지급) 시간 외 수당, 복지연금, 기타 각종 수당 등

● 소득월액 산정방법

입사 당시 지급이 약정된 급여항목에 대한 1년간 소득총액 ÷ 365 X 30

다음 연도에 과세소득과 대조 확인하여 실제 소득으로 소급 정정하게 되므로 취득신고 시 소득월액을 정

확하게 신고하는 것이 중요

● 입사한 이후 소득월액 결정방법

국민연금은 ①입사 시, ② 입사한 다음연도부터는 매년 7월에 소득월액이 결정된다.

〈소득월액 결정방법 비교〉

구분	내용
입사 시	입사(복직) 당시 지급이 약정된 소득월액으로 결정
입사 다음연도	전년도 소득 기준으로 다음연도 7월에 소득월액 결정

입사 이후 급여 인상 등으로 소득이 변경되어도 신고대상이 아니다.

〈입사 다음연도부터 적용되는 소득월액 산정방법〉

전년도 소득총액 ÷ 전년도 근무 일수 X 30

비정규직(인턴)에서 정규직 또는 정규직에서 비정규직으로 전환되었다면, 근로계약 변경이므로 근로계약 변경 시점으로 자격상실 후 취득 신고하여야 하며, 취득 시 소득은 변경된 근로관계에 맞게 신고해야 한다.

● 기준소득월액 특례신청 시 유의사항

① 제도 개요

㈎ 실제 소득이 현재 기준소득월액 대비 20% 이상 변동된 경우 실제 소득에 맞추어 기준소득월액을 변경할 수 있는 제도

㈏ 기준소득월액 특례변경은 의무가 아닌 신청사항이다.

② 신청대상

실제 소득이 현재 기준소득월액 대비 20% 이상 변동(상승, 하락)된 근로자 및 사용자

③ 적용 기간

㈎ 신청한 달의 다음 달부터 다음연도 6월까지

※ 예시: 23.01.15 특례 신청한 경우 23년 2월부터 23년 6월까지 적용

※ 적용 기간 중에도 특례 재신청이 가능하나 적용 기간은 최초 특례신청 기준으로 적용

㈏ 신청 시 제출자료: ①근로자 동의서 ②임금 대장 등 소득이 변동되었음을 확인할 수 있는 자료

(다) 유의사항: 특례 변경한 기준소득월액의 적정성 확인을 위하여 과세소득자료 등을 통해 사후정산 실시

● 보험료 지원 유의사항

① 지원기준

국민연금 사업장가입자 중 근로자가 10명 미만인 사업장에 근무하는 월평균 보수가 고시금액(24년 기준 270만 원) 미만 근로자

② 주요 지원제외 사유

- 매년 12월 말 기준 당해연도 월평균 근로자 수가 10명 이상일 경우
- 매년 12월 말 기준 당해연도 월평균 근로자 수가 10명 미만이나 익년도 1월 근로자 수가 10명 이상일 경우
- 소득 착오 신고 등 지원대상이 아닌 자에게 지원되었음이 확인된 경우
- 자격변동사항을 적기에 신고하지 않아 보험료 지원대상 요건에 해당하지 않음이 확인되면 국가가 기지원금액을 환수할 수 있으므로 반드시 자격변동사항을 적기에 신고해 주어야 한다.

● 국민연금 더 많이 받을 수 있는 방법이 있나요?

① 반납제도

과거 퇴직 등의 사유로 수령했던 반환일시금에 일정이자를 더해 반납함으로써 가입 기간을 복원해 국민연금 수령액을 늘릴 수 있다.

② 추납제도

(가) 실직, 사업중단 등으로 국민연금을 납부할 수 없었던 기간(납부예외)이 있거나, 국민연금 보험료를 한 번이라도 납부한 후에 경력단절 등으로 적용이 제외된 기간, 혹은 군복무기간이 있는 경우 이를 납부할 수 있다.

(나) 추납을 신청하려면 가입자 자격을 취득해야 하므로 소득이 없는 경우에는 임의(계속)가입을 신청하여 가입자가 되면 신청할 수 있다.

(다) 반납금을 납부한 경우 보험료를 최초로 납부한 날 이후의 적용제외 기간에 대해서도 추후납부 가능

- 추납 금액은 신청 당시의 기준소득월액을 기초로 산정되며 추납을 신청한 달의 다음 달 말일까지 납부할 수 있다. 추후납부 대상 기간에 따라 분할납부 가능한데 1년 미만은 3회, 1년 이상 5년 미만은 12회, 5년 이상은 24회까지 분할납부가 가능하다. 참고로 반납금 · 추납 보험료의 징수업무는 해당 업무의 고유성으로 인해 건강보험공단에 위탁하지 않고 공단에서 수행하고 있다.

③ 기여금 개별납부

체납 사실 통지 이후 추가 발생한 체납 기간에 대하여 연금보험의 납부기한으로부터 10년 이내에 근로자가 기여금을 납부할 경우 그 납부한 기간(월)의 1/2을 가입 기간으로 인정받을 수 있는 제도

● 연금을 받는 중에 소득 활동을 하면 연금은 어떻게 되나요?

① 소득이 있는 업무에 종사(2023년 기준 월평균 소득금액이 2,861,091원을 초과)하는 경우 지급개시연령부터 최대 5년 동안 연금액이 감액된다.

② 조기수령연금 수급권자의 경우 62(~65)세 미만까지는 연금지급이 정지되고, 이후 최대 5년간 감액된다.

③ 소득은 근로소득(근로소득 공제 후 금액)과 사업소득(필요경비 공제 후 금액)을 합산한다.

월 감액 금액은 노령연금액의 1/2을 초과할 수 없다.

■ 보험료율 및 금액은 연도별로 변경될 수 있음

● 국민연금 · 개인연금 · 퇴직연금 · 주택연금 한눈에 알 수 있나요?

'내 연금 알아보기'를 통해 현재 준비된 국민연금 및 개인 · 퇴직 · 주택연금의 노후자금을 확인하고, 재무건전성 진단은 물론 다양한 재무목표 달성 계획을 점검할 수 있다.

※ 이용방법: 내 연금(http://csa.nps.or.kr) => 재무설계 => 내 연금 알아보기

● 부부가 함께 가입하면 연금지급은 어떻게 되나요?

부부가 각각 평생 동안 연금을 받게 된다. 다만, 배우자가 사망하면 "본인의 노령연금과 유족연금의 30%를 합산한 금액"과 "유족연금" 중 유리한 급여를 선택하여 받게 된다.

제3장

건강보험

1. 자격관리

(1) 적용 대상

① 국내에 거주하는 국민은 국민건강보험법이 정한 적용 제외자 이외에는 건강보험의 가입자 또는 피부양자

② 적용제외자: 의료급여수급권자, 건강보험적용배제 신청을 한 유공자 등 의료보호대상자

(2) 가입자

① 건강보험의 주체로 보험급여 수급권 및 보험료를 부담하고, 보험료 납부의무를 갖는 자로서 직장가입자 및 지역가입자로 구분

② 직장가입자: 사업장의 근로자, 사용자, 공무원, 교직원

③ 지역가입자: 가입자 중 직장가입자와 그 피부양자를 제외한 자(농어업인, 자영업자 등)

(3) 피부양자

직장가입자의 배우자, 직계존속(배우자의 직계존속 포함), 직계비속(배우자의 직계비속 포함) 및 그 배우자, 형제 · 자매 등 직장가입자에게 주로 생계를 의존하는 사람으로서 소득 및 재산이 보건복지부령으로 정하는 기준 이하에 해당하는 사람

(4) 자격취득, 변동 및 상실

가입자의 자격을 얻거나 변동 또는 잃은 경우, 당해 직장가입자의 사용자 및 지역가입자의 세대주는 그 내

역을 자격취득 · 변동 · 상실일로부터 14일 이내에 공단에 신고

〈국민건강보험 적용대상〉

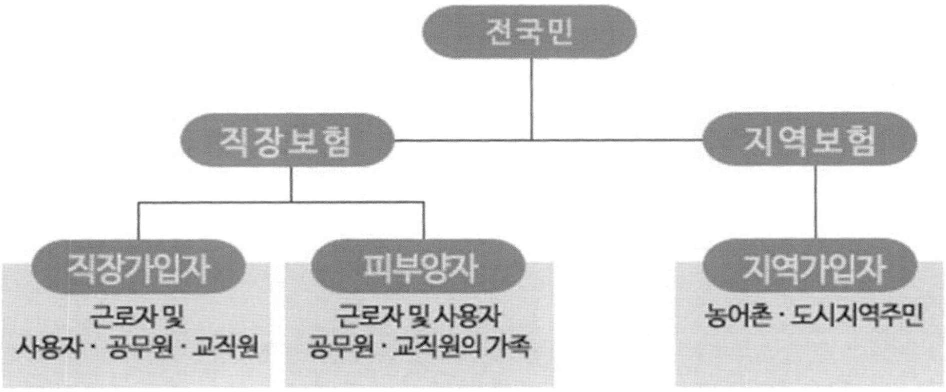

전국민

직장보험 / 지역보험

직장가입자	피부양자	지역가입자
근로자 및 사용자 · 공무원 · 교직원	근로자 및 사용자 공무원 · 교직원의 가족	농어촌 · 도시지역주민

(5) 사용자의 주요의무

- 사업장 적용신고: 적용 대상 사업장이 된 날
- 사업장 변경사항의 신고: 사용자, 사업종류, 명칭, 소재지, 전화번호 등 변경이 있을 때
- 가입자 및 피부양자의 자격취득(변동), 상실신고: 사유 발생일로부터 14일 이내
- 가입자 보수의 신고 및 보수월액 변경신고
- 매년 2월 말까지 전년도 지급한 보수의 총액 등 신고
- 퇴직, 퇴사한 자 등에 대하여 지급한 보수총액 신고
- 보수가 인상 · 인하되었을 때 보수월액의 변경신고
- 보험료의 공제 및 납부: 가입자가 부담하여야 하는 그달의 보험료액을 그 보수에서 공제하여 해당월의 보험료를 그다음 달 10일까지 납부
- 가입자 · 피부양자가 건강검진을 받을 수 있도록 필요한 조치와 공단(또는 검진기관)으로부터 통보받은 결과를 가입자에게 통보
- 기타 건강보험사업을 위하여 공단이 신고 또는 제출을 요구한 관련 서류의 제출
- 공단은 신고 또는 제출받은 자료에 대하여 소속직원에게 조사하게 할 수 있음

  ※ 건강보험에 관한 서류의 보존: 작성된 날로부터 3년(건강검진에 관한 서류는 5년)

(6) 사업장 신규적용

① 사업장 신규적용 대상

직장가입자 대상 근로자가 있는 모든 사업장(※ 법인사업장은 대표자 1인만 있어도 의무가입대상)

② 사업장 적용일

사용자와 근로자 간 고용 관계 성립일

③ 신고

- 신고 의무자: 사용자(기관장)
- 신고기한: 사유 발생일부터 14일 이내

④ 신고서류

- 사업장(기관)적용신고서 1부(별지 제2호서식)
- 직장가입자 자격취득신고서 1부(별지 제6호서식)

(7) 사업장 탈퇴

① 탈퇴대상

- 휴 · 폐업 사업장 및 부도 · 도산으로 폐쇄된 사업장
- 직장가입자 대상 근로자가 없게 되거나 「국민건강보험법 시행령」 제9조 제1호에 따른 근로자만을 사용하는 사업장(다만, 건설일용직 현장사업장의 경우 실제 공사 기간 종료확인 후 탈퇴처리)
- 사업장 합병 · 통합 등으로 인하여 소멸하는 사업장 등
- 대표자 사망 사업장

② 탈퇴일

- 휴 · 폐업 사업장: 휴 · 폐업사실증명원의 휴 · 폐업일의 다음 날
  ※ 다만, 휴 · 폐업일이 1일인 경우 해당일로 함
- 부도 · 도산으로 폐쇄된 사업장: 공단에서 확인한 조업 종료일의 다음 날
- 사업장 합병 · 통합시: 합병(통합)계약서 또는 법인등기부상의 합병(통합) 일자
- 직장가입자 적용 대상 근로자가 없게 된 사업장: 최종 직장가입 근로자의 자격상실 일자
- 건설현장 사업장: 공사 기간 종료일을 탈퇴 제외종료일 입력 후 종료된 날의 다음 날
- 대표자 사망 사업장: 대표자 사망일의 다음 날

③ 탈퇴신고

- 신고 의무자: 사용자(기관장)

- 신고기한: 사유 발생일부터 14일 이내

④ 신고서류

- 사업장탈퇴신고서(별지 제4호서식)
- 직장가입자 자격상실신고서(별지 제8호서식)
- 합병의 경우: 합병(통합)계약서 사본 또는 합병(통합)의 등기를 한 법인 등기부등본 1부

(8) 건설현장 사업장

① 사업장 적용 대상

「건설산업기본법」에서 정의하고 있는 건설공사(전기 · 정보통신 · 소방시설공사업법 · 문화재 수리 · 산림사업 포함)로 사후정산제도 적용 사업장

- 「건설산업기본법」에 따른 건설공사의 사업장
- 「전기공사업법」에 따른 전기공사의 사업장
- 「정보통신공사업법」에 따른 정보통신공사의 사업장
- 「소방시설공사업법」에 따른 소방시설공사의 사업장
- 「문화재수리 등에 관한 법률」에 따른 문화재 수리공사의 사업장
- 「산림자원의 조성 및 관리에 관한 법률」에 따른 산림사업의 사업장

② 사업장 적용

- 건설현장별로 적용
  본사 및 일반 근로자와 구분, 건설현장의 건설일용직만을 대상으로 사업장 분리적용
  원수급인, 하수급인 사업장별 건설현장 단위로 사업장 분리적용
- 건설공사 기간이 1개월 이상인 경우 적용
  공사 기간이 1개월 이상이고 사후정산 가능한 공사일 경우 공사 시작일 이후
  직장가입자 요건에 해당하는 근로자(1개월 이상, 월 8일 이상)가 없더라도
  공단에 사업장 적용 신고해야 하며, 공사 기간 종료 후에는 적용신고 불가
  최초 공사 기간은 1개월 미만이나, 기간연장 및 갱신계약 등으로
  실제 공사 기간이 1개월 이상 되는 건설현장도 적용 대상

③ 직장가입자 적용

- 가입대상: 건설공사 현장에서 1개월 이상 근로하면서, 월 8일 이상 근로한 사람

- 자격취득 및 상실 기준: 일용근로자와 기준 동일

* 자세한 건설현장 일용근로자 기준은 본 교재 part 2에서 설명합니다.

2. 보험료 부과

● **직장가입자 보수월액 보험료**

(1) 개요

보수월액보험료는 가입자의 보수월액에 보험료율을 곱하여 보험료를 산정한 후, 경감률 등을 적용하여 가입자 단위로 부과

(2) 보험료 산정방법

① 건강보험료 = 보수월액 × 건강보험료율(7.09%, 2024년도)

② 보수월액은 동일사업장에서 당해연도에 지급 받은 보수총액을 근무 월수로 나눈 금액을 의미

※ 장기요양보험료 = 건강보험료 × 장기요양보험료율(0.9182%) / 건강보험료율(7.09%) [2024년도]

〈보험료 분담비율〉

구분	계	가입자부담	사용자부담	국가부담
근로자	7.09%	3.545%	3.545%	–
공무원	7.09%	3.545%	–	3.545%
사립학교 교원	7.09%	3.545%	2.127% (30)	1.418% (20)

■ 보험료율 및 금액은 연도별로 변경될 수 있음

(3) 보수월액 산정기준

① 보험료 산정에 포함되는 금품

근로의 제공으로 인하여 받는 봉급, 급료, 보수, 세비, 임금 상여, 수당과 이와 유사한 성질의 금품

직장가입자 본인 및 자녀의 학자금 (소득세법시행령 제11조 규정에 의한 학자금은 제외)

소득세법 제12조 제3호 규정에 의한 비과세 중

- 차목: 외국 정부 또는 국제기관에 근무하는 외국인이 받는 급여
- 파목: 작전 임무 수행을 위하여 외국에 주둔 중인 군인, 군무원이 받는 급여

- 거목: 국외 또는 북한지역에서 근로를 제공하고 받는 근로소득 중 비과세소득

② 보험료 산정에 포함되지 않는 금품
- 퇴직금
- 현상금 번역료 및 원고료
- 「소득세법」에 따른 비과세 근로소득. 다만, 제12조 제3호 차목 · 파목 및 거목은 제외

③ 비과세 예시
- 식대: 식사, 기타 음식물을 제공받지 아니하는 근로자가 받는 월 20만 원 이하의 식사대
- 자가운전보조금(교통비): 근로자 본인 소유 차량(부부 공동명의 포함)으로 근로자가 직접 운전하여 사용자의 업무수행에 이용하고, 실제 여비를 받는 대신 소요경비를 사업장의 규칙에 의해 지급 받는 금액 중 월 20만 원 이내의 금액
- 생산직 근로자가 받는 야간근로수당 등: 소득세법 시행령 제17조 제1항에 의거 월정액급여 210만 원 이하로서(2019년 귀속분부터 적용) 직전 과세기간의 총급여액이 3,000만 원 이하인 생산직 근로자가 근로기준법에 의해 연장, 야간 또는 휴일근로로 인하여 통상임금에 가산하여 받는 급여 중 연 240만 원 한도에서 보수제외

④ 보수월액 상한액/하한액 (2024년 기준)
- 월별 보험료 상한액: 8,481,420원
  ==〉 월별 보수월액 상한액: 119,625,106원(월별 보험료 상한액을 역산한 금액)
- 월별 보험료 하한액: 19,780원
  ==〉 월별 보수월액 하한액: 279,266원(월별 보험료 하한액을 역산한 금액)

■ 보험료율 및 금액은 연도별로 변경될 수 있음

● 직장가입자 소득월액 보험료

(1) 개요

① 보수월액의 산정에 포함된 보수를 제외한 소득'(이하 '보수 외 소득')이 연간 2,000만 원을 초과하는 직장가입자에게 보수 외 소득을 기준으로 소득월액 보험료 부과 (2022.9.1. 시행)
② 소득월액 보험료는 '보수 외 소득'에서 2,000만 원을 공제한 나머지 금액을 12로 나누어 소득종류에 따른 금액비율로 곱해 산정한 소득월액 보험료 부과

(2) 소득월액

① 소득월액 = {(연간 "보수 외 소득" - 2,000만 원(공제금액)) × 1/12} × 소득평가율

※ 소득종류별 평가

이자 · 배당 · 사업 · 기타소득: 100%, 근로 · 연금소득: 50%

② 소득월액 보험료 상한: 3,911,280원

③ 소득월액 보험료 하한: 없음

※ 상 · 하한선 기준이 '보수월액' 기준에서 '보험료' 기준으로 변경됨

(3) 소득월액 보험료 산정방법

① 소득월액 보험료: {(연간 "보수 외 소득" - 2,000만 원(공제금액)) × 1/12} × 소득평가율 × 보험료율 (7.09%, 2024년도)

② 장기요양보험료: 소득월액 보험료 × 장기요양보험료율(0.9182%, 2024년도)

③ 소득월액 보험료는 직장가입자 본인이 부담

■ 보험료율 및 금액은 연도별로 변경될 수 있음

● 지역보험료

(1) 개요

지역가입자의 건강보험료는 가입자의 소득, 재산(전월세 포함)을 기준으로 각 부과요소별로 산정한 후 합산한 보험료에 경감 등을 적용하여 세대단위로 부과

(2) 부과요소

- 소득
  - 「소득세법」에 따라 산정한 이자 · 배당 · 사업 · 기타소득금액
  - 「소득세법」에 따른 근로 · 연금소득의 금액 합계액
- 재산

  토지, 주택, 건축물, 선박, 항공기, 전월세

(3) 보험료 산정방법

- 소득월액 28만원 이하세대
  - 건강보험료 = 소득월액최저보험료(19,780원) + {재산(전월세 등 포함)보험료 부과점수 × 부과점수 당 금액(208.4원)}

- 소득월액 28만원 초과세대
  • 건강보험료 = (소득월액* × 건강보험료율) + {재산(전월세 등 포함)보험료 부과점수 × 부과점수 당 금액(208.4원)}
  *소득월액: 연간 소득을 12개월로 나눈 금액
- 소득: 정률제
- 재산: 60등급
  (토지, 건축물, 주택, 선박, 항공기, 전월세)
  기본공제 1억원
- 2024.4월 이전 소득산정 기준: 부과점수 당 금액으로 산정
- 2024.5월 이후 소득산정 기준: 소득월액에 건강보험료율을 곱하여 산정

■ 보험료율 및 금액은 연도별로 변경될 수 있음

3. 보수총액(연말정산)의 신고

(1) 개념

전년도 보수총액을 기준으로 우선 부과한 2022년도 보험료와 2023년도에 실제로 받은 보수총액으로 산정한 확정보험료의 차액을 추가 또는 환급하는 절차

(2) 신고 의무자

① 근로자가 소속되어 있는 사업장의 사업주
② 공무원이 소속되어 있는 기관의 장
③ 교직원이 소속되어 있는 사립학교를 설립 · 운영하는 자

(3) 시기

① 일반 근로자: 3.10.까지 신고 → 4월분 정산 반영 합산 고지
② 개인사업장 사용자: 5.31.까지 신고 → 6월분 정산 반영 합산 고지
③ 성실신고사업장 사용자: 6.30.까지 신고 → 7월분 정산 반영 합산 고지

(4) 대상자

매년 12월 말일 현재 직장가입자 자격유지자

※ 연말정산 제외 대상자

- 퇴직자(퇴직정산 대상자)
- 전년도 12.2. 이후 입사자(12월 보험료 면제자)
- 해당연도 전체 기간에 다음 사유로 보험료가 부과되지 않은 자 - 휴직자, 시설수용자, 군입대자, 의료급여 및 국가유공자 건강보험 적용제외 대상자 등
- 해당연도 전체 기간 고시 적용자(보수자료가 불분명한 선원, 자동차매매종사원, 관광안내원)
- 건설일용직 현장 사업장가입자

(5) 정산보험료 5회 분할납부

① 연말정산 추가보험료의 일시적인 부담을 완화하기 위해 별도의 신청 없이 연말정산보험료가 부과되는 월의 연말정산보험료가 당월보험료 이상인 경우 5회로 분할 적용하여 해당 월 보험료에 합산 부과

② 근로자: 매년 4월분에 반영된 연말정산 보험료

※ 개인사업장 사용자: 매년 6월분에 반영된 연말정산 보험료

(6) 연말정산 일정 (2024년도 기준)

공단

◎ 연말정산 안내 및 전년도 '직장가입자 보수총액 통보서' 발송
- 근로자: 1.27.
- 개인사업장 사용자: 5.17.

⇩

사업장

◎ '직장가입자 보수총액 통보서' 작성(전년도보수총액, 근무 월수기재) 제출
- 근로자: 3.10.까지
- 개인사업장 사용자: 5.31.까지
  ※ 성실신고 사용자: 6.30.까지

⇩

공단

◎ 전년도보수총액 및 근무 월수에 의해 결정된 '정산보험료 산출 내역서' 및 '착오자 내역 변경 신청서/직장가입자 연말정산 보험료 분할납부 차수 변경 신청서' 발송
- 근로자: 3.31. 발송
- 개인사업장 사용자: '직장가입자 보수총액 통보서' 제출 후 3일 이내

⇩

사업장

◎ 정산보험료 산출 내역 결과에 따른 '정산 내역 착오자 변경 신청서/직장가입자 연말정산 보험료 분할납부 차수 변경 신청서' 제출
- 근로자: 4.15.까지
- 개인사업장 사용자: 6.15.까지 (성실신고 사용자: 7.15.까지)

⇩

공단

◎ 정산보험료 고지 및 연말정산 추가보험료 5회 분할 고지
- 근로자: 매년 4월분 보험료
- 개인사업장 사용자: 매년 6월분 보험료
  ※ 성실신고 사용자: 매년 7월분 보험료

⇩

사업장

공단

◎ 분할납부 차수 변경 신청서 제출
- 근로자: 5.10.까지
- 개인사업장 사용자: 7.12.까지
  ※ 성실신고 사용자: 8.10.까지

◎ 공통: 납부 마감일까지 신청 (공휴일인 경우 익일까지 신청)
- 자동이체 사업장의 경우 납부 마감일 2일 전

(7) 신고방법

① 서면 신고

(가) 대상: EDI 미가입 사업장

(나) 신고방법: 「직장가입자 보수총액 통보서」에 '2023년도 보수총액'과 '근무 월수' 작성 제출

※ 근무 월수: 전년도 보수총액이 해당하는 개월 수

※ 정산보험료 일시납 신청: 국민건강보험법 시행령 제39조 제4항에 의거한 연말정산 5회 분할납부를 원치 않는 경우 체크 후 회신

〈2023도 귀속 직장가입자 보수총액 통보서〉

h-well 국민건강보험 | **2023년도 직장가입자 보수총액 통보서(회신용)** | 소통과 배려로 국민과 함께 하겠습니다.

【 □ 정산보험료 일시납 신청 】

소속지사		사업장관리번호		사업장명		
팩스번호		단위사업장		회계		차수

순번	증번호	성명	주민등록번호	자격취득(변동)일	2023년도 보험료 부과총액			사업장 기재란	
					계	건강	요양	2023년도 보수총액	근무월수

작성자		사업장 전화번호		사업장 팩스번호	

「국민건강보험법」 시행규칙 제40조의 규정에 의하여 직장가입자의 보수총액 등을 위와 같이 통보합니다.

- 연말정산 추가보험료는 분할 적용기준에 따라 별도 신청 없이 10회 분할 고지되며, 10회 분할적용을 원치 않는 경우 상단의 '☑ 정산보험료 일시납 신청' 체크 후 회신
- 위의 '2023년도 보험료 부과총액'은 가입자 부담분(50%)만 표기됨
- 근무월수: 2023년도 직장가입자 자격 기간의 근무월수(의료급여 기간, 국가유공자 건강보험 적용 제외 기간, 휴직 기간은 제외)

2024. . . 사용자 인

국민건강보험공단 이사장 귀하

② EDI 신고

대상: EDI 가입사업장

신고방법

(가) 보수총액 신고: '전년도 보수총액'과 '근무 월수' 입력 ⇒ 임시저장 ⇒ 신고(신청)

※ log-in → 직장가입자 보수총액 통보서 → 도움말 참조

(나) 연말정산 5회 분할납부 사전 제외신청: '5회 분할 적용 제외신청' 버튼을 클릭 후 '5회 분할납부 적용 제외 신청서' 화면으로 이동하여 별도 신고(전송)

※ 가입자 구분(근로자, 개인사업장 사용자) 선택 후 '사업장 정보 불러오기'로 고지 연월, 고지 차수, 회계 내용 확인 후 신고(전송)

※ EDI 보수총액 통보서와 별개인 신고 항목으로, 보수총액 통보서를 신고했다고 해서 5회 분할 적용 제외신청이 된 것은 아님(사전 제외신청을 원할 경우, '5회 분할 적용제외 신청' 화면으로 들어가서 별도 신고필요)

〈EDI 보수총액 신고화면〉

사업장 EDI서비스 | 임시저장 | 신고(전송) | 조회 | 출력 | 서식닫기 | 도움말 | 전체메뉴 열기

직장가입자 보수총액 통보서

입력 방법은 화면 상, 하단 중 화면 하단 조회된 대상자 선택 후,
화면 상단의 보수총액과 근무월수 항목 입력 후, 엔터키를 누르시기 바랍니다.
(추가적인 입력 사항 문의는 고객센터 또는 관할지사에 문의하시기 바랍니다.)

수신일 | 수신일련번호 | 5회 분할 적용제외 신청

작성자 | 사업장 전화번호 | 사업장 팩스번호

성명 | 주민등록번호 | 증번호 | 회계 | 단위기관 | 자격취득(변동)일

전년도보험료부과총액: 합계 | 건강 | 요양 | 전년도 보수총액 | 근무월수(입사일 포함)

노란색 항목 입력 후, 엔터키 또는 수정버튼을 누르시기 바랍니다.

전년도보험료 부과총액은 가입자부담분(50%)만 기재

수정 | ← 이전 | 다음 → | 파일내리기 | 파일올리기 | 대상자삭제 | 신규입력

* 아래에서 해당 사람의 열을 선택하여 개인별 내역을 상세시 조회하세요.

조회된 대상자 내역이 없을 경우, 상단 메뉴의 조회버튼을 누르셔서 검색 하신 후, 수신 문서를 열어 입력하시기 바랍니다.
(수신문서 없을 경우, 관할지사에 보수총액통보서 재전송 요청 후 처리.)
입력완료 후 대상자현황 적색으로 변하면서 수정이 N->Y 로 변함.

회계 | 단위기관 | 조회인원 | 수정인원 | 조회대상 전체 | 정렬방법 성명

순번	성명	주민번호	증번호	자격취득일	전년도보험료부과총액(가입자 부담분)			전년도보수총액	근무월수	수정
					건강	장기요양	계			

③ QR 신고

대상: QR코드 신고서 전용회선을 활용하고 있는 세무회계 프로그램(스마트 A, 위하고 T, 세무사랑 등)을 사용하는 업무대행기관

신고방법: 업무대행기관에서 세무회계 프로그램으로 「직장가입자 보수총액 통보서」 작성 후 제출(QR코드 신고서 전용회선 전송)

※ 정산보험료 일시납 신청: 국민건강보험법 시행령 제39조 제4항에 의거한 연말정산 5회 분할납부를 원치 않는 경우 체크 후 회신

(8) 보험료 연말정산 산출 내역 착오자 변경신청

① '직장가입자 보험료 연말정산 산출 내역서'의 사업장 신고내역(연간보수총액, 근무 월수) 등을 확인하여 착오 내역 있는 경우 이의신청

② 신청 기한: 2024.4.17.까지(개인 대표자 6.15./성실 대표자 7.17.까지) 관할지사로 신청

③ 신청 서류: '직장가입자 보험료 정산 내역 착오자 변경신청서'

④ 증빙 자료: 근로소득원천징수영수증, 임금 대장, 기타 이에 준하는 관련 서류

(9) 연말정산 보험료 부과 및 새로운 보수월액 적용

① 연말정산 보험료 부과

- 근로자: 매년 4월분 보험료
- 개인사업장 사용자: 매년 6월분 보험료
  (성실신고 사업장 사용자: 매년 7월분 보험료)

② 연말정산 결과에 의한 보수월액 적용 기간

- 근로자: 당해연도 4월~다음 연도 3월
- 개인사업장 사용자: 당해연도 6월~다음 연도 5월
  (성실신고 사업장 사용자: 당해연도 7월~다음 연도 6월)

③ 연말정산 반환 보험료 처리

- 정산 반환금액이 1개월분 보험료 이내: 연말정산 보험료 부과월 보험료에 충당
- 정산 반환금액이 1개월분 보험료 초과: 연말정산 보험료 부과월 보험료에 충당, 잔액은 사업장의 신청에 의해 과오납 환급금 지급

4. 보험료 고지 징수 및 수납

(1) 보험료 납부의무자

가입자가 속한 세대의 지역가입자 전원이 연대하여 납부

(2) 보험료의 부담

가입자가 속한 세대의 지역가입자 전원이 연대하여 부담

(3) 납부기한

해당 월의 보험료를 그다음 달 10일까지

(4) 납부방법

자동이체, 고지서, 편의점 방문, 은행 현금자동입출금기(CD/ATM), 지사창구수납(카드), 가상계좌, 인터넷뱅킹, 인터넷 지로(giro.or.kr), 사회보험통합징수 포털사이트(si4n.nhis.or.kr), 모바일 앱 The 건강보험 또는 모바일지로 납부, 간편결재(카카오페이) 납부도 가능

(5) 신용카드 수납

① 수납 가능 신용카드: 무기명 기프트(선불)카드, 해외발급카드를 제외한 신용카드

② 납부 방식: 자동이체 또는 가까운 공단지사 방문, 사회보험통합징수 포털, 인터넷 · 모바일지로, The 건강보험

※ 납부금액의 0.8%(체크카드는 0.5%)인 납부대행수수료가 포함되어 결제됨

5. 외국인 · 재외국민 특례

(1) 가입대상

① 6개월 이상 체류자 중 건강보험 미가입자

② 결혼이민(F-6), 유학(D-2), 일반연수 초중고생(D-4-3), 비전문취업(E-9), 영주(F-5)는 입국일(다만, 입국일보다 외국인 등록 늦은 경우 등록일)

③ 체류자격이 A(외교), B(관광), C(단기), G1(기타)을 제외한 외국인. 단, G1(기타) 중 G-1-6(인도적 체류 허가자) 및 G-1-12(인도적 체류 허가자의 가족)는 가입대상

④ 재외동포(F-4), 재외국민 유학생은 재학증명서 제출 시 입학일

* 2024년 4월 3일 이후 입국한 외국인 및 재외국민은 6개월 이상 국내 거주하거나 거주 사유에 해당하여야 피부양자가 될 수 있음

■ 「국민건강보험법」 제109조 제4항 제3호 개정 (시행일: 2024.4.3.)

(2) 가입절차

① 별도의 신고절차 없이 공단에서 일괄 가입처리

② 등록관청에 체류지(거소지)를 변경신고하는 경우에는 동 · 호수 등 상세주소를 정확히 신고하여 우편물 미송달로 인한 불이익이 발생하지 않도록 주의

(3) 보험료 산정

① 보험료는 소득 · 재산에 따라 개인(가족) 단위로 산정

② 산정된 보험료가 전년도 11월 전체 가입자 평균보험료 미만인 경우는 평균보험료 적용 [2024년도 평균보험료(장기요양보험료 포함): 150,990원]

③ 난민 인정자(F-2-4) 및 그 가족(F-1-16), 19세 미만 단독세대는 평균보험료 미만 시에도 평균보험료를 적용하지 않고 내국인과 동일하게 보험료 산정

※ 외국인은 본국의 재산 · 소득 등의 파악이 어려워 평균보험료를 부과하고 있음

■ 보험료율 및 금액은 연도별로 변경될 수 있음

(4) 보험료 경감

① 소득금액 360만 원, 재산과표 13,500만 원 이하인 경우

② 종교(D-6), 인도적 체류 허가자(G-1-6) 및 그 가족(G-1-12)은 30%

③ 유학(D-2), 일반연수(D-4), 재외동포(F-4) 유학생, 재외국민 유학생은 공단에 직접 소명하는 경우 한시적 감액 적용(2021.3.1 부터)

기간	'21.3 ~ '22.2	'22.3 ~ '23.2	'23.3 ~
경감률	70%	60%	50%

※ 기존 재외동포(F-4) 유학생, 재외국민 유학생은 50% 경감은 2021.2.28.까지만 적용

④ 재외동포(F-4) 유학생, 재외국민 유학생은 공단에 직접 소명 필요

- 야간대학, 한국방송통신대학, 사이버대학, 직업훈련학교, 직업훈련과정 제외
- 대학원생은 재학증명서 제출 시 입학일로 취득은 가능하나 보험료 경감 불가

⑤ 같은 체류지에 배우자 및 19세 미만 자녀와 함께 거주하여 가족 단위로 보험료 납부를 원하는 경우 가족관계를 확인할 수 있는 서류제출 등 세대 합가 신청 필요

※ 가족관계 확인용 서류: 해당국 외교부(또는 아포스티유) 확인을 받은 가족관계나 혼인 사실이 나타나는 서류

(5) 납부기한

다음 달 보험료를 매월 25일까지 미리 납부

(6) 납부방법

① 자동이체, 가상계좌, 은행, 전자수납, 공단지사(신용카드), 징수 포털 등 납부

② 자동이체 · 환급 사전계좌를 신청하면 보험료 납부와 환급이 편리함

※ 영주(F-5), 결혼이민(F-6): 보험료 부과, 납부기한 등 대한민국 국민 기준 적용

6. 보험급여

(1) 요양급여

① 의의

국민건강보험법 제41조에 의해, 가입자 및 피부양자의 질병 · 부상 · 출산 등에 관하여 법령이 정하는 바에 의하여 공단이 각종 형태로 실시하는 의료 서비스를 말한다.

- 진찰 · 검사
- 약제 · 치료재료의 지급
- 처치 · 수술 기타의 치료
- 예방 · 재활
- 입원
- 간호
- 이송

〈보험급여의 종류〉

급여 종류		수급권자
현물급여	요양급여	가입자 및 피부양자
	건강검진	가입자 및 피부양자
현금급여	요양비	가입자 및 피부양자
	본인부담액 상한제	가입자 및 피부양자
	장애인 보장구 급여비	장애인복지법에 따라 등록한 장애인인 가입자 및 피부양자

② 요양급여에 따라 가입자 및 피부양자의 질병, 부상에 대한 예방, 진단, 치료, 재활과 출산, 사망 및 건강 증진에 대하여 현물 또는 현금급여를 제공하는 것

- 현물: 요양급여, 건강검진 등
- 현금급여: 요양비, 장애인 보조기 급여비, 임신 · 출산 진료비 등

③ 산정특례제도

중증 질환자*의 의료비 부담을 완화하기 위하여 특례기간 동안 본인 부담률 경감적용을 받을 수 있도록 산정특례자로 등록하여 관리하는 제도

*중증 질환자: 암, 희귀질환 및 중증 난치질환, 결핵, 중증화상, 중증 치매 등

④ 재난적 의료비 지원사업

과도한 의료비 지출로 경제적 어려움을 겪는 국민들에게 건강보험이 보장하지 않은 부분에 대해 의료비 일부를 지원하는 사업

7. 건강보험 Q&A

● 국민건강보험 가입은 선택할 수 있을까요?

정답: X, 국민건강보험가입은 선택할 수 없음

① 국민건강보험법은 일정한 법적 요건이 충족되면 본인의 의사와 관계없이 건강보험에 강제적용 대상자로서 건강보험에 의무적으로 가입하도록 규정

② 만약, 보험가입의무규정이 없을 경우, 부상을 당하거나 질병 위험이 큰 사람들만 가입하게 된다면, 국민 상호 간 위험분담을 통해 의료비 문제를 해결하고자 하는 건강보험제도의 궁극적 목적달성이 불가능하게 됨. 따라서 국민건강보험제도는 법률로써 의무가입을 규정

③ 국민건강보험은 대한민국의 사회보장 제도의 하나로, 공공의료보험에 속함

● 남편이 보수, 소득이 있는 경우에도 저와 함께 사는 시부모님을 제 피부양자로 올릴 수 있을까요? (32세 워킹맘)

① 국민건강보험법 제5조(적용대상) 제2항에 따라 가입자의 시부모는 피부양자로 취득

② 시부모가 남편 일방에 의해 부양을 받는다고 볼 수 없으므로 아들이 사업소득이 있더라도 며느리의 피부양자로 취득

단, 시부모가 사업소득이 있거나 재산세 과세표준의 합계액이 기준치 이상일 경우에는 피부양자로 인정되지 못함

● 직원이 어제 모두 그만둬서 혼자 사업을 운영하고 있어요. 이 경우에는 어떻게 해야 하나요? (29세 카페 사장)

① 국민건강보험법 제7조(사업장신고)에 따라 사업자의 부도, 도산, 휴 · 폐업 및 근로자가 없는 등의 사유 발생 시 사업주는 14일 이내에 공단 관할지사에 사업장 탈퇴신고서를 제출

② 최종 근로자의 사용 관계가 끝난 날의 다음 날인 오늘 자로 사업장 탈퇴와 직장가입자 상실신고

● 직장 퇴직 후 소득이 줄었음에도 불구하고 보험료 부담은 큰데 방법이 있나요? (65세 퇴직자)

① 국민건강보험법 제110조(실업자에 대한 특례)에 따라 직장가입자의 자격을 유지한 기간이 통산 1년 이상인 사람은 임의계속 가입제도 신청이 가능

② 신청절차: 최초 지역보험료 납부기한에서 2개월이 지나기 이전까지 '임의계속가입신청서'를 공단에 제출

③ 적용 기간: 퇴직일의 다음 날부터 36개월

④ 보험료: 보수월액보험료가 산정된 최근 12개월간의 보수월액의 평균에 연도별 직장 가입자 보험료율을 적용하여 산정한 보험료 중 50%를 경감 후 부과

⑤ 자격상실: 최초 임의계속보험료를 그 납부기한으로부터 2개월이 지난날까지 납부하지 않을 때는 취득 취소

● 4대사회보험료 고지서를 하나로 받을 수 있나요?

정답: O

① 국민건강보험공단은 2011년 1월부터 4대사회보험료(건강보험, 국민연금, 산재보험, 고용보험)의 고지 및 징수를 담당하고 있으며, 국민들은 4대사회보험료 고지서를 하나로 받아 편리하게 납부할 수 있음

② 또한, 명확한 기준을 바탕으로 피보험자에게 해당 보험료를 고지하고 납부할 수 있도록 유도

③ 체납된 보험료는 "국세 체납처분의 예"에 따라 징수

● 건강보험료를 연체했을 경우에 재산 등에 압류가 설정되기도 하나요?

① 제81조(보험료 등의 독촉 및 체납처분)에 의하여 독촉을 실시

② 독촉을 받은 자가 납부기한까지 납부하지 아니한 때에는 보건복지부 장관의 승인을 얻어 국세 체납처분의 예에 따라 압류, 공매 등 체납처분할 수 있음

③ 일시납부가 어려운 체납자에 대하여 체납 개월 수만큼 최대 24회로 나누어 납부할 수 있도록 하고 있음

④ 분할납부는 유선, 지사 방문을 통해 신청서 작성 후 승인받아야 하지만, 5회 이상 미납했을 때에는 분할납부 승인이 취소

- **건강보험료를 장기간 체납하게 되면 체납자 개인 인적사항을 공개한다는데 공개 기준과 공개내용은 무엇이고, 어디에 공개되나요?**

① 제83조(고액 · 상습체납자의 인적사항 공개)에 따라 건강보험료 납부기한의 다음 날부터 1년이 지난 체납액이 1,000만 원 이상인 경우 대상자에게 공개 예정임을 서면으로 통지하여 6개월간의 소명 기간을 거친 후, 보험료 정보공개심의위원회에서 공개 여부를 확정

② 체납자의 인적사항은 관보 또는 공단 홈페이지에 게시

③ 주요 공개내용: 체납자의 성명, 상호, 나이, 주소, 체납액의 종류, 납부기한 등

제4장

고용 · 산재보험법

1. 고용 · 산재보험 일반

(1) 용어정리

① 보수

소득세법에 따른 근로소득(봉급, 세비, 임금, 상여, 수당과 이와 유사한 성질의 급여)에서 비과세 근로소득을 뺀 금액을 말하며, 연간보수총액은 지난 1년간 지급한 보수의 총액을 말한다. 즉 연말정산에 따른 갑근세 원천징수 대상 근로소득과 동일하다.

② 보수총액신고

보험가입자는 작년도 납부한 월별 보험료를 정산하고, 올해 납부할 월별 보험료(월평균 보수) 산정을 위해 근로자가 없어도, 이미 퇴사했어도 전년도와 보수가 같아도 보수총액신고서는 반드시 제출해야 한다.

③ 이직

피보험자와 사업주 간에 고용 관계가 종료된 것을 말하며, 비임의적 이직에 한하지 않고 계약 기간의 만료, 임의퇴직 등 그 이유를 불문하고 사업주와의 고용 관계가 종료되면 이직한 것으로 인정된다.

④ 실업

실업이란, 피보험자가 이직하여 근로의 의사 및 능력이 있음에도 불구하고 취업하지 못한 상태에 있는 것을 말한다. 여기서 근로의 의사라 함은 적극적인 구직의 의사를 말하고, 능력은 근로에 종사하고 그 대가를 얻어 생활을 영위할 수 있는 정신적 육체적, 환경상의 능력을 말한다.

⑤ 피보험자

고용보험의 피보험자가 되는 근로자는 근로기준법에 규정된 근로자의 범위보다 넓은 개념으로 사업주(법인인 경우에는 대표이사)의 지휘, 감독하에서 상시 근로를 제공하고 그 대가로 임금형태의 금품(보수 등)을 지급받는 자를 말한다.

(2) 고용보험의 의의

고용보험은 ①실직 근로자에게 실업급여를 지급하는 본질적 의미의 실업보험 사업 외에 ②산업구조조정의 촉진 및 실업 예방, 고용촉진 등을 위한 고용안정사업, 근로자의 생애직업능력개발을 위한 직업능력개발 사업 등의 노동시장 정책을 적극적으로 연계하여 통합적으로 실시하는 사회보장제도이다.

(3) 산재보험의 의의

산재근로자와 그 가족의 생활을 보장하기 위하여 국가가 책임지는 의무보험으로 사용자의 근로기준법상 재해보상책임을 보장하기 위하여 사업주로부터 소정의 보험료를 징수하여 그 기금으로 사업주를 대신하여 산재근로자에게 보상을 해주는 사회보험제도이다.

(4) 관리 주체

① 근로복지공단: 산재보험의 적용 · 부과 · 징수, 고용정보 관리 및 요양에 따른 각종 보험급여 등의 지급
고용보험 피보험자 관리, 고용보험 적용징수

② 고용노동부 고용센터: 고용안정, 직업능력개발사업, 실업급여 지급

③ 산재 · 고용보험료의 고지, 수납 및 체납처분은 국민건강보험공단에서 수행

(5) 가입대상

※ "사업"이란 어떤 목적을 위하여 업으로 행하여지는 계속적 · 사회적, 경제적 활동 단위로서 그 목적은 영리성 여부와는 관계가 없음.
※ "사업장"이란 사업이 행하여지고 있는 사람과 물건이 존재하는 장소적 범위를 중심으로 본 개념

● 근로자를 사용하는 모든 사업 또는 사업장

① 당연적용과 임의적용 사업이란?

(가) 당연적용 사업

요건이 충족되었을 때 사업주의 의사와는 관계없이 법에 의해 자동으로 보험관계가 성립하는 사업을 말하는 것으로, 적용제외사업을 제외한 근로자를 1인 이상 사용하는 모든 사업 또는 사업장은 당연적용 사업에 해당함. 따라서 사업주의 보험관계 성립신고 여부와 관계없이 사업을 개시한 날 또는 소정의 요건에 충족되어 당연적용 사업에 해당하게 되는 날 이후에 재해를 당한 근로자는 산재보험의 보상을 받을 수 있음.

※ 유의: 보험관계 성립신고를 게을리한 기간 중 발생한 재해는 지급 결정된 보험급여액의 50%를 사업주에게 별도 징수

(나) 임의적용 사업

임의적용 사업이라 함은 당연적용 대상 사업이 아닌 사업으로서 보험가입 여부가 사업주의 자유의사에 일임되어있는 사업

※ 유의: 적용제외 사업의 사업주는 근로복지공단의 승인을 얻어 보험에 가입할 수 있음. 단, 고용보험의 경우는 근로자 과반수의 동의를 얻어야 가입 가능

② 사업장

근로자를 사용하는 모든 사업장은 산재 · 고용보험 당연적용 사업장임

다만, 아래와 같이 사업장 규모 등에 따라 산재 · 고용보험 적용을 제외

구분		의무가입대상
산재보험	제조업, 도소매업, 음식업 등 (계속사업)	근로자를 사용하는 모든 사업 – 다만, 개인이 운영하는 농 · 임(벌목업 제외) · 어업 · 수렵업의 상시 5인 미만 사업은 임의가입 가능
	건설공사	모든 건설공사(2018년 7월 1일 이후 착공하는 공사)
고용보험	제조업, 도소매업, 음식업 등 (계속사업)	근로자를 사용하는 모든 사업 – 다만, 개인이 운영하는 농 · 임 · 어업의 상시 4명 이하 사업은 근로자(적용제외 근로자제외) 과반수의 동의를 얻어 임의가입 가능
	건설공사	건설면허업자가 시공하는 원도급공사 건설면허업자가 아닌 자가 시공하는 건설공사 중 ① 총공사금액 2천만 원 이상 ② 건축(대수선) 연면적 100㎡(200㎡) 초과하면서 총공사금액 2천만 원 이상

③ 근로자

(가) 근로자의 개념

산재 · 고용보험은 근로기준법상의 근로자개념을 준용함. 즉, 직업의 종류를 불문하고 사업 또는 사업

장에서 임금을 목적으로 근로를 제공하는 자를 말한다.

(나) 상시근로자 수의 산정

상시근로자란 상용 · 일용 등 고용형태를 불문하고 사실상 고용된 모든 근로자를 말한다. 상시근로자 수의 산정은 전년도 매월 말일 현재 사용하는 근로자 수의 합계를 전년도의 조업 월수로 나눈 수로 하며, 건설업의 경우 상시근로자 수의 확인이 곤란한 경우에는 다음과 같이 구한다.

$$\frac{\text{전년도공사실적액 X 전년도노무비율}}{\text{전년도건설업 월평균보수 X 조업개월 수}}$$

※ 상시근로자 수의 산정에는 고용보험법상 적용되지 아니하는 근로자도 포함하여 산정한다.

산재 · 고용보험 당연적용 사업장에서 근무하는 근로자는 모두 산재 · 고용보험 적용 근로자에 해당하며 아래에 해당하는 근로자의 경우 적용이 제외된다.

적용제외 근로자[산재보험]

▶ 「공무원 재해보상법」 또는 「군인 재해보상법」에 따라 재해보상이 되는 자

▶ 「선원법」 또는 「어선원 및 어선재해보상보험법」에 따라 재해보상이 되는 자

▶ 「사립학교교직원 연금법」에 따라 재해보상이 되는 자(고용보험 동일)

[적용제외 근로자](고용보험)

▶ 65세 이후에 고용된 자(실업급여는 적용 제외하나 고용안정 · 직업능력개발사업은 적용) 다만, 65세 이전부터 피보험자격을 유지하던 사람이 65세 이후에 계속하여 고용된 경우는 실업급여 및 고용안정 · 직업능력개발사업 모두 적용

※ 65세 이전부터 고용보험에 가입된 자가 65세 이후에 퇴직 후 근로 단절 없이 다른 사업장에 고용된 경우는 실업급여 적용 대상('19.1.15. 시행)

▶ 1개월간 소정근로시간이 60시간 미만인 자(1주간의 소정근로시간이 15시간 미만인 자를 포함) 다만, 3개월 이상 계속하여 근로를 제공하는 자와 "일용근로자"는 적용대상임

※ 「고용보험법」 제2조 제6호에 따라 "일용근로자"란 1개월 미만 동안 고용되는 자를 말함.

▶ 「별정우체국법」에 따른 별정우체국 직원

▶ 「국가공무원법」과 「지방공무원법」에 따른 공무원. 다만 대통령령으로 정하는 바에 따라 별정직 공무원, 임기제공무원의 경우는 본인의 의사에 따라 고용보험(실업급여 사업에 한함)에 가입할 수 있음

▶ 「사립학교교직원 연금법」의 적용을 받는 자

▶ 적법한 체류자격이 없는 외국인근로자

● 건설업 등 여러 차례의 도급사업에 있어 보험가입자

① 건설업에 있어서 도급계약 형식으로 여러 차례의 도급에 의하여 시행되는 경우에는 발주자와 직접 계약한 최초 원수급인이 보험가입자가 된다.

② 하수급인이 보험가입자가 되는 경우

- 국내 건설사가 국내에 소재하지 않는 외국 건설사로부터 하도급을 받아 시행하는 경우에는 국내의 그

최초 하수급인이 보험가입자가 된다.

- 원수급인의 신청에 의하여 하수급인을 보험가입자로 인정해 달라는 신청에 대하여 공단이 승인하는 때에는 그 하수급인이 보험가입자이다.

〈하수급인 사업주 보험가입 승인신청 요건 및 절차〉

■ 승인요건

- 건설업일 것
- 하수급인 사업주가 건설사업자, 주택건설사업자, 전기공사업자, 정보통신공사업자, 소방시설업자, 문화재수리업자일 것(종목별 면허보유 필수)
- 원수급인이 하수급인과 보험료 납부의 인수에 관한 서면계약(전자문서로 된 계약서를 포함)을 체결하고, 하도급 공사의 착공일부터 30일 이내에 하수급인 사업주 보험가입 승인신청서를 제출할 것

※ 다만, 다음의 ①, ② 사유에 어느 하나라도 해당하는 신청은 승인 불가

① 하도급 공사 착공 후 15일부터 승인신청 전까지 재해가 발생하는 경우

② 하도급 공사 착공 후 승인신청 전까지 원수급인이 보험관계 성립신고를 게을리한 기간 중에 재해가 발생한 경우

■ 구비서류

- 도급계약서 사본 1부, 보험료납부인수에 관한 서면계약서 사본 1부

〈 외국인근로자 체류자격 〉

구분	체류자격	비고
근로 가능	F-2(거주)	영주권자의 배우자와 자녀, 국내인과 결혼하여 출생한 자녀, 외국인 투자자 등
	F-5(영주)	영구 체류 자격부여
	F-6(결혼)	국내인과 결혼한 자
	E-9 (비전문취업)	국내 취업요건을 갖추고 사업주와 상용직 근로계약을 체결한 자, 고용허가서 발급 필수
	H-2 (방문취업)	단기간 취업방문 외국인근로자
		건설업 취업교육을 이수하고 건설업 취업 인정을 발급받은 경우 기초교육면제, 특례고용가능 확인서 발급 필수
조건부	F-4 (재외동포)	대한민국 국적자 또는 그 자손으로서 현재는 외국 국적 보유자
근로 불가	C-3 (관광비자)	체류 기간 3개월 이내 단수 또는 복수비자
	F-1 (방문 동거)	취업 불가 체류자격, 외교전문직 등의 가사보조만 제한적으로 취업허용
	F-3 (동반)	특정 분야 체류자와 배우자와 자녀

「외국인근로자의 고용 등에 관한 법률」의 적용을 받는 외국인근로자(H-2, E-9)는 2021년 1월 1일부터 단계적 고용보험(고용안정 · 직업능력개발사업) 당연적용 대상으로 변경됨에 따라 일반 근로자와 동일하게 고용보험 피보험자격취득신고서 제출

• 상시 30명 이상의 근로자를 사용하는 사업 또는 사업장: 2021년 1월 1일부터
• 상시 10명 이상 30명 미만의 근로자를 사용하는 사업 또는 사업장: 2022년 1월 1일부터
• 상시 10명 미만의 근로자를 사용하는 사업 또는 사업장: 2023년 1월 1일부터

※ 고용보험 중 실업급여사업은 종전과 동일하게 임의가입 대상에 해당하므로, 실업급여 사업을 적용받기 희망하는 경우 '외국인 고용보험 가입신청서' 제출

(6) 산재보험급여 종류

급여 명	급여내용
요양급여	진료비: 치료에 소요된 병원비용, 간병료: 간병에 따른 비용 이송료: 통원치료 등에 따른 이송비용 기타: 보조기 및 본인이 직접 낸 치료비용
휴업급여	치료 기간 중 일하지 못한 기간 동안 평균임금의 70%에 해당하는 보험급여지급
상병보상연금	치료 기간이 2년 경과하고 중증요양상태(1급~3급)에 해당하는 경우 상병보상연금 지급
장해급여	치료 후 신체에 장해가 남은 경우 제1급~14급에 해당하는 장해급여 지급
간병급여	치료 후 간병이 필요한 경우 실제 간병을 받은 날에 대하여 간병급여 지급
직업 재활 급여	산재 장애인(제1급~12급)을 원직에 복귀시켜 고용을 유지하고 있는 사업주에게 직장복귀지원금 등 지급 실업 상태에 있는 산재 장애인(제1급~12급)이 직업훈련 시 훈련비용과 훈련수당 지급
유족급여	사망한 근로자와 생계를 같이하였던 유가족에게 연금(50% 일시금)지급
장례비	장례를 치른 사람에게 지급

2. 보험관계 성립 · 변경 · 소멸

(1) 보험관계 성립의 의의

산업재해보상보험법과 고용보험법에 의한 권리 · 의무관계가 이루어지는 것을 말한다. 보험관계의 성립으로 사업주는 보험료 신고 · 납부의무가 발생하고 보험관장자는 보험급여의 지급의무가 발생하게 되며, 근로자는 재해 및 실직 시 보험급여청구권 등의 제반 권리 · 의무가 발생하게 된다.

(2) 보험관계 성립일 및 제출서류

<table>
<tr><th colspan="2"></th><th colspan="2">의무가입사업장</th><th colspan="2">임의가입사업장</th></tr>
<tr><td colspan="2">성립일</td><td colspan="2">해당 사업이 시작된 날 또는 일정규모 이상의 사업에 해당하게 된 날</td><td colspan="2">보험가입신청서를 공단에 접수한 날의 다음 날(하수급사업주 보험가입 승인을 받은 경우에는 하도급 공사 실제 착공일)</td></tr>
<tr><td rowspan="6">제출
서류</td><td>사업</td><td>일반사업</td><td>건설공사/벌목업</td><td>일반사업</td><td>건설공사/벌목업</td></tr>
<tr><td>서식</td><td colspan="2">보험관계 성립신고서</td><td colspan="2">보험가입신청서</td></tr>
<tr><td rowspan="2">첨부
서류</td><td>–</td><td>공사도급계약서
(공사비 내역 포함)
건축/벌목허가서</td><td>–</td><td>공사도급계약서
(공사비 내역 포함)
건축/벌목허가서</td></tr>
<tr><td colspan="2">통장사본(보험료 자동이체 시)</td><td colspan="2">통장사본(보험료 자동이체 시)
근로자 과반수 동의서(고용보험가입 시)</td></tr>
<tr><td>확인
동의</td><td colspan="4">사업자등록증, 주민등록표 초본, 법인등기사항증명서</td></tr>
<tr><td colspan="2">제출기한</td><td colspan="2">보험가입성립일로부터 14일 이내
(14일 이내 종료되는 사업은 종료일 전날)</td><td>–</td><td>사업종료일 전날</td></tr>
<tr><td colspan="2">근로자
고용신고서</td><td colspan="4">근로자 고용한 날이 속하는 달의 다음 달 15일까지</td></tr>
</table>

(3) 동종사업의 일괄적용

① 사업주가 동일할 것

② 각각의 사업은 기간이 정하여져 있는 사업일 것

③ 사업의 종류 등이 대통령령으로 정하는 요건에 해당할 것

※ "대통령령으로 정하는 요건"이란 한국표준산업분류표의 대분류에 따른 건설업

(4) 보험관계의 변경

① 보험관계의 변경

사업주는 보험에 가입된 사업에 다음 사항이 변경되면 그 변경된 날부터 14일 이내에 공단에 신고하여야 함

② 변경내용

- 사업주(법인의 경우에는 대표자)의 이름 및 주민등록번호
- 사업의 명칭 및 소재지
- 사업의 종류
- 사업자등록번호(법인인 경우에는 법인등록번호 포함)

- 사업의 기간(건설공사 또는 벌목업 등 기간의 정함이 있는 사업)
- 상시근로자 수(「고용보험법 시행령」 제12조에 따른 우선지원대상 기업의 해당 여부에 변경이 있는 경우)

③ 제출서류
- 보험관계변경사항신고서 1부
- 다만, 우선지원대상 기업 해당 여부에 변경이 있는 사업장의 상시근로자 수 변경은 보험연도의 초일부터 14일 이내에 우선지원 대상기업 신고서를 제출하여야 함

(5) 보험관계의 소멸 사유

① 사업의 폐지 또는 종료

단지 서류상이 아니고 사업이 사실상 폐지 또는 종료된 경우를 말함

② 직권소멸

근로복지공단이 보험관계를 계속해서 유지할 수 없다고 인정하는 경우 직권소멸조치

③ 직권소멸 경우

보험계약의 해지신청(임의가입 및 의제 가입 사업의 경우)

사업주의 자유의사에 따라 보험계약해지를 신청

※ 단, 신청 시기는 보험가입승인을 얻은 당해 보험연도 종료 후 가능

(6) 보험관계 소멸일 및 제출서류

① 사업의 폐지 또는 종료의 경우
- 소멸일: 사업이 사실상 폐지 또는 종료된 날의 다음 날
- 제출서류: 보험관계소멸신고서 1부
- 제출기한: 사업이 폐지 또는 종료된 날로부터 14일 이내

② 직권소멸 조치한 경우
- 소멸일: 보험관계를 유지할 수 없다고 판단되어 직권소멸을 결정 · 통지한 날의 다음 날

③ 보험계약의 해지신청
- 소멸일: 보험계약해지를 신청하여 공단의 승인을 얻은 날의 다음 날

- 제출서류: 보험관계소멸신청서 1부

(고용보험의 경우 근로자 과반수의 동의 요함)

(7) 소멸의 효과

① 소멸 시점 이후의 보험료 납부의무 및 근로자에 대한 보험급여 지급의무 소멸

② 소멸 시점 이전의 미납보험료는 소멸하지 않음

③ 보험관계가 소멸하기 이전에 발생한 재해에 대하여는 보험급여의 청구가 가능

(8) 피보험자의 관리

① 피보험자격에 관한 신고

사업주가 피보험자격의 취득 및 상실에 관해 그 사유가 발생한 날이 속하는 달의 다음 달 15일까지 근로자가 그 기일 이전에 신고하거나 제출할 것을 요구하는 경우에는 지체 없이 고용노동부 장관에게 신고함이 원칙이나 사업주가 신고하지 아니하는 경우 근로자가 신고할 수 있다. 다만, 자영업자인 피보험자는 피보험자자격의 취득 및 상실에 관한 신고를 하지 아니한다.

〈고용 · 산재보험 자격관리 신고기한〉

구분	신고종류	기한	내용
입사	취득(고용)신고서	다음 달 15일	입사일, 월평균 보수 등
퇴사	상실(고용종료) 신고서	〃	퇴사일, 월평균 보수 등
휴직	휴직 등 신고서	14일 이내	휴직일 등
전근(전보)	전보신고서	〃	전보일 등
정보변경	정보변경신고서	〃	성명, 주민등록 등 변경사항
일용직	근로내용확인신고서	다음 달 15일	일용직 근무 일자 등

② 피보험자격의 취득 시기

- 고용된 날: 피보험자는 이 법이 적용되는 사업에 고용된 날에 피보험자격을 취득한다.
- 해당된 날: 적용제외 근로자가 이 법의 적용을 받게 된 경우에는 그 적용을 받게 된 날이며, 보험관계 성립일 전에 고용된 근로자의 경우에는 그 보험관계가 성립한 날
- 자영업자인 피보험자: 보험관계가 성립한 날에 피보험자격을 취득한다.

③ 피보험자의 상실 시기

(가) 근로자인 피보험자

- 피보험자가 적용제외 근로자에 해당하게 된 경우에는 그 적용제외 대상자가 된 날
- 보험관계가 소멸한 경우에는 그 보험관계가 소멸한 날
- 피보험자가 이직한 경우에는 이직한 날의 다음 날
- 피보험자가 사망한 경우에는 사망한 날의 다음 날

(나) 자영업자인 피보험자

자영업자인 피보험자는 보험관계가 소멸한 날에 피보험자격을 상실한다.

〈고용 · 산재 자격취득 신고 사유〉

구분	사유	취득(고용)일
공통	고용 · 산재보험 적용제외근로자가 적용을 받게 된 경우	적용을 받게 된 날
	고용 · 산재보험관계 성립일 전에 고용된 근로자의 경우	보험관계가 성립한 날
	고용 · 산재보험 적용사업에 새로이 채용된 경우	근로계약서 상 근로개시일
고용보험	고용보험 가입 신청한 외국인의 경우	가입 신청한 날의 다음 날
	고용보험 가입 신청한 별정직 · 임기제 공무원의 경우	가입 신청한 날의 다음 날
	총공사금액 2천만 원 미만 건설공사가 일괄적용을 받게 되는 경우	일괄적용 관계가 성립한 날
	새로이 보험관계가 성립되는 사업의 경우	보험관계가 성립한 날
	피보험자격이 없는 근로자가 근로계약의 변경 등으로 피보험자격을 취득하게 되는 경우	새로운 근로계약서 상 근로개시일
	둘 이상의 사업장에 동시 고용된 근로자가 피보험자격 취득 중인 사업장에서 피보험자격을 상실하는 경우	피보험자격을 상실한 날 (나머지 사업장에서 취득)
산재보험	자진신고 사업에서 부과 고지 사업으로 사업종류 변경된 경우	변경된 날
	해외파견 사업에서 국내 부과 고지 사업으로 복귀하는 경우	복귀한 날
	산재보험 노무제공자가 고용 관계가 변동되어 일반 근로자가 되는 경우	고용 관계가 변동된 날
	근로자 정보 신고제외자가 고용 관계가 변동되어 신고대상이 되는 경우	고용 관계가 변동된 날
	적용제외 사업장이 적용 사업장으로 변경된 경우	변경된 날

〈고용 · 산재보험 자격상실 신고 사유〉

구분	사유	상실(고용종료)일
공통	근로자가 고용 · 산재보험 적용제외 근로자가 된 경우	적용 제외된 날
	고용 · 산재보험 적용제외 사업으로 근로자의 고용 관계가 변경되는 경우	변경된 날
	보험관계가 소멸하는 경우	보험관계가 소멸한 날
	사업주와 고용 관계가 종료된 경우 (근로자가 이직한 경우)	고용 관계가 끝나는 날의 다음 날 (이직한 날의 다음 날)
	근로자가 사망한 경우	사망한 날의 다음 날
고용보험	근로계약의 변경 등으로 피보험자격을 상실한 경우	기존 근로관계 끝나는 날의 다음 날
	고용보험에 가입된 외국인근로자가 고용보험 탈퇴 신청한 경우	탈퇴 신청한 날의 다음 날
	고용보험에 가입된 별정직 · 임기제 공무원이 고용보험 탈퇴 신청한 경우	탈퇴 신청한 날의 다음 날
	이중고용으로 먼저 취득한 피보험자격을 상실한 경우	나중에 고용된 사업에서의 피보험자격을 취득한 날
산재보험	해외파견 사업으로 파견되는 경우	국내 사업에서 고용 관계가 끝나는 날의 다음 날
	사업종류 변경으로 부과 고지 사업에서 자진신고 사업으로 변경된 경우	변경된 날

④ 피보험자격 이중취득의 제한

근로자가 보험관계가 성립되어있는 2개 이상의 사업에 동시에 사용되어있는 경우에는 고용노동부령이 정하는 바에 따라 그중 하나의 사업의 근로자로서 피보험자격을 취득한다. 보험관계가 성립되어있는 둘 이상의 사업에 동시에 고용되어있는 근로자는 ①통상임금이 많은 사업, ②월 소정근로시간이 많은 사업, ③근로자가 선택한 사업 순서에 따라 피보험자격을 취득한다.

⑤ 보험료의 원천징수

- 사업주는 고용보험 가입자인 근로자가 부담하는 고용보험료에 상당하는 금액을 그 근로자의 보수에서 원천공제할 수 있다.
- 고용보험료를 원천공제할 때에는 피보험자인 근로자에게 보수를 지급할 때마다 그 지급금액에 직전의 정기 보수지급일 이후에 부정기적으로 지급한 보수를 합산한 금액을 기준으로 그 근로자가 부담할 고용보험료에 상당하는 금액을 그 지급금액에서 공제하고 지급한다.

⑥ 근로내용확인신고

㈎ 신고 사유 및 시기

- 「고용보험법」 제2조 제6호에 따른 일용근로자는 「근로내용확인신고서」를 제출하는 경우 근로자 취득 및 상실신고를 한 것으로 본다.
- 따라서 사업주는 근로자 피보험자격취득신고, 상실신고를 별도로 신고함이 없이 일용근로자에 대

하여는 「근로내용확인신고서」를 신고 사유 발생일 다음 달 15일까지 공단에 신고(다만, 근로자가 조기 신고를 요구하는 경우 지체 없이 신고)

㈏ 신고 시 유의 사항

- 월별로 각각 신고(여러 달을 한 장에 신고할 수 없음)

  예) 2022년 5, 6월 근무 시 (일용) 근로내용확인신고서를 5월, 6월분에 대하여 각각 신고(파일 작성 시에도 동일, 해당 월이 다를 경우 다른 파일로 작성)

- 부과 고지 대상 사업장은 산재보험, 고용보험을 동시에 작성한다.

  (자진신고 대상 사업장인 건설업 및 벌목업은 고용보험만 작성)

- 외국인 일용근로자

  • 당연적용 대상인 외국인근로자 중 일용근로자는 국내근로자와 같이 「근로내용확인신고서」에 따라 신고한다.

  • 고용보험 임의가입 대상인 외국인 일용근로자는 근로내용확인신고서 제출기한까지 외국인 고용보험 가입신청서를 근로내용확인신고서와 함께 제출한다. 이 경우 그 가입의 사유가 발생한 날에 피보험자격을 취득한 것으로 본다.

- 건설업의 경우에 한하여 고용관리책임자 기재, 고용관리책임자는 『건설근로자의 고용개선 등에 관한 법률』 제5조 제1항 및 제3항에 따라 사업장별(건설공사별)로 지정 신고하여야 한다.

- 근로내용확인신고 시 사업자등록번호를 기재한 경우 신고 내용 국세청으로도 전송되므로 국세청에 일용근로소득 지급명세서 별도 신고 불요하다.

  • 국세청 전송을 원하는 경우, 사업자등록번호와 국세청 일용근로소득신고 항목을 필수 기재 (원하지 않는 경우, 두 항목은 작성하지 않음)

  • 일용근로소득신고 항목 미기재 · 착오기재에 따른 가산세가 부과되지 않도록 작성 유의

  • 하수급인명세서 신고 시 사업자등록번호 착오로 기재하여 처리되지 않도록 유의한다. (하수급인 사업주 승인신청을 통해 하수급인이 사업주가 된 경우에는 별도의 하수급인 자료를 제출하지 않음)

⑦ 근로자의 휴직 등 신고

㈎ 신고 사유 및 시기

사업주는 근로자가 휴업 또는 휴직하는 경우 그 사유 발생일로부터 14일 이내 신고한다.

㈏ 신고 내용 및 사유

- 신고 내용

  근로자 성명, 주민등록번호, 휴업 · 휴직 기간의 시작일과 종료일, 휴직 사유 등

- 휴직 등의 신고 사유

- 사업장 사정에 의한 휴업 · 휴직
- 근로자 사정에 의한 휴직
- 출산 전후 휴가, 유산 · 사산휴가
- 육아휴직, 육아기 근로시간 단축
- 노동조합 등으로부터 금품을 지급 받는 노조 전임자(산재보험만 해당)
  ※ 타임오프제 시행에 따른 근로시간 면제자는 휴직 등 신고대상이 아님
  ※ (주의) 노조 전임자의 경우 고용보험 실업급여만 부과되므로 신분변동 (일반 근로자 ↔ 노조 전임자)이 있는 경우에는 「피보험자 · 고용정보 내용 정정 신청서(근로자용)」를 제출하여야 함

- 휴업 · 휴직 기간에 대한 보험료 부과(노조 전임자, 근로시간 단축 제외)

구분	월별 보험료 부과	정산보험료 부과	보수총액신고
고용보험	x	o	o
산재보험	x	x	x

3. 고용 · 산재보험 징수 · 납부

(1) 보험료 산정기준

① 보험료 산정 및 부담

- 근로자 '개인별 월평균 보수'에 '보험료율'을 곱하여 산정한 고용 및 산재보험료는 매월 근로복지공단이 부과하고 건강보험공단이 통합징수 한다.(건설업과 벌목업 제외)

> • 산재보험료 = 개인별 월평균 보수 x (사업종류별 보험료율 + 출퇴근재해 보험료율)
> • 고용보험료 = 개인별 월평균 보수 x (실업급여보험료율 + 고용안정 · 직업능력개발사업 보험료율)

- '건설업'과 '벌목업'은 사업주가 직접 당해연도 '보수총액 추정액'에 '보험료율'을 곱한 금액(=개산보험료)을 당해연도 3월 31일까지 근로복지공단에 자진신고 · 납부

> • 산재보험료 = 당해연도 보수총액의 추정액 x (사업종류별 보험료율 + 출퇴근재해 보험료율)
> • 고용보험료 = 당해연도 보수총액의 추정액 x (실업급여보험료율 + 고용안정 · 직업능력개발사업 보험료율)

※ 전년도 확정보험료(=확정보수총액×보험료율)도 당해연도 3월 31일까지 함께 자진신고 · 납부한다. (또는 충당 · 반환)

- 보험료의 부담 원칙

> • 산재보험료: 사업주 전액 부담
> ※ 노무제공자는 사업주와 근로자가 보험료의 1/2을 각각 부담
> • 고용보험료
> – 실업급여: 사업주와 근로자가 보험료의 1/2을 각각 부담
> – 고용안정 · 직업능력개발사업: 사업주 전액 부담
> ※ 노무제공자는 고용보험료 중 실업급여만 부담(사업주와 노무제공자가 각각 보험료의 1/2)

② 보수의 정의

- 「소득세법」에 따른 근로소득에서 비과세 근로소득을 뺀 금액이다.
  ※ "보수"는 소득세법에 따른 "총급여액"의 개념과 동일, "근로소득금액"의 개념과는 상이하며, 연말 정산에 따른 갑근세 원천징수대상 근로소득과 동일하다.
- 소득세법에 따른 "근로소득"은 근로기준법에 의한 "임금"보다 광의의 개념으로 고용 관계 기타 이와 유사한 계약으로 근로를 제공하고 지급받는 모든 경제적 가치물을 말한다.
- 근로소득의 범위
  • 근로의 제공으로 인하여 받는 봉급 · 급료 · 보수 · 세비 · 임금 · 상여 · 수당과 이와 유사한 성질의 급여
  • 법인의 주주총회 · 사원총회 또는 이에 준하는 의결기관의 결의에 의하여 상여로 받는 소득
  • 법인세법에 의하여 상여로 처분된 금액
  • 퇴직으로 인하여 받는 소득으로서 퇴직소득에 속하지 아니하는 소득

(2) 보험료의 정산

① 보험료의 산정

사업주가 신고한 보수총액에 보험료율을 곱하여 사업주가 실제로 납부하여야 할 보험료를 산정하고 사업주가 보수총액을 신고하지 아니하거나 사실과 다르게 신고한 경우에는 사실조사(직권조사)를 하여 보험료를 산정해야 한다.

② 반환 및 추가징수

사업주가 이미 납부한 보험료가 산정된 보험료보다 더 많은 경우에는 그 초과액을 사업주에게 반환하고, 부족한 경우에는 그 부족액을 사업주로부터 징수한다.

부족액을 징수하는 경우에는 정산을 실시한 달의 보험료에 합산하여 징수한다. 다만, 그 부족액이 정산

을 실시한 달의 보험료를 초과하는 경우에는 그 부족액을 2등분 하여 정산을 실시한 달의 보험료와 그 다음 달의 보험료를 각각 합산하여 징수한다.

③ 보험료의 경감

천재지변 등에 따른 보험료의 경감비율은 보험료와 그 밖의 징수금의 100분의 30

정보통신망을 이용한 신고 시의 보험료의 경감비율은 고용보험료 5천 원 및 산재보험료 5천 원이다.

④ 연체금의 징수

(가) 징수 사유: 납부기한까지 보험료, 그 밖의 징수금을 내지 아니한 경우이다.

(나) 연체금

- 보험료 등의 납부의무자가 납부기한까지 보험료 등을 내지 아니하면 그 납부기한이 지난 달부터 매 1일이 경과할 때마다 체납된 보험료 등의 1천분의 1에 해당하는 금액을 가산한 연체금을 징수한다. 이 경우 연체금은 체납된 보험료 등의 1천분의 30을 넘지 못한다.
- 보험료 등의 납부의무자가 체납된 보험료 등을 내지 아니하면 납부기한 후 30일이 지난 날부터 매 1일이 경과할 때마다 체납된 보험료 등의 3천분의 1에 해당하는 연체금을 제1항에 따른 연체금에 더하여 징수한다. 이 경우 연체금은 체납된 보험료 등의 1천분의 90을 넘지 못한다.

(3) 보험납부 및 확정/개산보험료 정산

적용대상 사업주는 보험연도마다 보수총액의 추정액에 고용보험료율 및 산재보험료율을 각각 곱하여 산정한 금액을 대통령령이 정하는 바에 따라 납부해야 한다.

자진신고 사업장의 경우에는 그 보험연도의 3월 31일까지(부과고지 사업장은 3월 15일까지) 공단에 신고 · 납부하여야 하며, 보험연도 중에 보험관계가 성립한 경우에는 그 보험관계의 성립일로부터 70일, 건설공사 등 기간이 정하여져 있는 사업으로서 70일 이내에 끝나는 사업의 경우에는 그 사업이 끝나는 날의 전날까지 공단에 신고 · 납부해야 한다.

사업주가 법정기한 내에 개산보험료를 신고하지 아니하거나 그 신고가 사실과 다른 경우에는 그 사실을 조사하여 개산보험료를 산정하여 징수하되 이미 납부된 금액이 있을 때에는 그 부족액을 징수하여야 한다.

확정보험료는 당해 보험연도 중 실제 지급한 보수총액(지급하기로 결정되었으나 미지급된 보수포함)에 보험료율을 곱하여 산정한다.

① 개산보험료의 산정

- 산정원칙

보험가입자가 1년간 사용할 근로자에게 지급할 보수총액을 추정하여 그 보수총액에 해당 보험료율을 곱하여 산정한다.

개산보험료 = 해당연도 추정보수총액 x 보험료율

※ 다만, 추정액이 전년도 보수총액의 70/100 이상 130/100 이내인 경우에는 전년도 확정 보수총액을 해당 보험연도의 보수총액 추정액으로 한다.

- 노무 비율에 의한 산정(건설공사에서 보수총액의 추정이 곤란한 경우)

보수총액 추정액을 결정하기 곤란한 경우에는 고용노동부 장관이 고시하는 노무 비율에 의하여 보수총액을 결정 (보수총액 추정액 = 총공사금액 × 노무 비율)

개산보험료 = 총공사금액 x 노무 비율 x 보험료율

- 개산보험료의 신고와 납부
  - 사업주는 해당 보험연도의 3월 31일까지(보험연도 중에 보험관계가 성립한 경우 그 성립일부터 70일 이내에) 보험료신고서를 작성하여 공단에 제출하고 동 보험료에 대하여는 국고수납대리점(시중은행) 또는 우체국에 자진납부 하여야 한다.

    ※ 다만, 건설공사 등 기간의 정함이 있는 사업으로서 보험관계 성립일부터 70일 이내에 종료되는 사업의 경우 그 사업의 종료일 전일까지 신고 · 납부하여야 한다.
  - 보험료는 매년 사업주가 해당 보험연도의 3월 31일까지(보험연도 중에 성립한 사업장은 성립일부터 70일 이내에) 납부하여야 하며 계속사업장 또는 6월 말 이전에 성립된 사업장은 사업주의 신청(반드시 개산보험료 신고 시 신청)으로 분할납부가 가능하다.
  - 분할납부할 수 있는 보험료를 법정납부기한 내(해당 보험연도 3월 31일까지, 연도 중 성립한 경우 성립일부터 70일 이내)에 일시납부한 경우에는 3%를 경감받을 수 있다.

    ※ 개산보험료는 선납주의로 자진신고 · 자진납부를 원칙으로 한다.
- 보험연도 중 보험관계 성립 시 분할납부
  - 분할납부는 원칙적으로 연 4회로 되어있으나, 연도 중 보험관계가 성립된 경우는 그 산정 기간이 1년 미만이므로 동 횟수를 2회~3회로 조정 가능하다.
  - 다만, 해당 보험연도의 7월 이후에 성립한 사업 또는 건설공사 등 기간의 정함이 있는 사업으로서 그 기간이 6월 미만인 사업은 분할납부가 인정되지 아니하므로 보험관계 성립일부터 70일 이내에 전액을 납부하여야 한다.

② 확정보험료의 산정

- 산정원칙

해당 보험연도 중 실제 지급한 보수총액에 보험료율을 곱하여 산정한다.

※ 지급하기로 결정되었으나 미지급된 보수포함

- 노무 비율에 의한 산정

건설공사도 실제 지급된 보수총액에 보험료율을 곱하여 산정함이 원칙이나 보수총액을 결정하기 곤란한 경우에는 고용노동부 장관이 정하여 고시한 노무 비율로 보수총액을 결정하여 확정보험료를 산정할 수 있다.

확정보험료 = [직영인건비 + {외주공사비 x 하도급 노무 비율}] x 보험료율

※ 외주공사비는 원수급인이 「하도급 준 공사」의 「총공사금액(외주공사비)」에서 「하수급인 사업주 보험가입 승인을 받아 하도급 준 공사」의 공사금액(외주공사비)을 제외하고 산정한다.

- 하수급인 사업주 보험가입 승인을 받은 공사: 하수급인이 보험료 신고 · 납부 주체
  - 원수급인의 신청에 의해 하수급인 사업주 보험가입 승인을 받은 공사에 대해서는 하수급업체가 반드시 그 공사에 대한 보수총액을 포함하여 신고하고 보험료를 납부한다.

  ※ 확정보험료를 신고하지 않거나 사실과 다르게 신고한 경우 가산금과 연체금 부과

③ 확정보험료의 신고와 납부

다음 보험연도의 3월 31일(보험관계가 보험연도 중에 소멸한 경우는 소멸한 날부터 30일 이내)까지 확정보험료를 신고 · 납부하여야 한다.

- 개산보험료를 확정보험료보다 초과 납부한 경우에는 초과금액을 반환받거나 충당 신청할 수 있다.

〈건설업 연도별 노무 비율〉

연도별 사업종류	2018	2019	2020	2021
일반건설공사(%)	27	27	27	27
하도급 공사(%)	30	30	30	30

〈건설업 연도별 월평균 보수〉

연도	건설업 월평균 보수
2020	3,906,885원
2021	4,330,442원
2022	4,438,528원
2023	4,647,165원
2024	4,786,620원

■ 보험료율 및 금액은 연도별로 변경될 수 있음

PART

2

건설업 4대보험
[건설업 및 건설근로자]

제1장

사업장 적용 및 보험가입자

건설 하도급의 경우 고용보험과 산재보험은 원칙적으로 원수급인이 보험가입자가 되며(일괄적용), 국민연금과 건강보험은 건설현장의 일용근로자를 원수급업체는 물론 하수급업체의 본사와도 구분하여 별도 신고, 관리(분리적용)토록 하고 있다.

1-1. 사업장 적용기준 당연적용사업장 신고: 국민연금, 건강보험

1. 사업장 적용기준

건설현장별로 일용근로자를 고용한 경우에는 건설현장별로 당연적용사업장 신고를 하여야 한다. 즉, 사업장신고를 통하여 국민연금은 분리적용사업장 신고, 건강보험은 단위사업장 신고를 통해 현장별로 별도의 사업장신고를 하여야 한다.

(1) 건설일용직근로자는 원수급업체는 물론 하도급업체의 본사와 구분하여 별도로 신고하고 관리한다. 건설현장의 일용직만을 대상으로 하여 사업장을 분리 적용하는데 원수급인, 하도급 사업장별 건설일용직을 별도 고용하는 경우 각 사업장별 현장 단위로 사업장을 분리 적용한다.

(2) 원수급인, 하도급인 각각의 사업장을 적용하되, 동 건설현장은 본사와 분리하여 별도의 사업장으로 적용한다(정규직 근로자는 본사의 사업장에, 건설일용직은 건설현장 사업장으로 적용).

2. 신고 및 제출서류

(1) 건강보험은 단위사업장, 국민연금은 분리적용사업장 신고로서 현장사업장 번호를 개설하기 위한 통합 신고서를 작성하여 공단에 제출(팩스 등) 후 현장사업장 명의로 사업장관리번호를 부여받은 후 취득 대상 일용근로자 취득신고를 한다.

(2) 취득 대상 월에 지급한 월급여액으로 신고하되, 국민연금의 경우 최저임금 미만의 경우 최저임금으로 한다.

〈건강보험 상용직 근로자 건설현장 사업장 적용신고 시 제출해야 할 서류〉

신고 서식	적용사례
사업장(기관)적용신고서	건강보험공단 사업장 적용 신고할 경우
모사업장(단위사업장) 지정(폐쇄)신청서	본사 사업장에서 건설현장 사업장으로 근무처 변동 신고할 경우
직장가입장(근무처, 근무 내역) 변동신고서	본사 사업장에서 건설현장 사업장으로 인사변동이 필요한 경우

3. 가입자 신고

건설일용직근로자의 자격이 변동되는 경우에는 자격변동 시에 취득신고, 상실신고 또는 소득변경신고를 다음 달 5일까지 신고하여야 한다.

1-2. 건설업의 고용 · 산재보험 적용 여부 판단 기준

1. 건설공사의 범위

건설업은 「건설산업기본법」상 일반건설과 전문건설로 구분하되, 다른 법률의 규정에 의하여 등록 등을 하여야 하는 건설업은 당해 법률에 특별한 규정이 있는 경우를 제외하고는 일반건설 또는 전문건설로 구분하지 않는다.

2. 건설업으로 분류하지 않는 경우

아래 산업은 건설업으로 분류하지 않고 다른 산업으로 분류한다.

(1) 공원 및 정원조성을 위한 조경수 식재 및 유지관리 활동 ⇒ 사업시설 관리 및 조경 서비스업으로 분류

(2) 계약에 의한 원유 및 천연가스 채굴에 직접 관련된 시굴 및 건설 활동 ⇒ 광업(광업 지원 서비스업)으로 분류

(3) 상시로 고유제품을 생산하는 사업주가 그 제품 구매자와의 계약에 따라 직접 설치하는 경우는 해당 판매 및 제조업으로 분류하나, 설치만을 직접 수행하는 특정의 부서를 독립된 사업체로 분리 · 파악할 수 있을 경우에는 이를 건설업으로 분류

(4) 건축설계, 감리, 기획, 조사, 측량 및 기타 건축공학 관련 서비스를 제공하는 경우 ⇒ 건축기술, 엔지니어링 및 기타 과학기술 서비스업으로 분류

※ 건축 활동을 직접 수행하는 사업체가 건설할 건축물을 직접 설계하는 경우에는 그 주된 활동에 따라 건설업으로 분류

(5) 건축물 이외의 부동산(토지, 광업권 등)을 직접 개발하여 판매 또는 임대하거나, 직접 건설 활동을 수행하지 않으면서 전체 건설공사를 건설업자에게 일괄 도급하여 건물을 건설하게 한 후 이를 분양 · 판매하는 경우 ⇒ 부동산업으로 분류

3. 건설업 고용 · 산재보험 적용 판단 기준

(1) 일반적 적용기준

① 건설공사는 상시근로자 수로 사업 규모를 판단하기 곤란하므로 "총공사금액"을 기준으로 고용 · 산재보험 적용 여부를 결정한다. 「주택법」에 따른 주택건설사업자, 「건설산업기본법」에 따른 건설업자, 「전기공사업법」에 따른 공사업자, 「정보통신공사업법」에 따른 정보통신공사업자, 「소방시설공사업법」에 의한 소방시설업자 또는 「문화재보호법」에 따른 문화재수리업자 등에 의한 건설공사는 총공사금액과 연면적을 고려하지 않고 고용 · 산재보험을 당연 적용하나, 건설업자 등이 아닌 자가 행하는 건설공사는 연면적 또는 총공사금액을 기준으로 당연가입 여부 판단한다. 당연적용 공사 건에 대해서는 각각 성립신고, 보험료 신고, 소멸신고 등을 하여야 한다.

② 공사금액과 관계없이 건설업자가 시공하는 모든 공사에 대해 건설업 일괄적용을 함으로써, 공사 건별로 성립 · 소멸 · 보험료 신고 등의 각종 신고의무를 면제하여, 사업주의 업무 편의를 도모하고, 미가입 재해 발생의 감소로 사업주와 근로자를 보다 적극적으로 보호한다.

(2) 연면적의 산정

① 건설업자가 아닌 자가 행하는 건축물의 건축 또는 대수선 공사의 당연적용 여부를 판단함에 있어서의 "연면적"은 하나의 건축물의 각층 바닥면적(신고서상의 인허가 면적)을 합계하여 산정한다.

② "연면적"은「건축법」시행령에 따른 연면적을 기준으로 하나, 관계 법령에 의해 1건으로 사업계획의 인허가 또는 승인 등을 받아 여러 동의 건축물을 시공하는 경우에는 1건 공사에 포함되는 전체 건축물의 연면적의 합계를 기준으로 적용대상 여부를 판단한다.

③ 건축물의 건축 또는 대수선 공사는 연면적 요건 외에 동시에 총공사금액 2,000만 원 이상 요건을 충족하여야 고용 · 산재보험 적용대상이다.

④ 건설업자가 아닌 자가 시공하는 공사로서 건축공사와 건축공사에 해당하지 않는 공사(기계장치공사 등)를 병행하여 시공하는 경우에는 건축공사의 연면적 또는 건축공사에 해당하지 않는 공사의 공사금액 중 하나라도 당연적용에 해당하면 당연적용 사업으로 처리한다.

〈건설공사의 당연 가입 여부 기준〉

구분	당연적용 기준
건설사업자 등에 의한 건설공사	당연적용
건설사업자 등이 아닌 자가 행하는 건설공사	• 총공사금액 2천만 원 이상 공사 • 연면적 100㎡을 초과하는 건축물의 건축 또는 연면적 200㎡를 초과하는 건축물의 대수선 공사

Q. 건설업자가 아닌 "갑"이 발주자 "A"로부터 연면적 70㎡인 공장건축물에 대한 보수공사(도장공사)를 3천만 원에 도급받아 시공한 경우 당연적용 여부

A. 보수공사(도장공사)는 건축물의 "건축 또는 대수선"에 해당하지 않는 공사로서 공사금액(3천만 원) 기준으로 당연적용 여부를 판단하여야 하며, 도급받은 공사금액이 2천만 원 이상이므로 당연적용 사업에 해당

Q. 건설업자가 아닌 "을"이 발주자 "B"로부터 종전의 공장건축물(1층, 연면적 900㎡)에 대하여 2층(연면적 100㎡)을 5천만 원에 증축하기로 도급계약을 체결하고 시공하는 경우 당연적용 여부

A. 증축공사의 공사금액은 5천만 원이나 동 증축공사는 건설업자 아닌 자가 시공하는 공사로서 최종 목적물이 기타의 건축물(증축)에 해당하므로 연면적에 의하여 당연적용 여부를 판단하여야 하며, 연면적이 100㎡ 이하이므로 적용제외 사업에 해당

(3) 총공사금액의 산정

① 총공사의 정의

총공사금액 산정의 전제가 되는 총공사란 다음의 공사가 상호 관련하여 행해지는 작업 일체를 말한다.

㈎ 건설공사에서 최종 목적물을 완성하기 위해 하는 토목공사, 건축공사, 그 밖에 공작물의 건설공사와 건설물의 개조보수 · 변경 및 해제 등의 공사

㈏ 위 ①에 따른 각각의 공사를 하기 위한 준비공사 및 마무리 공사 등

② 총공사금액의 산정

총공사금액을 산정함에 있어서 위탁 그 밖의 명칭 여하를 불문하고 최종 목적물의 완성을 위하여 행하는 동일한 건설공사를 2 이상으로 분할하여 도급하는 경우에는 각 도급금액을 합산하여 산정한다. 다만 도급단위별 공사가 시간적 또는 장소적으로 분리되고 독립적으로 행하여지는 경우에는 도급 단위별로 분리 적용한다.

총공사금액 = 계약상의 도급금액 + 발주자로부터 따로 제공받은 재료의 시가 환산액(관급자재대, 사급자재대) – 부가가치세

③ 분할도급 시 분리 적용하는 경우

도급단위별 공사가 시간적 또는 장소적으로 분리되고 독립적으로 행하여지는 경우에는 도급단위별로 분리 적용한다.

㈎ "도급단위별 공사가 시간적 또는 장소적으로 분리되어 있다"라 함은 어느 하나의 도급단위별 공사에서 진행되는 작업 등으로 인하여 이와 별도로 도급된 다른 공사에 종사하는 근로자가 업무상 재해를 당할 위험이 없는 경우를 말한다.

㈏ "독립적으로 행하여지는 경우"라 함은 보험료, 임금채권보장부담금 및 각종 지원금, 장려금 및 보험급여의 산정기초가 되는 근로자(피보험자) 수와 보수총액이 각각 구분되어 산정할 수 있는 경우를 말한다.

㈐ 다만, 장소적으로 각각의 공사가 모두 완성되어야만 비로소 그 공사의 기능을 발휘할 수 있도록 유기적인 관계로 연관되어있는 경우에는 예외적으로 계약 체결된 도급금액 총액을 기준으로 당연적용 여부를 판단한다(예: 도로공사).

④ 건설업자가 아닌 자가 시공하는 건설공사의 총공사금액의 산정건설업자가 아닌 자가 시공하는 건설공사는 공사비 내역을 명시하지 않거나 명시된 경우에도 그 신뢰도가 부족하여 2005년부터 「고용 · 산재보험료징수법」에 따라 총공사금액 산정기준을 고용노동부 장관이 고시하여 적용한다.

(4) 신고 및 제출서류

당연가입 대상 사업주는 보험관계가 성립한 날부터 14일 이내에 보험관계의 성립신고를 하여야 한다. 단

보험관계가 성립한 날부터 14일 이내에 종료되는 경우에는 해당 사업이 종료되는 날의 전날까지 신고하여야 한다.

1-3. 건설업 보험관계의 성립 · 변경 · 소멸

1. 보험관계 성립

구분	당연적용사업장	임의적용사업장
성립일	사업 개시일 또는 일정규모 이상의 사업에 해당한 날	사업주가 보험가입신청서를 근로복지공단에 접수한 날의 다음 날 (하수급인 사업주 인정승인을 받은 경우 하도급공사 착공일)
제출 및 구비서류	보험관계성립신고서	보험가입신청서
제출기한	보험관계 성립일로부터 1일 이내 건설업은 착공일로부터 14일 이내	-

2. 사업의 일괄적용

(1) 의의

일정 요건을 구비할 경우 2개 이상의 해당 사업 전부를 하나의 사업으로 보아 보험관계를 일괄 적용함으로써 사업주의 업무 편의를 도모하고 근로자를 적극적으로 보호하기 위한 제도이다. 당해연도에 원도급 받은 공사가 1건이라도 있는 경우에는 산재보험성립신고를 하고, 공사가 착공되는 날로부터 14일 이내에 사업개시신고를 현장 관할 근로복지공단지사에 별도로 신고하여야 한다.

(2) 건설업 당연 일괄적용

건설업의 경우 건설면허업자가 행하는 사업은 최초 성립신고 외에 별도의 신고가 없으며 당연히 일괄적용(성립신고)을 받게 되어 사업장별로 성립신고를 게을리한 기간(사업 개시일로부터 15일 이후의 날부터 성립신고를 하기 전날까지)에 산재가 발생하더라도 재해자에게 지급하기로 결정한 보험급여액의 50%를 사업주가 부담해야 하는 문제가 발생하지 않는다. 건설업자가 최초 원수급공사 또는 하수급인 사업주 인정승인 공사 착공 시 해당 공사 착공일부터 당연일괄적용된다.

1-4. 사업실태별 건설업 보험가입자 적용기준: 고용보험, 산재보험

1. 본사 및 건설현장 사무소

(1) 건설회사의 본사는 고용 · 산재보험 모두 건설현장과는 별도의 독립사업으로 분류하여 적용하며,

(2) 총공사의 현장사무소는 건설공사와 상태적으로 일체가 되어있으므로 고용 · 산재보험 모두 본사가 아닌 건설공사로 적용한다.

(3) 건설현장에 파견된 하수급인 소속 본사 근로자에 대하여는 원수급인이 보험가입자이므로 고용 · 산재보험 모두 건설현장 사무소로 흡수 적용한다.

2. 수차의 도급사업의 보험가입자

(1) 수차의 도급사업의 경우 원수급인이 보험가입자이나(단, 국내에 영업소를 두지 아니하는 외국의 사업주로부터 하도급을 받아 시행하는 경우 국내에 영업소를 둔 최초 하수급인을 보험가입자로 본다),

(2) 하수급인 사업주 인정승인을 받은 경우에는 당해 하수급인이 보험가입자가 된다. 하도급 공사의 착공일부터 30일 이내에 원수급인이 「하수급인 사업주 승인신청서」 1부를 작성하여 공단에 제출하여야 하며, 착공일 15일부터 30일 이내에 재해 발생 시 승인신청을 할 수 없다. 구비서류는 도급계약서 사본 1부, 보험료 납부인수에 관한 서면계약서 사본 1부 등이 있다.

3. 공동도급공사의 보험가입자

(1) 건설공사를 2 이상의 업체가 공동시공방식으로 도급받은 경우 공동수급업체별로 각각의 지분 공사에 대하여 각각 보험가입자로 되는 것이 원칙이다.

(2) 다만, 산업재해 발생 시 산재보험 처리는 순번을 정하여서 하기로 참여업체(공동수급업체) 전체가 공동도급운영협약서를 체결하였다면 동 협약내용에 따라 처리하며,

(3) 참여업체(공동수급업체) 전체가 대표사(주간사)를 보험가입자로 하기로 합의하는 경우에는 대표사(주간사)를 보험가입자로 인정하고,

(4) 각자 맡은 공정이나 부분에 대해 따로 시공하는 분담이행방식은 예외 없이 공동수급 각 사가 보험가입자가 된다.

4. 발주자 겸 시공자

(1) 발주자가 사업의 전부 또는 일부를 직접 행하는 경우(발주자가 직접 하다가 사업의 진행 경과에 따라 도급하는 경우에도 발주자가 직접 하는 것으로 봄) 발주자를 원수급인으로 보아 보험관계를 적용하며,

(2) 발주자가 발주 당초부터 공사의 일부를 도급 준 경우에는 도급분에 대하여 그 수급인을 원수급인으로 보아 보험관계를 적용한다.

5. 하자보수공사

(1) 본공사와 하자보수공사를 하나의 공사로 보며, 보험가입자는 발주자에게 본 공사의 완성물을 인도한 원수급인(공단의 승인을 받은 하수급인 및 발주자 포함)이고, 원수급인의 도산 등으로 발주자가 제3자와 별도 계약 시에는 제3자가 보험가입자가 된다.

(2) 보험성립일은 최초 본 공사의 착공일(별도의 성립 또는 사업개시 불필요)이며, 발주자가 제3자와 계약을 한 경우에는 해당 하자보수공사 착공일이 보험성립일이다.

(3) 하자보수공사에 대한 사업개시 신고는 원칙적으로 불필요하나, 근로 내용 신고 등을 위해 사업개시 신고제도 유지하고 있다. 단, 원수급인 도산 등으로 제3자가 보험가입자일 경우는 신고가 필요하다.

(4) 본 공사의 확정보험료가 실임금에 의해 산정된 경우에만 보험료를 산정하고, 그 밖의 경우에는 본 공사의 확정보험료에 하자보수공사의 보험료가 포함된 것으로 보아 보험료 산정 불필요하다. 제3자(별도 도급계약서상 원수급인)가 보험가입자인 경우에는 본 공사와 하자보수공사의 보험가입자가 다르므로 제3자에 대하여 보험료를 징수한다.

6. 하수급인 사업주 인정승인

(1) 하수급인 사업주 인정승인의 의의

수차의 도급공사의 경우 원수급인이 보험가입자이나, 원수급인과 하수급인 간의 보험료 납부인수에 관한 서면계약을 체결하고, 원수급인이 공단에 하수급인 사업주 인정승인신청을 하여 승인을 받은 경우에는 그 하수급인을 고용 · 산재보험의 적용을 받는 사업주로 보며, 이 경우 하수급인에게 보험료 신고 · 납부의무가 있다.

(2) 인정승인 요건

① 수차의 도급사업이 건설업이고,

② 하수급인이 건설업 등록업자이며,

③ 원수급인과 하수급인 간 보험료 납부의 인수에 관한 서면계약 체결

(3) 인정승인 신청절차

① 신청권자: 원수급인

② 신청절차: 하도급공사 착공일부터 30일 이내 제출

③ 신청기관: 건설현장 소재지 관할 근로복지공단지사

(4) 제출서류

① 하수급인 사업주 승인신청서

② 도급계약서 사본

③ 보험료 납부인수에 관한 서면계약서 사본

(5) 하수급인 사업주 승인을 하지 않는 경우

① 하도급 공사 착공 후 15일부터 승인신청 전까지 업무상 재해가 발생한 경우

② 하도급 공사 착공 후 승인신청 전까지 업무상 재해가 발생한 경우로서 해당 재해와 관련하여 원수급인으로부터 미가입재해에 따른 보험급여액을 징수해야 하는 경우

〈고용보험 하수급인 사업주 승인신청과 하수급인 내역 신고의 차이점〉

구분	하수급인 사업주 승인신청	하수급인 내역 신고
보험료 납부의무	하수급인	원수급인
근로내용확인신고서 제출 주체	하수급인	하수급인
신고(신청)기관	근로복지공단	고용노동부 고용센터

제2장

건설일용직근로자의 4대보험

2-1. 일용 · 단시간 · 건설일용근로자의 4대보험 적용

1. 근로자의 개념

① 일용근로자는 통상 일반적으로 근로계약이 일일 단위로 근로계약이 체결되고 그 날의 근로관계가 종료되는 그 날의 성과를 시급 또는 일급형태의 임금으로 지급 받는 근로자를 말한다.

② 단시간근로자는 1주 동안의 소정근로시간이 그 사업장에서 같은 종류의 업무에 종사하는 통상 근로자의 1주 동안의 소정근로시간에 비하여 짧은 근로자를 말한다.

※ 일일 단위로 고용 관계가 성립 · 소멸하는 경우에 일용근로자로 보고, 통상 근로자의 소정근로시간에 미치지 못하는 경우에 단시간근로자로 구별하나, 실무적으로 일용근로자와 단시간근로자의 구별이 명확하지 않다.

③ 건설일용근로자는 건설공사 사업장에 사용되고 직접 노무 시 대상에 해당하는 근로자를 말한다.

〈일용근로자의 정의〉

구분	정의
소득세법	– 근로를 제공한 날 또는 시간에 따라 근로 대가를 계산하거나 근로를 제공한 날 또는 시간의 근로성과에 따라 급여를 계산하여 받는 사람으로서 다음 각 호에 규정된 사람(근로계약에 따라 동일한 고용주에게 3월 이상 계속하여 고용되어 있지 아니한 자)
국민연금	– 1개월 미만의 기간을 정하여 사용되는 근로자. 다만, 1개월 이상 계속 사용되는 경우는 그러하지 아니하다.
건강보험	– 고용 기간의 보장 없이 1일 단위로 고용되어 그 날로 고용계약이 종료되는 자 즉, 다음 날의 고용이 확정되지 아니한 상태로 근무하는 근로자 – 1월 미만의 기간 동안 고용되는 일용근로자
고용보험	– "일용근로자"란 1개월 미만 동안 고용되는 자를 말한다. – "1개월 미만 동안 고용" 된다 함은 현실적으로 1월 미만 고용된 경우를 말하는 것이 아니며, 근로계약 기간이 1일 단위 또는 1월 미만인 경우를 말함 – 임금의 산정이나 지급형태가 일 단위로 이루어진다 하여 일용근로자로 분류되는 것은 아님

<상용근로자와 일용근로자 비교>

구분		상용근로자	일용근로자
주 15시간 미만인 자 적용 여부		1월 근로계약을 체결하고, 근로를 제공하는 자에 한하여 적용	근로시간과 관계없이 모두 적용
피보험기간		취득일~상실일의 전일까지	근로일수
피보험단위 기간		취득일~상실일의 전일까지 기간 중 임금 지급의 기초가 되는 일수	근로일수
피보험기간과 피보험단위 기간 비교		피보험단위 기간 ≤ 피보험기간	피보험단위 기간 = 피보험기간
피보험 자격신고	주기	월1회	월1회
	서식	취득 · 상실신고서, 이직확인서	근로내용확인신고서
	방법	서면 또는 인터넷	서면, 인터넷, 건설 고용보험카드

2-2. 일용근로자와 건설일용근로자의 국민연금 · 건강보험 적용

(1) 일용근로자는 아래와 같이 업종에 따라 국민연금 및 건강보험의 자격취득 적용제외대상이 구분된다. 1개월 미만의 기간을 정하여 고용된 일용근로자는 사업장가입자 또는 직장가입자 대상이 아니다. 다만, 1개월 이상 계속 근로를 제공하는 경우에는 근로자로 인정되어 일반 상용근로자와 동일하게 자격취득 대상이다.

(2) 건설일용근로자는 공사현장에서 1개월 이상 근로하면서, 월 8일 이상 근로하거나, 1개월 동안 220만 원 이상의 소득이 발생하는 경우 가입대상임.

<국민연금 · 건강보험 일용근로자 적용대상 여부 판단>

구분	적용 제외대상	적용대상
일반업종의 근로자 (건설업 제외)	1개월 미만 고용된 경우	– 1개월 이상, 월 8일 이상 또는 월 60시간 이상 고용된 경우 – 1개월 이상 근무하기로 한 명시적 계약이 있는 경우
건설일용직근로자	1개월 미만, 8일 미만 근무한 경우	– 1개월 이상, 근무 일수가 8일 이상인 경우 – 1개월 이상 근무하기로 한 명시적 계약이 있는 경우 (국민연금만 해당) 1개월 동안 소득이 보건복지부 장관이 고시하는 금액(220만 원)

<근로계약 여부에 따른 자격취득 대상 여부>

고용형태		자격취득 대상 여부
1개월 이상의 계약 기간의 정함이 있는 경우	1월 이상 고용된 경우	자격취득 대상
	1월 미만 고용된 경우	자격취득 대상
1개월 미만 계약 기간의 정함이 있거나 근로계약서가 없는 경우	1월 이상 고용된 경우	자격취득 대상
	1월 미만 고용된 경우	자격취득 제외대상

2-3. 일용근로자의 고용 · 산재보험 적용

1. 일용근로자의 개념

(1) 일용근로자

「고용보험법」 제2조 제6호에 따라 “1개월 미만 동안 고용되는 자”를 말하며, 보통 일 또는 시간 단위로 보수를 계산 · 지급 받으며, 단기간 동안 고용되는 근로자를 말한다. “1개월 미만 동안 고용”의 의미는 실제 근로일수가 1월 미만인 경우를 의미하는 것이 아니라 1월 미만 단위로 근로계약이 체결되는 자(즉 1월 이상 근로의 연속성이 예정되어 있지 않은 자)를 의미한다고 해석되므로, 일용근로자가 실제 계속해서 1월 이상 근로를 제공했다 하더라도 상용근로자가 되는 것은 아니며, 일용직으로 근무하되 1월 이상 고용 기간을 정한 근로자는 일용근로자로 해석되지 않는다.

일당을 지급받더라도 1개월 이상 근무하는 근로자는 상용근로자이고, 근로자고용(취득)신고 대상이며, 근로자별 보수총액을 신고해야 하는 근로자이다. 사업 또는 사업장에 근로를 제공하는 일용근로자는 고용보험 및 산재보험 당연가입 대상이다. 또한, 근로계약 기간이 1일 단위이거나 1월 미만인 근로자는 1월간 60시간 미만 근무 여부와 관계없이 「근로내용확인신고서」를 제출해야 한다.

〈일용근로자의 고용보험 적용〉

구분	월 소정 근로자 60시간 미만	월 소정근로시간 60시간 이상
시간제근로자	적용제외	적용
일용근로자	적용	적용
일반(상용, 정규직)근로자	–	적용

※ 즉 고용보험 적용제외대상은 ①시간제근로자로서, ②월 소정근로시간이 60시간 미만으로서, ③3개월 미만 근로하는 경우이어야 한다.

(2) 고용보험법상 일용근로자 판단

구분		일용근로자 판단
고용 기간을 사전에 정한 경우	1개월 이상의 고용 기간을 사전에 정하고 고용된 경우	제 근로를 제공한 기간, 일수, 시간을 불문하고 상용근로자로 판단
	1월 미만(1일 단위 포함)의 고용 기간을 정하고 고용되었으나 실제 1월 이상 근로를 제공한 경우	일용근로자로 판단
고용 기간을 사전에 정하지 않은 경우	근로를 제공한 기간이 결과적으로 1월 이상인 경우	일용근로자로 판단 (단, 상용직 전환 여부 판단)
	근로를 제공한 기간이 결과적으로 1월 미만인 경우	일용근로자로 판단

2. 자진신고사업장과 부과고지 사업장에서의 일용근로자 고용 · 산재보험 적용

2011년 1월부터 4대 사회보험징수통합에 따라 건설업과 벌목업을 제외한 업종의 부과체계가 "부과고지 방식"으로 변경됨에 따라서, 사업종류별 일용근로자에 대한 고용 · 산재보험 적용방식에 약간에 차이를 두고 있다.

〈사업종류별 일용근로자 고용 · 산재보험적용 비교〉

사업종류	보험료 납부 및 정산과정	고용정보관리
건설업 및 벌목업 (자진신고사업장)	연간 개산보험료 선납부 → 확정보험료 정산	근로내용확인신고서 제출 (고용보험만 해당)
상기 이외의 사업(장) (부과고지 사업장)	월별 보험료 부과고지 → 보수총액신고로 정산	근로내용확인신고서 제출 (고용 · 산재보험 모두 해당)

3. 일용근로자 고용정보 신고

(1) 신고 사유 및 시기

2011.1.1.부터 사업주는 근로자 고용정보를 신고하여야 하나, 일용근로자의 경우 입 · 퇴사가 빈번하여 그 때마다 신고가 어려운 점을 고려하여 「근로내용확인신고서」로 고용정보 신고를 대체하도록 하였다. 따라서, 사업주는 일용근로자에 대하여는 「근로내용확인신고서」를 고용한 달의 다음 달 15일까지 공단에 신고하여야 한다.

(2) 일용근로자 근로내용확인신고서 작성 시 유의사항

① 매월별로 각각 신고 (여러 달을 한 장에 신고할 수 없음)

② 부과고지 대상 사업장은 고용보험과 산재보험을 동시에 작성하고, 자진신고 대상 사업장인 건설업 및 벌목업은 고용보험만 작성하여 신고한다.

③ 일용근로자 고용정보신고 대상이 10인 이상인 경우에는 전자신고한다.

④ 근로내용확인신고를 착오한 경우 해당 근로자만 해당 월 근로내용확인신고서를 정정하여 다시 신고한다.

⑤ 1개월간 소정 근로시간이 60시간 미만인 단시간근로자는 산재보험 고용정보 신고 제외대상이나, 고용신고를 하지 않은 경우에는 연간 보수총액만 신고할 수 있다. 즉 월 60시간 미만 단시간근로자는 근로내용확인신고서에 기재하여 고용정보신고를 한 경우에는 다음 연도 3월 30일 보험료신고서 일용근로자 보수총액에 기재하고, 근로내용확인신고서를 작성하지 않은 경우에는 그 밖의 근로자에 기재한다.

「근로내용확인신고서」 정정신고 방법

(주)영화상사에서 2000.8월 당초 근로내용확인신고서 제출 시 일용근로자 장그래의 근무 일수 7일, 보수총액을 700,000원으로 신고하였으나, 이를 근무 일수 8일, 보수총액 800,000원으로 정정하고자 하는 경우

※ 2000.8월 근로내용확인신고서에 수정분으로 기재한 후 해당 근로자의 근무 일수 8일, 보수총액 800,000원을 재신고

Q. 일용근로자도 산재보험 근로자고용정보 신고를 해야 하나요?

A. 일용근로자도 산재보험 근로자고용정보 신고를 해야 합니다. 다만, 일용근로자는 입·퇴사가 빈번하여 그때마다 신고가 어려우므로 「근로자고용신고서」 및 「근로자고용종료신고서」 대신 「근로내용확인신고서」를 제출할 수 있습니다. 「근로내용확인신고서」는 다음 달 15일까지 근로복지공단(고용센터) 관할지사에 제출합니다.

Q. 사업자등록번호와 국세청 일용근로소득 신고란은 반드시 기재해야 하나요?

A. 사업자등록번호와 국세청 일용근로소득 신고란은 필수 기재항목이 아니며, 국세청에 직접 신고를 원하는 경우 기재하지 않아도 됩니다. 따라서 국세청 통보를 원치 않을 경우 사업자등록번호를 기재하지 않아도 됩니다.

Q. 일당 15만 원 미만 근로자로 소득세액이 0원인 경우에도 표시를 해야 하나요?

A. 사업자등록번호를 기재하여 제출한 사업장은 국세청에 모두 통보(기재금액이 없는 경우 포함)됨에 따라 사업자등록번호는 있고 기재금액이 없는 경우에는 0원으로 신고한 것으로 간주합니다. 따라서 국세청 통보를 원하지 않는 경우 사업자등록번호를 기재하지 않으면 됩니다.

Q. 사업자 동거친족 등으로 근로내용확인신고서 신고대상이 아닌 자는 어떻게 신고를 해야 하나요?

A. 국세청에 별도 신고해야 합니다. 국세청 전송대상은 산재보험 적용대상 근로자에 대해서만 전송대상입니다. 따라서 산재보험 신고대상자와 적용제외자를 함께 신고하기 원하는 경우 국세청에 별도 신고하시기 바랍니다.

4. 「근로내용확인신고서」 작성 시 유의사항

(1) 「근로내용확인신고서」는 일용근로자에 대한 고용정보를 신고하는 서식이다. 일용근로자라 함은 1일 단위로 근로계약을 체결한 근로자 또는 1개월 미만 동안 고용되는 근로자를 말한다.

(2) 「근로내용확인신고서」에 따라 신고사항을 신고하지 않거나 거짓으로 신고한 경우에는 300만 원 이하의 과태료가 부과될 수 있으며, 거짓 신고 등으로 근로자가 실업급여를 부정하게 수령한 경우에는 사업주도 연대하여 책임을 질 수 있다.

〈부과고지 사업장 vs 자진신고 사업장〉

부과고지 사업장	자진신고 사업장
고용 · 산재보험 칼럼 모두 기재	고용보험 칼럼만 기재
"보수총액"과 "임금총액" 모두 기재	"임금총액"만 기재

(3) 사업주가 제1 쪽의 "일용근로 소득신고"란을 포함하여 「근로내용확인신고서」를 작성 · 제출한 경우

「소득세법 시행령」 제213조 제4항에 따라 「소득세법 시행규칙」 별지 제24호 서식(4)에 따른 「일용근로소득 지급명세서」를 별도로 국세청에 제출할 필요가 없다. 이 경우 건설업(건설장비운영업 제외)과 임업 중 벌목업 사업장 소속 일용근로자도 반드시 "보수총액"을 적어야 하며, 일용근로소득 신고대상자에 대하여 「근로내용확인신고서」에 일용근로소득 신고란을 작성하지 않은 경우에는 해당 일용근로자에 대한 일용근로소득 지급명세서를 별도로 국세청에 제출하여야 한다.

(4) 지급명세서를 제출하여야 하는 자가 「고용보험법 시행령」 제7조 제1항 후단에 따라 근로내용확인신고서를 고용노동부 장관에게 제출한 경우에는 "법 제164조 제1항 각 호 외의 부분 단서에 따라 지급명세서를 제출한 것으로 본다"라는 규정에 따라 2015.7.1. 서식이 개정되어 일용근로자에 대하여 고용센터 또는 근로복지공단에 「근로내용확인신고서」 상의 "일용근로소득신고"란을 기재하여 제출하였으면 국세청에 분기별로 「일용근로소득 지급명세서」를 별도로 제출하지 않아도 된다. 단, 일용근로자의 범위가 세법(동일한 사업주 아래서 3개월 이내 근무)과 고용 · 산재보험법(1개월 미만 고용)이 다르며, 세법에서는 일용근로자와 단시간근로자를 구분하지 않고 모두 일용근로자로 신고하나, 고용 · 산재보험에서는 일용근로자와 단시간근로자를 구분하기 때문이다. 따라서 기존대로 일용근로자에 대해 「근로내용확인신고서」와 「일용근로소득 지급명세서」를 각각 제출하는 것을 권한다.

(5) "보수총액"은 「소득세법」 제20조에 따른 근로소득에서 같은 법 제12조 제3호에 따른 비과세 근로소득을 뺀 금액으로서, 해당 월에 발생한 금액을 기재한다. "보수총액"에는 「소득세법」에 따른 비과세 근로소득만 뺀 금액이므로 「조세특례제한법」상 비과세, 감면 등은 공제하지 않는다는 점과 해당 월(근로를 제공한 달)에 지급하지 않았어도 기재한다는 점에 유의해야 한다.

〈일용근로자의 소득세 과세체계〉

1. 일용근로자는 아래와 같이 사업주가 지급한 급여에 대해 원천징수함으로써 모든 납세의무가 완료된다. 즉 일용근로소득만 있는 자는 연말정산 또는 5월에 종합소득세 확정신고를 하지 않는다. 이를 완납적 원천징수(분리과세)라고 한다.
2. 원천징수: (1일 근로소득 − 비과세소득 − 15만 원) × 6% × (1 − 0.55)
   (1) 일용근로자의 비과세소득은 생산직 일용근로자가 연장, 야간, 휴일근로 시 지급 받는 시간외수당이다.
   (2) 1일 근로소득에서 공제하는 15만 원은 비과세소득이 아니라 "근로소득공제"라는 것이 중요하다. 즉 일당이 15만 원인 일용근로자의 경우 원천징수할 소득세는 없으나, 일당 15만 원에 대한 고용보험료와 산재보험료는 부과된다.
   (3) 산출된 세금에서 55%를 공제하는데 이를 "근로소득 세액공제"라고 한다.
   (4) 위와 같이 계산된 결정세액이 1천 원 미만이면 원천징수하지 않는다. 이를 "소액부징수"라고 한다. 소액부징수는 지급할 때마다 해당 여부를 판단한다. 즉 일당 18만 원인 일용근로자에 대해 매일 매일 일당을 지급하면 결정세액이 810원이므로 소액부징수에 해당하나, 월 단위로 일당을 모아서 지급하게 되면 소액부징수에 해당하지 않는다.

(6) 임금총액은 「근로기준법」 제2조에 따른 임금으로서, 해당 월에 발생한 금액을 기재한다. 「근로기준법」상 "임금"은 「소득세법」상 과세 여부와는 무관하다.

(7) "보수총액"은 보험료 산정기준, "임금총액"은 보험급여 산정기준의 역할을 한다. 즉 "보수총액"은 일용근로자에 대한 보험료 산정 · 부과 시 기준이 되는 금액이며, "임금총액"은 일용근로자가 실업급여 등

을 수급할 때 기준이 되는 금액이다.

(8) 소액부징수에 해당하여 원천징수할 세액이 없는 경우 "소득세"와 "지방소득세"란에 "0"으로 기재한다.

〈이직 사유 코드〉

코드	이직 사유	구체적 사유
1	회사의 사정에 의한 이직	폐업, 공사중단, 공사 종료, 계약 기간 만료 등
2	부득이한 개인 사정에 의한 이직	질병, 부상, 출산 등
3	기타 개인 사정에 의한 이직	전직, 자영업을 위한 이직 등

(9) 건설업에 한해 고용관리책임자를 기재해야 한다. 고용관리책임자는 사업장별(건설공사별)로 지정 · 신고하여야 하며, 이를 위반할 경우에는 100만 원 이하의 과태료가 부과된다.

(10) 근로일수란, 피보험단위 기간으로 산정되는 임금 지급의 기초가 된 날을 의미하며, 1시간을 일해도 1일로 기재한다.

- 월 60시간 미만이라도 ①생계를 목적으로 ②3개월 이상 계속 근로하는 경우에는 고용보험 적용대상이다.
- "일용근로자"는 「근로내용확인신고서」를 제출한 경우 근로자 고용개시 신고 및 근로자 고용종료 신고, 이직확인서 제출을 한 것으로 본다.
- 고용정보 미신고 시 사업주에게 300만 원 이하의 과태료가 부과된다.

2-4. 단시간근로자

1. 단기간근로자의 개념

(1) 노동법상 "단시간근로자"란 1주 동안의 소정근로시간이 그 사업장에서 같은 종류의 업무에 종사하는 통상 근로자의 1주 동안의 소정근로시간에 비하여 짧은 근로자를 말한다. 실무적으로 4대보험에서는 월 소정근로시간이 60시간 미만 근로자를 단시간근로자로 표현하고, 단시간근로자에 대해서는 여러 가지 특례규정을 두고 있다.

(2) "소정(所定)근로시간"이란 ①법정(法定) 근로시간의 범위에서 ②근로자와 사용자 사이에 근로하기로 약정한 근로시간을 말한다. 즉 소정근로시간은 사전적인 개념이며, 실제 근로시간과는 다를 수 있다. 법정 근로시간은 1일 8시간, 1주 40시간이므로 소정근로시간 역시 1일 8시간, 1주 40시간을 초과할 수 없다.

(3) 근로기준법상 4주 동안을 평균하여 1주 동안의 소정근로시간이 15시간 미만인 근로자(이른바 "초단시간근로자")에게는 ①주휴 ②연차/유급휴가 ③퇴직급여제도가 적용되지 않는다.

2. 단시간근로자에 대한 4대보험상 정의

〈4대보험법상 단시간근로자〉

구분 (관련법령)	조문내용
국민연금 (국민연금법 시행령)	제2조(근로자에서 제외되는 사람) 「국민연금법」(이하 "법"이라 한다) 제3조 제1항 제1호 단서에 따라 근로자에서 제외되는 사람은 다음과 같다. 4. 1개월 동안의 소정근로시간이 60시간 미만인 단시간근로자. 다만, 해당 단시간근로자 중 생업을 목적으로 3개월 이상 계속하여 근로를 제공하는 사람으로서, 다음 각 목의 어느 하나에 해당하는 사람은 제외한다. 가. 「고등교육법 시행령」 제7조 제3호에 따른 시간강사 나. 사용자의 동의를 받아 근로자로 적용되기를 희망하는 사람
건강보험 (국민건강보험법 시행령)	제9조(직장가입자에서 제외되는 사람) 법 제6조 제2항 제4호에서 "대통령령으로 정하는 사업장의 근로자 및 사용자와 공무원 및 교직원"이란 다음 각 호의 어느 하나에 해당하는 사람을 말한다. 1. 비상근 근로자 또는 1개월 동안의 소정(所定)근로시간이 60시간 미만인 단시간근로자
고용보험 (고용보험법, 시행령)	제10조(적용제외) 다음 각 호의 어느 하나에 해당하는 자에게는 이 법을 적용하지 아니한다. 다만, 제1호의 근로자 또는 자영업자에 대한 고용안정 · 직업능력개발사업에 관하여는 그러하지 아니하다. 2. 소정(所定)근로시간이 대통령령으로 정하는 시간 미만인 자 시행령 제3조(적용제외 근로자) ① 법 제10조 제2호에서 "소정근로시간이 대통령령으로 정하는 시간 미만인 자"란 1개월간 소정근로시간이 60시간 미만인 자(1주간의 소정근로시간이 15시간 미만인 자를 포함한다)를 말한다. 다만, 생업을 목적으로 근로를 제공하는 자 중 3개월 이상 계속하여 근로를 제공하는 자와 법 제2조 제6호에 따른 일용근로자(이하 "일용근로자"라 한다)는 제외한다.

3. 단시간근로자에 대한 4대보험 적용

(1) 단시간근로자의 4대보험

① 3개월 미만 근로한 경우

월 60시간 미만(주 15시간 미만)인 단시간근로자는 국민연금, 건강보험 및 고용보험 가입대상이 아니나, 산재보험은 모든 근로자를 대상으로 하기 때문에 가입대상이다. 국민연금에서는 소정근로시간을 알 수 없는 경우 월 실제 근로시간(총근로시간)이 60시간 이상인 경우 근로자에 포함한다.

② 3개월 이상 계속 근로한 경우

월 60시간 미만 단시간근로자라 하더라도 생업목적으로 계속해서 3월 이상 근로를 제공한 경우 고용보험 적용대상에 포함되고, 본인이 희망하고 사용자의 동의를 얻은 경우 국민연금보험에 가입이 가능하다.

〈월 소정근로시간 60시간(1주 15시간) 미만 근로자의 4대보험 적용〉

구분	원칙	비고
국민연금	적용제외	생업을 목적으로 3월 이상 계속하여 근로하는 자 중 가입을 희망하는 경우에는 적용
건강보험	적용제외	–
고용보험	적용제외	생업을 목적으로 3월 이상 계속하여 근로하는 자는 적용
산재보험	적용	단시간근로자라 하더라도 예외 없이 산재보험 적용

〈단시간근로자의 국민연금 자격취득〉

근로계약 또는 실제 공용기간	소정근로시간 (월 60시간)		취득일	상실일
	이상	미만		
근로계약이 1개월 이상인 경우 (기간을 정하지 않은 경우 포함) ※ 실제 고용 기간 · 시간 불문	적용	제외	최초 고용일	퇴사일의 다음날
근로계약이 1개월 미만 또는 근로계약이 없으나 실제 고용 기간이 1개월 이상인 경우	적용	제외	최초 고용일 또는 근로자로 된 날	퇴사일의 다음날 또는 근로자에서 제외된 날

2-5. 일용근로자와 단시간근로자의 4대보험 적용 비교

일반적으로 4대보험의 경우 1개월 미만 고용된 근로자를 일용근로자라 하고, 단시간근로자 중 월 60시간 미만 단시간근로자(또는 시간제근로자)를 구분하여 4대보험 적용 여부를 판단하고 있다.

1. 일용근로자와 단시간근로자의 4대보험 적용요약

구분	일용근로자		단시간근로자	
	개념	적용 여부	개념	적용 여부
국민연금	1개월 미만 고용된 근로자	적용제외	1개월 동안의 소정 시간이 60시간(주 15시간) 미만인 자	적용제외
건강보험	1개월 미만 고용된 근로자	적용제외	1개월간의 소정근로시간이 60시간 미만인 자	적용제외
고용보험	1개월 미만 고용된 근로자	적용	1개월 동안의 소정 시간이 60시간(주 15시간) 미만인 자	적용제외
산재보험	1일 단위 또는 근로일에 따라 일당으로 임금을 지급받는 자	적용	1개월간의 소정근로시간이 60시간 미만인 자	적용

〈단시간 상용근로자와 일용근로자 구분〉

구분	설명	예시
월 60시간 미만 단시간 상용근로자	고용계약 기간이 1개월 이상이지만 월 소정근로시간이 60시간 미만인 근로자로, 보통 파트타임 형식으로 고용되며 고용보험 적용제외 근로자이다. 다만 생업을 목적으로 3개월 이상 고용되는 경우는 고용보험 적용대상이며 피보험자격취득신고를 하여야 한다.	편의점에서 1일 1시간씩 단시간으로 1개월 이상 아르바이트하는 학생
일용근로자	1개월 미만 동안 고용되는 근로자로서 고용계약이 일일 단위로 이루어지고, 일급 형식으로 보수가 지급되는 근로자를 말한다. 일용근로자는 고용보험 적용대상이며 근로내용확인신고서를 제출하여야 한다.	식당에서 일당을 받으며 10일간 주방 보조업무를 한 근로자

〈월 60시간 미만 단시간 상용근로자와 일용근로자 구분의 실익〉

1. 국민연금과 건강보험 모두 월 소정근로시간이 60시간 미만의 단시간근로자와 1개월 미만의 일용근로자에 대해 적용을 제외하고 있으므로 단시간근로자와 일용근로자를 구분하는 실익이 없다.
2. 산재보험에서도 단시간근로자와 일용근로자 모두 적용대상이므로 구분의 실익이 없다.
3. 고용보험에서는 일용근로자는 예외 없이 적용대상이고, 3개월 미만의 단시간근로자는 적용제외이므로 구분의 실익이 있다.

〈고용보험에서 단시간근로자와 일용근로자 구분〉

계속근로자 월 소정근로시간	월 60시간 미만	월 60시간 이상
1개월 미만	일용근로자 (근로내용확인신고서)	일용근로자 (근로내용확인신고서)
1개월 이상 ~ 3개월 미만	단시간근로자 (고용보험 적용제외)	일반 근로자 (피보험자격취득신고)
3개월 이상	단시간근로자 (고용보험 적용, 피보험자격취득신고)	일반 근로자 (피보험자격취득신고)

〈일용근로자와 단시간근로자 비교〉

구분	1개월 이상 근로한 경우	근로내용확인신고서
일용근로자	국민 · 건강 · 고용보험 적용대상	작성대상
단시간근로자	국민 · 건강 · 고용보험 적용제외	작성대상 아님

제3장

건설일용근로자의 국민연금과 건강보험

3-1. 건설일용근로자 국민연금, 건강보험 사업장 적용기준

1. 건설일용근로자의 사업장 적용기준: 건설현장별 사업장 적용을 원칙으로 함

건설현장별로 일용근로자를 고용한 경우에는 건설현장별로 당연적용사업장 신고를 하여야 한다. 즉 국민연금은 분리적용사업장 신고를 하고, 건강보험은 단위사업장 신고를 통해 현장별로 별도의 사업장 신고를 하여야 한다. 본사와 일반 근로자를 구분하고, 원수급인 · 하수급인 사업장별 건설일용직을 고용하는 경우 각각 사업장별로 적용한다. 즉, 정규직근로자는 본사의 사업장에 건설일용직근로자는 건설현장 사업장으로 적용한다.

※ 건설현장의 사업장 및 일용근로자 적용기준

- 건설산업기본법에 해당하는 공사 및 사후정산이 가능한 공사일 경우 공사계약일 이후 해당 근로자(입사일 기준 1개월 간 8일 이상 일용직) 자격취득 없어도 우선적용신고를 해야 하며, 공사 기간 종료 이후에는 적용신고 안됨
- 건설현장으로 적용된 사업장의 근로자(입사일 기준 1개월 간 8일 이상 일용직)는 공사 기간 내에 신고
- 사후정산 건설현장이 아니거나 건설현장으로 미신고한 사업장에 일용근로자가 1개월 이상 근로를 하면 국민건강보험법에 따라 본사 소속으로 가입자 취득 · 상실 등을 신고해야 함

※ 2018.08.01. 국민연금, 국민건강보험 건설일용근로자 가입 적용기준 변경

- 국민연금/건강보험: 1개월 간 근로일수가 8일 이상

※ 2022.01.01. 국민연금 건설일용근로자 가입 적용기준 추가

- 국민연금: 1개월간 소득이 220만 원 이상

2. 사업장 적용예시

(1) 3개 사업장 (㉮ 원수급인 건설현장, ㉯ 하수급인 건설현장, ㉰ 하수급인 건설현장) 각각 성립

- 동 건설현장은 본사와 분리하여 별도 분리적용 사업장(당연적용-건설)으로 성립

※ 정규직근로자는 "상용" 근로자로 건설현장 사업장(당연적용-건설)으로 적용하지 않음

(2) 각각의 건설현장 사업장 일용근로자

- ㉮ 원수급인 건설현장: 일용근로자 ①
- ㉯ 하수급인 건설현장: 일용근로자 ② + 일용근로자 ③
- ㉰ 하수급인 건설현장: 일용근로자 ④ + 시공참여자(현장대리인, 일용근로자)

(3) 건설업자가 아닌 " 시공참여자"는 건설현장 사업장을 별도로 성립할 수 없음

※ 건설공사현장에서 이루어지는 업무에 대해서는 근로자파견 사업이 금지됨

(관련 근거: 「파견근로자 보호 등에 관한 법률」 제5조 제3항 제1호)

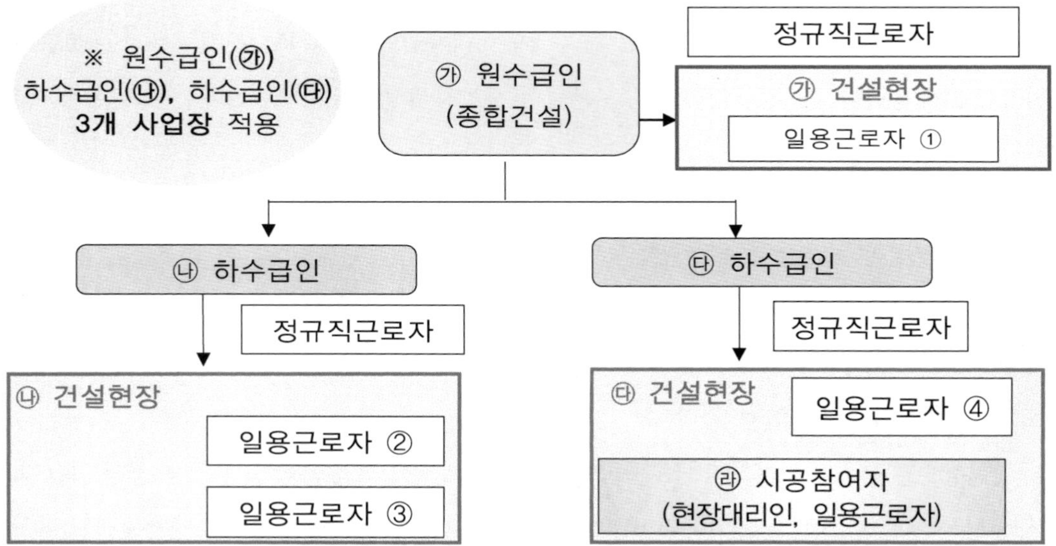

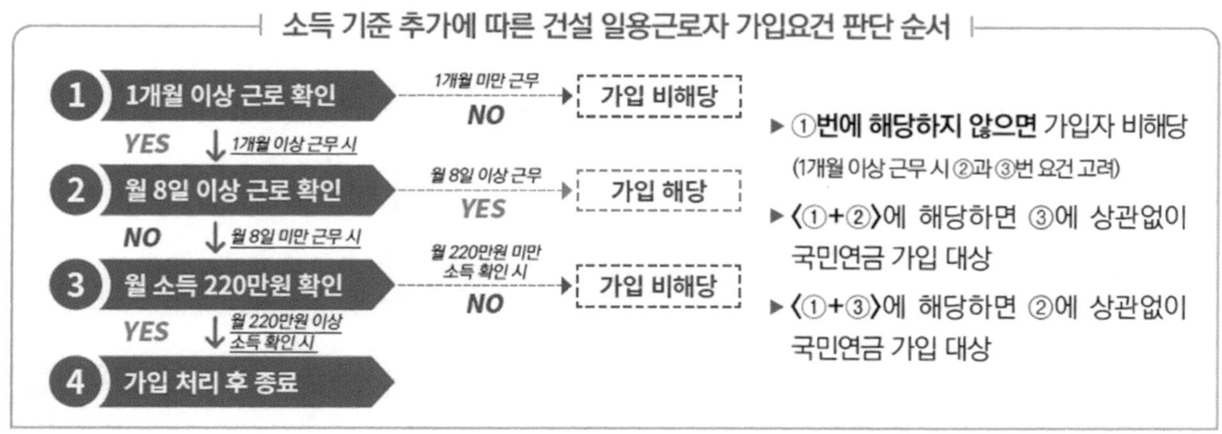

* 고용 · 산재보험의 원수급인을 기준으로 한 건설현장 단위와는 구별된다.
**「건설일용근로자 사업장 적용에 다른 건설현장의 건강보험 실무안내」
(국민건강보험공단, 2023년 7월)

3-2. 사회보험 사후정산제도: 국민연금, 건강보험

1. 사후정산제도 도입배경 등

(1) 소규모 영세건설업체 특히 하도급업체의 사회보험료 부족에 따른 어려움을 해소하고 일용근로자들의 사회보험 사각지대를 해소하고자 도입되었으며, 건설업체가 건설일용직근로자에 대한 사회보험료(국민연금, 건강보험) 납부영수증을 발주기관에 제출(하도급자 → 원도급자 → 발주기관)하면 예정가격에 별도로 계상된 보험료 범위 내에서 기성금 지급 시 당해 금액을 지급하고 공사 완료 시 최종 정산하는 제도를 말한다.

(2) 2008년부터는 민간건설공사를 포함하여 정부 공사 및 지방자치단체, 공공기관의 공사에 모두 동일하게 적용된다. 단, 민간공사의 경우 「건설산업기본법」 제2조 제4호에 해당하는 공사(전기 · 정보통신 · 소방시설 · 문화재수리공사)는 제외한다.

2. 사회보험 사후정산 절차

(1) 건설공사를 시공하는 하도급업체는 국민연금, 건강보험료 확보를 위해 하도급금액산출내역서에 보험별로 실제 노무비 수준의 적정한 보험료를 계상하여 사후 정산토록 하는 약정을 맺어야 하며, 일용근로자를 건설현장별로 국민연금과 건강보험에 가입한 후 현장명이 나오는 개인별 납부확인서를 제출받아 정산한다.

(2) 기성청구 시 전월의 보험료 납부영수증(보험료 납입증명서)을 첨부해 보험료를 지급 받는다. 단, 보험료를 납부하였더라도 건설현장별로 사업장 적용신고를 하지 않은 경우, 본사 사업장 납부는 인정하지 않는다.

3-3. 건설일용근로자 사회보험 적용절차

국민연금 · 건강보험에 있어 일용근로자의 취득 · 상실신고는 일반 상용근로자와 동일한 절차를 밟으나, 건설 일용근로자의 경우 근무일의 변경이 심하고 이에 따라 소득 및 보수의 변경도 매월 현격한 차이를 나타내는 바, 이에 국민연금 · 건강보험 일괄경정고지제도를 시행하고 있다.

1. 건설일용근로자 사회보험 적용흐름도

구분	적용절차
사업장 적용신고 (사업장⇒각 공단)	⊙ 건설현장에 일용근로자를 고용하는 경우 건설현장별 사업장 적용신고 사후정산 가능한 공사일 경우 공사계약일 이후 해당 근로자(8일 이상 일용직) 자격취득 없어도 우선 적용 신고해야 하며, 공사 기간 종료 이후에는 적용신고 안됨 ※ 2018.08.01. 국민연금, 국민건강보험 건설일용근로자 가입 적용기준 변경 ■ 민간공사 중 전기 · 정보통신 · 소방시설 · 문화재수리공사는 제외(건설산업기본법 적용) ■ 사업장 최초 적용신고는 각 공단지사에 우편, 팩스, 방문하여 공통신고하고, 가입 이후부터는 반드시 EDI로 신고 ■ 사업장(기관)적용신고서, 일괄경정고지신청서, 공사계약서(건설산업기본법에 해당하는 공사 및 사후정산 여부 포함) 제출 ■ EDI 홈페이지(edi.nps.or.kr)에서 회원가입 후 가입자 변동신고 및 보험료 부과 내역 확인
보험료 산정 (각 공단) 보험료 정기고지 (건강보험공단⇒사업장)	⊙ 당월 15일까지의 자격변동신고를 기준으로 각 공단(국민연금공단, 건강보험공단)에서 보험료 산정 및 건강보험공단에서 매월 말일까지 사업장에 고지서 송달(매월 22일경) • 사업장에서는 고지 내역을 확인하여 가입자 변동 내역 신고
가입자 신고 (취득, 상실, 소득변경) (사업장⇒ 각 공단)	⊙ 가입자 취득신고는 건설일용근로자가 1개월 이상 근로하기로 한 때(근로계약서가 없는 경우 실제 1개월간 8일 이상 근무하게 된 때) • 사후정산 건설현장이 아니거나 건설현장으로 미신고한 사업장에 일용근로자가 1개월 이상 근로를 하면 국민건강보험법(일용근로자 사업장 적용기준)에 따라 본사 소속으로 가입자 취득 · 상실 등 신고해야 함 ※ 2018.08.01. 국민연금, 국민건강보험 건설일용근로자 가입 적용기준 변경 ■ 가입자 상실신고는 퇴사하거나 8일 미만 근무하게 된 때 ■ 소득변경신고는 일용근로자의 소득이 전월보다 높거나 낮은 때 ■ 반드시 EDI로 신고하되, 다음 달 5일까지 신고(휴일: 전날까지)
일괄경정부과고지 (건강보험공단⇒ 사업장)	⊙ 건설현장 사업장에 대해 공단에서 매월 5일까지의 자격변동신고사항을 기초로 일괄 경정부과 · 고지 후 EDI로 전송 ⊙ 사업장에서 매월 6일 EDI 시스템에서 일괄경정부과 · 고지 내역서 수신 후 경정부과 · 고지금액으로 납부
수시경정부과고지 (건강보험공단⇒ 사업장)	⊙ 공단의 일괄 경정부과 · 고지 전후에 사회보험 사후정산을 위해 부득이 보험료 납부가 필요하거나 일괄 경정부과 · 고지금액이 상이한 경우 • 보험료 납부기한일의 1일 전까지(토 · 일 · 공휴일인 경우 그 전날) ⊙ EDI 시스템에서 신청하고, 경정된 고지 내역을 확인한 후 보험료 납부
보험료 납부 (사업장=〉각 공단)	⊙ 보험료 납부 기간: 매월 7일~ 10일 (휴일인 경우 그다음 날) ⊙ 건설현장 사업장은 공단의 일괄 경정부과 · 고지 금액 또는 수시 경정부과 · 고지 금액으로만 납부해야 함

2. 가입자 신고 시기: 취득/상실/변경

구분	대상	취득, 상실, 소득변경 시기
취득신고	– 동일한 건설현장에서 1월간 8일 이상 근로를 제공한 경우 – 근로계약서 상의 건설일용직근로자가 1개월 이상 근무하기로 한 때	– 최초 근로일부터 1월간의 근로일수가 8일 이상인 경우(1개월 이상 근무하기로 한 경우 포함): 최초 근로일 – 전월의 근로일수가 8일 미만이던 근로자가 당월 1일부터 말일까지 8일 이상인 경우: 해당 월의 1일 ※ 2018.08.01. 국민연금, 국민건강보험 건설일용근로자 가입 적용기준 변경
상실신고	근로관계 종료 1개월간 8일 미만 근로한 경우 ※ 2018.08.01. 국민연금, 국민건강보험 건설일용근로자 가입 적용기준 변경	– 자격 취득일이 속한 달의 다음 달 이후 최종 근로일이 속한 달의 근로일수가 8일 이상인 경우: 최종 근로일의 다음날 – 자격 취득일이 속한 달의 다음 달 이후 1일부터 말일까지 근로일수가 8일 미만인 경우: 해당 월의 1일)
소득변경신고	소득이 전월보다 높거나 낮은 경우	– 자격취득 시 기준소득월액: 취득 월부터 다음 변경신청 월의 전월까지 – 가입 기간 중의 기준소득월액: 소득월액 변경신청 월부터 다음 변경신청 월의 전월까지
보험료 납부 기간	자격 취득월의 다음 달부터 자격상실일의 전날이 속하는 월까지	

※ 실무적용 Tip 국민연금 · 건강보험 일용근로자 적용대상 여부 판단

구분	적용제외 대상	적용대상
일반업종 근로자	1개월 미만 고용된 경우	1개월 이상 고용된 경우 1개월 이상 근무하기로 한 명시적 계약이 있는 경우
건설근로자	1개월간 8일 미만 근로한 경우	1개월간 근무 일수가 8일 이상인 경우 1개월 이상 근무하기로 한 명시적 계약이 있는 경우

3. 보험료 납부절차

적용순서 및 절차	대상
보험료 정기고지 (당월 18일~22일경)	– 매월 15일까지 건설현장사업장에서 신고한 자격변동 및 보수(소득) 내역을 기준으로 공단에서는 당월분 보험료 산정 후 고지 내역서 및 고지서(1차)송부
일괄경정고지 (다음 달 6일까지)	– 5일까지 신고된 자격, 보수변동신고를 기준으로 보험료를 재산정하여 공단에서 일괄경정고지 내역 송부 – 건설현장 사업장은 반드시 공단의 최초 고지금액이 아닌 매월 일괄경정에 의한 최종 결정금액을 기준으로 보험료를 납부하여야 함
수시경정부과 (다음 달 9일까지)	– 일괄경정고지 전 · 후에 보험료 납부 및 정산이 필요한 경우 또는 일괄경정고지 금액이 상이한 경우 신청 – 공단에서는 수시경정고지 신청 즉시 최종 납부할 금액을 확정하여 고지 내역서를 EDI로 재전송
보험료 납부 (다음 달 10일까지)	– 일괄경정 또는 수시경정으로 인해 최종 고지된 금액으로 납부 (최종 경정고지 금액을 기준으로 과소납 또는 미납 시 연체금(가산금)을 납부)

〈EDI 고지경정 시스템 업무프로세스〉

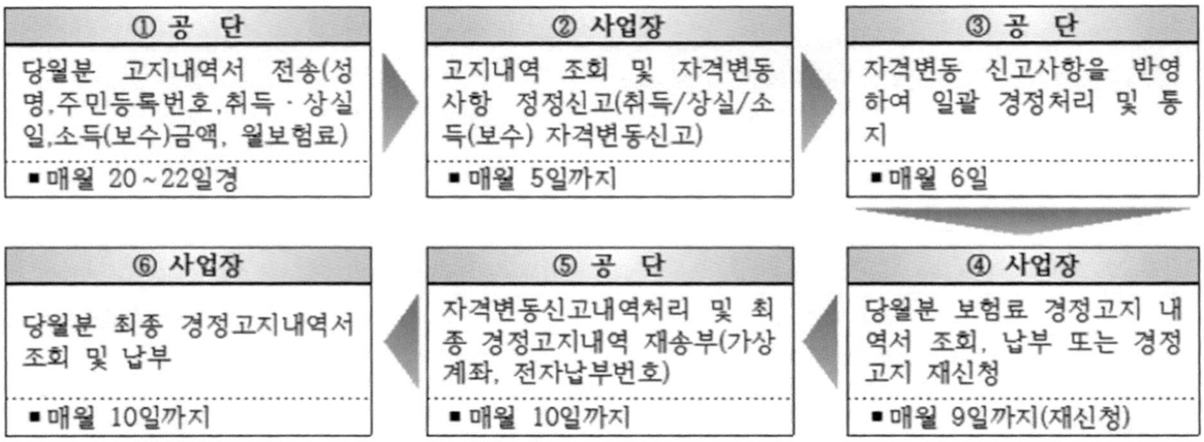

① 공 단	② 사업장	③ 공 단
당월분 고지내역서 전송(성명,주민등록번호,취득·상실일,소득(보수)금액, 월보험료)	고지내역 조회 및 자격변동사항 정정신고(취득/상실/소득(보수) 자격변동신고)	자격변동 신고사항을 반영하여 일괄 경정처리 및 통지
▪ 매월 20~22일경	▪ 매월 5일까지	▪ 매월 6일

⑥ 사업장	⑤ 공 단	④ 사업장
당월분 최종 경정고지내역서 조회 및 납부	자격변동신고내역처리 및 최종 경정고지내역 재송부(가상계좌, 전자납부번호)	당월분 보험료 경정고지 내역서 조회, 납부 또는 경정고지 재신청
▪ 매월 10일까지	▪ 매월 10일까지	▪ 매월 9일까지(재신청)

자격변동신고 및 경정고지 적용예시

〈예시1〉

⊙ 2024.1.1.부터 건설현장에서 일용근로자를 고용한 경우, 그 일용근로자가 국민연금(건강보험)법상 근로자인지 여부는 2024.2.1. 이후에 확인이 가능하므로(1월 이상 근무 여부 확인) 사업장에서 2024.2.1. 이후 신고가 가능하고, 정상적인 고지·납부시스템에 의할 경우 2024.3.10. 보험료 납부가 가능함

- 고지경정 제도를 활용할 경우, 2024.2.1.~ 2.5. 기간 동안 동 근로자들의 자격변동자료를 신고한 후, 일괄경정고지 금액으로 보험료를 납부할 수 있음
- 공단의 일괄경정고지 금액이 상이한 경우에는 추가 자격변동사항을 신고하고 경정고지를 신청하면, 공단에서 최종 납부할 금액을 재산정하여 사업장에 통지

〈예시2〉

⊙ 2024년 5월분 보험료는 2024.5.15.까지 신고된 자격변동자료를 기준으로 보험료를 산정하여 2017.5.25.경 사업장에 고지서를 발송(건강보험공단), 사업장에서는 2024.6.10.까지 납부함

- 2024.5.16.~5.31.까지의 자격변동 내역이 있는 경우 2024.6.1.~6.5. 기간 동안 소득 내역 등 자격변동자료를 신고하면, 공단의 일괄경정부과 금액으로 보험료를 납부 가능
- 공단의 일괄경정고지 금액이 상이한 경우에는 추가 자격변동사항을 신고하고 경정고지를 신청하면, 공단에서 최종 납부할 금액을 재산정하여 사업장에 통지

※ 해당 월의 최종 근로일까지 근로 연속성이 있는 경우 최종 근로일의 다음날로 상실처리 가능

3-4. 적용기준

1. 사업장 적용기준

(1) 건설공사 사업장에 사후정산제도 적용 사업장

①「건설산업기본법」에 따른 건설공사의 사업장

②「전기공사업법」에 따른 전기공사의 사업장

③「정보통신공사업법」에 따른 정보통신공사의 사업장

④「소방시설공사업법」에 따른 소방시설공사의 사업장

⑤「문화재수리 등에 관한 법률」에 따른 문화재 수리공사의 사업장

⑥「산림자원의 조성 및 관리에 관한 법률」에 따른 산림사업의 사업장

(2) 사업장 적용

① 건설현장별로 적용

㈎ (1)에 따른 사후정산제도 적용 사업장 대상으로 본사 및 일반 근로자와 구분하여, 건설현장의 건설일용직만을 대상으로 사업장 분리적용

㈏ 원수급인, 하수급인 사업장별 건설현장 단위로 사업장 분리적용

※ 다만, 발주된 공사현장 내에서 해당 건설업체가 다수의 공사계약이 있더라도 동일 건설현장으로 보며, 소속근로자는 근로일수를 합산하여 가입대상 여부를 판단
(「소방시설공사업법」 제21조 제2항, 「전기공사업법」 제11조, 「정보통신공사업법」 제25조에 따른 '다른 업종의 공사와 분리 도급한 공사의 경우' 분리적용 가능)

② 건설공사(계약) 기간이 1개월 이상인 경우 적용

- 공사계약 기간이 1개월 이상이고 사후정산 가능한 공사일 경우 공사계약일 이후 직장가입자 요건에 해당하는 근로자(월 8일 이상)가 없더라도 공단에 사업장 적용 신고해야 하며, 공사 기간 종료 후에는 적용신고 안됨

③ 최초 공사(계약) 기간은 1개월 미만이나, 기간연장 및 갱신 계약 등으로 실제 공사 기간이 1개월 이상 되는 건설현장 포함

2. 사업장 신고방법 및 절차

(1) 사업장 적용(등록) 신고

① 제출할 서류

㈎ 사업장(기관) 적용신고서(공통서식)

㈏ 보험료 일괄경정 · 전자고지 신청서

(다) 공사계약서(사후정산 내용 포함 여부 확인)

※ 공사계약서는 사업장 성립 일자, 공사 기간, 사후정산, 경과조치 여부 확인용으로 반드시 제출

※ 사후정산 내용 확인 불가한 경우 제한적으로 도급금액산출내역서(하도급금액산출내역서 포함) 확인

② 직장가입자 자격취득: 사업장에서 반드시 EDI로 신고

③ 추가서류: 경과조치 사업장일 경우 '건설현장 경과조치 사업장 사실 확인서' 제출

※ 기 제출한 공사계약서(계약일 기재)로 확인이 가능한 경우는 제출 생략

④ 제출할 지사: 건설현장 소재지 국민건강보험공단 지사

⑤ 신고방법: 방문, 우편, FAX, 인터넷(www.4insure.or.kr)

※ 인터넷 신고 시 '보험료 일괄경정 · 전자고지 신청서', '공사계약서'(도급금액산출내역서, 하도급금액산출내역서)를 첨부란에 미등록 경우 지사에 방문, 우편, 팩스로 별도 제출

(2) 사업장 내용변경(정정)

① 신고할 사항

(가) 공사 기간이 연장되거나, 경과조치 여부 등에 변경(정정) 사항이 있는 경우

(나) 사업장(기관)변경: 사용자성명, 사업장 주소 등이 변경(정정)된 경우

(다) 직장가입자 내용변경: 근로자의 성명, 주민등록번호 등이 변경(정정)된 경우

② 제출할 서류

(가) 사업장(기관) 변경신고서(반드시 EDI 신고)

※ 공사 기간이 연장 되었을 때 '사업장(기관)변경신고서', 변경된 '공사계약서' 첨부 (방문, 우편, FAX) 연장된 공사 기간 내에 반드시 신고, 공사 기간 종료 시 신고 불가

(나) 직장가입자 내용변경 신고서(반드시 EDI 신고)

(다) 보수월액 변경 신청서(반드시 EDI 신고)

(3) 사업장 탈퇴 (반드시 EDI로 신고)

① 탈퇴일: 공사 종료일의 다음날

② 제출서류: 사업장탈퇴신고서, 직장가입자 자격상실신고서

〈신축공사 착공 이전 철거공사를 도급 주었을 경우 보험관계 적용〉
건축물의 신축을 목적으로 행한 기존 건축물 철거공사와 신축공사가 시간적 · 공간적으로 상호 유기적으로 연관되어 이루어진다면 기존 유권해석(가입지원팀-5014, 2008.12.19.)과 같이 "총공사금액"에 합산하여 산정함이 타당하며, 기존 건축물의 철거공사가 신축공사 착공 이전 도급계약에 따라 이루어졌다면 도급공사인 철거공사와 건축주 직영 신축공사는 별도의 보험관계로 적용하여야 할 것으로 판단된다.

〈건물해체작업과 폐기물잔해 수집 등 사업을 병행하는 경우 사업종류〉
건물 해체작업 후 발생하는 폐기물잔해만을 수집 · 분류 · 절단 · 운반하는 사업은 본사(도 · 소매 및 소비자 용품 수리업)로 흡수 적용하여야 하며, 건물 해체작업과 폐기물의 잔해 수집 · 분류 · 절단 · 운반하는 사업을 병행하여 수행하는 경우에는 본사와 분리하여 건설업으로 적용하여야 할 것으로 판단된다.

3. 건설일용근로자 적용기준

공사현장을 사업장 단위로 적용하게 되므로, 근로자에 포함되는 범위를 분리 적용된 공사현장별 근로일수를 기준으로 판단하여 적용한다.

(1) 명시적인 근로계약서가 있는 경우

① 계약 내용이 1월 이상(기간의 정함이 없는 경우 포함)인 경우 사업장가입자로 적용(실제 근로를 제공한 기간 · 일수 · 시간 불문함)

② 자격변동기준은 최초 고용일을 취득일로, 관계종료일의 다음 날을 상실일로 적용

(2) 명시적인 근로계약서가 없는 경우(고용 기간이 1월 미만인 경우 포함)

① 근로자 인정요건(1일부터 말일까지 월력 기준)

동일한 건설현장에서 1개월간 8일 이상 근로를 제공한 경우 최초 고용된 날부터 사업장가입자로 적용한다. 건설일용직의 경우 한 달 모두를 근무하는 경우가 사실상 매우 어려우므로, 8일을 사실상 1개월 근무로 간주하는 것이다.

〈건설일용근로자의 취득 · 상실 기준〉
Q. 건설일용근로자가 동일한 회사에서 A 현장에서 7일 근무하고, 이동 후 B 현장에서 7일을 근무한 경우 사업장가입자로 적용되어야 하는지?
A. 건설일용근로자의 국민연금 · 건강보험 적용은 사업장 적용단위를 본사 및 일반 근로자와 구분하여 사업장 분리 적용한다. 동일한 건설현장에서 1월간 8일 이상 근로를 제공한 경우 최초 고용된 날부터 사업장가입자로 적용하도록 하고 있으므로, 동일한 건설회사에서 근무하더라도 건설현장(사업장)을 달리하는 경우 각 건설현장에서 8일 미만으로 근무하였다면 사업장가입자로 적용되지 않는다.

② 자격취득 시기

사례	자격취득 시기
최초 근로일로 1월간의 근로일수가 8일 이상인 경우	최초 근로일
전월의 근로일수가 8일 미만이던 근로자가 당월 1일부터 말일까지 8일 이상 근무한 경우	해당 월의 1일

③ 자격상실 시기

사례	자격상실 시기
자격 취득일이 속한 달의 다음 달 이후 최종 근로일이 속한 달의 근로일수가 8일 이상인 경우	최종 근로일의 다음날
자격 취득일이 속한 달의 다음 달 이후 1일부터 말일까지 근로일수가 8일 미만인 경우	해당 월의 1일(다만, 해당 월의 최종 근로일까지 연속적으로 근로한 경우 최종 근로일의 다음날로 상실 처리할 수 있음)

건강보험 가입대상 제외자
- 「국민기초생활보장법」에 의한 수급자
- 「독립유공자 예우에 관한 법률」 및 「국가유공자 등 예우 및 지원에 관한 법률」에 따라 의료보호를 받는 자 중 건강보험 배제 신청한 자
- 외국인 중 제외되는 자: 불법체류자(강제퇴거명령서가 발부된 자 포함)

4. 근로자 보수(소득) 적용기준

(1) 적용 대상

건설현장의 일용근로자에 한하여 매월 변동된 소득을 적용하여 보험료를 산정한다. 건설현장 일용근로자는 본사 사업장과 분리하여 적용하고, 보험료는 근로자가 당해 사업장에서 매월 지급 받는 실제 보수월액을 기준으로 산정하므로 보수월액 변경 시에는 매월 신고하여야 한다.

(2) 소득(보수) 적용기준

구분	자격취득 시 보수월액 적용	가입 기간 중의 보수월액 적용
적용기준	취득 월 또는 부과 대상 월의 실제 보수월액	사업장의 변경신청에 의해 신고된 부과 대상 월의 실제 보수월액
적용 기간	취득 월부터 다음 변경신청 월의 전월까지	변경신청 월부터 다음 변경신청 월의 전월까지

(3) 건설일용근로자 소득 적용의 특례

건설현장 사업장 근로자(건설일용근로자)의 경우에만 매월 소득변경신고를 인정한다. 사업장의 소득월액 변경신청에 의해 매월 실제 소득월액(급여 수령액 기준)에 따라 기준소득월액이 적용된다.

〈소득 결정 일반규정 및 특례비교〉

구분	일반규정	특례지침
소득월액 결정기준	근로소득에서 비과세 소득을 차감한 소득	좌동
자격취득 시 (납부재개)	자격취득 월 또는 납부재개 월의 소득을 월액으로 환산한 월 평균 소득월액	자격취득 월 또는 납부재개 월의 실제 소득월액
가입 기간 중	전년도 중 해당 사업장에서 종사한 기간에 받은 소득액을 그 기간의 총 근무 일수로 나눈 금액의 30배에 해당하는 금액	사업장의 소득월액 변경신청에 의해 매월 실제 소득월액 (매번 변동소득 적용)
적용 기간	⊙ 자격취득 시: 다음 정기결정 월의 전월까지 ⊙ 가입 기간 중: 당해연도 7월부터 다음연도 6월까지	⊙ 자격취득 시: 다음 소득변경 신청 월의 전월까지 ⊙ 가입 기간 중: 다음 소득변경 신청 월의 전월까지

〈소득(보수)적용예시〉

甲 현장	乙 현장	丙 현장
근로기간: 4.1.~5.31. 소득월액: 4.1.~4.30. 180만 원 5.1.~5.31. 150만 원	근로기간: 6.5.~8.31. 소득월액: 6.5.~6.30. 175만 원 7.1.~7.31. 145만 원 8.1.~8.31. 160만 원	근로기간: 9.1.~10.31. 소득월액: 9.1.~9.30. 180만 원 10.1.~10.31. 120만 원

구분		국민연금	건강보험
甲 현장	취득일 상실일	4월 1일 6월 1일	4월 1일 6월 1일
	보험료 납부	4월, 5월(2개월분)	4월, 5월(2개월분)
	소득(보수) 월액	4월 180만 원 5월 150만 원	4월 180만 원 5월 150만 원
乙 현장	취득일 상실일	6월 5일 9월 1일 (취득 월 납부 미희망)	6월 5일 9월 1일
	보험료 납부	7월, 8월(2개월분)	7월, 8월(2개월분)
	소득(보수) 월액	7월 145만 원 8월 160만 원	7월 145만 원 8월 160만 원
丙 현장	취득일 상실일	9월 1일 11월 1일	9월 1일 11월 1일
	보험료 납부	9월, 10월(2개월분)	9월, 10월(2개월분)
	소득(보수) 월액	9월 180만 원 10월 120만 원	9월 180만 원 10월 120만 원

(4) 보험료 고지 및 납부

① 보험료 정기고지(→ 매월 22~25일 우편 발송)

- 공단에서는 당월 분 보험료 산정 기준일(매월 15일)까지 자격변동 보수 신고 내역을 기준으로 보험료 산정 후 고지 내역서 및 EDI 전자고지(1차) 송부

※ 경정(일괄, 수시)으로 고지금액 변경에 따른 자동이체 불가

② 일괄경정고지(→ 매월 5일 신고 마감 후 산정 마감일 다음날 고지)

㈎ 당월분 고지 내역서 확인 후 자격변동 및 보수변동 내역 신고

- 자격 · 보수변동 신고 마감일은 다음 달 5일까지로 하며, 5일까지 신고한 내역을 기준으로 보험료를 재산정하여 공단에서 일괄 경정고지 내역 송부

※ 일괄경정고지 후 보험료는 전자납부번호(사회보험통합징수 포털, 인터넷 지로, 인터넷뱅킹, CD/ATM) 및 가상계좌번호로 납부

㈏ '보험료 일괄경정 · 전자고지 신청서'는 건설현장 사업장이 최초 적용신고 시 제출

- 일괄경정고지 방법: '경정고지 내역서'를 EDI로 사업장에 통지

㈐ 건설현장 사업장은 반드시 공단의 최초 고지금액이 아닌 매월 일괄경정에 의한 최종 결정금액을 기준으로 보험료를 납부하여야 함

- 사업장에서 착오로 최초 고지금액으로 납부하거나 해당 월의 보험료를 미납하는 경우 최종 경정고지 금액을 기준으로 과소납 또는 미납에 대한 연체금을 납부하여야 함

③ 수시 경정고지 신청 (→ 매월 9일까지)

- 일괄 경정고지 전 · 후에 보험료 납부 및 정산이 필요한 경우 신청
  - 자격변동 및 보수변동 내역 신고일부터 납부 마감일 1일 전까지(토 · 일 · 공휴일인 경우 전날) 경정고지 신청

    ※ 신청경로: EDI 서비스 → 전체서식 → 보험료 자료 재전송 신청서 → 건설일용직 경정고지 신청
  - 공단에서는 수시 경정고지 신청 즉시 최종 납부할 금액을 확정하여 고지 내역서를 EDI로 재전송

    ※ 보험료 납부: 전자납부번호로 사회보험통합징수 포털, 인터넷 지로, 인터넷뱅킹, CD/ATM 납부

④ 보험료 납부(→ 매월 10일까지)

- 사업장에서 EDI로 전송된 경정고지 내역서를 조회 · 확인 후 전자납부

(5) 보험료 납부확인

사업장별, 가입자별로 「보험료 납부증명서」 발급

- 사업장에서 신청하고자 하는 기간의 사업장별 건강보험료 납부 내역 및 해당 사업장의 가입자 세부 납부 내역 확인서 발급
  - 각 공단별로 보험료 납부증명서 발급 신청

    ※ 건강보험 납부확인서: EDI 시스템, 방문, 팩스, 인터넷 발급 가능

제4장

건설일용근로자의 고용보험과 산재보험

4-1. 건설업의 고용보험 피보험자 관리

1. 피보험자 신고의무

(1) 「고용 · 산재보험료징수법」 제9조에 따라 원수급인을 사업주로 보는 경우, 사업주에 의한 피보험자격의 신고 원칙을 준수하게 되면 원수급인이 피보험자격의 신고의무를 지게 되나, 원수급인은 하수급인이 고용하는 근로자 개개인의 피보험자격 변동 내역을 알 수 없는 것이 일반적이다.

(2) 「고용보험법」에서는 이 경우 당해 근로자를 고용하는 하수급인에게 신고의무를 부여하고, 피보험자격에 관한 신고를 하도록 하고 있으며, 하수급인은 피보험자격 신고를 원활히 할 수 있도록 하수급내역신청서 제출 및 협조 의무, 원수급인은 하수급인이 피보험자격에 관한 신고를 제대로 할 수 있도록 협조를 해야 한다.

(3) 건설공사의 일괄적용을 받는 사업주는 그가 시행하는 각각의 사업에 대하여 사업의 개시일로부터 14일 이내에 공사현장을 관할하는 근로복지공단 지역본부(지사)에 사업개시신고를 해야 하고, 개별사업의 피보험자에 대한 취득 · 상실신고는 자격취득 · 상실일의 다음 달 15일까지 개별사업의 소재지 관할 고용센터에 신고하여야 한다.

2. 피보험자격의 신고절차

〈건설일용근로자 신고 프로세스〉

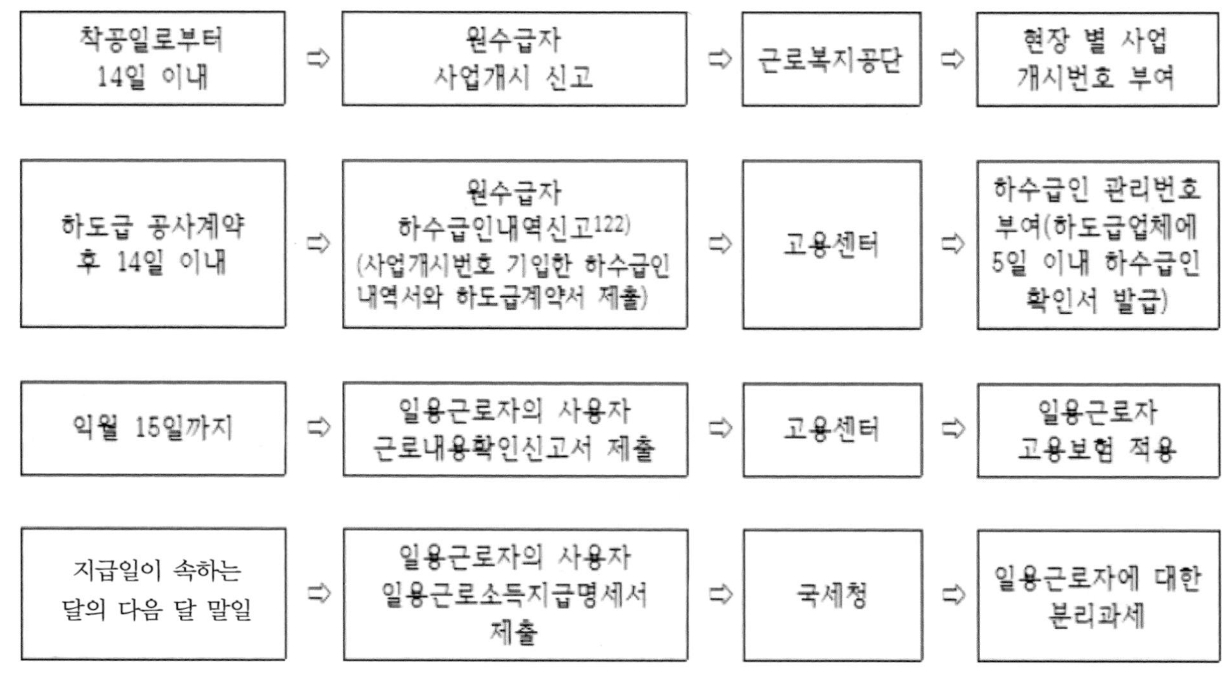

〈건설업 고용보험 피보험자격 신고 프로세스〉

절차	당사자	관련 서식	내용
①	원수급인↔하수급인	하도급 계약서	하도급 계약 체결
②	하수급인↔일용근로자	근로계약서	근로계약 체결
③	원수급인→고용센터	하수급인명세서	원수급인은 하도급 계약 체결일로부터 14일 이내에 하도급 계약서 사본을 첨부하여 하수급인명세서를 공사현장 소재지 관할 고용센터에 제출한다.
④	고용센터→원수급인, 하수급인	하수급인확인서	고용센터에서는 하수급인관리번호 등을 기재한다. 하수급인확인서를 원수급인과 하수급인에게 통보
⑤	하수급인→고용센터	–	하수급인은 하수급인 관리번호를 통해 매월 1회 고용하고 있는 근로자의 피보험자격에 관한 사항을 고용센터에 신고

4-2. 건설업 일용근로자 신고

1. 건설업 일용근로자 신고의 의의

건설업종은 다양한 하도급의 형태로 이루어지고 있고, 건설현장 근로자의 대부분이 일용근로자인 점 등 그 특수성을 반영하여 고용보험 제도에서는 여러 가지 특례규정을 두고 있다. 건설 · 벌목업의 경우는 기존 방식대로 자진신고 · 납부를 하면 되는데 연간 지급할 보수총액에 보험료율을 곱하여 개산보험료와 확정보험료로 산정 · 납부하고, 산재보험의 일용근로자는 고용정보 신고 대상에서 제외하고, 고용보험만 근로내용확인신고서를 제출하면 된다.

2. 건설업 일용근로자의 정의

(1) 대부분 건설현장 근로자는 숙련 건설근로자를 포함하여 일용근로자로 간주한다. 따라서 동일 현장에 1개월 이상 근로한다고 하더라도 일용근로자 특성을 유지하는 한 일용근로자로 간주한다.

(2) 다만, 경리 · 현장감독 · 경비 등 당해 건설현장과 관련하여 고용의 상시성이 있고, 지속적으로 사업주의 관리 · 감독이 이루어지는 근로자는 상용근로자로 간주한다.

3. 일용근로자 신고방법: 「근로내용확인신고서」

(1) 근로내용확인신고서 제출

일용근로자의 경우에는 피보험자격의 신고에 있어서, 사용 · 임시근로자의 경우와는 달리 취득 · 상실신고 및 이직확인서의 제출 등을 별도로 함이 없이, 근로내용확인신고서를 제출하는 경우 피보험자격의 취득 · 상실신고를 하거나 이직확인서를 제출한 것으로 본다. 건설일용직 근로내용확인신고서 제출 시 고용보험만 체크하여 작성하는데, 자진신고 · 납부 사업장의 경우는 산재보험 고용정보 신고 대상이 아니기 때문이다.

(2) 제출 시기 및 제출기관

신고 사유 발생일(근로 제공일)의 다음 달 15일까지, 사업(건설현장) 소재지 관할 고용센터에 제출한다.

> ■ 특수한 공사의 피보험자격 신고
>
> Q. 하나의 건설업체(甲)가 시공하는 수 개의 공사현장(A, B, C, D 등)에 대하여 수 개의 전문건설업체(철근 乙, 배관 丙, 조적 丁 등)와 일괄적으로 하도급 계약을 체결하는 경우
>
> A. (1) 甲은 A, B, C, D별로 각각 구분하여 乙, 丙, 丁에 대한 내역을 제출
>
> (2) 乙사의 일용근로자가 각각 수시로 현장(A, B, C, D)을 이동하는 경우에도 각각의 현장근로자로 신고
>
> ※ 하수급인은 고용센터로부터 통지받은 하수급인 관리번호를 통해 피보험자에 대한 신고
>
> ※ 단, 「고용 · 산재보험료징수법」 제9조 제1항 단서규정에 의한 보험료 납부승인을 받은 하수급인은 공단으로부터 부여받은 사업장관리번호를 통해 피보험자에 대한 신고를 행함

4-3. 자진신고 사업장의 고용 · 산재보험료 신고 · 납부 및 정산

개산보험료 및 확정보험료의 신고 · 납부와 정산 시 보수총액 추정액 또는 보수총액을 결정하기 곤란한 경우에는 고용노동부 장관이 정하여 고시하는 노무 비율에 의하여 보수총액 추정액 또는 보수총액을 결정할 수 있다. 건설공사나 벌목업의 경우 실제 지급임금의 확인이 불가능할 때에 한해 노무 비율을 적용하는 것이며, 공사내역서 상의 보수로 보험료 산출기초가 되는 보수를 결정할 수 있는 경우에는 적용하지 않는다.

4-4. 개산보험료

자진신고 사업장(건설업 및 벌목업) 사업주는 1년 동안 사용할 근로자에게 지급할 보수총액을 추정하여 그 보수총액의 추정액에 보험료율을 곱한 금액으로 당해연도 보험료를 미리 납부하는 것을 개산보험료라 한다.

1. 개산보험료의 산정

(1) 일반적 산정원칙: 보수총액 기준

적용대상 사업주는 1년 동안 사용할 근로자에게 지급할 보수총액을 추정하여 그 보수총액 추정액에 당해 연도에 당해 사업에 적용되는 보험료율을 곱하여 산정한다.

(2) 노무 비율에 의한 산정

건설공사 및 벌목업 등의 경우 보수총액의 추정액을 결정하기 곤란한 경우에는 고용노동부 장관이 고시하는 노무 비율을 사용하여 보수총액의 추정액을 결정하여 보험료를 산정할 수 있다. 노무 비율은 일반 건설공사와 하도급 공사의 노무 비율을 구분하여 정한다. 다만 노무 비율에 따라 산정된 보수총액의 추정액이 도급금액의 100분의 90을 초과하는 경우에는 도급금액의 100분의 90을 보수총액의 추정액으로 한다.

〈개산보험료 산정원칙〉

산정원칙	보수총액 기준	노무 비율에 의한 산정
적용	원칙	보수총액 추정이 곤란한 경우
기준금액	보험가입자가 1년간 사용할 근로자에게 지급할 보수총액 추정액	고용노동부 장관이 고시하는 노무 비율에 의하여 보수총액을 결정
개산보험료 산정	해당 연도 추정보수총액 X 보험료율	총공사금액 X 노무 비율 X 보험료율

〈건설업 노무 비율〉

구분	2023년	2024년
일반건설	총공사금액의 27%	총공사금액의 27%
하도급	하도급 공사금액의 30%	하도급 공사금액의 30%
벌목업	1㎥당 10,763원	1㎥당 10,703원

■ 보수총액 추정액

Q. 시공되는 공사(총공사금액 8억 원)의 도급금액이 2억 원(부가가치세 제외), 발주자가 제공한 재료대가 6억 원인 경우 보수총액 추정액은?

A. 총공사금액 8억 원에 노무 비율 27%를 곱한 금액 216,000,000원이, 도급금액 2억 원의 90%인 180,000,000원을 초과하므로 도급금액의 90%인 180,000,000원을 보수총액 추정액으로 결정

– 계약상의 도급금액에 비하여 발주자 제공 재료 대가가 과다한 경우에 발생.

2. 개산보험료의 신고와 납부

(1) 개산보험료는 선납주의로 자진신고 · 자진납부를 원칙으로 한다.

〈개산보험료 신고 · 납부기한〉

구분	개산보험료 신고 및 납부
보험연도 중에 보험관계가 성립한 경우	성립일로부터 70일 이내
성립일부터 70일 이내에 종료되는 건설공사	사업의 종료일 전일까지
일반적인 경우(연간 적용사업장)	해당 보험연도의 3월 31일까지

(2) 계속사업장 또는 6월 말 이전에 성립된 사업장은 사업주의 신청(반드시 개산보험료 신고 시 신청)으로 분할납부가 가능하다. 분할납부할 수 있는 보험료를 법정납부기한 내(해당 보험연도 3월 31일까지, 연도 중 성립한 경우 성립일부터 70일 이내)에 일시납부한 경우에는 개산보험료의 3%를 경감받을 수 있다.

〈분할납부 시 납부기한(연간 적용사업장)〉

기별	산정 대상 기간	납부기한
제1기	1.1 ~ 3.31	3.31
제2기	4.1 ~ 6.30	5.15
제3기	7.1 ~ 9.30	8.15
제4기	10.1 ~ 12.31	11.15

(3) 분할납부는 원칙적으로 연 4회로 되어있으나, 보험연도 중 보험관계 성립 시 그 산정 기간이 1년 미만이므로 동 횟수를 2회~3회로 조정한다. 다만, ①해당 보험연도의 7월 이후에 성립한 사업장 또는 건설공사와 ②기간의 정함이 있는 사업으로서 그 기간이 6월 미만인 사업은 분할납부가 인정되지 아니하므로 보험관계 성립일부터 70일 이내에 전액을 납부하여야 한다.

■ 개산보험료 일시납 공제(3%) 후 공사 기간이 단축되더라도 공제가 유효한지?

Q. 개산보험료를 신고 · 납부하는 시점에서는 도급계약서상의 공사 기간이 6개월 이상으로서 분할납부할 수 있는 개산보험료에 해당하여 3% 공제 후 보험료 전액을 일시납부하였던 바, 준공 시점에서 공사 기간이 당초 예정보다 단축되어 실제 공사 기간이 6개월 미만으로 되었을 경우 3% 공제는 계속 유효한 것인지 여부?

A. 분할납부 대상인 건설공사의 사업 기간 6개월 이상 여부는 보험료 신고 · 납부 시점에서 판단 가능한 공사 기간을 의미하는 것이지 확정보험료 정산 시점에서나 판단할 수 있는 공사 기간을 의미한다고 볼 수 없으므로 개산보험료 납부 시점에서 도급계약서 등 객관적인 자료에 의하여 공제대상 공사로 판단, 공제한 것은 적법한 공제라고 보아야 할 것임

4-5. 확정보험료

매 보험연도의 초일(보험연도 중에 보험관계가 성립한 경우에는 성립일)부터 연도 말일 또는 보험관계가 소멸한 날의 전날까지 지급한 보수총액에 보험료율을 곱하여 산정한 금액을 의미하며, 전년도에 보수추정액을 기준으로 미리 선납한 보험료에 대한 정산을 위해 전년도 확정된 보수총액을 기준으로 확정보험료를 산정하여 자진신고 · 납부하여야 한다. 즉 개산보험료는 추정보험료, 확정보험료는 정산보험료의 성격을 가진다.

1. 확정보험료의 산정

〈확정보험료 산정원칙〉

산정원칙	보수총액 기준	노무 비율에 의한 산정
적용	원칙	보수총액을 결정하기 곤란한 경우
기준금액	해당 보험연도 중 실제 지급한 보수총액	고용노동부 장관이 고시하는 노무 비율로 보수총액을 결정
확정보험료 산정	실제 지급한 보수총액 X 보험료율	[직영인건비 + (외주공사비 X 하도급 노무 비율)] X 보험료율

(1) 원수급인의 신청에 의해 하수급인 사업주 인정 승인을 받은 공사에 대해서는 하수급인 업체가 반드시 그 공사에 대한 보수총액을 포함하여 신고하고 보험료를 납부해야 한다.

(2) 확정보험료를 신고하지 않거나 사실과 다르게 신고한 경우 가산금(확정보험료의 10%)과 연체금이 부과된다.

(3) 중층적 하도급 공사 등으로 보수총액을 파악하기 곤란한 공사의 경우에는 고용노동부 장관이 고시하는 노무 비율을 적용하여 보수총액을 산출한 후 보험료율을 곱하여 확정보험료를 산정(건설공사의 경우 공단의 승인을 얻은 하수급인의 하도급 공사금액은 제외)한다.

■ 하도급공사 혼재 시 외주비의 노무비 산정방법
보수총액이 파악 가능한 하도급공사와 파악 불가능한 하도급공사가 혼재하고 보수총액 파악이 불가능한 재하도급 공사가 포함되어 있는 경우라면, 비록 일부의 하도급 공사에 대한 보수총액이 파악되었다 할지라도 객관성을 담보할 수 있도록 전체의 하도급공사에 대하여 하도급 노무비율을 적용함이 타당함

2. 확정보험료의 신고와 납부

다음 보험연도의 3월 31일(보험관계가 보험연도 중에 소멸한 경우에는 소멸한 날부터 30일 이내)까지 확정보험료를 신고 · 납부하여야 한다.

개산보험료를 확정보험료보다 초과 납부한 경우에는 초과금액을 반환받거나 충당 신청할 수 있다. 사업주가 국가 또는 지방자치단체인 경우에는 그 보험연도의 말일(보험연도 중에 보험관계가 소멸한 사업에 있어서는 그 소멸한 날부터 30일)까지 신고 · 납부할 수 있다.

〈확정보험료 신고 · 납부기한〉

구분	개산보험료 신고 및 납부
보험연도 중에 보험관계가 소멸한 경우	소멸한 날로부터 30일 이내
일반적인 경우(연간 적용사업장)	다음 보험연도의 3월 31일까지

3. 직권조사징수

사업주가 법정기한 내에 개산 및 확정보험료를 신고하지 아니하거나 그 신고가 사실과 다른 때에는 근로복지공단은 직권으로 조사하여 납부하여야 할 보험료를 징수하게 되며, 이에 따른 연체금 및 가산금 등을 추가로 부과하게 된다.

4. 시효

보험료, 기타 징수금을 징수하거나 반환을 받을 권리 및 보험급여를 받을 권리를 3년간 행사하지 아니하면 시효의 완성에 의하여 권리의 행사가 소멸한다. 건설업의 확정보험료 소멸시효는 다음 보험연도 첫날(연도 중 보험관계가 소멸한 경우는 소멸한 날의 다음 날)부터 진행된다. 시효의 진행 도중 청구, 독촉, 통지 또는 교부청구를 한 경우 각각의 기간 동안 시효가 중단되며 동 기간이 경과한 때부터 새로이 소멸시효가 진행된다.

〈확정정산을 위한 총공사금액을 산출 판단 기준〉
당연적용 여부 판단을 위한 총공사금액의 산정 관련해서 「보험료징수법」 시행령 제2조에 의거 "총공사금액"이란 총공사를 할 때 계약상의 도급금액(발주자가 재료를 제공하는 경우에는 그 재료의 시가 환산액을 포함한다)을 말하며, 총공사금액을 산정함에 있어 최종 목적물의 완성을 위하여 하는 건설공사를 둘 이상으로 분할하여 도급하는 경우는 각각의 도급금액을 합산한다. 다만 도급단위별 공사가 시간적 또는 장소적으로 분리되고 독립적으로 행하여지는 경우에는 각각의 도급단위별로 판단하여야 한다.

4-6. 산재 · 고용보험 보험료신고서 작성방법 등

1. 건설업 본사

확정보험료 = 실제 지급한 보수총액(지급하기로 결정되었으나 미지급된 보수포함) × 보험료율

〈전체 근로자의 보수에서 제외되는 보수(건설업 본사)〉

구분		제외되는 보수
고용보험 보수	고용안정 직업능력개발사업	① 대표자 보수 ② 공사현장 일용근로자 보수 ③ 외국인 적용제외 근로자
	실업급여	① 대표자 보수 ② 공사현장 일용근로자 보수 ③ 만65세 이후 고용된 근로자 보수 ④ 외국인 적용제외 근로자
산재보험보수		① 대표자 보수 ② 본사 소속 공사현장 근무자(현장소장, 기사 등) 보수 ③ 건설현장 일용근로자 보수

■ 재무제표에서 보수산정 방법(건설업 본사)
- 고용 보수: 인건비 전체(대표자 제외) + 원가명세서상의 본사 소속 현장근로자 보수총액
- 산재 보수: 인건비 전체(대표자 제외, 본사 소속 현장근로자 인건비는 건설현장으로 신고)

〈실무적용 Tip 보험별 보수산정(건설업 본사)〉

구분	고용보험 보수		산재보험 보수
	고용안정 직업능력개발사업	실업급여	
대표자 보수	제외	제외	제외
본사소속현장근로자 (현장소장, 기사 등)	포함	포함	제외
만65세 이후 고용된 근로자	포함	제외	포함

2. 건설업 현장(건설 일괄, 개별건설공사)

건설공사(건설 일괄 포함)도 실제 지급된 보수총액(지급하기로 결정되었으나 미지급된 보수포함)에 보험료율을 곱하여 산정함이 원칙이나, 보수총액을 결정하기 곤란한 외주공사비 등의 경우에는 고시된 하도급 노무 비율을 사용한다.

확정보험료 = [직영근로자에게 지급된 보수 + (외주공사비 × 하도급 노무 비율)] × 보험료율

(1) 하도급 노무 비율: 30%

(2) 건설 일괄 보험료 신고 대상 공사는 자기 공사, 원도급공사, 하도급 받은 공사 중 하수급인 사업주 인정 승인받은 공사에서 발생한 보수는 포함하되, 원수급인으로서 하도급 준 공사(외주공사비)에서 하수급인 사업주 인정 승인받은 공사는 제외한다.

※ 하수급인 사업주 인정 승인받은 공사 내역을 모를 경우 고용 · 산재보험 토탈서비스(사업장 ⇒ 정보조회 ⇒ 보험 가입정보 ⇒ 사업개시사업장 현황 조회)에서 확인하거나, 관할 지역본부 및 지사에 문의하면 확인 가능하다.

■ 외주공사비 중 일부에 대해서만 하도급 노무 비율 적용

Q. 외주공사비 중 일부분의 공사에 대한 노무비를 파악하여 해당 공사는 하도급 노무 비율을 적용하지 않을 수 있는지 여부?

A. 건설업은 수차의 하도급 관계가 이루어지고 있어, 하도급자 및 복층적 하도급자의 전체 노무비를 산출할 수 있는 경우가 아니라면 외주공사비 전체에 대해 하도급 노무 비율을 적용하여야 함.

(3) 산재보험은 본사 소속 근로자(현장소장, 기사 등)가 건설현장에 파견된 경우 건설현장 보수에 포함하여 산정한다.

〈실무적용 Tip 보험별 보수산정(건설업 현장)〉

구분	고용보험 보수		산재보험 보수
	고용안정 직업능력개발사업	실업급여	
하도급 받은 공사	포함	포함	포함
하도급 준 공사	제외	제외	제외
본사 소속 현장근로자 (현장소장, 기사 등)	제외	제외	포함
만 65세 이후 고용된 근로자	포함	제외	포함

(4) 재무제표를 통한 보수총액 산출

〈손익계산서〉

계정과목	계정총액(①)	공제액(②)	보험료 산정 보수총액(=①-②)	공제 사유
급여	100,000,000	30,000,000	70,000,000	대표이사 급여
상여	20,000,000	6,000,000	14,000,000	대표이사 상여
복리후생비	50,000,000	48,000,000	2,000,000	실비변상금품
소계	170,000,000	84,000,000	(A) 86,000,000	

〈공사원가명세서〉

계정과목	계정총액(①)	공제액(②)	보험료 산정 보수총액(=①-②)	공제 사유
급여	200,000,000	-	(B)200,000,000	
잡금	500,000,000	-	500,000,000	
외주공사비	300,000,000	210,000,000	90,000,000	하도급 노무 비율 30% 적용
재료비 중 외주공사비	40,000,000	28,000,000	12,000,000	하도급 노무 비율 30% 적용
소계	1,040,000,000	238,000,000	(C)802,000,000	

〈100% 원도급일 경우 보험료 산정보수 총액〉

구분	고용보험	산재보험
본사	(A) + (B)	(A)
현장	(C) - (B)	(C)

3. 서식작성 시 유의사항: 「고용 · 산재보험(임금채권부담금 등) 보험료신고서」

(1) 신고사업장 현황

사업 구분은 일반사업장(건설업 본사), 건설업, 벌목업, 해외사업장(건설업, 벌목업), 고용보험 자영업자(2012.1.21. 이전에 승인받은 사업장에 한함) 중 해당 사업을 기재한다.

(2) 확정보험료 산정 기초 보수총액

① 월별 인원은 매월 말일 현재 사용하는 근로자 수를 기재

※ 월별 인원을 산정하지 못할 경우(월 보수총액÷건설업 월평균 보수(매년 고시))로 산정한다.

② 월별 보수총액은 매월 전체 근로자에게 지급한 보수총액(지급하기로 결정되었으나 미지급한 보수포함)을 기재한다.

※ 건설현장의 경우 보수총액 합계란만 기재

※ 건설현장의 경우 (직영근로자 보수+하도급 근로자 보수)로 계산하며, 하도급 근로자 보수는 (외주공사비×하도급 노무 비율 30%)로 산정

※ 외주공사비를 월별로 산정하기 곤란한 경우에는 월할 적용하여 산정

(3) 확정보험료

① 보수총액: 확정보험료 산정 기초 보수총액의 합계액과 동일하게 기재

	구분			산정기간	①보수총액	②보험료율 (일반)요율	③확정보험료액 (①×②)	개산보험료액	
								④신고액	⑤납부액
㉰ (2023)년 확정보험료	산재보험	근로자		2023-01-01~2023-12-31	120,000,000	37.64/1,000	4,516,800	4,500,000	4,500,000
		노무제공자	건설기계	2023-01-01~2023-12-31	10,000,000	37/1,000	370,000	0	0
			건설화물	2023-07-01~2023-12-31	10,000,000	37/1,000	370,000	0	
		계			140,000,000	-	5,256,800	4,500,000	4,500,000
	고용보험	실업급여		2023-01-01~2023-12-31	120,000,000	18/1,000	2,160,000	1,200,000	1,200,000
		고용안정 · 직업능력개발		2023-01-01~2023-12-31	120,000,000	2.5/1,000	300,000	250,000	250,000
		계			120,000,000	-	2,460,000	1,450,000	1,450,000

㈎ 만65세 이상 근로자: 2014.1.1.부터 고용보험료 징수

㈏ 노무제공자의 보수가 있는 사업장은 노무제공자의 보수총액을 구분하여 기재한다.

〈65세 이상 근로자의 산재보험료 산정방법〉

구분	만65세 이전 고용된 자	만65세 이후 고용된 자
실업급여 보험료	징수	미징수
고용안정 · 직업능력개발사업 보험료	징수	징수

〈확정보험료 보수총액 산정방법〉

구분	고용보험	산재보험
건설 본사 보수총액	사무(내근)직원 보수 + 본사 소속 현장근로자 보수(간접노무비)	사무(내근)직원 보수
건설 일괄 보수총액 (건설현장)	현장 일용직 보수 + 외주공사비 × 하도급 노무 비율(30%)	본사 소속 현장근로자 보수(간접노무비) + 현장 일용직 보수 + 외주공사비 × 하도급 노무 비율(30%)

※ 건설현장에서 근무하는 하수급인의 본사 소속 근로자(상용직)는 보험료징수법 제9조 (도급사업의 일괄적용)에 따라 원수급인이 보험가입자이며 고용보험료 납부 주체이므로, 하수급인의 본사 고용보험료 산정, 보수총액 산정 시 해당 보수를 제외하고 산정

※ 본사 소속 현장근로자 보수(간접노무비)가 고용 · 산재보험이 서로 상이하게 처리됨에 유의

② 보험료율

㈎ 2023년도 산재보험료율

- 개별실적 요율을 적용받는 경우 '(개별)요율'로 그렇지 않으면 '(일반)요율'로 구분하여 표시한다.
- 산재보험료율에는 출퇴근재해 산재보험료율(1/1,000)이 포함되어 있다.

㈏ 2023년도 임금채권부담금 비율 및 석면피해구제분담금률

- 2023년도 임금채권부담금 비율과 석면피해구제분담금률(해당사업장)을 산재보험료율을 합산 표시하였으며, 산재보험료와 합산하여 납부한다.

※ 노무제공자는 임금채권부담금 비율과 석면피해구제분담금률 제외

③ 확정보험료액: 보수총액 × 보험료율

※ 고용보험료 확정보험료 계산 시 실업급여 및 고용안정 · 직업능력개발사업 보험료를 합산한 후 원 단위 이하를 절사하는 것이 아니라, 각 사업별로 원 단위 이하 절사한 후 합산

〈확정보험료율 작성예시〉

예시

- 실업급여 확정보험료액 = 122,213,170원 × 18/1,000=2,199,837원(원단위 이하 절사) ➡ 2,199,830원
- 고용안정 · 직업능력개발사업 확정보험료액 = 122,213,170원 × 2.5/1,000=305,532원(원단위 이하 절사) ➡ 305,530원

※고용보험료 (계) =2,199,830원 + 305,530원 = 2,505,360원

※ 고용보험 확정보험료 계산 시 실업급여 및 고용안정 · 직업능력개발사업 보험료를 합산한 후 원단위 이하 절사하는 것이 아니라, 각 사업별로 원단위 이하 절사한 후 합산

※ 산재보험 확정보험료 계산 시에도 일반 및 노무제공자 별로 보험료를 계산하고 원단위 이하 절사한 후 합산

(4) 개산보험료액

① 보수총액

(가) 올해 1년간 전체 근로자에게 지급할 보수총액의 추정액이다.

(나) 전년도 확정보험료 보수총액의 70% 이상, 130% 이하인 경우에는 확정보험료 금액을 동일하게 기재한다.

※ 동일 신고 시 산재보험은 전년도 일반 근로자의 보수총액과 노무제공자의 보수총액을 각각 보수총액 추정액으로 기재한다.

(다) 70/100 미만으로 추정되는 경우에는 아래 그림의 "⑧"란 아래의 "확정보험료 대비 개산보험료 보수총액 감소(30% 초과)" 사유 부분에 그 사유를 체크한다.

	구분			산정기간	⑧보수총액	⑨보험료율	⑩개산보험료액 (⑧×⑨)	⑪분할납부 여부
라 (2024)년 개산보험료 (추정보험료)	산재보험	근로자		2024-01-01~2024-12-31	120,000,000	36.26/1,000	4,351,200	[ ] 일시납부 [ ] 분할납부
		노무제공자	건설기계	2024-01-01~2024-12-31	10,000,000	34.6/1,000	346,000	
			건설화물	2024-01-01~2024-12-31	10,000,000	34.6/1,000	346,000	
		계		–	140,000,000	–	5,043,200	
	고용보험	실업급여		2024-01-01~2024-12-31	120,000,000	18/1,000	2,160,000	[ ] 일시납부 [ ] 분할납부
		고용안정·직업능력개발		2024-01-01~2024-12-31	120,000,000	2.5/1,000	300,000	
		계		–	120,000,000	–	2,460,000	
※ 퇴직연금 등에 가입한 사업장은 별도로 부담금 경감신청서를 제출하여 임금채권부담금을 경감받으시기 바랍니다.				① 확정보험료 보수총액 대비 ⑧ 개산보험료 보수총액 감소(30% 초과) 사유 [ ] 근로자 감소 [ ] 휴업 [ ] 그 밖의 사유 :		※ 분할납부는 개산보험료로 한정하며, 분할납부를 원하는 경우 뒷면의 ⑪분할납부신청서 작성 ※ 일시납부를 하는 경우 3% 할인		

② 보험료율

산재보험료율 = 산재보험료율(사업종류별 요율+출퇴근재해 요율) + 임금채권부담금 비율 + 석면피해구제분담금 비율

〈건설 관련 보험료율 · 노무 비율〉

구분	2023년	2024년
건설업 본사	9/1,000	8/1,000
건설업 산재보험료율	36/1,000	35/1,000
일반 건설공사 노무비율	27%	**27%**
하도급 건설공사 노무비율	30%	**30%**
해외파견자 산재보험료율	14/1,000	**14/1,000**
임금채권부담금비율	0.6/1,000	**0.6/1,000**
석면피해구제분담금률	0.04/1,000	0.06/1,000
출퇴근재해 산재보험료율	1.0/1,000	0.6/1,000
노무제공자 직종별요율	자진신고 사업장은 2024년부터 적용 (시행 : 2023.7.1.)	건설기계: 34/1,000 건설화물: 34/1,000

■ 보험료율 및 금액은 연도별로 변경될 수 있음

※ 상시근로자 수에 상관없이 퇴직금 중간정산, 퇴직연금 · 퇴직보험(일시금신탁) · 외국인 근로자 출국만기보험(일시금신탁) 등에 가입한 경우 임금채권부담금을 경감받을 수 있으며, 경감을 받기 위해서는 별도의 「부담금 경감신청서」(퇴직보험 등 가입확인서, 계약서 사본 첨부)를 제출하여야 함

고용보험료율 = 실업급여 요율 + 고용안정 · 직업능력개발사업 요율

㈎ 분할납부 여부

- 일시납부 표시하고, 납부기한 내에 일시 납부하면 개산보험료 3% 할인(전자신고 시 5천 원 추가경감)
- 분할납부 표시하면 해당 보험료를 4회에 나누어 납부할 수 있음

※ 개산보험료 자동계좌이체 납부를 4월 10일까지 신청하면 제2기(5월 15일 납기)부터 자동계좌이체가 가능하나, 일시납부 및 분할납부 제1기 보험료는 자진납부 제도의 특성상 자동계좌이체 처리가 되지 않음

※ 개산보험료액(고용보험의 경우 각 사업별)을 4등분 하되 2기 이후 금액은 원 단위 이하 금액을 절사하여 균등하게 기재하고, 전체 금액에서 2기~4기 금액 합산액을 뺀 나머지 금액을 제1기 금액으로 기재

③ 개산보험료율 = 보수총액 × 보험료율

〈보수총액과 관련한 주요 계정과목, 재무상태표〉

계정과목	검토사항
[당좌자산] 선급 공사원가	■ 선급 공사원가란 공사계약 체결 전에 취득한 각종 자재, 건설장비 등에 대한 유지 또는 관리비 등을 선급 공사원가 계상 후 공사개시 후 해당 공사원가계정으로 일괄 대체, 또한 수주비로서 계약을 획득하기 위해 공사계약체결 전에 부담한 지출에 대한 것도 선급 공사비로 계상하고 모델하우스 건립비용도 선급 공사원가로 할 수 있으며, 도급현장에서는 선급 공사원가, 분양현장에서는 선급 분양원가로 계상하고 있음 ■ 특히 분양현장의 선급 공사원가로는 수주비, 이주비 대여금 사용료, 모델하우스비, 주택분양 보증료 등이 있으며, 도급 또는 분양현장에서 나타나는 그 외 지출액으로는 건설원가의 기본 구성요소 4가지인 재료비, 노무비, 외주비, 경비 등이 있음 ■ 도급현장인 경우 선급 공사원가로 공사계약 시 공사원가로 일괄 대체, 분양원가인 경우 착공계를 제출한 시점에 각각의 공사원가 계정으로 일괄 대체함 ※ 당좌자산에 선급 공사원가 계정이 있다면 계정별 원장을 확인하여 임금, 외주비 등이 포함되었는지를 확인하여 보수총액에 산입하여야 함

계정과목	검토사항
[재고자산] 완성주택(건물), 미완성주택(건물), 미성 공사	■ 건설공사가 다음 연도로 이월되는 경우 해당연도 공사실적이 해당연도 결산서의 공사원가에 반영되지 않고 재무상태표 상의 재고자산 또는 건설가계정 등으로 계상되었다가 공사의 준공 또는 분양 시점에서 공사원가로 반영되는 경우가 많아 해당연도로 포함 ■ 다만, 당기 총공사비용으로는 계상한 후 공사원가명세서에서 기말 미완성공사 또는 미성 공사로 재고자산으로 대체 계상하나 간혹 공사원가명세서상에 당기 총공사비용에 포함하지 않고(공사원가명세서상 표시되지 않음) 직접 재고자산 계정으로 처리하는 경우가 있음에 유의 ※ 미(완)성 공사는 계약이 체결된 공사로서 공사를 위하여 비용은 투입되었으나 해당 공사가 완성되지 아니하여 재고자산으로 계상된 금액을 말하나 공사수익을 진행기준으로 인식할 때는 결산 시 미성 공사에 집계하자마자 매출원가인 공사원가에 대체됨으로 재고자산에 표시될 기회가 없음 ※ 완성주택, 미분양건물, 완성건물은 주로 주택분양사업을 영위하는 건설사업장에서 발생하는 계정으로 건물 준공 또는 사용승인 후 미분양건물 등의 원가로서 분양현장에서 준공 시점까지 분양되지 못한 부분의 건설원가의 집합체이고 추후 매각될 때까지 재고자산으로 존속함 ※ 미완성주택, 미완성건물은 주로 준공 또는 사용검사 승인 전 미분양된 아파트, 상가, 건물, 주택건설을 위한 재료비, 노무비, 경비로 구성되어 있고, 도급현장의 미성 공사와 같이 분양현장의 건설원가 계산에 따른 산물로 진행기준이 적용되는 미완성주택은 결산 시 분양수익 인식에 대응하여 분양원가로 대체되면서 재고자산으로 표시될 기회가 없고, 다만 미분양 가구에 대한 미완성주택은 결산 시 기말재고자산으로 표시
[당좌자산] 건설 중인 자산	■ 건설 중인 자산, 현재 건설 중인 건물, 설치가 완료되지 않은 기계 등을 추후 건물의 완성과 기계설치 완료 시 해당 유형자산으로 대체하기 위하여 일시적으로 처리하는 계정을 말함 ■ 건축물 등의 건설이 완성되고 당해 건설원가가 확정되면 건물 또는 구축물계정으로 대체함. 건설가계정의 내용은 도급건설에 소요된 재료비, 노무비, 경비 등이며, 건설가계정은 유형고정자산의 일종이지만 미완성이므로 원칙적으로 감가상각을 하지 않음 ■ 당기에 완료되지 않았다면 건설가계정으로 당기에 완공되었다면 해당 건물, 구축물, 기계장치, 해당 유형고정자산의 계정과목으로 대체됨. 따라서 전기와 당기의 유형고정자산의 변동액을 보면 당기에 완성 여부를 확인할 수 있으며, 당기에 완료되지 않는 경우 건설가계정 또는 건설 중인 자산으로 나타나기도 함 ■ 건설을 위해 지출한 착수금이나 선급금 또는 건설을 위해 취득한 기계 등으로 보관 중인 것은 건설가계정에 포함해도 되고 건설 목적인 것을 표시하는 별도의 계정(예를 들어 건설선급금 계정)으로 처리할 수도 있음 ※ 자체사옥, 공장 등 유형자산의 건설을 위한 재료비, 노무비, 경비로 구성되어 있고, 지출한 도급금액 또는 취득 기계 등을 포함
[유형자산] 개발비	■ 신제품, 신기술 등의 개발과 관련하여 발생한 비용(재료, 교육, 임금, 경비 등)으로서 계정별 보조원장을 확인하여 임금성 항목 여부 확인 필요

〈보수총액과 관련한 주요 계정과목, 손익계산서〉

계정과목	검토사항
[판매비와 관리비] 급여, 상여, 제 수당	■ 각 항목의 총액과 상여금의 임금 여부 검토하되, 산재보험의 경우는 공사현장 파견근로자의 임금을 판관비 임금에 포함하여 표기한 경우가 있어 사업 규모 등을 참작하여 과다하게 판관비 임금항목에 포함한 경우는 공사현장 파견근로자의 임금을 발췌하여 건설공사 임금으로 산입 ※ 회사의 기구표, 업무분장표 등 검토
[판매비와 관리비] 복리후생비	■ 계정별 보조원장을 검토하여 임금에 산입되어야 할 비용이 있는지 여부 확인 ※ 간혹 연차수당 등을 복리후생비 계정으로 비용 처리한 경우가 있음
[판매비와 관리비] 경상연구(개발)비	■ 경상연구(개발)비의 보조원장 등을 검토하여 임금을 포함하여 비용처리 하였는지 확인
[판매비와 관리비] 하자보수비	■ 하자보수비 보조원장 등을 검토하여 임금에 산입되어야 할 잡급 등 비용 확인

〈보수총액과 관련한 주요 계정과목, 공사원계명세서〉

계정과목	검토사항
[재료비] 당기원재료매입액	■ 재료비는 공사 시공 시 필요한 자재 및 재료를 구입하는 것을 말하는 것이며, 원재료는 예외 없이 적격증빙 즉 세금계산서 징구 대상임 ※ 건설업체의 겨우 하도급 공사비용을 외주비로 처리하지 아니하고 재료비로 처리하는 경우가 있기 때문에 원재료비의 계정별 보조원장을 제출받아 재료비의 구매업체 중 건설업체가 있을 경우에는 그 항목이 하도급 비용이 아닌지에 대하여 계약서, 내역서(다만, 판단이 어려울 경우 그 업체의 건설협회 실적보고서를 제출 요청하여 검토 필요)를 확인하여 하도급 계약인지, 원재료의 구매계약인지를 파악하고 외주비를 재료비로 계상한 해당 재료비를 외주비에 포함 ※ 건설업의 통상적인 공사원가 구성비율을 참조하여 통상적인 경우보다 재료비 계정의 구성비율이 높은 경우는 반드시 계정별 보조원장을 제출받아 검토하여야 함
[노무비] 급여/제 수당, 임금/잡급	■ 보조원장을 제시받아 증가항목 중 보수항목 확인
[외주비] 외주(공사)비	■ 외주비는 총액에 연도별 하도급 노무 비율을 곱하여 보수총액 산정
[경비] 복리후생비	■ 계정별 보조원장을 검토하여 보수에 산입되어야 할 비용이 있는지 여부 확인 ※ 간혹 연차수당 등을 복리후생비 계정으로 비용 처리한 경우가 있음
[경비] 경상연구(개발)비	■ 경상연구(개발)비의 보조원장 등을 검토하여 보수를 포함하여 비용처리 하였는지 확인 필요
[경비] 하자보수비	■ 건설공사의 경우 완공 후 공사의 하자가 발생한 경우 보수 등에 소요된 비용으로 직영근로자 임금 및 외주비 산입 여부 확인 필요
[경비] 지급수수료, 용역비, 철거비, 모델하우스비 등 기타비용	■ 지급수수료나 용역비 계정에는 직업소개소에서 소개해 준 일용근로자 임금을 잡급 계정에 계상하지 않고 직업소개소에 세금계산서를 징구하고 지급수수료나 용역비로 계상한 경우가 있으므로 지급수수료, 용역비 계정별 보조원장을 제출받아 임금이 포함되었는지 확인 필요 ■ 철거비, 모델하우스 등도 잡급 및 외주비 등이 포함되었는지 계정별 보조원장을 제출받아 확인 필요

(5) 확정보험료 보수총액을 잘못 산정한 사례

① 직업소개소 알선 현장인력

직업소개소 등을 통해 공급받은 현장인력(잡급) 비용을 지급수수료 등으로 계상하였더라도 원수급인 건설일괄사업장(건설현장) 노무비(보수)에 포함하여 고용·산재보험료를 신고하여야 함에도 누락

② 본사 소속 현장근무자의 산재보험료

현장소장·기사 등 본사 소속 현장근무자 보수는 건설일괄사업장(건설현장)에 포함하여 산재보험료를 신고하여야 함에도 건설 본사에 포함하여 잘못 신고

③ 본사 소속 현장근무자의 고용보험료

현장소장·기사 등 본사 소속 현장근무자 보수는 건설 본사에 포함하여 고용보험료를 신고하여야 함에도 건설일괄사업장(건설현장)에 포함하여 잘못 신고

④ 하수급인 사업주 인정승인 하도급 공사

하수급인 사업주 인정승인 받은 하도급 공사에 대해서는 하수급인이 보험료 신고하여야 함에도 누락

■ 하도급 공사현장의 보수총액 산정방법
- 전체 하도급 공사현장 실 보수가 파악되는 경우에는 확인된 실 보수기준으로 보수총액 산정
- 전체 하도급 공사현장 중 일부 하도급 공사현장의 보수만 파악되는 경우에는 전체 하도급 공사금액(외주공사비)에 하도급공사 노무 비율을 곱하여 보수총액 산정

⑤ 하자보수공사 직영노무비

본 공사 종료 후 하자보수공사에서 발생하는 원수급인 직접 사용 근로자 보수(직영노무비)는 원수급인의 확정보험료 산정을 위한 보수총액에 포함하여야 함에도 누락

⑥ 공동도급공사

공동도급공사는 원가배분 내역서의 노무비(보수) 및 외주공사비의 30%를 보수총액에 포함하여 신고하여야 하나 대표사의 매입계산서 비용을 재료비, 지급수수료 등으로 처리하고 보수총액에서 누락

⑦ 공동도급공사

공동이행방식에 의한 공동도급공사의 구성원 각 사는 각 사의 출자비율만큼 해당 공사에 대한 고용·산재보험료 신고·납부의무가 있음에도 각 사간 협약을 통해 본사 파견 직원에 대해 각 사의 고용보험으로 납부하기로 한 채, 각 사별 지분율을 반영하지 않고 잘못 신고

⑧ 하도급 공사현장의 보수총액

전체 하도급 공사현장의 실 보수가 파악되지 않음에도 일부 하도급 공사현장에 대해서는 "확인된 실 보수"를 적용하고 파악되지 않은 하도급 공사현장에 대해서만 하도급공사 노무 비율을 적용하여 보수총액을 잘못 산정

⑨ 재료비 계정 등의 외주공사비·노무비

재료비, 지급수수료, 연구개발비 계정 등의 외주공사비와 노무비를 보수총액에서 누락하고, 공사원가명세서상의 직영노무비와 외주공사비의 30%만 신고

⑩ 생산제품 설치 특례 비해당 공사

생산제품의 설치공사 적용 특례에 해당하지 않는 외주공사비 등을 보수총액 산정 시 누락

⑪ 미분양주택의 원가 누락

주택건설업체 중 미분양주택의 원가에 대해서 주택이 분양되는 연도로 이월하는 경우라도 실제 발생한 연도의 보수에 산입하여 신고하여야 함에도 누락

4-7. 개산보험료 감액조정

1. 의의

법정신고기한 내에 개산보험료를 신고한 사업주는 사업의 규모 등이 축소되어 실제의 개산보험료 총액이 이미 신고한 개산보험료 총액보다 100분의 30 이상으로 감소하게 된 경우에는 사업주의 신청에 의해 그 초과액을 감액할 수 있도록 함으로써 보험가입자의 재정부담을 완화해주는 제도이다.

2. 감액 요건

아래 요건을 모두 충족하는 경우 감액조정이 가능하다.

(1) 개산보험료의 감액 사유가 사업 규모의 축소에 의할 것

(2) 개산보험료 감소 규모가 이미 신고한 금액의 100분의 30 이상일 것

(3) 보험가입자가 감액조정신청을 하였을 것

3. 감액 절차

(1) 감액 사유가 발생한 경우 「개산보험료 감액조정신청서」를 작성, 근로복지공단에 제출하고 감액 결정될 경우 개산보험료에 대한 감액 금액이 통지된다.

(2) 감액신청 사유 또는 감액조정 보험료의 산정을 위하여 사실 증명, 임금 대장 등이 필요하며, 개산보험료를 완납한 경우는 충당 또는 반환을 받고, 분할납부의 경우는 납부할 개산보험료에서 감액된 금액을 공제하고 납부하게 된다.

4-8. 개산 · 확정보험료 경정청구 및 확정보험료 수정신고제도

구분	개산보험료 경정청구	확정보험료 경정청구	확정보험료 수정신고
의의	초과하여 신고 · 납부한 경우 개산보험료를 감액 청구하는 제도	초과하여 신고한 확정보험료를 감액 청구하는 제도	미달하여 신고한 확정보험료를 수정하여 신고하는 제도
요건	① 법정기한 내에 개산보험료를 신고하였을 것 ② 이미 신고한 개산보험료가 신고하여야 할 개산보험료를 초과할 것 ③ 법정신고기한이 지난 후 1년 이내에 경정을 청구할 것	① 법정기한 내에 확정보험료를 신고하였을 것 ② 이미 신고한 확정보험료가 신고하여야 할 확정보험료를 초과할 것 ③ 법정신고기한이 지난 후 1년 이내에 경정을 청구할 것	① 법정기한 내에 확정보험료를 신고하였을 것 ② 이미 신고한 확정보험료가 신고하여야 할 확정보험료에 미달할 것 ③ 공단이 확정보험료 조사계획 통지하기 전까지
서식	「개산보험료 경정청구서」	「확정보험료 경정청구서」	「확정보험료 수정신고서」
결과통지	경정청구를 받은 날로부터 2월 이내	경정청구를 받은 날로부터 2월 이내	추징금에 대한 가산금 50/100을 경감

1. 개산보험료 경정청구

(1) 개산보험료 경정청구는 확정보험료를 신고한 이후에는 불가능하다.

(2) 경정청구횟수는 제한이 없으나 개산보험료 경정청구 시 보험료 납부방법(일시납 또는 분할납부)은 변경할 수 없다.

(3) 경정청구 후 보수총액추정액이 전년도 확정보험료 보수총액의 70/100 이상 130/100 이하인 경우에는 전년도 보수총액과 동일한 금액으로 한다.

※ 수정신고결과 추가징수금에 대하여는 가산금(5%) 및 연체금이 부과된다.

(4) 경정청구 절차

- 경정청구를 하고자 하는 경우 「개산보험료(확정보험료) 경정청구서」를 작성하여 공단에 제출하고 공단은 경정청구를 받은 날로부터 2월 이내에 경정청구에 대한 결과를 청구인에게 통지한다.
- 경정청구 사유 또는 경정청구 보험료의 산정을 위하여 사실 증명, 임금 대장 등이 필요하며, 개산보험료를 완납한 경우는 충당 또는 반환을 받고, 분할납부의 경우는 납부할 개산보험료에서 감액된 금액을 공제하고 납부하면 된다.

2. 확정보험료 경정청구 · 수정신고

(1) 의의

법정기한 내에 확정보험료를 신고한 사업주가 확정보험료를 초과 또는 미달하여 신고 · 납부한 경우, 이를 경정청구 또는 수정신고 할 수 있도록 하여 보험료 납부 사업주에 대한 권익을 보호해주는 제도임

(2) 경정청구 요건

- 법정기한 내에 확정보험료를 신고해야 한다.
- 이미 신고한 확정보험료가 신고하여야 할 확정보험료를 초과해야 한다.
- 법정신고기한이 지난 후 1년 이내에 경정을 청구해야 한다.

(3) 수정신고 요건

- 법정기한 내에 확정보험료를 신고하여야 한다.
- 이미 신고한 확정보험료가 신고하여야 할 확정보험료에 미달해야 한다.
- 공단이 확정보험료 조사계획 통지하기 전까지 신고해야 한다.

(4) 경정청구 절차

- 확정보험료의 경정청구를 하고자 하는 경우 「개산보험료(확정보험료) 경정청구서」를 작성하여 공단에 제출하고 공단은 경정청구를 받은 날로부터 2월 이내에 경정청구에 대한 결과를 청구인에게 통지한다.
- 경정청구 사유 또는 경정청구 보험료액의 산정을 위하여 사실 증명, 임금 대장 등이 필요하며, 확정보험료를 완납한 경우는 충당 또는 반환을 받고, 미납된 경우에는 납부할 보험료에 대하여 감액된 금액을 납부한다.

(5) 수정신고 절차

- 확정보험료 수정신고를 하고자 하는 경우 「확정보험료 수정신고서」를 작성하여 공단에 제출하여야 하고 이에 따른 보험료 차액을 납부한다.
- 법정기한 내 확정보험료를 신고한 사업주는 이미 신고한 확정보험료가 신고해야 할 확정보험료에 미달하는 경우 공단이 확정보험료 조사계획 통지 전까지 신고하는 경우 수정신고 결과 추징금에 대한 가산금 50/100을 경감한다.

4-9. 확정보험료 신고 시 보수총액을 잘못 산정한 주요 사례

1. 직업소개소 알선 현장인력

직업소개소 등을 통해 공급받은 현장인력(잡급) 비용을 지급수수료 등으로 계상하였더라도 원수급인 건설일괄사업장(건설현장) 노무비(보수)에 포함하여 고용 · 산재보험료를 신고하여야 함에도 누락하는 경우

- 지급수수료 계정을 근로복지공단 담당자가 확인할 경우 가장 많이 적발해서 추징하는 항목이다. 재무제표 지급수수료 계정을 반드시 확인해야 한다.
- 상당히 많이 묻혀 있는 경우가 있을 것이다. 그런 부분들이 모두 인건비 항목으로 재분류되어 추징될 수 있으니 점검해야 한다.

2. 본사 소속 현장근무자의 산재보험료

현장소장 · 기사 등 본사 소속 현장근무자 보수는 건설일괄사업장(건설현장)에 포함하여 산재보험료를 신고하여야 함에도 건설 본사에 포함하여 잘못 신고하는 경우

- 최근에는 대부분 확정보험료 신고에 대한 실무지식이 일반화되어 있으나 그래도 가끔 현장소장 등 인건비가 본사로 분류된 경우를 자주 확인할 수 있다. 이런 경우 모두 현장인건비로 분류되어 현장의 보험료율로 적용해야 한다.

3. 건설기계조종사의 산재보험료

임대, 도급 등 계약형태에 상관없이 실질에 따라 판단하며, 건설현장에서 건설기계와 건설기계 조종사를 임대하는 계약형식으로 사용하였다 하더라도 도급에 해당하므로 「보험료징수법」 제9조에 따라 원수급인에게 보험가입 및 보험료 납부의무를 부과한다.

구 분		변경	확정보수총액 산정방식
근로자는 아닌 개별 사업주로 필요한 노무를 상시로 직접 제공하는 프리랜서 기사(특고)인 경우	산재보험	해당 건설공사의 원수급인	기준보수로 산정
건설기계를 포함해서 건설기계사업주가 고용한 근로자(운전원, 수리공, 기술자 등)를 파견한 경우	산재보험	해당 건설공사의 원수급인	하도급 사업장 보수액 산정방식에 따라 "하도급 보수액"에 포함 예) 장비 임차료 x 30% (하도급 노무 비율 적용)
	고용보험	건설기계사업주	확정보수총액 산정제외

※ 장비사용료 및 재료비 등 건설기계 관련 계정에 특수형태근로종사자와 건설기계사업주가 고용한 근로자의 작업비용이 혼재되어 있으므로 보수총액 산정 시 주의

① 건설기계조종사의 고용보험료

건설용의 기계, 장비를 임대하는 사업주가 기계, 장비조작 근로자(운전원, 수리공, 기술자)를 함께 파견하는 경우, 파견된 건설공사에 소속된 근로자로 보지 아니하고, 임대사업 소속의 근로자로 하여 적용한다.

- 건축, 토목공사 등의 건설도급계약을 체결하고 자기 소유의 기계장비로 직접 공사하는 경우에는 건설공사 근로자로 적용한다.
- 건설면허 보유 여부를 불문하고 건설용 기계장비를 임대하는 사업주가 건설도급계약에 의해 건설기계를 건설현장에 투입하여 공사를 수행한다면 건설공사에 해당하여 원수급인의 보험관계로 흡수 적용한다.

② 본사 소속 현장근무자의 고용보험료

현장소장 · 기사 등 본사 소속 현장근무자 보수는 건설 본사에 포함하여 고용보험료를 신고하여야 함에도 건설일괄사업장(건설현장)에 포함하여 잘못 신고하는 경우

- 이런 경우는 오히려 정산을 통해 보험료가 감액이 되는 사례이다. 많은 업체가 단순 실수로 고용보험료를 많이 납부하고 있다.

③ 하수급인 사업주 인정승인 하도급 공사

하수급인 사업주 인정승인 받은 하도급 공사에 대해서는 하수급인이 보험료를 신고하여야 함에도 누락 신고하는 경우

- 원칙적으로 원수급인이 산재보험료 신고납부의무가 있으나 원하도급 계약과정에서 하수급인임에도 불구하고 보험료신고 납부를 하겠다고 별도의 "하수급인인정승인신청서를 작성하여 제출하고" 이를 근로복지공단에서 승인해 준 경우에 해당하는 현장을 말한다.
- 승인요건은 다음과 같다.
  - 건설업에 한함.
  - 하수급인 사업주가 건설사업자, 주택건설사업자, 전기공사업자, 정보통신공사업자, 소방시설공사업자, 문화재수리업자일 것(종목별 면허보유 필수임)
  - 원수급인이 하수급인과 보험료 납부의 인수에 관한 서면계약을 체결하고, 하도급공사의 착공일부터 30일 이내에 하수급인 사업주 보험가입 승인신청서 제출
- 구비서류는 다음과 같다.
  - 도급계약서 사본 1부
  - 보험료납부인수에 관한 서면계약서 사본 1부

- 우리가 원청일 경우 하도급을 줬는데 하도급업체가 하수급인 사업주 인정승인을 받은 경우라면 우리 측에서는 그 공사금액만큼 보수총액에서 빼야 하고, 반대로 우리가 하도급업체이고 하수급인 사업주 인정승인을 받은 경우라면 포함해야 한다. 이러한 원리를 모르면 누락 또는 과다신고하게 된다.
- 공단에서 확정정산 과정 중 우리 측의 하수급인 사업주 인정승인 현장 현황을 파악하는 이유가 바로 여기에 있다. 만일, 우리가 원청인 경우 외주공사를 주고 그 공사를 수주받은 하도급업체가 하수급인 사업주 인정승인을 받은 경우라면 그 현황은 많을수록 좋다.

④ 하자보수공사 직영노무비

- 본 공사 종료 후 하자보수공사에서 발생하는 원수급인 직접 사용 근로자 보수(직영노무비)는 원수급인의 확정보험료 산정을 위한 보수총액에 포함하여야 함에도 누락하는 경우
- 본공사의 하자보수공사는 하자보수 기간 내에 시행되는 하자보수의 경우 본공사로 분류해서 보수총액에 인건비를 산입한다.
- 하자보수공사를 별도의 하도급을 줘서 수행하도록 했다 하더라도 원청의 보수총액에 해당 인건비를 신고해야 한다.
- 예외적으로 만일 발주자가 별도의 하자보수업체를 선정 및 직접계약을 해서 진행한 공사라면 제외된다.

⑤ 공동도급공사에서 보수총액

- 공동도급공사는 원가배분 내역서의 노무비(보수) 및 외주공사비의 30%를 보수총액에 포함하여 신고하여야 하나 대표사의 매입계산서 비용을 재료비, 지급수수료 등으로 처리하고 보수총액에서 누락하는 경우
- 공동도급공사에 대한 원가배분 내역서를 고려하지 않고 대표사의 매입계산서비용을 재료비나 지급수수료 항목으로 처리해서 보이지 않게 처리되어 결국 누락되는 경우가 많다. 원가배분 내역에 따라 보수총액에 포함하여 신고되었는지를 확인해야 한다.

⑥ 공동도급공사의 보험료

- 공동이행방식에 의한 공동도급공사의 구성원 각 사는 각 출자비율만큼 해당 공사에 대한 고용 · 산재보험료 신고 · 납부의무가 있음에도 각 사간 협약을 통해 본사 파견 직원에 대해 각 사의 본사 고용보험으로 납부하기로 한 채, 각 사별 지분율을 반영하지 않고 보험료를 잘못 신고한 경우
- 공동도급공사의 경우 출자비율에 대한 검토를 반드시 수행하고 협약을 통해 정해진 비율을 확인하며 고용보험의 경우 보수총액을 그 비율에 따라 정해야 한다.

⑦ 하도급 공사현장의 보험료

- 전체 하도급 공사현장의 실 보수가 파악되지 않음에도 일부 하도급 공사현장에 대해서는 '확인된 실 보수'를 적용하고 파악되지 않은 하도급 공사현장에 대해서만 하도급공사 노무 비율을 적용하여 보수 총액을 잘못 산정하는 경우
- 일부는 현장별 원가 내역서가 확인되고, 일부는 확인되지 않아 노무 비율을 적용하는 것인 근로복지공단 확정정산 방식에서는 인정되지 않은 것으로 행정심판 재결례에서는 노무 비율로 통일해서 적용한다. 결국 모든 현장별 원가 내역서가 모두 존재해야 인정받을 수 있다.

⑧ 재료비 계정 등의 외주공사비 · 노무비

- 재료비, 지급수수료, 연구개발비 등 계정의 외주공사비와 노무비를 보험료에서 누락하고, 공사원가명세서상의 직영노무비와 외주공사비의 30%만 신고하는 경우
- 일반적으로 추징대상 항목으로 보는 계정이 바로 재료비, 지급수수료, 연구개발비, 복리후생비 등 인건비가 숨어있을 개연성이 높은 곳에 대해 세부계정별 원장을 확인해야 한다.
- 처음부터 재무제표 작성 시 회계사무소에 인건비 항목에 해당하는 또는 인건비로 의심되는 부분에 대해서는 사전에 추출해서 리스트를 정리해놓으면 매년 보수총액신고 보험료 계산 및 확정신고 시 많은 도움이 될 수 있다.

⑨ 생산제품 설치 특례 비해당 공사

- 생산제품의 설치공사 적용 특례에 해당하지 않는 외주공사비 등을 보수총액 산정 시 누락하는 경우
- 만일 현장에 제작설치 특례 적용대상 사업장이 외주를 받아서 작업이 진행된 것으로 입증이 될 경우, 그 금액은 현장의 원가에서 빼야 한다. 제작설치 특례가 적용되면 건설현장에서 설치작업이 이뤄진 작업은 해당 건설공사와는 무관한 제작설치작업을 수행한 업체의 산재 적용으로 빠져나갈 수 있어 현장의 공사와 무관한 제조공장의 작업으로 처리된다.

⑩ 자료제출 거부에 대한 불이익

- 근로복지공단에 요구하는 자료에 대해 불성실하게 자료를 제출한 경우에 근로복지공단은 보다 자세한 자료를 요구할 수 있다.
- 자료제출 거부에 대한 불이익은 결국 건설업체에 있다. 결국 회사에서 적극적인 소명자료를 제출하여 자료를 통한 추징액 감소를 주장하는 것이 합리적인 대응방법이다.
- 근로복지공단은 국세청 자료, 건설협회 자료, 사업장의 기존 신고자료 등을 토대로 확정정산을 할 수 있음에도 불구하고 보다 세부적인 자료를 회사에 요구하고 있다. 따라서 회사에서 추가로 자료가 나오

지 않으면 기존 가지고 있는 자료를 통해 추징액을 결정할 수 있다.

- 일부 사업장의 하도급 노임이 밝혀졌다 하더라도 그 일부 사업장에 한하여 밝혀진 실제 노임을 적용하고 나머지 사업장에 대해서는 '하수급인의 하도급 외주비 × 하도급 노무 비율' 방식으로 산출하여 그 합계액을 전체 사업장의 하도급 노임액으로 산출할 수는 없다. 결국 전체 사업장에 대해 노무 비율로 일괄 부과하겠다는 취지이다.

⑪ 만 65세 이후에 고용되거나 자영업을 개시한 자

- 기존에는 만 65세 이상인 근로자의 경우 실업급여 적용을 제외하고, 근로자가 만 64세가 된 때에는 그 날이 속한 달부터 실업급여와 고용안정 · 직업능력개발사업의 보험료 전부를 면제하여 이를 징수하지 않았으나, 고용보험법 및 보험료징수법을 개정하여 만 65세가 되기 전에 고용보험 피보험자격을 취득한 자는 이직 당시 연령이 만 65세 이상이 되더라도 실업급여 적용 및 징수가 이루어지고, 고용안정 직업능력개발사업은 연령에 관계없이 보험료를 징수하도록 하게 되어있다.

⑫ 소정근로시간이 대통령령이 정하는 시간 미만인 자: 고용보험

- 1월간 소정근로시간이 60시간 미만인 자(1주간 소정근로시간이 15시간 미만인 자 포함) 고용보험법령에서 '1월간(1주간) 소정근로시간'이라 함은 '1월간(1주간)에 근로자와 사업주 간에 근로하기로 사전에 정한 시간'을 말하며 1월간 소정근로시간이 60시간(또는 1주간 소정근로시간이 15시간) 미만인 자에 대하여는 고용보험법 적용을 제외하게 되어있다. 따라서 동 근로자의 현황을 확인할 필요가 있다. 다만 다음의 근로자는 적용대상이니 꼭 확인을 해야 한다.
- 생업을 목적으로 근로를 제공하는 자 중 3개월 이상 계속하여 근로를 제공하는 자
- 「고용보험법」 제2조 제6호에 따른 일용근로자(1개월 미만 동안 고용되는 자)

⑬ 소정근로시간이 짧은 근로자(단시간근로자) 판단 요령

- 소정근로시간이 월 단위로 이루어진 경우
  예) 월 소정근로시간을 62시간으로 약정한 경우: 적용
- 소정근로시간이 주 단위로 이루어진 경우
  예) 1주간 1일 4시간씩 4일간(16시간)으로 약정한 경우: 적용
- 1주간의 근로시간이 다르나 그 주기가 일정한 경우로서 주 평균 소정근로시간이 15시간 이상인 경우
  예) 첫째 주 15시간, 둘째 주 17시간, 셋째 주 18시간, 넷째 주 14시간의 근로 형태가 계속 반복되는 경우 (15+17+18+14)/4로 나누어 15시간 이상인 경우: 적용
- 주간의 소정 근로시간이 불규칙하고 그 주기가 없는 경우에는 월력 상으로 판단하되 최초 근로개시일

로부터 익월 전일까지의 소정근로시간의 합이 60시간 이상인지 여부로 판단

예) 주 단위로 14, 17, 29, 19, 19, 10, 19 …로 근로를 제공하고 최초개시일이 8월 5일인 경우 8월 5일부터 9월 4일까지의 근로시간의 총합이 60시간 이상인지를 판단하여 60시간 이상 되는 때부터 적용하며, 60시간 미만인 경우 최초 근로개시일의 다음 근로일부터 재산정

- 일 단위로 근로시간을 계약한 경우

1일 소정근로시간이 일정한 경우에는 1일 소정근로시간 × (365/12)가 60시간 이상인지 여부를 가지고 판단하며, 1일 소정근로시간이 불규칙하고 그 주기도 없는 경우에는 월력 상으로 판단하되 최초 근로개시일로부터 익월 전일까지의 소정 근로시간의 합이 60시간 이상인지 여부로 판단

- 근로계약이 없는 경우

근로계약이 없는 경우에는 구두계약(구두계약이 없는 경우에는 사실상의 근로) 여부로 판단한다.

⑭ 생업을 목적으로 3월 이상 계속하여 근로 여부 판단 요령

- 생업을 목적으로 판단
  - 본인 또는 가족의 최소한의 경제적 · 사회적 생활 유지에 필요한 재원을 확보하기 위하여 근로의 제공을 통해 보수 등 명칭 여하를 불문하고 반대급부를 수령하는 자가 해당되며, 따라서 취미 부업 봉사 활동 등 생업을 목적으로 하지 않는 근로의 제공은 포함되지 않음
  - 대학의 시간강사는 일반적으로 생업을 목적으로 하고 있다고 보이므로 특별한 사유가 없는 한 적용대상
  - 학생은 생업을 목적으로 한다고 볼 수 없으나 휴학을 하고 근로 제공에만 전념하거나 근로 제공을 주업으로 하고 학업을 병행하는 경우(야간 학생)는 생업을 목적으로 근로를 제공하는 것으로 봄(주간 학생이라도 1개월간 소정근로시간이 60시간 이상인 자는 근로자성이 부인되지 않는 한 원칙적으로 고용보험 적용대상임)
  - 가정주부가 단시간 아르바이트를 제공하는 경우 근로계약 기간 등을 고려하여 구체적으로 판단
- 3월 이상 계속하여 근로를 제공하는지에 대한 판단
  - 근로계약 기간의 정함이 없거나 근로계약 기간이 3월 이상(실제 근로의 제공 여부에 관계 없음)인 경우는 생업을 목적으로 한다고 볼 수 없는 특별한 사정이 없는 한 당연적용으로 판단(적극적 해석)
  - 근로계약 기간이 1월 이상 3월 이내로써 계약갱신이 반복되어 결과적으로 3월을 초과하는 경우에는 3월을 초과하는 시점부터 생업의 여부를 구체적으로 판단(소극적 해석)

  ※ 생업을 목적으로 3월 이상 계속 근로 제공 여부의 판단은 소정근로시간이 월 60시간 미만인 자(주 소정근로시간 15시간 미만 포함)에 한해서만 판단(소정근로시간이 그 이상인 경우는 생업 여부를 판단할 필요 없이 당연적용) 시행

4-10. 공동도급공사의 적용기준

1. 공동도급공사의 의의

공동도급공사란 규모가 큰 하나의 공사를 두 개 이상의 업체가 같이 도급받아 시공에 참여하게 되는 공사의 한 형태이며 공동도급공사의 경우 산재 및 고용보험의 보험가입자 및 하도급공사에 대한 일부 하수급사업주 인정승인 시 하도급공사의 해당 보험가입자 귀속 여부 판단 기준 및 보험료 납부 주체의 명확한 판단이 필요하다.

2. 공동도급공사의 유형

① 공동이행방식

한 회사의 시공능력 평가액으로는 공사를 수주할 수 없는 경우 다른 업체와의 시공능력평가액을 합하여 공사를 수주하는 방식으로서 각자 맡은 공정이나 부분에 대해서 같이 시공함

② 분담이행방식

하나의 업체가 가지고 있지 않은 면허 상의 공정이 있는 경우 그 면허를 소지하고 있는 업체와 공동으로 입찰에 응하는 방식으로서 각자 맡은 공정이나 부분에 대해 따로 시공함

③ 주계약자관리방식

하나의 공사에 대하여 주계약자가 전체 건설공사에 대한 관리 책임을 지나, 시공은 참여사 별로 각자 맡은 공정에 대해서만 시공함

3. 공동도급공사 고용 · 산재보험 적용기준

① 국토해양부 고시 「건설공사 공동도급 운영규정」에 따른 공동도급계약에 의한 건설공사의 보험가입자는 다음과 같다.

㈎ 공동이행방식에 의한 건설공사는 각 공동수급체가 해당 건설공사의 출자비율에 해당하는 공사의 원수급인으로서 보험가입자가 된다. 다만, 공동수급체가 대표사를 고용 · 산재보험의 보험가입자로 합의한 경우에는 대표사를 전체 건설공사의 보험가입자로 인정한다.

(나) 분담이행방식에 의한 건설공사는 공동수급체 구성원 각 사가 분담내용에 따른 해당 공사의 보험가입자가 된다.

(다) 주계약자관리방식에 의한 건설공사는 공동수급체 구성원 각 사가 분담내용에 따른 해당 공사의 보험가입자가 된다. 다만, 공동수급체가 주계약자를 고용·산재보험의 보험가입자로 합의한 경우에는 주계약자를 전체 건설공사의 보험가입자로 인정한다.

② 국토해양부 고시 「건설공사 공동도급 운영규정」에 따른 공동도급계약에 의한 건설공사에 대하여 공동수급인이 건설공사의 전체 또는 일부를 하도급하고, 그 하도급공사에 대하여 공단의 하수급인 인정승인을 받은 경우 그 하수급인 인정승인 하수급공사의 해당 원수급인은 다음과 같다.

(가) 공동이행방식에 의한 건설공사에 대하여 공동수급체 각 사가 고용·산재보험의 보험가입자가 된 경우

- 공동수급체 대표사가 각 사의 동의를 받아 하도급계약을 체결하고 해당 하도급공사에 대하여 공단의 하수급인 사업주 승인을 받은 경우에는 공동수급체 각 사가 각 구성원의 출자비율에 해당하는 공사를 하도급하고 하수급인 사업주 승인을 받은 것으로 본다.
- 대표사 또는 공동수급체의 각 사가 출자비율에 해당하는 공사에 대하여 독립적으로 하도급계약을 체결하고 해당 하도급공사에 대하여 공단의 하수급인 사업주 승인을 받은 경우에는 그 하도급계약을 체결한 대표사 또는 개별 공동수급체 구성원이 하수급인 사업주 승인을 받은 것으로 본다.

(나) 공동이행방식에 의한 건설공사에 대하여 대표사를 고용·산재보험의 보험가입자로 인정하는 경우 대표사는 해당 건설공사의 모든 하도급공사의 하수급인 사업주 인정에 따른 원수급인이 된다.

(다) 분담이행방식에 의한 건설공사에 대하여 공동수급체 구성원 각 사가 분담내용에 따른 해당 공사의 전체 또는 일부를 하도급하는 경우 하도급공사를 시행한 공동수급체 구성원 각 사가 하수급인 사업주 인정에 따른 원수급인이 된다.

(라) 주계약자관리방식에 의한 건설공사에 대하여 공동수급체 구성원 각 사가 고용·산재보험의 보험가입자가 된 경우, 분담내용에 따른 해당 공사의 전체 또는 일부를 하도급하는 경우 하도급공사를 시행한 공동수급체 구성원 각 사가 하수급인 사업주 인정에 따른 원수급인이 된다.

(마) 주계약자관리방식에 의한 건설공사에 대하여 주계약자를 고용·산재보험의 보험가입자로 인정하는 경우 주계약자는 해당 건설공사의 모든 하도급공사의 하수급인 사업주 인정에 따른 원수급인이 된다.

제5장

건설업 고용·산재보험료율의 결정 및 특례

5-1. 산재보험 개별실적 요율

1. 의의

재해방지 노력을 기울인 사업주와 그렇지 않은 사업주 간의 형평성 유지 등을 위하여 당해 사업의 보험료에 대한 보험급여액의 비율이 대통령령이 정하는 비율에 해당하는 경우 그 사업에 적용되는 산재보험료율을 인상 또는 인하하는 제도이며, 위험의 외주화 방지를 위한 원청의 하청재해에 대한 책임을 강화하였다.

(1) ① 「산업안전보건법」상 원청의 도급 제한 의무 위반, ② 원청의 안전 · 보건 조치 위반에 따른 하청 근로자 재해, ③ 파견근로자의 재해는 도급 · 사용 사업장의 개별실적 요율에 반영

(2) 대기업의 사고사망자 수, 산재 은폐 · 미보고 여부 등을 고려하여 개별실적 요율 인하비율 조정

2. 요건 및 대상

(1) 매년 6월 30일 현재 산재보험의 보험관계가 성립한 후 3년이 지난 사업에 있어서 그 해 6월 30일 이전 3년 동안의 산재보험료에 대한 산재보험급여 금액의 비율이 85%를 넘거나 75% 이하인 경우 그 사업에 적용되는 산재보험료율의 100분의 50의 범위에서 사업 규모와 무관하게 최대 20%까지 인상 또는 인하하여 다음 보험연도의 산재보험료율로 할 수 있다.

① 건설업 중 일괄적용을 받는 사업으로서 매년 해당 보험연도의 2년 전 보험연도의 총공사금액이 60억원 이상인 사업

※ 총공사금액 = [2년 전 사업개시 신고 공사금액(하수급인 사업주 승인 받은 하도급공사 포함) - 하

수급인 사업주 승인을 받아 하도급 준 공사금액]으로 산정

② 건설업 및 벌목업을 제외한 사업으로서 상시근로자 수가 30명 이상인 사업

※ 사업주가 신고한 산재보험 근로자를 기준으로 기준 보험연도의 전년도 7월 1일부터 기준 보험연도의 6월 30일까지 매월 말일 현재 사용하는 근로자 수의 합계를 조업 월수로 나누어 산정

〈개별실적 요율 적용대상〉

건설업 중 일괄적용사업	–	–	–	100억 원 이상 ('95년)	60억 원 이상 ('08년)	40억 원 이상 ('11년)	20억 원 이상 ('16년~)	60억 원 이상 ('19년~)
건설업 및 벌목업 제외사업	500명 이상 (64년)	200명 이상 (67년)	100명 이상 (76년)	50명 이상 (87년)	30명 이상 (96년)	20명 이상 (11년)	10명 이상 (16년~)	30명 이상 (19년~)

■ 보험료율 및 금액은 연도별로 변경될 수 있음

(2) 산재보험료율이 인하된 개별실적 요율 대상 사업장 중 매년 6월 30일 이전 3년간 통합사고 사망자 수(직접 고용 + 하청 + 파견근로자)가 3명 이상인 경우, 「산업안전보건법」에 따른 산재 은폐 · 미보고 여부를 고려하여 40~100% 범위에서 인하비율 감축한다.

① 건설업 중 일괄적용을 받는 사업으로서 매년 해당 보험연도의 2년 전 보험연도의 총공사금액이 60억 원 이상인 사업

※ 총 공사금액 = [2년 전 사업개시 신고 공사금액(하수급인 사업주 승인 받은 하도급공사 포함) + 하수급인 사업주 승인을 받아 하도급 준 공사금액]으로 산정

② 건설업(건설장비운영업 제외) 및 벌목업을 제외한 사업으로서 상시근로자 수가 500명 이상인 사업

〈업무상 사고로 사망한 사람 수 등을 고려한 개별실적 요율 조정기준〉

통합사고 사망자 수	3명	4명	5명	6명 이상
산재 은폐 및 미보고 무	–40%	–60%	–80%	–100%
산재 은폐 및 미보고 유	–50%	–70%	–90%	–100%

3. 산정방법

개별실적 요율 = 해당 사업장 일반 요율 ± (해당 사업장 일반 요율 × 수지율에 의한 증감비율)

(1) 보험수지율 = (3년간의 보험급여총액 ÷ 3년간의 보험료 총액) × 100

① 3년간의 보험급여 총액: 기준 보험연도 3년 전 보험연도 7월 1일부터 기준 보험연도 6월 30일까지의 사이에 지급 결정된 산재보험급여의 합산액

※ 「산재보험법」 제37조 제1항에 따른 업무상 질병, 천재지변 · 정전 등 불가항력적인 사유로 인하여 지급 결정된 보험급여액은 제외(다만, 법원의 확정판결 등으로 제3자의 과실이 인정되지 않은 비율에 해당하는 보험급여액은 합산)

② 3년간의 보험료 총액: 기준 보험연도의 6월 30일 현재 다음 금액을 합산한 금액이다.

(가) 기준 보험연도 개산보험료액의 2분의 1에 해당하는 금액(또는 1월부터 6월까지의 월별보험료 합계액)

(나) 기준 보험연도 직전 2개 보험연도의 확정보험료액(정산보험료액)의 합계액

(다) 기준 보험연도 3년 전 보험연도의 확정보험료액 또는 정산보험료액 × 6 ÷ (기준 보험연도의 3년 전 보험연도에서 보험관계가 지속된 기간의 총 개월 수)

(2) 수급인 · 관계수급인 또는 파견사업주의 근로자에게 발생한 재해가 고용 · 산재보험료 징수법 제15조 제3항 각 호의 어느 하나의 재해인 경우 그로 인하여 지급된 산재 보험급여의 금액은 도급인, 수급인 또는 사용사업주의 산재보험급여에 포함한다.

① 도급인이 「산업안전보건법」 제58조 또는 제59조에 따른 의무를 위반하여 도급한 기간 중 수급인의 근로자에게 발생한 재해: 도급인의 산재보험급여 금액에 전부 포함

② 「산업안전보건법」 제60조에 따른 의무를 위반하여 하도급한 기간 중 관계 수급인의 근로자에게 발생한 업무상 재해: 수급인의 산재보험급여 금액에 전부 포함한다.

※ 「산업안전보건법」 제58조~제60조 위반으로 고용노동부 장관이 과징금 부과 처분한 경우 적용

③ 도급인이 「산업안전보건법」 제62조부터 제65조까지의 의무를 위반하여 관계 수급인의 근로자에게 발생한 업무상 재해: 도급인의 산재보험급여 금액에 전부 포함. 다만, 해당 업무상 재해의 발생과 관련하여 관계 수급인이 「산업안전보건법」 제38조 또는 제39조의 의무를 위반한 사실이 있는 경우 그 재해로 지급된 산재보험급여 금액은 도급인 및 관계 수급인의 산재보험급여 금액에 각각 2분의 1씩 포함한다.

※ 「산업안전보건법」 제62조~제65조 위반으로 도급인이 고용노동부 장관으로부터 과태료 부과처분을 받거나, 검찰청에 송치된 경우 적용한다.

④ 「파견근로자 보호 등에 관한 법률」 제2조, 제5호에 따른 파견근로자에게 발생한 업무상 재해: 사용사업주의 산재보험급여 금액에 전부 포함

※ 파견근로자에게 업무상 재해가 발생한 경우 적용

(3) 인상 및 인하 비율

〈산재보험료율의 인상 및 인하 비율〉

산재보험료에 대한 산재보험급여 금액 백분율(보험수지율)	산재보험료율에 대한 인상 및 인하 비율
5%까지의 것	20.0%를 인하한다
5%를 넘어 10%까지의 것	18.4%를 인하한다
10%를 넘어 20%까지의 것	16.1%를 인하한다
20%를 넘어 30%까지의 것	13.8%를 인하한다
30%를 넘어 40%까지의 것	11.5%를 인하한다
40%를 넘어 50%까지의 것	9.2%를 인하한다
50%를 넘어 60%까지의 것	6.9%를 인하한다
60%를 넘어 70%까지의 것	4.6%를 인하한다
70%를 넘어 75%까지의 것	2.3%를 인하한다
75%를 넘어 85%까지의 것	0
85%를 넘어 90%까지의 것	2.3%를 인상한다
90%를 넘어 100%까지의 것	4.6%를 인상한다
100%를 넘어 110%까지의 것	6.9%를 인상한다
110%를 넘어 120%까지의 것	9.2%를 인상한다
120%를 넘어 130%까지의 것	11.5%를 인상한다
130%를 넘어 140%까지의 것	13.8%를 인상한다
140%를 넘어 150%까지의 것	16.1%를 인상한다
150%를 넘어 160%까지의 것	18.4%를 인상한다
160%를 넘는 것	20.0%를 인상한다

5-2. 산재예방 요율

1. 목적

사업주의 산재예방 활동에 대한 경제적 인센티브 부여를 통해 자체 산재예방 활동을 유도하기 위함

※ 2014. 1. 1. 이후 사업주의 산재예방 활동 신청 및 수행 활동에 대한 안전보건공단의 인정결과에 따라 다음연도 산재보험료율을 인하

2. 적용대상

상시근로자 수가 50명 미만인 제조업, 임업, 위생 및 유사서비스업, 하수도업인 사업

※ 산재보험 가입 기간 및 개별실적 요율 적용 여부와 관계없이 적용

※ 산재보험 일괄적용 사업장은 동일 사업장관리번호 내 사업개시번호를 부여받은 모든 사업장이 인정을 받고, 총근로자 수가 50명 미만인 조건을 충족하여야 가능

3. 재해예방활동 인정 · 보험료율 적용 프로세스

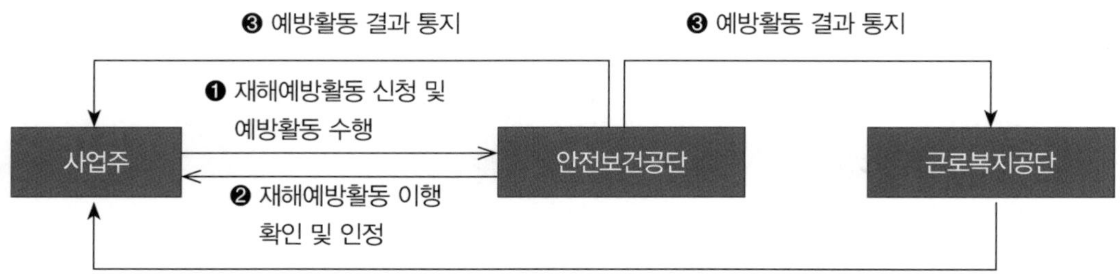

(1) 재해예방활동 신청 및 예방활동 수행(❶): 사업주

(2) 사업주 재해예방활동 이행 여부 확인 및 인정, 결과통지(❷, ❸): 안전보건공단

(3) 예방 요율 반영 및 산재보험료율 적용 · 통지(❹): 근로복지공단

※ 재해예방활동을 인정받은 사업장은 다음 연도의 산재보험료율을 인하

4. 재해예방활동 지표

구분	내용	인정 유효기간	보험료율 인하율
위험성 평가	사업주가 「산업안전보건법」 제36조 제1항에 따른 건설물, 기계 · 기구 · 설비, 원재료, 가스, 증기, 분진, 근로자의 작업 행동 또는 그 밖의 업무로 인한 유해 · 위험요인에 관한 위험성 평가의 실시	인정일로부터 3년	20%
사업주 교육	사업주가 고용노동부 장관이 정하여 고시하는 재해예방 관련 교육의 이수와 재해를 예방하기 위한 산재예방 계획의 수립	인정일로부터 1년	10%

5-3. 임금채권부담금

1. 의의

임금채권보장제도는 근로자가 기업의 도산으로 임금 · 휴업수당 또는 퇴직금을 지급 받지 못하고 퇴직한 경우 임금채권보장기금에서 사업주를 대신하여 일정 범위의 임금 · 휴업수당 및 퇴직금을 지급('대지급금'이라고 함)함으로써 근로자와 그 가족의 기본적인 생활안정을 도모하는 제도임

2. 임금채권부담금 적용 범위

산재보험 적용사업 또는 사업장

- 국가, 지방자치단체가 직접 행하는 사업 및 별정우체국은 적용제외

3. 임금채권부담금 징수방법 및 비율

(1) 부담금 징수방법

① 고용노동부 장관은 대지급금의 지급에 소요되는 비용을 충당하기 위해 사업주로부터 해당 사업에 종사하는 "근로자의 보수총액 × 부담금 비율"에 해당하는 금액을 부담금으로 징수한다.

② 보수는 「소득세법」에 따른 근로소득에서 비과세 근로소득을 뺀 금액을 말하며, 보수총액을 결정하기 곤란한 경우에는 "총공사금액 × 노무 비율"을 보수총액으로 한다.

③ 부담금 부담(납부) 주체는 사업주이며 근로복지공단은 산재보험료와 임금채권부담금을 통합하여 징수한다.

(2) 부담금 비율

부담금 비율은 업종에 관계없이 보수총액의 2/1,000 범위 내에서 고용노동부 장관이 임금채권보장기금심의위원회의 심의를 거쳐 결정 · 고시

2005~2009년	2010.1~2015.12.31	2016.1.1.~
0.4/1,000	0.8/1,000	0.6/1,000

■ 보험료율 및 금액은 연도별로 변경될 수 있음

4. 임금채권부담금 경감

(1) 경감대상

사업주가 퇴직금을 미리 근로자에게 정산하여 지급하였거나 「근로자퇴직급여보장법」상 연금제도를 설정하는 등의 조치를 한 사업장은 그 형평성을 고려하여 부담금을 경감한다.

(2) 경감비율

퇴직연금 설정 등 사업장: 부담금 비율의 50% × 전체 근로자의 최종 3년간의 퇴직금 중 미리 정산하여 지급한 비율 또는 퇴직연금제도의 설정 등으로 지급 보장되는 비율

(3) 경감 신청방법

① 퇴직금을 미리 정산하여 지급하였거나 퇴직보험 등에 가입 또는 퇴직연금 제도를 설정한 사업주 및 외국인근로자 출국만기보험 또는 출국 만기 일시금신탁에 가입한 사업주는 근로복지공단에 「부담금경감 신청서」를 작성 · 제출하여야 한다.

② 부담금경감신청서는 근로복지공단 홈페이지(www.comwel.or.kr) 〉 정보공개 〉 자료실 〉 서식자료에서 다운받을 수 있으며, 공단을 방문하지 않더라도 고용 · 산재보험 토탈서비스(https://total.comwel.or.kr) 신청 가능(첨부서류로는 퇴직보험 등 가입 사실을 증명하는 서류, 사업장 현황 등의 서류가 필요할 수 있음)

5-4. 석면 피해구제 분담금

1. 목적

석면광산 또는 석면공장 주변에 거주하는 주민의 석면 피해를 구제할 수 있도록 국가와 지방자치단체, 산업계가 함께 재원을 마련하기 위해 석면피해구제법을 제정(환경부)하였고, 이에 2011.1.1.부터 건설업(건설업 본사와 건설일괄유기사업장)과 건설업 이외의 사업장 중 전전년도 상시근로자 수 20인 이상 사업장은 산재보험료에 석면 피해구제분담금을 포함하여 납부하여야 한다.

2. 부과 대상

석면 피해구제분담금은 다음 각 호의 자에 대하여 부과함

(1) 상시근로자 수가 20인 이상인 사업주(건설 본사는 상시 인원과 관계없이 부과)

(2) 건설업 사업주(보험료징수법 제8조 제1항의 적용을 받지 않는 건설공사는 제외)

위 각 호의 사업의 범위는 「통계법」에 따라 통계청장이 고시하는 한국표준산업분류표에 따름

※ 석면 피해구제분담금률: 환경부 장관이 매년 고시(2024년도 분담금률: 10만분의 6)

3. 상시근로자 산정

석면 피해구제분담금을 납부하여야 하는 사업주는 해당 보험연도의 전전년도의 상시근로자 수(해당 보험연도의 전전년도 매월 말일 현재 사용하는 근로자 수의 합을 전전년도의 조업 월수로 나눈 수)가 20명 이상인 사업주로 한다.

※ 다만, 해당 보험연도의 전전년도를 기준으로 상시근로자 수를 산정할 수 없는 경우에는 보험관계의 성립일 현재 사용하는 근로자의 수를 기준으로 한다.

또한 사업주가 사업종류 변경으로 보험료 납부방법이 변경되는 경우에는 사업종류 변경일을 새로운 사업의 성립일로 보아 보험관계의 성립일 현재 사용하는 근로자의 수를 기준으로 한다.

5-5. 고용보험 상시근로자 수 산정

1. 의의

해당 사업주가 행하는 국내의 모든 사업의 총 상시근로자 수에 따라 고용안정 · 직업능력개발사업의 보험료율을 0.25%에서 0.85%까지 차등하여 적용한다.

2. 상시근로자 수 산정이 곤란한 경우: 건설업

(1) 건설업의 경우 상시근로자 수 산정이 가능한 경우는 일반적 산정기준과 동일하게 산정한다. 다만 상시근로자 수 산정이 곤란한 경우 아래 산식에 의하여 산정한다.

$$\text{상시근로자수} = \frac{\text{전년도공사실적액 X 전년도노무비율}}{\text{전년도건설업 월평균보수 X 조업개월 수}}$$

※ 노무 비율(27%), 2024년도 건설업 월평균 보수(4,786,620원) × 조업 개월 수

※ 공사실적액: 총공사실적액에서 적법하게 하도급(외주공사) 준 공사실적을 제외한 금액

■ 보험료율 및 금액은 연도별로 변경될 수 있음

(2) 당해 보험연도 중에 사업이 개시되어 보험관계가 성립된 사업주의 경우에는 보험관계 성립일 현재 사용하는 근로자의 수를 상시 사용하는 근로자의 수로 한다.

5-6. 생산제품 설치공사에 대한 고용 · 산재보험 특례

1. 생산제품 설치공사 특례의 취지

일반적으로 제조업체가 생산제품의 설치공사까지 하는 경우 설치공사는 건설공사로서 적용하여야 하나, 사업주가 상시로 고유제품을 생산하여 해당 제품의 구매자와의 계약에 의하여 직접 설치하는 등 일정 요건을 충족하는 경우 그 설치공사를 그 제조업에 포함하는 특례규정을 둠으로써 보험관계 적용에 있어서 편의제공 및 보험료 이중납부를 방지하고자 하는 취지이다. 특례인정에 대한 산재보험은 「산업재해보상보험법 시행규칙」 제4조에 근거 규정을 두고 있으나, 고용보험은 법적 규정이 없이 근로복지공단이 「적용징수관리규정」 제13조에서만 명시하고 있다.

〈산업재해보상보험법 법률〉
제4조(생산제품의 설치공사에 대한 적용 특례) 사업주가 상시적으로 고유제품을 생산하여 그 제품 구매자와의 계약에 따라 직접 설치하는 경우 그 설치공사는 그 제품의 제조업에 포함되는 것으로 본다. 다만, 도급단위별로 고유 생산제품의 설치공사 외에 다른 공사가 포함된 경우에는 그 제품의 제조업에 포함되는 것으로 보지 않는다.

2 고용보험 적용기준

근로복지공단 「적용징수관리규정」 제13조 (생산제품의 설치공사에 대한 조치)에 따라 조립식의 건물구성품, 구조물 및 건물장치용 기계장비 등의 제조 또는 판매를 주로 하는 사업주가 구매자와의 계약에 의하여 이들을 조립 · 설치하는 경우로서 도급단위별로 자가생산제품의 설치공사 외에 다른 건설공사가 포함되어 있지 아니한 경우에는 그 설치공사를 해당 제품의 제조업 또는 판매업에 포함되는 것으로 본다.

3. 산재보험 적용기준

(1) 적용요건

사업주가 상시로 고유제품을 생산하여 그 제품 구매자와의 계약에 따라 직접 설치하는 경우 그 설치공사는 그 제품의 제조업에 포함되는 것으로 본다. 다만, 도급단위별로 고유 생산제품의 설치공사 외에 다른 공사가 포함된 경우에는 그 제품의 제조업에 포함되는 것으로 보지 아니한다.

(2) 세부 적용기준

요건	세부적용기준
① 사업주가 상시로 고유제품을 생산할 것	당해 고유제품 생산업체의 사업주가 일정한 장소에서 일정규모의 시설과 인원 등을 갖추고 당해 사업의 주된 제품을 생산하는 것을 말하므로, 다른 사업주가 생산한 제품을 구매하는 설치하는 경우에는 해당하지 않는다.
② 그 제품 구매자와의 계약에 따라 직접 설치할 것	생산자와 구매자가 당해 고유 생산제품을 구매와 함께 설치까지를 행하기로 한 계약을 맺고 설치 부분을 다른 업자에게 도급을 주지 않고 당해 제조업 사업주의 근로자(상용 · 일용 불문)를 사용하여 직접 행하는 경우를 말하며, 이 경우 인건비는 외주비가 아니라 노무비로 처리된다.
③ 도급단위별로 자가생산제품설치공사 외 다른 건설공사가 포함되어 있지 않을 것	도급받은 금액에 자가생산제품의 설치공사 외에 다른 건설공사 금액이 포함되어 있지 않은 것을 말한다. 다만, 하나의 건설공사 현장에 설치공사 외에 여러 개의 다른 업체가 시공 중인 것을 뜻하는 것은 아니다.
④ 도급사업의 보험가입자 규정과 상관없이 특례적용	사업이 수차의 도급에 의해 행하여지는 경우에도 본 특례규정이 충족되는 경우에는 수차례 도급사업의 보험가입자 규정과 관계없이 제조업으로 흡수, 적용된다.
⑤ 설치공사 부분을 별도 전문업체에 하도급을 주어 시공하는 경우에는 특례 비적용	생산제품을 제조업체에서 직접 설치하지 않고 별도의 전문업체에 하도급을 주어 설치하는 경우에는 본 특례규정을 충족하지 못하므로 건설공사로 적용한다.

(3) 산재보험료 적용 특례 사례

적용 특례요건에 해당하는 설치공사 인건비는 당해 제품의 제조업 노무비에 포함하여 신고하게 되고, 보험료는 그 제조업체의 산재보험료율이 적용된다.

〈생산제품 설치 특례 관련 보험적용 사례〉

■ 발주자(갑), 원수급자(을), 제조업체(병), 설치전문업체(정)

1. 발주자(갑) ⇒ 제조업체(병)가 직접 설치
   - 전형적인 적용 특례에 해당하여 제조업체(병)의 보험관계로 흡수 · 적용
2. 발주자(갑) ⇒ 제조업체(병) ⇒ 설치전문업체(정)가 직접 설치
   - 설치공사의 경우 제조업체(병)가 해당 건설업 원수급인으로서 별도의 보험관계를 성립하여야 하고, 총 공사비(제조물품대 포함)로 보험관계를 신고하고 보험료는 설치공사 노무비 부분에 대해서만 산정하여 납부
3. 발주자(갑) ⇒ 원수급자(을) ⇒ 제조업체(병) ⇒ 설치전문업체(정)가 직접 설치
   - 전형적 건설공사로서 설치공사는 원수급자(을)의 보험관계로 흡수 · 적용
4. 생산제품 설치공사 전 해제공사의 적용 여부
   - 제조업체에서 구매자와 계약을 체결하여 제작한 제품을 직접 설치하기 위해 기존에 설치되어 있던 기계를 해체하는 것은 자가생산제품의 설치를 위한 부대 작업 및 준비작업에 해당하므로 산재법 시행규칙 제4조 규정에 적용되어 제조업으로 흡수적용

5-7. 건설기계 임대업 적용 특례

1. 적용근거

건설기계관리법에 의하여 건설공사에 사용할 수 있는 기계를 건설공사에 투입한 경우 건설공사에 흡수

또는 분리 적용할지에 대한 기준이 필요하여 특례로 규정하고 있다. 이 경우 사업적용은 건설업, 기계관리사업, 임대 및 서비스업으로 구분하고 있다.

2. 고용 · 산재보험 공통적용

건축, 토목공사 등의 건설도급계약을 체결하고 건설기계를 건설현장에 투입하였을 경우에는 당해 건설공사에 포함하여 적용한다. 다만, 건설용 기계장비를 임대하는 사업주가 동 기계장비 조작을 위하여 근로자(운전원, 수리공, 기술자 등)를 함께 파견하는 경우에 당해 근로자는 건설공사에 소속된 근로자로 보지 아니하고, 임대사업 소속의 근로자로 적용(적용징수관리규정 제14조)하므로 임대사업주로서 보험가입자가 된다.

〈도급계약과 임대차계약의 구분〉

- "도급계약"이라 함은 당사자 가운데 한쪽이 어떤 일을 완성할 것을 약속하고 상대편이 그 일의 결과에 대하여 보수를 지급할 것을 약속함으로써 성립하는 계약으로 작업시한 이전에 작업을 완료한 경우에도 동일한 보수를 지급하여 작업 수행 시 독립성과 자주성이 보장되는 경우를 말함
- "임대차계약"이라 함은 당사자의 일방(임대인)이 상대방(임차인)에게 목적물을 사용 · 수익할 수 있게 하고 상대방이 그 대가로서 차임을 지급할 것을 약정함으로써 성립하는 계약으로 목적물을 사용 · 수익하고 그에 대한 대가를 차임으로 지급하므로 통상 사용 기간별로 보수를 지급함

3. 산재보험 적용기준

「건설기계관리법」에 의한 건설기계의 관리유지 및 보수 · 대여(조종사 포함)업을 하는 경우에는 건설기계관리사업(사업 세목: 40010)으로 적용한다. 다만, 건설기계조종사를 제외한 건설기계만을 대여하는 경우에는 임대업(사업 세목: 91102)으로 적용한다.

〈세부적용 기준〉

사례	세부적용기준
① 건설업자가 건설기계사업을 병행 시 건설업과 분리적용	건설산업기본법에 의한 건설업자가 건설기계관리법에 의하여 건설업체 명의로 건설기계를 소유(등록)하고 건설기계관리법에 의한 건설기계사업을 병행하는 경우 장소적으로 분리되어 독립적으로 사업을 행하는 것으로 보아 건설기계관리사업으로 분리 적용한다.
② 건설도급계약을 체결하고 건설기계 투입 시 건설공사 적용	건축, 토목공사 등의 건설도급계약을 체결하고 건설기계를 건설현장에 투입하였을 경우 당해 건설공사에 포함하여 적용한다.
③ 건설기계에 국한한 임대차계약 체결 시 분리 적용	건설기계(조종사 포함)에 국한한 임대차계약을 체결하고 건설현장에 투입하였을 경우에는 건설기계관리사업으로 적용한다.
④ 건설업자가 아닌 자가 건설기계를 관리유지 또는 대여하는 경우	건설업자가 아닌 자가 건설기계관리업에 의한 건설기계의 관리유지 및 보수대여(조종사 포함)업을 하는 경우에는 건설기계관리사업으로 적용하고, 건설기계조종사를 제외한 건설기계만을 대여하는 경우에는 임대 및 사업서비스업으로 적용한다.

5-8. 건설업 해외파견자 적용 특례

1. 해외파견자 고용보험 적용

(1) 해외파견자 근무실태

국내 본사 소속근로자가 파견형식으로 국외 사업장에서 일정 기간 근로하고 귀국하는 경우와 국외 사업장에 종사케 하기 위하여 국내에서 일정한 근로조건으로 채용하여 국외 건설현장 등에 송출하여 근로하게 하고 계약 기간이 종료되어 귀국하는 경우가 있다.

(2) 적용기준

① 국내 본사에서 임금이 지급된다면 고용보험료를 계속 징수하고 파견 또는 송출 기간을 피보험단위 기간에 계속 산입한다.

② 해외 현지법인에서 임금이 전액 지급된다면 기준기간 연장 사유에 해당하여 그 기간만큼 기준기간 연장된다.

2. 해외파견자 산재보험 적용 특례

(1) 건설업 해외파견자 산재보험 가입 신청(임의가입)

건설업 및 벌목업종의 해외파견자는 2011.1.1.부터 산재보험 임의가입이 가능해졌다. 다만, 건설업 해외파견자에 대해서는「고용 · 산재보험료징수법」제9조 제1항(도급사업의 일괄적용)의 적용이 제외된다. 즉 건설업 해외파견자에 대해서는 사업장, 고용 주체, 계약단위별로 가입한다. 단, 원수급자가 하수급자 소속 해외파견자를 포함하여 신청하는 것은 가능하다.

〈고용 · 산재보험료 징수법〉

제9조(도급사업의 일괄적용) ① 건설업 등 대통령령으로 정하는 사업이 여러 차례의 도급에 의하여 시행되는 경우에는 그 원수급인을 이 법을 적용받는 사업주로 본다. 다만, 대통령령으로 정하는 바에 따라 공단의 승인을 받은 경우에는 하수급인을 이 법을 적용받는 사업주로 본다.

(2) 제출서류

해외파견 사업장의 명칭 및 소재지, 해외파견자의 명단, 파견 기간, 업무 내용, 보수지급방법 및 지급액을 기재한「해외파견자 산재보험 가입신청서」를 제출해야 한다.

제6장

외국인근로자의 4대보험

6-1. 외국인근로자의 개념

"외국인근로자"란 대한민국의 국적을 가지지 않은 자로서 대한민국에 소재하고 있는 사업 또는 사업장에서 임금을 목적으로 근로를 제공하고 있거나 제공하려는 자를 말한다. (「외국인근로자고용법」 제2조) 「출입국관리법」에 따라 취업 활동을 할 수 있는 체류자격을 받은 외국인근로자도 내국인근로자와 동일하게 4대 사회보험의 적용을 받을 수 있다. 구체적인 4대보험별 가입대상 여부는 아래와 같다.

〈재외국민, 외국국적동포, 외국인의 구분〉

구분		내용
재외동포	재외국민	대한민국의 국민으로서 외국의 영주권을 취득한 자 또는 영주할 목적으로 외국에 거주하고 있는 자(국내에 거소신고를 한 자로서, 외국의 시민권이 없는 자)
	외국국적동포	대한민국의 국적을 보유하였던 자(대한민국 정부수립 이전에 국외로 이주한 동포를 포함한다) 또는 그 직계비속으로서 외국 국적을 취득한 자
외국인		대한민국의 국적을 가지지 아니한 자 외국인 등록을 한 자 또는 국내 거소신고를 한 외국국적동포

〈입증서류〉

구분		관련 서류	발급처
재외국민		재외국민등록증 사본	재외공관
외국국적동포		외국인등록증 또는 거소 신고증 사본	출입국관리사무소
외국인	90일 이하 체류	여권사본	해당 국가
	90일 초과	외국인등록증 사본	출입국관리사무소

〈국내 원천근로소득〉
외국인은 신분 특성상 국내에서 노무를 제공하더라도 급여의 일부 또는 전부를 외국(본국)에서 수령하는 경우가 많으며 이는 급여수령장소가 외국일 뿐 급여수령의 원인인 노무제공 행위는 국내에서 이루어지므로 소득에 포함한다. 이러한 국내원천소득은 「소득세법」상으로도 과세소득으로 규정되어 있다.

6-2. 외국인근로자의 국민연금

1. 외국인근로자 국민연금 사업장 가입

(1) 원칙

국민연금 당연적용사업장에 종사하는 18세 이상 60세 미만의 외국인은 내국인과 동일하게 당연 가입대상이다. 외국국적동포는 법률상으로는 외국인이므로 외국인 등록을 해야 하나, 외국국적동포가 국내 거소신고를 할 경우 외국인 등록을 한 것으로 간주되므로 외국인등록증이나 국내거소신고증으로 확인이 가능하다.

(2) 예외: 외국인 사업장가입자 적용제외대상

아래의 어느 하나에 해당하는 외국인근로자의 경우에는 국민연금 가입대상에서 제외한다.

① 다른 법령 또는 조약(협약)에서 「국민연금법」 적용을 배제한 자(외교관, 영사기관원과 그 가족 등)

② 해당 외국인의 본국법이 「국민연금법」에 의한 "국민연금에 상응하는 연금"에 관하여 대한민국 국민에게 적용되지 않는 경우

③ 외국인 등록을 하지 아니하거나 강제퇴거명령서가 발급된 자

④ 당연적용에서 제외하는 체류자격을 가진 자
문화예술(D-1), 유학(D-2), 산업연수(D-3), 일반연수(D-4), 종교(D-6), 방문 동거(F-1), 동반(F-3), 기타(G-1)

⑤ 사회보장협정에 따라 외국인근로자가 본국의 가입 증명서를 제출한 경우

〈사회보장협정의 우선원칙〉
대한민국이 외국과 사회보장협정을 체결한 경우에는 「국민연금법」의 규정에도 불구하고 국민연금 가입 등에 관하여 당해 사회보장협정이 정하는 바에 의함.

2. 국가별 국민연금 가입대상국

〈나라별 적용대상 국가(2024.4월 기준)〉

구분	국가
사업장 · 지역 당연 적용국 (76개국)	가이아나, 카보베르데(까뽀베르데), 그리스, 네덜란드, 노르웨이, 뉴질랜드, 도미니카(연방), 독일, 덴마크, 라트비아, 러시아, 루마니아, 룩셈부르크, 리비아, 리투아니아, 리히텐쉬타인(리히텐슈타인), 모나코, 모로코, 모리셔스, 몬테네그로, 몰도바, 몰타, 미국, 바베이도스, 바하마, 버뮤다, 벨기에, 불가리아, 브라질, 세르비아, 수단, 세인트빈센트그레나딘, 스위스, 스웨덴, 스페인, 슬로바키아(슬로바크), 슬로베니아, 아르헨티나, 아이슬란드, 아일랜드, 알바니아, 아제르바이잔, 에스토니아, 영국, 오스트리아, 오스트레일리아(호주), 우루과이, 우즈베키스탄, 우크라이나, 이스라엘, 이탈리아, 이집트, 일본, 자메이카, 중국, 체코, 칠레, 캐나다, 콜롬비아, 크로아티아, 키프로스, 탄자니아, 터키, 토고, 튀니지, 트리니다드토바고, 파나마, 팔라우, 페루, 포르투갈, 폴란드, 프랑스, 핀란드, 필리핀, 헝가리, 홍콩
사업장 당연 적용국, 지역적용제외 (37개국)	가나, 가봉, 그레나다, 타이완(대만), 라오스, 레바논, 멕시코, 몽골, 바누아투, 베네수엘라, 벨리즈, 베트남(22.1.1), 볼리비아, 부룬디, 부탄, 솔로몬군도(23.07.11 이후), 스리랑카, 시에라리온, 아이티, 알제리, 에콰도르, 엘살바도르, 예멘(공화국), 요르단, 우간다, 인도, 인도네시아, 짐바브웨, 카메룬, 캄보디아(23.3.29), 케냐, 코스타리카, 코트디부아르, 콩고, 키르기스스탄, 타이(태국), 파라과이
사업장 · 지역 적용 제외국 (21개국)	그루지야, 나이지리아, 남아프리카공화국, 네팔, 티모르민주공화국(동티모르), 말레이시아, 몰디브, 미얀마, 방글라데시, 벨라루스, 브루나이, 사우디아라비아, 싱가포르, 스와질란드(스와질랜드), 에티오피아(이디오피아), 이란(사회보장협정에 의함), 아르메니아, 카자흐스탄, 통가, 파키스탄, 피지

■ 적용대상 국가는 연도별로 변경될 수 있음

(1) 주한 외국기관 외국인근로자 적용 판단 기준 요약

주한 외국기관 소속 외국인근로자		가입대상 여부	비고
영주자(F-5)		○	-
영주자가 아닌 외국인	파견국(제3국) 연금가입	X	단, 가입 의사가 있을 경우 가입 가능
	파견국(제3국) 연금 미가입	○	-

(2) 처리절차

체류자격 외에 별도의 확인절차 없이 취득 처리

※ 주한 외국기관에서 제출된 신고서로 「외교 관계에 관한 빈 협약」에 따른 요건을 충족한 것으로 봄

(3) 시행시기

지침 시행일 이후 자격확인 건부터 적용

- 종전의 지침에 따라 처리된 경우는 동 지침에 따라 처리된 것으로 봄
- 단, 빈 협약 제33조 제1호 및 제2호에 따라 당연히 가입대상이 되는 주한 외국기관의 외국인이 가입자 자격을 소급하여 줄 것을 신청할 경우 2013년 12월 말까지는 징수권 소멸시효에도 불구하고 소급취득 및 고지 가능

- 2014.1.1. 이후 소급신청 건부터는 이미 시효가 완성된 기간에 대하여 징수권 소멸에 따른 고지제외 처리
- 1년 이상 소급취득 시 실제 근로 여부에 대한 판단은 자격확인 절차의 사실 조사 기준에 따라 확인하여 처리

(4) 행정 사항

당연 가입대상은 아니지만 빈 협약 33조 4호에 따라 사업장가입을 원하는 가입 대상자의 경우에는 신고서 접수일로 적용처리

6-3. 외국인근로자의 건강보험

1. 외국인근로자 건강보험 직장가입

재외국민 및 외국인근로자가 건강보험 적용사업장에 사용(임용, 채용)된 경우 불법체류가 아닌 이상 직장가입자 당연 적용대상자이다. 다만, 외국의 법령 및 보험에 따라 의료보장을 받는 경우와 사용자와의 계약 등에 따라 의료보장을 받는 경우에는 적용이 제외된다. 체류자격별 제출서류는 아래와 같다.

2. 단일세율적용 외국인근로자의 건강보험 보수총액신고 시 유의사항

(1) 건강보험료 연말정산을 위한 보수총액신고 시에는 건강보험법에서 규정한 보수에서 제외되는 비과세 근로소득(국민건강 · 장기요양보험료 사용자부담분, 고용보험 사용자부담분, 식비, 자가운전보조비, 업무 관련 본인 학자금, 자녀 보육수당 등)을 제외하고 신고한다.

(2) 외국인근로자의 근로소득에 대해서는 내국인과 동일한 방법으로 연말정산을 실시하거나 단일세율(19%)에 의한 세액 정산 중 선택하여 국세청에 신고 가능하며, 단일세율을 적용하는 경우 소득세와 관련된 비과세 · 공제 · 감면 및 세액공제에 관한 규정이 적용되지 않는다.

3. 외국인 및 재외국민 건강보험 직장가입자 가입제외신청

(1) 신청대상: 외국인 및 재외국민 중 아래에 해당하여 제외신청을 한 경우

① 외국의 법령 및 보험에 따라 의료보장을 받는 경우

② 사용자와의 계약 등에 따라 의료보장을 받는 경우

(2) 자격상실일

가입제외를 신청한 날로 자격이 상실된다. 다만, 자격취득 신고일로부터 14일 이내에 직장가입자 자격상실 신고서를 공단에 제출한 경우에는 자격 취득일로 소급 상실 가능하다.

(3) 신고서류

제외 사유	외국의 법령 및 보험에 따라 의료보장을 받는 경우	사용자와의 계약 등에 따라 의료보장을 받는 경우
필요서류	– 프랑스: 계약이 체결되어 있어 국적확인 만으로 제외신청 가능 – 일본: 일본건강보험증 사본 제출 – 외국법령의 적용대상 여부에 대한 확인서나 보험계약서 등 국내에서 의료보장을 받을 수 있음을 증명하는 서류(한글 번역본 포함) – 재외국민 및 외국인근로자 건강보험 가입제외신청서	– 근로계약서 등 국내에서 의료보장을 받을 수 있음을 증명할 수 있는 서류(한글 번역본 포함) – 해당 사업장 소속근로자에게 의료비를 지급한 사실을 증명하는 서류(한글 번역본 포함) – 재외국민 및 외국인근로자 건강보험 가입제외신청서
재가입 가능 여부	재가입 불가	이직 시 재가입 가능

〈프랑스 국적 외국인 직장가입자 건강보험 가입제외신청〉
외국인 등은 국민건강보험법 제93조 및 시행령 제64조에 의거 한국인과 동일하게 건강보험 직장가입자로 당연히 가입하여야 하나, 프랑스와 한국이 체결한 사회보장 협정으로 인하여 2007.6.1부터 한국에 거주하는 프랑스 국민은 건강보험 적용제외를 신청할 수 있다. 건강보험 제외를 원하는 경우 아래 절차에 따라 신청하면 되고, 현행과 같이 계속 건강보험 자격을 유지하고자 하는 경우에는 별도 조치를 하지 않아도 된다.
– 신청절차: 가입자의 요청으로 사용주가 건강보험 자격상실 신청
– 상실일: 2007.6.1. 이후 자격상실 신청일

(4) 외국인근로자 장기요양보험 가입제외신청

- 직장가입자인 외국인근로자 중 아래의 체류자격에 해당하는 자
- D-3(산업연수생), E-9(비전문취업), H-2(방문취업)

(5) 지역가입자가 될 수 있는 외국인의 체류자격 (제61조 제2항 관련)

① 문화예술(D-1), 유학(D-2), 산업연수(D-3), 일반연수(D-4), 취재(D-5), 종교(D-6), 주재(D-7), 기업투자(D-8), 무역경영(D-9), 구직(D-10)

② 교수(E-1), 회화지도(E-2), 연구(E-3), 기술지도(E-4), 전문직업(E-5), 예술흥행(E-6), 특정 활동(E-7), 비전문취업(E-9), 선원취업(E-10)

③ 방문 동거(F-1), 거주(F-2), 동반(F-3), 재외동포(F-4), 영주(F-5), 결혼이민(F-6)

④ 관광취업(H-1), 방문취업(H-2)

6-4. 외국인근로자의 고용보험

1. 외국인근로자에 대한 고용보험 미적용: 원칙

외국인근로자는 원칙적으로 적용이 제외되나, 체류자격에 따라 예외적으로 적용이 되는 경우가 있다. 즉 외국인근로자는 언젠가는 본국으로 돌아갈 것이 예정되어 있기 때문에 고용보험에 가입하지 않을 뿐 아니라, 실직 등 실업급여 수급 사유가 발생하더라도 급여가 지급되지 않는다.

2. 외국인근로자 고용보험 적용

(1) 신청서류: 「외국인고용보험 가입신청서」, 「피보험자격취득 신고서」

(2) 가입일: 임의가입자의 경우 가입신청을 한 날의 다음 날에 피보험자격을 취득

〈가입유형별 체류자격〉

가입유형	체류자격
상호주의	주재(D-7), 기업투자(D-8), 무역경영(D-9)
임의가입	단기취업(C-4), 교수(E-1), 회화지도(E-2), 연구(E-3), 기술지도(E-4), 전문직업(E-5), 예술흥행(E-6), 특정 활동(E-7), 비전문취업(E-9), 선원취업(E-10), 방문취업(H-2), 재외 동포(F-4)
강제가입	거주(F-2), 영주(F-5), 결혼이민(F-6)
원칙: 적용제외	이외

3. 외국인근로자 중 일용근로자의 피보험자격 신고 (임의적용 대상자의 경우)

(1) 외국인근로자 중 당연 적용되는 일용근로자는

국내근로자와 같이 「근로내용확인신고서」에 따라 신고하며, 「외국인고용보험 가입신청서」도 함께 제출하여야 한다.

(2) 외국인근로자 중 일용근로자가 고용보험 가입을 원하는 경우에는

사업장 이동 시마다 사전에 「외국인고용보험 가입신청서」를 제출하도록 하여 승인을 얻은 후 「근로내용확인신고서」를 제출해야 한다.

6-5. 외국인근로자의 산재보험

1. 외국인근로자 산재보험 적용대상

산업재해보상보험은 내 · 외국인근로자를 구분하지 않고 근로자를 사용하는 모든 사업 또는 사업장에 적용된다. 따라서 외국인근로자(불법 취업자를 포함)는 원칙적으로 적용대상이다.

2. 외국인근로자 고용정보관리

외국인근로자에 대하여는 고용정보신고를 하지 않을 수 있다. 단, 고용보험에 가입한 외국인근로자의 경우에는 고용정보신고를 하여야 한다.

3. 외국인근로자의 보수총액신고

고용보험 적용 제외근로자, 즉 기타 근로자(1개월간 소정근로시간이 60시간 미만인 자와 외국인근로자)의 경우 보수총액신고 시 개인별로 고용정보를 신고하지 아니하고 ⑦ "그 밖의 근로자 보수총액"에 지급한 보수를 기재해야 한다. 그러나 고용정보신고 제외대상이나 고용정보를 신고한 경우에는 기타 근로자에게 지급한 보수의 합계에서 제외하고 근로자 고용정보신고 근로자로 작성하여 신고하여야 한다.

〈고용허가제(E-9 비전문취업, H-2 방문취업) 외국인근로자의 4대보험 적용〉

구분	원칙	적용	
국민연금	상호주의	적용국가	중국, 키르기스스탄, 태국, 몽골, 우즈베키스탄, 필리핀, 스리랑카, 인도네시아
		비적용국가	베트남, 파키스탄, 캄보디아, 방글라데시, 네팔, 미얀마, 동티모르
건강보험	당연적용	「출입국관리법」에 따라 외국인 등록을 한 경우에 한함	
고용보험	임의가입	- 가입을 희망하는 경우 고용한 날이 속하는 달의 다음 달 15일까지 취득신고 - 가입 후 실업급여 혜택은 내국인 근로자와 동일	
산재보험	당연적용	불법체류 외국인근로자도 당연적용	

※ 「국민연금법」의 반환일시금도 상호주의에 따라 적용되는 것이 원칙이나, 비전문취업(E-9) 또는 방문취업(H-2) 체류자격을 가진 외국인근로자에 대해서는 그 본국법이 대한민국 근로자에게 반환일시금에 상응하는 급여를 지급하는지 여부와 관계없이 반환일시금 규정이 적용됨

6-6. 고용허가제 관련 외국인근로자 의무보험

외국인근로자를 채용하게 되면 출국만기보험 및 임금체불보증보험을 반드시 가입해야 하며, 외국인근로자가 근로를 개시하면 귀국비용보험과 상해보험에 가입해야 한다.

〈외국인근로자 의무보험〉

구분	출국만기보험 · 신탁	귀국비용보험 · 신탁	임금체불보증보험	상해보험
도입 목적	퇴직금 체불 예방 및 퇴직금 일시지급에 따른 부담 완화	귀국 시 필요한 비용에 충당	외국인근로자의 임금 체불에 대비	업무상 재해 이외의 사망 · 질병에 대비
근거	외고법 제13조, 동법 시행령 제21조	외고법 제15조, 동법 시행령 제22조	외고법 제23조, 동법 시행령 제27조	외고법 제23조, 동법 시행령 제28조
가입 대상	사업주	외국인근로자	사업주	외국인근로자
적용 사업장	1년 이상 취업 활동 기간이 남은 외국인근로자를 고용한 모든 사업장 (규모 무관)	– 인도네시아, 필리핀, 베트남, 중국, 태국: 40만 원 – 몽골, 기타국가: 50만 원 – 스리랑카: 60만 원	– 임금채권보장법이 적용되지 아니하는 사업장 – 상시근로자 300인 미만 사업장	외국인근로자를 고용한 사업 또는 사업장
적용 제외 사업장	– 방문취업(H–2) 동포를 고용한 건설사업장 – 1년 미만 계약 근로자	–	방문취업(H–2) 동포를 고용한 건설사업장	–
피보험자 수익자	외국인근로자	외국인근로자	외국인근로자	외국인근로자
가입 시기	근로계약 효력발생일부터 15일 이내	근로계약 효력발생일부터 90일 이내	근로계약 효력발생일부터 15일 이내	근로계약 효력발생일부터 15일 이내
벌칙 규정	– 미가입 시 500만 원 이하 벌금 – 3회 이상 연체 시 과태료 80만 원 – 고용허가서 발급 제외	미가입 시 500만 원 이하 과태료 (1차 80만 원, 2차 160만 원, 3차 320만 원)	– 미가입 시 500만 원 이하 벌금 – 고용허가서 발급 제외	미가입 시 500만 원 이하 벌금
보험금 납부방법	5인 이상: 월 평균임금의 8.3% 매월 적립 4인 이하: 월평균 임금의 4.15% 매월 적립	일시금 또는 3회 분납	일시금: 근로자 1인당, 연 15,000원	30세 남자 연 16,100원 (성별, 연령에 따라 차등)

구분	출국만기보험 · 신탁	귀국비용보험 · 신탁	임금체불보증보험	상해보험
보험금 지급 사유	근무사업장에서 1년 이상 이탈 없이 근무한 외국인근로자의 출국(일시 출국 제외)	– 외국인근로자 출국 (일시출국제외) – 자진 출국 또는 강제퇴거의 경우도 해당	– 사업주의 임금 체불 발생 시 지급원칙 – 사업장이탈, 출국 등으로 고용허가가 종료되는 경우는 경과 보험료를 제외한 미경과보험료 환급	외국인근로자의 업무상 재해 이외의 사망 또는 후유장해 발생
지급률	최초 납입일로부터 – 12개월 미만: 원금 – 12개월 이상: 원금의 101.5% – 24개월 이상: 원금의 102% – 36개월 이상: 원금의 103.5% – 48개월 이상: 원금의 106%	최초 납입일로부터 –12개월 미만: 원금 – 12~24개월 미만: 원금 – 24~36개월 미만: 원금의 102.2% – 36~48개월 미만: 원금의 104.8% – 48개월 이상: 원금의 107.6%	고용노동부 장관 고시금액 200만 원 한도 (근로자 1인당)	– 상해사망, 후유장해: 최대 3천만 원 – 질병 사망, 고도장해: 1.5천만 원
청구서류	(사업주) 보험금신청서, 통장사본, 사업자등록증 사본 (외국인근로자) 보험금신청서, 통장사본, 신분증	(외국인근로자) 보험금신청서 또는 출국예정사실확인서, 통장사본, 신분증	(외국인근로자) 보험금신청서, 통장사본, 신분증, 금품체불확인서	(후유장해 시) 보험금 신청서, 통장사본, 신분증, 후유장해진단서 (사망 시) 보험금신청서, 유족 명의 통장사본, 유족확인서류, 사망진단서
유의사항	법정 퇴직금에 미달할 경우 차액을 차액을 지급하고 퇴직소득세를 원천징수해야 함	비전문취업(E-9) 외국인근로자 뿐만 아니라 방문취업(H-2) 동포도 의무적으로 가입해야 함	사용자는 임금 체불이 아닌 그 밖의 사유(이탈, 출국, 사망 등)로 외국인근로자와 근로계약이 해지된 경우 납입한 보험료 중 일부 보험료를 환급받을 수 있음	비전문취업(E-9) 외국인근로자 뿐만 아니라 방문취업(H-2) 동포도 의무적으로 가입해야 함
보험기관	삼성화재	삼성화재	서울보증보험	삼성화재

〈「출입국관리법」에 의한 신고의무〉

신고 주체	신고사항(관련법)	신고내용
사업주	고용변동사유 발생신고 (「출입국관리법」 제19조)	외국인근로자의 퇴직 또는 사망, 이탈 기타 근로계약의 중요한 내용변경 시 등에는 사유발생을 안 날로부터 15일 이내 관할 출입국관리사무소에 신고
외국인	외국인 등록 (「출입국관리법」 제31조)	외국인근로자가 입국한 날로부터 90일을 초과하여 대한민국에 체류하게 되는 경우에는 입국일로부터 90일 이내에 체류지 관할 출입국관리사무소에 외국인 등록
근로자	근무처의 변경허가 (「출입국관리법」 제21조)	외국인근로자가 사용자와 근로계약 해지 등 근무처 변경 사유가 발생한 경우 고용센터에 사업장 변경신청을 하여 고용허가를 받은 후 변경된 사업장 관할 출입국관리사무소에서 근무처 변경허가를 받은 후 근무
	체류지 변경 신고 (「출입국관리법」 제36조)	외국인이 체류지를 변경한 때에는 14일 이내에 새로운 체류지를 관할하는 시 · 군 · 구의 장 또는 출입국관리사무소에 전입신고
	체류 기간 연장허가 (「출입국관리법」 제25조)	외국인근로자가 근로계약을 갱신하여 체류 기간 연장이 필요한 경우 등 부여받은 체류 기간 만료되는 경우 체류 기간 만료 전에 체류 기간 연장허가를 받아야 함 외국인등록사항의 변경
	외국인등록사항의 변경 (「출입국관리법」 제35조)	외국인등록증을 받은 외국인근로자는 성명, 여권의 번호, 발급 일자 및 유효기간 등의 사항에 변경이 있는 경우에는 14일 이내에 체류지 관할 출입국관리사무소에 외국인등록사항변경신고

〈취업 가능한 외국인 체류자격〉

단기취업 (C-4), 교수 (E-1), 회화지도(E-2), 연구 (E-3), 기술지도 (E-4), 전문직업 (E-5), 예술흥행 (E-6), 특정 활동 (E-7), 비전문취업 (E-9), 선원취업 (E-10), 거주 (F-2), 결혼이민 (F-6), 관광취업 (H-1), 방문취업 (H-2), 영주 (F-5), 재외동포(F-4)

〈고용허가 외국인근로자의 근로계약 효력발생일〉

- 비전문취업(E-9) 외국인근로자: 입국일
- 방문취업(H-2) 외국인근로자: 근로계약서 상의 근로 시작일
- 입국한 외국인근로자로서 사업장 변경을 한 경우: 근로계약서 상의 근로 시작일

〈출국만기보험에 가입한 외국인근로자(H-2, E-9) 에 대한 퇴직급여 지급방법〉

지급 사유	보험금	수령자
사업장이탈 없이 동일사업장에서 1년 이상 근무하고 최초 보험료 입금일 기준 350일 이상 경과 시	월 적립 합계액의 101.5%~106%	외국인근로자
사업장이탈 또는 1년 미만 근무 시 또는 최초 보험료 입금일 기준 350일 미만 경과 시	월 적립 합계액의 100%	사용자

① 1년 미만 근무한 외국인근로자의 경우에는 퇴직급여가 발생하지 않기 때문에 사용자는 그 동안 납입한 보험료 누적분을 청구하여 환급받는다.

② 1년 이상 근로한 외국인근로자는 보험금(월 적립 합계액의 101.5%~106%)을 청구하여 수령하고, 회사는 차액(법정 퇴직금 - 월 적립 합계액의 101.5%~106%)을 근로자에 지급한다.

③ 외국인근로자 사망 시 송출국가에서 유족확인서 및 유족 명의의 통장사본을 구비해서 유족이 보험금을 청구한다.

〈출국 만기보험금 지급 사유 및 지급대상〉

사유	지급대상	입증서류
근로자의 이탈 또는 1년 미만 근무 시 또는 체류자격 변경 시	사용자	외국인근로자 고용변동 등 확인서
1년 이상 근무 후 사업장 변경 시	근로자	사업장 변경신청에 대한 처리결과 통지서
이탈 없이 1년 이상 근무 후 출국 시	근로자	출국예정 사실 확인서

※ 근로자 이탈 및 사업장 변경 시 고용센터에 신고하면 해당 내용이 삼성화재와 전산으로 연계되어 입증서류 필요 없음.

〈출국만기보험과 퇴직금〉

Q: 외국인 근로자에게 평균임금 월 150만 원을 지급하여 왔는데, 출국만기보험에서는 월 100만 원을 기준으로 보험에 가입하고 보험료를 지불하여 왔습니다. 외국인이 퇴직하자 고용안정센터에 외국인 고용변동사항을 신고하고, 한국산업인력공단으로 보험금을 신청하여 외국인 근로자가 퇴직금을 지급 받게 하였습니다. 그 후에 외국인근로자가 월 150만 원을 기준으로 하여 퇴직금을 산정하여 관할 노동청에 진정하였고, 퇴직금차액을 지급하여 달라고 하는데 어떻게 해야 하는지요?

A: 출국만기보험의 지급액이 근로자퇴직급여보장법 제8조 제1항에 따른 퇴직금액보다 적기 때문에 그 차액을 외국인 근로자에게 지급하여야 한다. 출국만기보험 가입 시 「근로자퇴직급여보장법」에 의한 퇴직금제도를 설정한 것으로 간주

제7장

보험료 감면·경감·지원제도

7-1. 두루누리 사회보험료 지원제도

1. 목적

소규모 사업장에 종사하는 저소득 근로자의 사회보험료(국민연금 · 고용보험) 부담을 줄여줌으로써 사회보험 미가입자의 가입을 촉진하여 사회보험 사각지대를 축소하고자 만든 연금보험료를 지원제도이다.

구분		변경 전(2023년)	변경 후(2024년)
지원대상 사업 규모		근로자인 피보험자 수가 10명 미만인 사업	
지원보수 수준		월평균 보수 260만 원 미만	월평균 보수 270만 원 미만
지원수준	신규가입자	국민연금/고용보험료의 80% 지원	
	기 가입자	미지원	
지원 기간		2018년 1.1.부터 근로자별 최대 36개월까지 지원	
지원제외	재산	전년도 재산의 과세표준액 합계가 6억 원 이상	
	종합소득	전년도 종합소득 연 4,300만 원 이상	

■ 보험료율 및 금액은 연도별로 변경될 수 있음

2. 지원 기준(자진신고 사업장)

(1) 지원대상

① 사업기준

건설업 · 벌목업 본사와 건설공사 및 벌목현장을 포함하여 지원신청일이 속한 보험연도의 전년도에 고용보험 가입대상 근로자가 10명 미만인 사업

※ 고용보험료 지원대상 규모 판단 기준을 사업장 단위에서 사업 단위로 변경하는 법률이 개정됨에 따라 건설업 등의 고용보험료 지원대상 사업 요건을 월평균 근로자인 피보험자의 수가 10명 미만인 경우로 다른 사업과의 일원화(「보험료징수법 시행령」 개정 2017.6.28. 시행)

※ 3개월 연속 10명 이상 지원제외 기준은 미적용

> **전년도 월평균 근로자인 피보험자 수(매월 말일 기준)가 10명 미만인 사업기준이란?**
> • 고용보험 가입 근로자 수 산정 시 「출산 전 · 후 휴가 및 유산 · 사산휴가 중인 근로자」, 「육아 휴직 및 육아기 근로시간 단축 중인 근로자」는 제외
> • 일용근로자는 월 사용된 연인원을 22.3으로 나누어 근로자 수 산정

② 근로자 보수기준

- 월평균 보수가 지원 상한액 미만인 근로자
- 일용직은 근로내용확인신고서에 기재된 월별 보수총액이 해당연도 보수 수준의 상한액 미만인 근로자

구분	2023년	2024년
지원보수 기준	260만 원 미만	270만 원 미만

■ 보험료율 및 금액은 연도별로 변경될 수 있음

- 지원대상 근로자의 보수총액의 합이 국내의 모든 사업의 해당 연도 확정보험료 신고 시 기재한 보수총액을 초과할 경우 전체 미지원

> **자진신고사업 고용보험 피보험자의 월평균 보수산정**
> • 보험료지원금 지원신청 당시 신청서에 기재한 보수총액을 그 보험연도 중 해당 근로자의 근무 일수로 나눈 후 30을 곱하여 선정

③ 지원제외근로자

근로자의 재산 또는 종합소득이 고시 기준에 하나라도 해당 시 보험료 지원대상에서 제외

구분	지원 제한 기준
재산	지원신청일이 속한 보험연도의 전년도 「지방세법」 제105조에 따른 토지, 건축물, 주택, 항공기 및 선박의 재산의 과세표준액 합계가 6억 원 이상
종합소득	지원신청일이 속한 보험연도의 전년도(소득자료 입수 시기에 따라 보험연도의 전년도 또는 전전년도)의 소득세법 제4조 제1항 제1호의 종합소득이 4,300만 원 이상

(2) 지원 금액 및 방법

① 보험료 지원 금액

지원대상 근로자의 보수	지원수준		적용 시기
월평균 보수 또는 월별보수총액 270만 원 미만	신규가입자	사업주와 근로자가 부담하는 국민 · 고용보험료의 80/100 지원	2024년
	기 가입자	미지원	

■ 보험료율 및 금액은 연도별로 변경될 수 있음

※ 고용보험료: 사업주 1.15%(고용안정 · 직업능력개발사업 0.25%, 실업급여 0.9%), 근로자 0.9%(실업급여)

※ 고용보험료 지원수준: 고용노동부 장관이 보건복지부 장관과 협의하여 고시

※ 사업 규모 판단: 해당 매월 말일을 기준으로 매월 판단

(가) 지원금은 고용보험 사업별로 원 단위에서 각각 절사하여 합산한다.

- 사업주 지원금(실업급여, 고용안정 · 직업능력개발)과 근로자 지원금(실업급여)을 산정한 후 원 단위에서 각각 절사하여 합산한다.

(나) 신규가입자와 기 가입자 기준

- 신규가입자란 지원신청일 직전 6개월간 고용보험 피보험자격을 취득한 이력이 없는 자 (상용근로자의 경우 일용 이력은 제외하고 판단)
- 기 가입자란 신규가입자에 해당하지 않는 자
- 일용근로자가 지원받고 있는 기간 중 다른 사업에서 피보험자격 취득신고 또는 근로 내용확인신고를 한 경우 이직한 것으로 보아 그 사유가 발생한 달의 다음 달부터 기 가입자로 분류

② 보험료 지원 기간

(가) 근로자별로 최대 36개월 지원

- 2018.1.1. 이후 근로자별로 신규가입자 및 기 가입자로 지원받은 기간을 합산하여 36개월을 초과할 수 없음(2018년 지원대상 월부터 적용)

(나) 기 가입자는 2020.12.31.까지만 지원

- 2021년부터는 신규가입자에 해당하는 근로자만 지원

③ 보험료 지원 방법

지원 신청서에 기재된 사업 계좌로 지원금 입금

- 본사(주된 사업장) 관할 지사에 보험료 지원 신청
- 지원신청 해당연도의 국내 모든 사업의 확정보험료를 법정기한 내 신고 · 납부(완납)한 사업에 대하여 지원금 지급[연 1회]

(3) 지원절차

① 지원 신청서 접수

사업주 또는 근로자의 신청을 받아 보험료 지원

- 본사(주된 사업장) 소재지 관할 지사에 모든 사업의 확정보험료를 법정기한 내에 신고 · 납부한 후 법정 신고 · 납부기한으로부터 30일 이내 지원 신청서 제출

〈고용보험료 지원 신청서 작성 시 유의사항〉

- "지원신청 근로자"란에는 고용보험 자격 취득된 지원대상 근로자만 기재
  - 일용근로자는 근로내용확인신고서에 기재된 보수총액을 기준으로 지원금을 산정하므로 기재하지 않음
- 자진신고사업은 월평균 보수를 관리하고 있지 않으므로 지원금 산정을 위해 근로자 인적 사항, 보수총액, 월평균 보수 등을 기재하도록 함
  - 월평균 보수 = (보수총액/해당연도 총근무 일수) × 30일

② 지원금 산정 및 지급방법

㈎ 보험료 납부 확인

- 지원대상 연도의 국내의 모든 사업의 법 제19조에 따른 기한 내 확정보험료 신고 · 납부(완납)
- (건설공사 및 벌목업) 지원신청 해당 연도의 공사종료일을 기준으로 납부해야 할 확정보험료 신고 · 납부(완납)

㈏ 보험료 지원금 산정 · 지급

- 지원 신청서에 기재된 보수총액을 기준으로 월평균 보수를 산정하여 지원대상 결정 후 지원금 산정
- 고용보험 피보험자격을 늦게 신고한 경우 신고일부터 지원
- 일용근로자는 법정 신고 기간 내 근로내용확인신고서를 제출한 경우에 한하여 지원금 산정
- 지원금은 해당 사업의 사업주 계좌(법인의 경우 법인계좌)로 지급

③ 보험료 지원금 지급 통보

- 소속기관에서 처리한 보험료 지원 신청서에 대해 공단본부에서 결정통지서 DM 발송
  - ◎ 지원금 지급 결정 · 통보 시 근로자용 통지서가 함께 동봉되므로 사업주는 지원 대상자에게 근로자용 통지서를 배부

제8장

노무제공자 고용·산재보험

8-1. 노무제공자 고용보험

1. 고용보험 적용 노무제공자

(1) 적용대상자

근로자가 아니면서 자신이 아닌 다른 사람의 사업을 위하여 자신이 직접 노무를 제공하고 해당 사업주 또는 노무 수령자로부터 일정한 대가를 지급 받기로 하는 계약 (노무제공 계약)을 체결한 사람 중 적용대상 직종에 종사하는 사람

- 동일한 노무에 대하여 근로자로서 노무제공(근로) 하는 경우 노무제공자가 아닌 근로자로 적용
- 노무제공 계약을 체결하고, 그 이행을 제3자를 통해 대행하게 하지 않고 직접 노무제공

① 적용대상 직종

2021.7.1.~	보험설계사, 신용카드회원모집인, 대출모집인, 학습지 교사, 방문 강사, 택배기사, 대여제품방문점검원, 가전제품 배송·설치기사, 방문판매원, 화물차주(수출입컨테이너·시멘트·철강재·위험물질 운송기사), 건설기계조종사, 방과후학교 강사(초, 중등)
2022.1.1.~	퀵서비스 기사, 대리운전기사
2022.7.1.~	화물차주(택배지·간선기사, 자동차·곡물가루·곡물사료 운송기사, 유통배송기사), 소프트웨어프리랜서, 관광통역안내사, 어린이통학버스기사, 골프장캐디

■ 적용대상 직종은 연도별로 변경될 수 있음

- 건설 관련

(가) 건설기계조종사: 「건설기계관리법」 제3조 제1항에 따라 등록된 건설기계를 직접 운전하는 사람

건설기계관리법에 따른 건설기계 27종				
불도저	롤러	콘크리트믹서 트럭	천공기	덤프트럭
굴삭기	노상안정기	아스팔트믹싱 플랜트	항타 및 항발기	기중기
로더	모터그레이더	아스팔트피니셔	자갈채취기	콘크리트살포기
지게차	콘크리트뱃칭플랜트	아스팔트살포기	준설선	콘크리트펌프
스크레이퍼	콘크리트피니셔	골재살포기	특수건설기계	쇄석기
타워크레인	공기압축기			

(나) 건설현장 화물차주

화물자동차 운수사업법 제2조 제1호에 따른 화물자동차 중 아래 자동차를 운전하는 사람

1. 특수 용도형 화물자동차 중 살수차류
2. 특수 용도형 화물자동차 중 굴절식 및 직진식 카고 크레인류
3. 특수 용도형 화물자동차 중 고소작업 자동차류

Q: 화물차주의 경우, 화물정보망 등을 통해 화물 운송을 중개하는 경우에는 고용보험 적용대상인지요?
A: 사업주와 고정적인 화물 운송 계약 이외의 화물정보망 등의 알선에 따른 일회적인 화물 운송을 하는 경우에는 고용보험 적용대상이 아닙니다.

Q: 건설기계조종사의 경우, 건설기계를 직접 소유한 건설기계운전자만 적용되는지?
A: 건설기계 본인 소유 여부와는 무관합니다. 건설기계를 직접 소유하고 있지 않더라도 타인을 사용하지 않고 해당 기계를 직접 운전하여 노무를 제공하는 경우에는 원칙적으로 노무제공자에 해당하며, 이 기준은 산재보험 가입 시에도 적용됩니다.

(2) 적용방식 및 보험가입자

① 적용방식: 적용제외 사유에 해당하는 경우를 제외하고는 모두 당연적용

② 보험가입자: 노무제공자와 이들로부터 노무를 제공받는 사업주

- 사업주가 보험관계 성립신고, 피보험자격신고, 원천공제 등 의무를 진다.

(3) 적용제외

① 고용보험 적용제외 사유를 연령과 소득으로 한정

(가) [연령] 65세 이상 신규계약자, 15세 미만자(단, 15세 미만은 임의가입 가능)

- 특고 고용보험 시행일(2021.7.1.) 이전 계약 체결 여부와 관계없이 시행일 현재 기준 연령(65세)으로 고용보험 적용 여부 판단

  ※ 다만, 65세 전부터 근로자나 예술인으로 피보험자격을 유지하던 노무제공자는 시행일(2021.7.1.) 현재 65세 이상이더라도 그 외 요건 충족 시 특고 고용보험 적용

- 65세 이전 고용보험 당연 가입 후 노무제공 계약에 단절은 없으나 소득감소로 인하여 피보험자격 상실한 경우에는 해당 노무제공 계약종료 시까지 다시 적용제외기준 이상 소득 발생 시 피보험자격 재취득

(나) [소득] 월 보수액* 80만 원 미만인 경우 적용제외

- 월 보수액(노무제공자의 소득합산 신청에 따른 월 보수액 포함) 80만 원 이상인 경우

  * 월 보수액: 소득세법상 사업소득과 기타소득에서 비과세 소득 · 경비를 제외한 금액으로써, 매월 초일부터 말일까지, 월 중 노무제공 계약이 체결된 경우에는 노무제공 개시일로부터 말일까지 발생하는 보수액

- 노무제공 계약이 1개월 미만인 단기 노무제공자는 소득 기준 없이 모두 당연적용

② 공무원, 사학연금 적용 노무제공자는 고용보험 적용제외 (근로자 동일)

③ 외국인의 경우, 체류자격에 따라 아래와 같이 가입대상 구분

당연적용(의무가입)	임의가입(신청을 통해 가입가능)	적용제외
거주(F-2) 영주(F-5) 결혼(F-6)	재외동포(F-4), 단기취업(C-4), 교수(E-1), 회화지도(E-2), 연구(E-3), 기술지도(E-4), 전문취업(E-5), 예술흥행(E-6), 특정 활동(E-7), 계절 근로(E-8), 비전문취업(E-9), 선원취업(E-10), 방문취업(H-2)	그 외 체류자격

(4) 적용사업

실업급여 사업만 적용하고 고용안정 · 직업능력개발사업은 미적용. 한편, 모성보호 급여는 출산전후휴가 급여만 적용

(5) 보험관계의 신고

① 사업주는 노무제공자를 사용함으로써 보험가입자가 된 경우 보험관계가 성립한 날(최초의 고용보험 적용 노무제공자를 채용한 날)부터 14일 이내에 공단에 보험관계의 성립신고를 해야 함(보험료징수법 제11조)

- 사업의 폐업 · 종료 등으로 인하여 보험관계가 소멸한 경우에는 그 소멸한 날로부터 14일 이내에 소멸 신고 필요

② 보험관계 신고를 하지 않거나 거짓 신고한 경우에는 과태료 부과(보험료징수법 제50조 제1항, 시행령 제57조 및 별표2)

③ 노무제공자를 사용하는 사업장에 대해 근로자 또는 예술인을 사용하는 사업장의 관리번호와 구분하여 별도 관리번호 성립 필요

- 근로자 또는 예술인 고용 등으로 보험관계가 기성립된 사업장에서 노무제공자를 추가 사용하는 경우 노무제공자 관리번호를 별도 성립 신고한 후 피보험자격 취득 신고해야 함

2. 피보험자격 관리

(1) 피보험자격의 구분 및 신고의무

① 구분: 노무제공 계약 기간을 고려하여 일반 노무제공자와 단기 노무제공자로 구분

- 일반 노무제공자: 노무제공 계약 기간이 1개월 이상인 노무제공자
- 단기 노무제공자: 노무제공 계약 기간이 1개월 미만인 노무제공자

※ 단, 건설기계조종사, 방과후학교 강사, 퀵서비스 기사, 대리운전기사, 소프트웨어프리랜서, 골프장 캐디, 관광통역안내사 외 타 직종은 단기 노무제공자로서 신고하지 않음에 유의

② 신고: 보험가입자인 사업주가 피보험자격 신고

- 사업주가 노무제공자의 피보험자격취득 사유가 발생한 달의 다음 달 15일까지 신고하고, 피보험자격의 변동 · 상실 등 관리

(2) 피보험자격의 관리

① 피보험자격취득일

(가) 노무제공 시작일

- 노무제공자가 노무를 제공하기 시작한 월의 월 보수액이 80만 원 이상인 경우 노무제공을 시작한 첫날

(나) 소득 기준(월 보수액 80만 원) 충족월의 초일

- 노무제공 개시 당시(월중 계약 체결 포함)에는 월 보수액이 80만 원 미만이어서 적용대상이 아니었으나 월 보수액이 80만 원을 넘어 적용대상이 된 경우 해당 월의 초일

② 피보험자격상실일

(가) 실제 이직으로 피보험자격 상실신고 하는 경우

- (이직월의 월 보수액 80만 원 이상) 노무제공자가 이직한 날의 다음 날
- (이직월의 월 보수액 80만 원 미만) 월 보수액 80만 원 미만인 달의 초일

〈실제 이직으로 인한 피보험자격 상실일 판단〉 ① 2024.7월 보수액 100만 원, 8월 보수액 100만 원, 9월 15일 계약종료, 9월 보수액 85만 원인 경우 ☞ 피보험자격 상실일: 9월 16일(상실 사유: 계약만료, 상실 사유 코드 23) ② 2024.7월 보수액 100만 원, 8월 보수액 100만 원, 9월 15일 계약종료, 9월 보수액 75만 원인 경우 ☞ 피보험자격 상실일: 9월 1일(상실 사유: 소득감소, 상실 사유 코드 43)

(나) 이직하지 않았으나 월 보수액 80만 원 미만으로 피보험자격 상실하는 경우

- (피보험자격 상실일) 월 보수액이 80만 원 미만인 달의 초일*

* ①월 보수액 80만 원 미만이 된 달의 다음 달 15일까지 상실신고를 하거나, ②월 보수액 80만 원 미만이 된 달의 다음 달 말일까지 월 보수액 신고(월 보수액 신고로 상실신고 갈음)

〈소득감소로 인한 피보험자격 상실 일자 판단〉 ① 2024.7월 보수액 100만 원, 8월 보수액 70만 원, 9월 보수액 60만 원, 10월 보수액 100만 원인 경우 ☞ 피보험자격 상실일: 8월 1일(상실 사유: 소득감소, 상실 사유 코드 43) ※ 이직 없이 소득감소로 상실만 한 경우 월 보수액 신고를 통한 재취득 가능: 재취득일(10월 1일) ② 2024.7월 보수액 100만 원, 8월 보수액 70만 원, 9월 보수액 75만 원이며 9월 15일 계약종료 후, 1월 15일 동일사업장에서 노무제공 개시하여 11월 보수액 100만 원인 경우 ☞ 피보험자격 상실일: 8월 1일(상실 사유: 소득감소, 상실 사유 코드 43) ※ 이때, 상실 후 월보수액 신고만 할 경우 재취득일 11월 1일이 되므로, 정확한 노무제공 개시 일자인 11월 15일 자로 취득하기 위해서는 월 보수액 신고 전 취득일 기재하여 별도 취득신고 필요

Q: 월보수액이 80만 원을 넘었다 안 넘었다 반복하는 경우 매월 취득 · 상실 신고를 반복해야 하나요? A: 아닙니다. 최초 취득신고를 최초 취득신고를 한 후 매월 노무제공에 대하여 다음 달 말일까지 월 보수액을 신고하면 그 결과에 따라 공단이 직권으로 피보험자격을 상실처리 합니다. 다만 공단이 직권 처리하는 것은 실제 이직은 하지 않았으나 소득감소로 인해 피보험자격만을 상실하는 경우(상실 사유 코드: 43)뿐이기 때문에, 실제 새로운 노무제공 개시에 따른 취득, 실제 이직으로 인한 상실 등은 별도로 피보험자격 취득, 상실신고를 해주어야 합니다.

(3) 소득합산(복수사업장) 피보험자격 취득 신청

① 노무제공자가 하나의 사업주와 체결한 계약의 월평균 소득(월 보수액)이 80만 원 미만이나, 같은 기간 내 다른 계약의 소득을 합산하여 80만 원 이상일 경우 노무제공자의 신청에 의해 피보험자격 취득 가능

※ 노무제공자가 신청한 사업장에 한하여 가입대상이며, 사업주 동의 없이 자격취득

② 소득합산 신청 조건

- 합산 월 보수액 80만 원 이상이 되는 달의 다음 달 1~15일까지만 신청할 수 있고, 신청일 현재 합산 신청한 모든 사업장에서 이직한 상태가 아니어야 함

③ 소득합산으로 취득한 경우 피보험자 관리

- 합산 월 보수액이 80만 원 이상인 중복기간이 피보험자격 기간이 됨
- 신청일이 아닌 '사유 발생일(합산한 월 보수액이 80만 원 이상이 되는 중복기간의 초일)'로 소급하여 피보험자격 취득
- 합산 신청을 받은 공단은 해당 노무제공자가 소득 기준을 충족하는지를 확인하여 소득합산으로 인한 피보험자격 취득 사실을 해당 사업주 및 노무제공자에게 통지
- 소득합산으로 인한 피보험자격 취득통지를 받은 사업장은 해당 사업장의 월 보수액이 80만 원이 넘지 않더라도 취득 월의 다음 월부터 상실통지를 받기 전까지 매월 월 보수액을 신고해야 함(일반 취득자에 대한 월 보수액 신고와 동일)

〈노무제공자 소득합산에 의한 피보험자격 취득 가능 여부 판단〉

	노무제공 기간	1월	2월	3월	4월	5월	6월	7월
A 사업장	24.1.16~3.31	20만 원	40만 원	40만 원	–	–	–	–
B 사업장	24.1.1~5.31	10만 원	90만 원	60만 원	60만 원	65만 원	–	–
	24.7.1~	–	–	–	–	–	–	20만 원
C 사업장	24.3.1~	–	–	20만 원	30만 원	20만 원	20만 원	70만 원
총소득		30만 원	130만 원	120만 원	90만 원	85만 원	20만 원	90만 원
합산 신청 가능 여부 (신청 가능 월보수액)		X	X	O (80만 원)	O (90만 원)	O (85만 원)	X	0 (90만 원)

※ 소득합산 가능 월: 3월, 4월, 5월, 7월

- [1월분 월 보수액] 합산액이 80만 원을 넘지 않으므로 ☞ 소득합산 신청대상 아님
- [2월분 월 보수액] 노무 제공한 A, B 사업장 중 어느 하나의 사업장(B 사업장) 월 보수액이 80만 원 이상이므로 B 사업장만 당연적용 ☞ 소득합산 신청대상이 아님
- [3월분 월 보수액] A, B, C 세 사업장 중 A 사업장의 노무제공은 신청일(4.1. ~ 4.15.) 현재 종료되었으므로 합산 불가 ☞ 소득합산 신청은 가능하나 합산액은 B, C 사업장의 합산소득인 80만 원(취득일 3.1.)

※ 소득합산결과 및 피보험자격 취득통지를 통해 사업장 소속 노무제공자가 고용보험 적용되었음을 확인한 각 사업장(B, C)은 취득일이 속한 월의 다음 월인 4월분 월보수액부터 월 보수액 신고서 제출

- [4~5월분 월 보수액] 각 월 월 보수액 신고 결과 합산소득 여전히 80만 원 이상이므로 취득상태 유지
- [6월분 월 보수액] 합산액이 80만 원 미만이 되었으므로 취득한 모든 사업장(B, C)에서 상실(상실일 6.1.)

※ 월 보수액 신고만 하면 그 결과를 통해 공단이 직권 상실 처리하므로 상실신고 불필요

- [7월분 월 보수액] 상실된 후 B, C 사업장 합산액이 다시 80만 원을 넘은 경우 7월분 월 보수액에 대하여 합산 신청 가능하나, 이 경우 소득합산신청서를 새로이 제출해야 함

(4) 피보험자(보험관계) 변경 · 정정 신고 및 확인 청구

- [변경신고] 사업주는 피보험자의 이름이나 주민등록번호가 변경되거나 정정되었을 때에는 변경일이나 정정일로부터 14일 이내에 공단에 신고하여야 함
- [확인 청구] 피보험자 또는 피보험자였던 노무제공자는 공단에 피보험자격의 취득 또는 상실에 관한 확인을 청구할 수 있음
- 공단은 확인청구서를 접수하면 실제 노무제공 내용 등 사실관계를 확인하여 필요한 경우 취득 · 상실 · 변경 · 정정 등 확인 결과에 따른 직권처리 후 결과를 통지

3. 보험료 산정 및 부과

(1) 보험료 부담 주체 및 보험료율: 노무제공자와 사업주가 각 0.8% 균등 부담

※ 2022년 7월 1일부터 실업급여 요율 1.6%로 인상

(2) 보수: 소득세법상 사업소득(제19조)과 기타소득(제21조)에서 비과세 소득(제12조 제2호 또는 제5호) · 필요경비를 제외한 금액

보수액 = (사업소득, 기타소득) – 비과세 소득 – 필요경비

※ 필요경비: 노무제공자의 보수액에서 제외하는 필요경비

필요경비 = {(사업소득, 기타소득) – (비과세 소득)} x 직종별 공제율

〈직종별 공제율〉

직종	공제율(%)
1. 보험을 모집하는 사람으로서 다음 각 목의 어느 하나에 해당하는 사람 가. 「보험업법」 제84조 제1항에 따라 등록한 보험설계사 나. 「우체국 예금 · 보험에 관한 법률」에 따른 우체국 보험의 모집을 전업으로 하는 사람	25.0
2. 「통계법」 제22조에 따라 통계청장이 고시하는 직업에 관한 표준분류(이하 "한국표준직업 분류표"라 한다)의 세세 분류에 따른 학습지 방문 강사, 교육 교구 방문 강사 등 회원의 가정 등을 직접 방문하여 아동이나 학생 등을 가르치는 사람	22.0
3. 한국표준직업분류표의 세분류에 따른 택배원인 사람으로서 택배사업[소화물을 집화(集貨) · 수송 과정을 거쳐 배송하는 사업을 말한다]에서 집화 또는 배송 업무를 하는 사람	16.4
4. 「대부업 등의 등록 및 금융이용자 보호에 관한 법률」 제3조 제1항 단서에 따른 대출모집인	27.5
5. 「여신전문금융업법」 제14조의2 제1항 제2호에 따른 신용카드회원모집인(전업으로 하는 사람만 해당한다)	28.4
6. 「방문판매 등에 관한 법률」 제2조 제2호에 따른 방문판매원 또는 같은 조 제8호에 따른 후원 방문판매원으로서 상시적으로 방문판매 업무를 하는 사람(자가소비를 위한 방문판매원 · 후원 방문판매원 및 제2호 또는 제7호에 동시에 해당하는 사람은 제외한다)	22.0
7. 한국표준직업분류표의 세세 분류에 따른 대여 제품 방문점검원	22.0
8. 가전제품의 판매를 위한 배송 업무를 주로 수행하고 가전제품의 설치, 시운전 등을 통해 작동 상태를 확인하는 사람	24.2
9. 「초 · 중등교육법」 제2조에 따른 학교에서 운영하는 방과후학교의 과정을 담당하는 강사	16.5
10. 한국표준직업분류표의 세분류에 따른 택배원으로서 퀵서비스 업자(소화물을 집화 · 수송 과정을 거치지 않고 배송하는 사업을 말한다)로부터 업무를 의뢰받아 배송 업무를 하는 사람. 다만, 제3호에 해당하는 사람 및 화물자동차를 이용하여 배송 업무를 하는 사람은 제외한다.	27.4
11. 대리운전업자(자동차 이용자의 요청에 따라 목적지까지 유상으로 그 자동차를 운전하도록 하는 사업의 사업주를 말한다)로부터 업무를 의뢰받아 대리운전 업무를 하는 사람	28.1
12. 「화물자동차 운수사업법」에 따른 화물차주로서 다음 각 목의 어느 하나에 해당하는 사람 사. 「유통산업발전법」에 따른 대규모 점포나 준대규모 점포를 운영하는 사업 또는 체인사업에서 그 사업주나 운수사업자와 노무제공 계약을 체결하여 「자동차관리법」 제3조 제1항 제3호의 일반형 화물차 또는 특수 용도형 화물자동차로 상품을 물류센터로 운송하거나 점포 또는 소비자에게 배송하는 업무를 하는 사람 아. 「유통산업발전법」에 따른 무점포판매업을 운영하는 사업에서 그 사업주나 운수사업자와 노무제공 계약을 체결하여 대규모 점포나 준대규모 점포를 운영하는 사업 또는 체인사업에서 「자동차관리법」 제3조 제1항 제3호의 일반형 화물자동차 또는 특수 용도형 화물자동차로 상품을 물류센터로 운송하거나 소비자에게 배송하는 업무를 하는 사람 자. 한국표준산업분류표의 중분류에 따른 음식점 및 주점업을 운영하는 사업(여러 점포를 직영하는 사업 또는 「가맹사업거래의 공정화에 관한 법률」에 따른 가맹사업으로 한정한다)에서 그 사업주나 운수사업자와 노무제공 계약을 체결하여 「자동차관리법」 제3조 제1항 제3호의 일반형 화물자동차 또는 특수 용도형 화물자동차로 식자재나 식품 등을 물류센터로 운송하거나 점포로 배송하는 업무를 하는 사람 차. 한국표준산업분류표의 세분류에 따른 기관 구내식당업을 운영하는 사업에서 그 사업주나 운수사업자와 노무제공 계약을 체결하여 「자동차관리법」 제3조 제1항 제3호의 일반형 화물자동차 또는 특수 용도형 화물자동차로 식자재나 식품 등을 물류센터로 운송하거나 기관 구내식당으로 배송하는 업무를 하는 사람	30.3
13. 「소프트웨어 진흥법」에 따른 소프트웨어사업에서 노무를 제공하는 같은 법에 따른 소프트웨어기술자	15.7
14. 「관광진흥법」 제38조 제1항 단서에 따른 관광통역 안내의 자격을 가진 사람으로서 외국인 관광객을 대상으로 관광 안내를 하는 사람	25.6
15. 「도로교통법」에 따른 어린이통학버스를 운전하는 사람	29.3

※ 골프장 캐디는 25.0% (24.1.1부터 적용)

(3) 직종별 기준보수 적용

- 노무제공 특성에 따라 소득 확인이 어려운 직종(건설기계종사자 · 화물차주 · 골프장캐디)에 대해 월 보수액으로 직종별 기준보수 적용

건설기계조종사 – 월보수액:2,479,444원, 기초 일액:82,648원

■ 보험료율 및 금액은 연도별로 변경될 수 있음

(4) 월별보험료 산정 및 부과

① 노무제공자 개인별 월 보수액에 고용보험료율(실업급여)을 곱하여 개인별 보험료 산출 후 이를 합산하여 사업장 단위로 매월 부과

월별보험료 = (노무제공자 개인별 월 보수액 x 1.6%)의 합계

■ 보험료율 및 금액은 연도별로 변경될 수 있음

② 업무수행절차

수행 주체	일정	처리업무
사업장	매월 15일까지	피보험자격취득 · 상실신고
사업장	매월 말일까지	전월 보수액 신고
근로복지공단	매월 15일~18일	월별보험료 산정 및 부과자료 구축
건강보험공단	매월 22일	고지서 출력 및 발송
사업장	매 익월 10일	보험료 납부

※ 예) 7월 월보수액 8.31일까지 신고 -> 9.15 보험료구축 및 고지 -> 납부기한 10.10

③ 보험료 부과 하한 기준보수: 133만 원

- 신고 소득이 80만 원~133만 원인 경우 기준보수(133만 원)로 보험료 부과

※ 신고 소득이 기준보수(80만 원)보다 적은 경우 적용제외 대상으로 보험료 미부과

④ 24년 보험료 상한액: 월 731,040원(연 8,772,480원)

■ 보험료율 및 금액은 연도별로 변경될 수 있음

⑤ 월 보수액 신고를 하지 않은 경우: 최종 신고한 보수액으로 부과

- 피보험자격 취득신고 이후 일부 월에 대해서 월 보수액 신고를 하지 않은 경우 → 최종 신고한 월 보수액으로 부과

예) 2024년 5월 월 보수액 신고, 6월 이후 신고하지 않은 경우 → 5월 신고 월 보수액으로 6월 보험료 부과

- 피보험자격 취득신고만 하고 월 보수액 신고를 하지 않은 경우 → 취득신고서 상 월 보수액으로 부과

예) 2023년 3월 1일 취득한 노무제공자 김○○의 월 보수 신고를 기한(2024.4.30.) 내 하지 않은 경우 → 취득신고 시 기재한 월 보수액으로 3월 보험료 부과(2024년 5월 부과, 납부기한: 2024.6.10.)

(5) 보험료 원천공제 및 부과 · 납부

① 원천공제: 사업주는 노무제공자의 고용보험료를 원천공제 및 납부

② 부과 · 납부: 공단은 노무제공자의 월보수액에 따라 매월 고용보험료를 부과하고 사업주는 다음 달 10일까지 납부

(6) 보험료 정산

① 월보수액 신고에 따른 정산: 매월 사업주의 월 보수액 신고로 매월 정산 실시

② 보수총액신고: 매년 3월 15일까지 사업주는 전년도 월 보수액 신고 내역 확인

- 신고 누락 월 또는 노무제공자가 있는 경우, 해당 월 보수액 신고 후 확인서 제출
- 신고방법: 토탈서비스를 이용한 전자신고

4. 근로자와 노무제공자 고용보험 비교

구분		근로자	노무제공자
적용 범위	적용대상	근로자 (일용근로자 포함)	노무제공자 (단기 노무제공자 포함)
	주요 적용제외	주 15시간 미만자 (단, 3개월 이상 근무 시 적용)	월평균 소득(월보수액) 80만 원 미만자(단, 소득합산신청에 의한 80만 원 이상 시 적용)
		65세 이후 신규자	
보험료 징수	보험료율	실업급여 1.8% 고용안정 · 직업능력개발 0.25~0.85%	실업급여 1.6% 고용안정 · 직업능력개발 미적용

구분		근로자	노무제공자
실업급여 지급	수급요건	· 이직 전 18개월 중 피보험단위 기간 180일 이상 · 비자발적 이직	· 이직 전 24개월 중 피보험단위 기간 12개월 이상 · 비자발적 이직 · 대통령령으로 정하는 소득감소에 따른 이직 인정
	지급수준	평균임금을 기준으로 산정한 구직급여 기초 일액의 60%	이직 전 12개월 보수총액 기준 산정한 구직급여 기초 일액의 60%
	지급 기간	120일~270일	
	수급 기간 중 소득 활동 인정	수급 기간 중 취업한 날에 대해서는 구직급여 일액 전부를 감액	수급 기간 중 소득 발생 시 일부 또는 전부를 감액하고 구직급여 지급
출산 전후 (휴가) 급여지급	수급요건	휴가종료일 이전 피보험단위 기간 180일 충족	출산일 직전 피보험단위 기간 3개월 충족
	지급수준	휴가 개시일 기준 월 통상임금의 100%	출산일 직전 1년간 월평균 보수의 100%
	지급 기간	출산 전후 휴가 기간 중 일부	출산일 전후 90일

■ 보험료율 및 금액은 연도별로 변경될 수 있음

5. 노무제공자의 고용보험료 지원

(1) 지원대상 사업 규모

- 고용보험 가입대상 근로자 수가 10인 미만인 사업의 사업주와 노무제공자
- 고용보험 가입대상 근로자 수가 10인 이상인 사업의 노무제공자

(2) 지원대상 보수 수준

- 노무제공자의 월 보수액 또는 직종별 기준보수 270만 원 미만
  ※ 노무제공자가 둘 이상의 사업에서 피보험자격을 취득한 경우 월 보수액(직종별 기준보수 포함) 합산 금액이 270만 원 미만인 경우에만 지원
  ※ 사업주가 월 보수액을 기한 내 신고한 노무제공자에 한하여 지원요건 충족 여부 확인 후 지원

(3) 지원 제한

- 재산 또는 소득이 고시 기준에 하나라도 해당 시 보험료 지원대상에서 제한

구분	지원 제한 기준
재산	지원신청일이 속한 보험연도의 전년도 「지방세법」 제105조에 따른 토지, 건축물, 주택, 항공기 및 선박의 재산의 과세표준액 합계가 6억 원 이상
종합 소득	지원신청일이 속한 보험연도의 전년도(소득자료 입수 시기에 따라 보험연도의 전년도 또는 전전년도) 소득세법 제4조 제1항 제1호의 종합소득이 4,300만 원 이상

(4) 지원수준과 지원 기간

- [지원수준] 해당 노무제공자의 이전 고용보험 취득 이력에 관계없이 노무제공자 및 사업주가 부담하는 고용보험료의 80% 지원
- [지원 기간] 노무제공자인 피보험자로서 최대 36개월
  ※ 근로자 · 노무제공자로 동시에 지원받는 경우, 근로자 · 노무제공자 각각 36개월 지원

(5) 지원요건

- [보험료 완납] 월별 보험료를 다음 달 10일까지 납부 완료
  ※ 보험료 완납 여부는 사업 단위로 판단: 개인(사업자등록번호), 법인(법인등록번호)
- [취득신고 등] 일반 노무제공자는 최초 노무 제공일이 속하는 달의 다음 달 15일까지 피보험자격 취득 신고서, 노무 제공일이 속하는 달의 다음 달 말일까지 월 보수액 신고서를, 단기 노무제공자는 다음 달 15일까지 노무제공 내용 확인서를 제출한 해당 월의 보험료를 지원
  ※ 월 보수액 신고로 취득신고 간주된 경우에 한해, '기한 내 취득신고' 요건 삭제(2024.1.1. 고용 · 산재 보험료 징수법 시행령 제29조의2 개정)

8-2. 노무제공자 산재보험

1. 산재보험 적용 노무제공자

(1) 적용대상자

노무제공자란, 자신이 아닌 다른 사람의 사업을 위하여 사업주로부터 직접 요청을 받거나 또는 온라인 플랫폼을 통해 노무제공 요청을 받아 자신이 직접 노무를 제공하고 그 대가를 지급 받는 사람으로 업무상 재해로부터의 보호 필요성, 노무제공 형태 등을 고려하여 대통령령으로 정하는 직종에 종사하는 사람

〈기존 특수형태 근로 종사자와 노무제공자 비교〉

구분	특수형태 근로 종사자	노무제공자
전속성 요건	반드시 충족	폐지
입 · 이직 신고	신고필요	(원칙) 폐지
적용제외신청	사유 발생 시 신청(신청일 다음날부터 적용제외)	(원칙) 폐지
보수	기준보수	기준보수
보험료율	사업장의 사업종류별 요율	노무제공자 직종별 요율

※ 기준보수 적용 직종: 건설기계조종사, 화물차주(살수차, 카고 크레인, 고소작업차),

2. 산재보험 신고 및 신청

(1) 보험관계 성립(건설업 관련)

- 일반 근로자 고용 없이 노무제공자만 근무하는 사업장의 경우에만 노무제공자로부터 최초로 노무를 제공받게 된 날부터 14일 이내에 보험관계 성립신고
  ※ 일반 근로자 고용 등으로 산재보험관계가 이미 성립되어 있는 사업장의 경우에는 별도의 산재보험관계 성립신고 불필요
  ※ 단, 자진신고사업장도 노무제공자 고용보험 적용을 위한 별도 고용보험관계 성립신고 필요

(2) 노무제공자 노무제공 정보 신고

- "노무제공 정보"란 노무제공자의 성명, 주민(외국인)등록번호, 외국인관리번호, 주소, 입직일, 이직일, 휴업, 직종, 월 보수액 등 산재보험료 부과를 목적으로 수집 · 관리하는 정보로서, 노무제공 정보 신고는 월 보수액 신고, 산재보험 정보변경 신고, 입 · 이직 신고 등을 말함
- [신고 의무자] 산재보험 노무제공자로부터 노무를 제공받는 사업의 사업주(여러 사업장에서 노무제공 시 각각의 사업주를 보험가입자로 적용)

〈산재보험 노무제공자를 사용하는 사업주가 신고 · 신청해야 하는 노무 정보〉

기준보수를 사용하는 직종 (건설기계조종사, 건설기계화물차주)	노무제공자 입 · 이직 신고 휴업 등 신고 단기 노무제공자 노무제공 내용 확인 신고 산재보험 정보변경 신고 (변경대상: 성명, 주민등록번호, 휴업 등 종료일)

- 입 · 이직 신고(건설기계조종사 및 건설현장 화물차주)
  사업주는 소득 확인이 어려워 보험료 산정의 기초가 되는 보수액으로 기준보수를 사용하는 건설기계조종사 및 건설현장 화물차주로부터 최초로 노무를 제공받게 되거나 제공받지 아니 하게 된 때에 그 사유가 발생한 날이 속하는 달의 다음 달 15일 이내에 공단에 입 · 이직신고
  ※ 입 · 이직 신고를 하는 직종의 노무제공자는 월 보수액 신고를 할 필요가 없음

(3) 노무제공자 정보변경 신고

- 사업주는 노무제공자의 이름, 주민등록번호 또는 휴업 등 종료일이 변경된 경우 변경된 날부터 14일 이내에 "노무제공자 산재보험 정보 변경신고서(고용 · 산재 보험료징수법 별지 제22호의 17서식, 고용보험 서식과 공통)"를 작성하여 공단에 제출

(4) 둘 이상의 사업장에 종사하는 노무제공자의 산재보험 적용

① 노무제공 형태별 보험관계

- 하나의 산재보험 적용사업장에서 근로자로 근로하면서 다른 사업장에서 노무제공자로 노무를 제공하는 경우 각 사업장에서 근로자 및 노무제공자로 각각 적용
- 하나의 산재보험 적용사업장에서 둘 이상의 노무제공자 직종에 종사하는 경우 각각의 노무제공자 직종으로 적용
- 둘 이상 산재보험 적용사업장에서 노무제공자로서 노무를 제공하는 경우 각각의 사업장에서 노무제공자로 적용

② 주된 사업장 결정

- 2023.7.1. 이전 특수형태근로종사자가 산재보험에 적용되기 위해서는 하나의 사업장에 주로 노무를 제공하여야 한다는 전속성 요건을 충족하여야 했으나, 산재보험법 개정에 따라 전속성 요건이 폐지되어 2023.7.1. 이후부터는 주된 사업장을 결정할 필요 없음

(5) 노무제공자 휴업 등 신고

① 산재보험 노무제공자는 휴업 기간 동안 소득이 발생하지 않아 보험료가 없으므로 휴업에 대한 신고를 할 필요가 없으나, 부과고지 사업장에 종사하며 보험료 산정에 기준보수를 사용하는 건설기계조종사, 건설기계화물차주에 한하여 휴업신고 도입

※ 고용보험 노무제공자는 직종에 상관없이 휴업 사유 발생 시 휴업 신고하여야 하므로, 고용보험과 동시에 적용되는 노무제공자가 휴업 시 고용보험에 대하여 휴업신고를 누락하지 않도록 유의

② 적용제외 신청 폐지

기존에 부상 · 질병, 임신 · 출산 · 육아 등의 사유로 1개월 이상 휴업할 경우 신청할 수 있었던 적용제외 제도를 2023.7.1.부터 폐지하고 당연적용 대상인 노무제공자는 산재보험 적용제외를 신청할 수 없음

3. 보험료 산정

(1) 보험료 산정기준

- 2023.7.1.부터 노무제공자의 산재보험료는 '보험료 부가기준이 되는 월보수액'에 '산재보험료율'을 곱하여 매월 산정

산재보험료 = 개인별 월 보수액 x 산재보험료율

- 소득 확인이 어려운 건설기계조종사 및 건설현장 화물차주 등 2개 직종은 기준보수(고용노동부 고시)로 보험료 산정

직종	월 보수액	평균보수(일)
건설기계조종사, 살수차 등 화물차주(13호)	2,479,444원	82,648원

■ 보험료율 및 금액은 연도별로 변경될 수 있음

- 산재보험료율

산재보험료율은 직종별 요율 + 출퇴근재해 요율을 합한 요율로 계산된다.

직종	산재보험료율(직종별+출퇴근재해 요율)
건설기계조종사,	34.6%
살수차 등 화물차주(13호)	34.6%

■ 보험료율 및 금액은 연도별로 변경될 수 있음

(2) 보험료 부담 및 감면

① 보험료 부담 및 원천공제, 납부

- 사업주와 노무제공자가 각각 1/2씩 부담하고, 사업주는 종사자가 부담하여야 할 보험료를 원천공제 및 납부
- 사업주와 종사자가 각각 분담해야 하는 보험료는 개인별 월 보수액에 산재보험료율의 2분의 1을 곱한 금액(2024.1월 귀속분 보험료부터 적용)

② 보험료 감면

- 퀵서비스 기사, 대리운전기사 및 화물차주 3개 직종에 대해 1년간(2023.7.~2024.6.) 산재 보험료 50% 경감

PART

3

건설 ERP 노무 실무

제1장 건설 ERP

제2장 기초정보

제3장 근로자관리

제1장

건설 ERP

제1절 개요

1. 건설 ERP의 등장 배경

기존 건설시스템들은 인사, 회계, 물류, 제조, 서비스 등의 시스템들이 각각 분산되었기 때문에 통합관리가 불가능하였다. 이러한 이유로 분산된 각각의 시스템을 통합하고자 하는 노력으로 ERP 프로그램이 개발되었고, ERP를 도입한 기업은 첨단의 정보기술 및 경영기법을 동시에 얻을 수 있었다. 단순한 전산시스템을 구축하는 것이 아니라 기존의 시스템과는 전혀 다른 혁신적인 개념으로 도입하고 활용함으로써 업무처리 방식이나 구조를 본질적으로 개혁시켜 업무의 생산성을 극대화 시킬 수 있었다.

건설 ERP의 등장 배경을 보면 첫째는 수주관리, 공사관리, 원가관리, 외주관리, 경리관리 등 고객 대응력을 강화하고 둘째는 분리된 시스템의 통합 및 이에 따른 업무프로세스의 자동화 및 정보품질의 향상에 있다. ERP 자체가 구현에 상당한 어려움이 따르며 특히 건설 업종은 그보다 더 많은 어려움을 느끼는 업종 중의 하나로 손꼽히고 있다. 지금까지 국내 ERP 구축은 주로 제조업과 전자업종 위주로 이뤄져 왔다. 하지만 건설 산업처럼 복잡한 프로세스를 가지고 있는 산업도 1990년대 후반부터 대형 건설사를 시작으로 건설 ERP 구축을 시작하게 되었다.

각 산업마다 특수성이 있는 것처럼 ERP 프로그램도 업종에 따라 각 산업의 특색들이 접목되어 있어야 도입 후 원활히 활용할 수 있다. 기존에 개발되어 있던 일반적인 ERP 프로그램과는 다르게, 건설 산업에서는 현장(사업장) 단위로 관리되기 때문에 각각의 개별현장이 제조업체의 단일 사업부서처럼 움직이고 있다. 각 건설현장은 현장공사관리를 비롯하여 매입금과 매출금 등의 경리와 자금관리도 현장에서 독립적으로 운영하고 있다. 이러한 부분들이 ERP에서 지원되어야 하는데 데이터베이스의 운영, 효율적인 마스터 정보의 통합관리 문제 등으로 ERP 구현이 만만치 않았다.

또한 기존에 사용하던 시스템은 업무적 투명성, 실시간 원가관리, 현장과 본사의 중복업무, 현장 간 업무 연계 등의 문제점들을 가지고 있다. 이러한 문제점을 해소하기 위하여 다양한 건설관리 프로그램들이 여러 업체에서 개발되었으나 건설 산업의 특수성을 완전히 파악하지 못한 채 개발되었기에 대부분 실패로 끝나고 말았다.

하지만 최근 들어 ERP 개발자들이 건설 산업을 이해하고 기존 실패들을 교훈 삼아 건설 ERP가 등장하게 되었고 현재에는 건설 ERP를 수많은 건설사들이 도입하여 사용 중에 있다.

건설사 도급순위 1위부터 중소기업까지 건설 ERP의 보급은 빠르게 확장되어 이제 건설 산업에도 건설 ERP 보급률이 타 산업처럼 급속히 확대되어 가고 있으며, 이에 걸맞게 IT업체들 역시 건설 산업에 최적화된 건설 ERP 개발을 위해 끊임없이 노력하고 있다.

본 교재는 실제 건설업무에 필요한 건설근로자관리의 건설프로세스를 이론과 실무에 대하여 작성하였으므로, 수험자의 실력향상에 많은 도움이 될 것으로 판단된다. 4대보험 관리사 자격을 취득하여 기업 실무에 유능한 ERP 사용자와 ERP 관리자로서 기업의 생산성 향상과 더 나아가 국가 경쟁력을 높일 수 있는 인재가 되길 바란다.

2. 건설 ERP의 특징

〈건설관리 프로세스〉

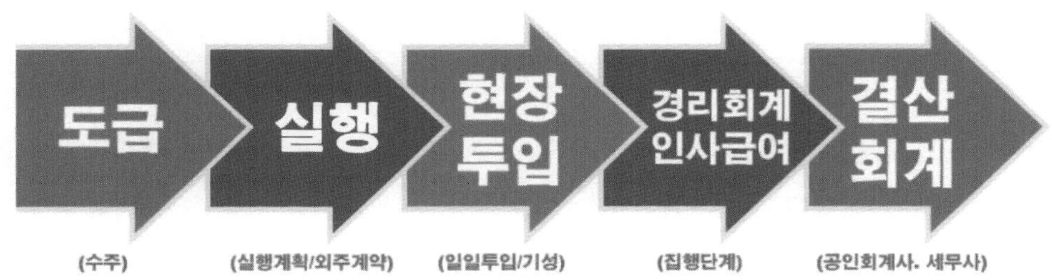

건설 ERP(CMS 7)는 건설업체를 운영하면서 실제 업무프로세스에 맞게 설계 및 개발이 되었기 때문에 건설현장에 적용이 뛰어난 것이 큰 특징이다. 건설 업무프로세스는 입찰견적부터 시작하여 수주 후 도급과 실행, 단가관리, 외주계약, 현장투입, 기성관리, 원가관리, 인사급여, 자금집행, 손익관리, 결산회계까지의 일련의 복잡한 과정으로 이루어지며 크게 ①도급, ②실행, ③현장투입, ④경리와 인사, ⑤결산회계까지 총 5단계로 구분하여 나눌 수 있다. 건설 ERP는 이러한 실제 건설 업무프로세스에 맞게 설계되었으며, 노무 인력에 대한 입사부터 퇴사까지 원활히 관리할 수 있도록 구현되어 있다. 이뿐만 아니라 기안, 품의, 결의서 등의 전자결재 시스템과 공지사항 전파 및 업무일지 등을 작성하고 열람할 수 있는 그룹웨어와 모바일 애플리케이션 등이 건설 ERP와 통합되어 있다.

① 통합성: 각 회사, 현장의 데이터를 통합적으로 입력 및 관리가 가능하여 경영자의 전사적 자원 관리가 가능하다. 또한 각 메뉴별 반복적인 데이터 입력이나 수정을 방지하고, 한 번의 데이터 입력으로 데이터 통합을 가능하게 해준다.

② 사용성: 엑셀 문서의 데이터를 복사, 붙이기 및 엑셀 문서 전체의 변환이 가능하며, 타사 제품과의 연동이 가능하여 편리하게 사용할 수 있다. 프로세스 메뉴와 관련 메뉴로의 업무처리 진행 상태 확인 및 이동 기능을 통해 간편하면서도 신속하게 처리할 수 있다. 또한 각 회사나 관공서의 신고용 파일 생성이 가능하며 다양한 출력양식을 제공하고 있다.

③ 편리성: 공사현장별 공사일보, 자금관리 등과 모바일 연동이 가능하여 현장업무 처리 시 현장 담당자의 실시간 확인 및 결재가 가능하기 때문에 업무시간을 줄일 수 있다. 간단히 인터넷을 통해 모든 업무를 진행할 수 있으며, 설치 및 업그레이드에 대하여 원격제어를 지원하고 있어 편리하게 설치 및 서비스 지원이 가능하다.

3. 건설 ERP의 장점

건설 ERP(CMS 7)의 가장 큰 장점은 실제 건설회사를 운영하는 경영자와 관리자 그리고 실무자가 다 함께 개발에 참여하였기 때문에 실무자에서 최종 의사 결정권자에게 이르기까지 중복업무를 최소화하였다는 점이다.

또한 건설 ERP는 인사와 자금관리를 한 눈에 파악할 수 있도록 캘린더화 하여, 경영자와 관리자가 쉽고 빠르게 모든 데이터를 확인할 수 있도록 개발되었다.

⊙ 건설 ERP 장점 및 도입 효과

건설 ERP의 도입으로 전산시스템의 통합을 실현하고 회사 경영자료를 실시간(Real Time) 집계 및 분석할 수 있으며 자금효율을 제고하고 협력업체와 건설 ERP를 통한 정보공유 및 유대관계를 강화할 수 있다. 또한 건설 ERP를 활용하여 인사업무를 입사부터 퇴사까지 일관된 정보관리를 할 수 있고 건설사업을 위한 공사경험지식의 데이터베이스를 구축할 수 있다는 장점이 있다.

(1) 투명성 제고

표준화된 건설 ERP 시스템의 도입으로 정보품질이나 투명성을 기할 수 있게 된 점을 가장 큰 기대효과로 꼽고 있다. 업무프로세스나 시스템 통합을 통해 업무절차 개선이나 정보시스템 표준화를 끌어낼 수 있다. 하도급업체나 협력업체들과 건설 ERP로 정보를 공유할 수 있고 협력계약이나 국내 발주, 대금 지급절차 등의 프로세스를 통하여 건설현장에서 하도급업체 또는 발주처와의 관계를 투명하게 유지하고 유기적인 협조체제를 강화할 수 있다.

(2) 실시간 업무처리를 통한 생산성 향상

업무 측면에서는 발생한 자료를 실시간으로 처리가 가능해짐으로써 월말에 집중되던 업무량이 분산되어 업무 생산성이 올라갈 수 있다. 기존에는 결과 중심의 관리보고가 많았다면 이제는 결과보다는 문제가 되는 업무를 개선하는 방향으로 바뀌는 긍정적인 효과를 볼 수 있다.

(3) 비용 절감

건설 ERP 도입의 가장 큰 기대효과는 시간과 비용을 절감할 수 있다는 것이다. 먼저 시간 측면에서는 경영자의 빠른 판단과 결정을 도와준다.

또한 본사의 부서별, 현장별 처리해야 할 자금 상황을 프로그램을 통해 실시간으로 예측할 수 있게 됨으로써 자금관리의 효율화가 가장 큰 성과로 나타날 수 있다. 일원화된 수주, 수익성 위주의 공사 수주 등의 효과를 ERP 시스템 구축을 통해 기대할 수 있다.

이러한 부분들로 비용 절감효과를 볼 수 있으며 이는 회사의 수익구조에 적지 않은 영향을 미칠 것으로 기대된다. 결과적으로 기업의 건설 ERP 도입은 정보의 신뢰성 향상과 경영의 투명성 확보로 이어져 회사의 성과 향상과 함께 고객에게도 더 많은 이익을 가져다줄 것으로 기대된다.

(4) 각 사용자별 기대 효과

① 실무자

- 중복업무의 최소화
- 업무시간 단축으로 업무 효율성 향상
- 보고서, 기타 문서작성 및 단순 반복 작업 최소화
- 원격을 통한 실시간 교육 및 업무처리 가능

② 관리자

- 최고 경영자에게 다양한 경영정보를 신속 정확하게 보고 가능
- 실시간 관리로 기업 경쟁력 증대
- 본사와 현장 간 실시간 관리로 공간적 제한 극복
- 원격을 통한 실시간 교육 및 업무처리 가능

③ 경영자

- 보기 편한 캘린더 형식으로 경영분석
- 경영자가 신속한 의사결정을 할 수 있는 경영분석 자료제공
- 인터넷을 통하여 실시간 경영분석 자료제공
- 사용자 권한 부여를 통한 개인별 업무 제한
- 개인별 ID 부여와 컴퓨터 접속 인가 관리를 통한 철저한 보안 관리

미래의 경영 화두는 비효율적인 업무를 없애고 단순하면서도 수평적인 경영마인드 실현과 조직원들의 수준 높은 업무 이행으로 전환시킬 수 있는 디지털 인프라 구축에 있다. 이러한 기반은 기업이 시간과 가치 및 서비스부문에서 타사보다 경쟁력을 확보하고 생산자와 소비자의 관계를 보다 가깝게 만들 수 있다.

현재의 4차 산업혁명이 건설기업에서도 빠르게 도입되기 위해서는 건설기업의 기술혁명 뿐만 아니라 경영 혁명이 필요하다. 경영 혁명은 '분업과 전문화'에서 '융합과 통합'으로의 변화를 의미한다. 건설과 IT의 융합과 통합을 가능하게 할 수 있는 길이 건설 ERP 구축인 것이다. 빠르게 변하는 이 시대에 빅데이터 구축 없이는 생존할 수가 없게 되었다.

제2절 노무관리

1. 건설 ERP를 활용한 노무관리

건설 산업은 다른 산업에 비해 노동집약적 성격이 매우 강한 산업이라고 할 수 있다. 그만큼 근로자의 비중이 높은 산업이기 때문에 노무관리는 건설업과 아주 밀접한 관계가 있다.

건설업의 경우 직접 건설 프로젝트를 수주하는 종합건설업과 외주를 받는 전문건설업으로 나누어져 있다. 종합건설업은 직접 공사를 진행하는 직영공사와 여러 전문건설업에 도급을 맡기는 외주공사가 있다. 따라서 현장관리자의 노무관리는 직영과 외주 노무관리로 나누어진다.

전문건설업도 종합건설업과 마찬가지로 직영공사와 외주공사로 나누어지는데, 차이점은 외주공사를 담당하는 팀이 자체적으로 노무관리를 하는 것이 아니라 전문건설업의 현장관리자가 노무관리를 한다는 것에 있다.

종합건설업체 노무관리의 문제점은 외주공사를 담당하는 전문건설업체에 많은 부분을 의존하고 있어 불성실한 보고에 의한 잘못된 정보를 바탕으로 노무관리가 이루어질 수 있다는 점이다. 그렇기 때문에 향후 노무비 지급과 같이 이해관계가 달린 상황에서 분쟁이 발생하였을 경우, 이에 대처하기 위한 관련 근거자료 확보가 어렵다.

전문건설업체 노무관리의 문제점은 현장관리자가 본사에 보고하는 노무비를 신뢰할 수 없고, 이러한 정보를 정확히 파악하기는 불가능하여 현장관리자의 부정이나 정보전달 과정상의 오류에 의한 손실비용의 규모를 산정하기 어렵다는 점이다.

이처럼 기존 노무관리체계에서 나타나는 대표적인 문제점은 노무 관련 정보들이 상호 연계되지 못하고 단지 현장관리자의 주관이나 경험치에 의존하고 있어 그 신뢰도가 매우 낮다는 점이다.

하지만 건설업에 IT 기술을 도입하면서 사진인증과 생체인식 시스템으로 출역 관리를 하고, ERP 프로그램을 활용하여 경영 전반을 통합하여 관리하면서 건설업에서의 노무관리는 투명성과 편리성이 증대되어 가고 있다. 본 책에서는 건설 ERP 중 노무관리 특화 프로그램인 일용 노무통합관리 프로그램(CMS6S)을 활용하여 효과적인 건설업 노무관리 방법을 설명하고자 한다.

〈일용 노무통합관리(CMS6S) 시스템 구성도〉

- 건설업에 특화된 노무통합관리 시스템
- 월출역명세 1회 입력으로 6대기관 전산매체/보고서 생성
- 근로자 규정 관련 실시간 업데이트

2. 세부업무

구분	상세 기능
근로자신고 및 6대 기관 전산매체 생성	• 국민/건강 취득(상실)신고서 • 근로내용확인신고서 • 소득변경신고서 • 퇴직공제부금 납부신고서 • 근로자 임금명세서 출력, 전자문서 • 일용근로자 지급명세서 • 장애인 고용계획 및 상황보고서 • 고용/산재 확정신고서 • 노무제공자(건설기계) 입 · 이직 신고서
일용 노무 업무	• 노무비 및 세액 자동계산 • 일용직 근로계약서 자동생성(모바일 전자서명) • 국민연금/건강보험 신고대상자 일수 조정 • 근로자 세액/보험료 산출 설명제공 • 4대보험 신고대행 연계서비스 • 클린페이/하도급지킴이/노무비닷컴 엑셀 양식 제공 • 타 현장 이중 출역 관리 • 주 52시간제 도입: 40/44/52시간 관리 • 근로자 월출역 명세 엑셀 업로드 지원 • 출역 일수에 따른 노무비 역산(실지급/총지급액)
추가옵션	• 근태관리 모듈 추가기능(패스캠) • 신분증 스캐너 추가기능(신분증 스캐너) • 실명인증 서비스 • 계좌인증 서비스

제2장

기초정보

제1절 개요

노무관리에 필요한 기초정보 메뉴를 위주로 구성하였다. 프로그램을 사용하기 위해서는 먼저 기초정보를 등록하여야 한다. 기초정보는 기업정보, 현장등록, 부서와 사원등록, 통장과 거래처등록 등 프로그램을 사용하는데 있어서 기초적인 데이터를 말한다. 아래 표는 이러한 기초정보를 관리하기 위해 필요한 구체적인 메뉴 기능을 설명한 것이다.

기초정보		
번 호	메뉴명	메뉴설명
01	기업정보등록	기업정보 입력 메뉴
02	현장총괄등록 / 현황	현장등록 및 관리 메뉴
03	사용자등록 / 권한	관리자 권한 사용자등록 및 권한 설정 메뉴
04	거래처등록	거래처등록, 조회 및 출력 메뉴
05	직종등록	건설근로자 직종등록 메뉴
06	개인화면설정	사용자별 바탕화면 글꼴, 색, 스킨 등 설정 메뉴
07	환경설정	7가지 환경설정 메뉴 (데이터정리, 노무설정, 원가설정, 화면설정, 소수점 표기, 인쇄설정, 기타설정)

제2절 기초정보메뉴

1. 기업정보등록

메뉴 홈 → 기초정보 → 01. 기업정보등록

"기업정보등록"은 아래 그림과 같이 자사 정보를 등록하고 관리하기 위한 메뉴이다. 회사의 기초정보를 입력 후 프로그램 사용이 가능하며 여러 회사를 소유하고 있는 경우에는 추가로 회사등록이 가능하다. 좌측 필드에서는 등록된 회사명의 리스트를 확인할 수 있고, 우측 필드에는 선택된 회사에 대한 [필수정보], [이력관리], [실적/시공능력]을 각각 입력할 수 있다. [필수정보]에 기업정보를 등록하면 부가가치세, 근로자 지급조서 등 신고자료에 자동으로 정보가 연동되어 출력할 수 있다. 좌측 필드의 회사코드는 입력순서에 따라 자동으로 부여되며 기존 등록했던 회사를 선택적으로 확인 가능하다. [필수정보] 중 빨간색으로 표시된 항목은 필수사항이므로 필히 입력해야 한다.

〈기초정보의 기업정보등록〉

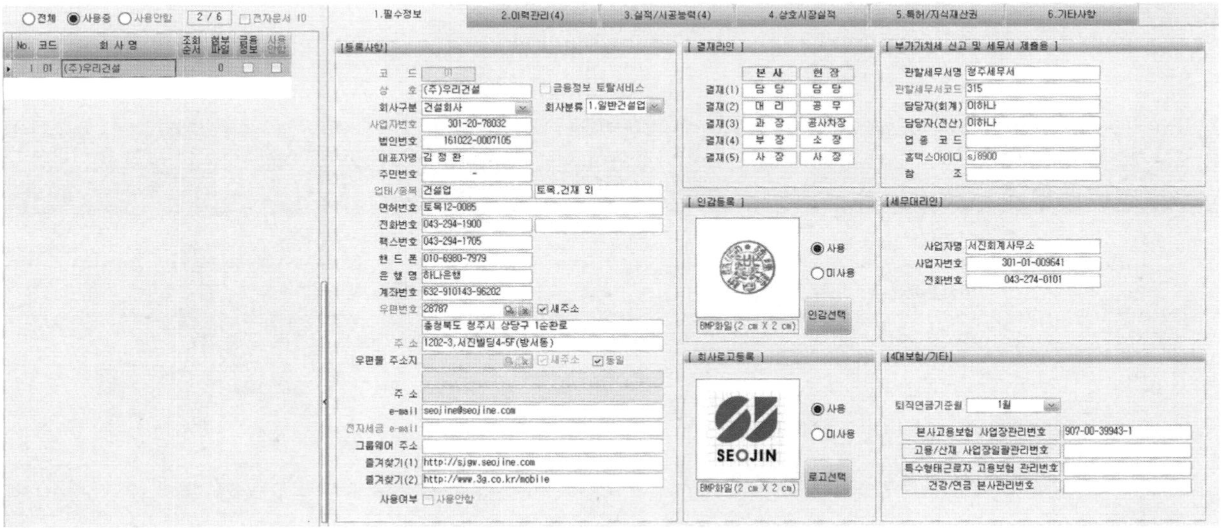

(1) 메뉴설명

"기업정보등록" 메뉴에서 사용되는 화면 상단 버튼의 기능은 다음과 같다.

버튼메뉴	세부기능 및 연동 기능
신 규	새로운 기업정보를 등록하기 위한 버튼으로 클릭한 후 필수정보와 이력관리 정보 등을 입력한다.
저 장	각각의 정보를 입력한 후에 반드시 '저장' 버튼을 클릭해야 해당 정보가 저장된다.
삭 제	화면 좌측의 등록된 회사리스트 중 선택된 회사의 정보를 일괄 삭제하는 버튼이다. 우측 입력화면의 입력항목 값이 삭제되는 것이 아니라 이미 등록된 회사정보 전체가 삭제되기 때문에 반드시 주의해서 사용해야 한다. 일단 삭제가 실행되면 다시 되돌릴 수 없다.
첨부파일	첨부할 파일을 선택하고 등록할 수 있으며 첨부된 파일을 확인할 수 있다.
엑 셀	[이력관리]와 [실적/시공능력] 탭 설정 시에만 표시된다. '엑셀' 버튼을 클릭한 경우에는 우측 필드 전체 값이 엑셀 파일로 생성된다.
찾 기	좌측 필드의 회사명 중에서 원하는 회사명을 빠르게 찾을 수 있는 검색 버튼이다.

필수정보

① '필수정보' 탭을 클릭한 후 회사 기본정보를 입력한다. 회사 구분은 건설회사, 일반회사, 영림업으로 구분되며 회사분류는 일반건설업, 전문건설업, 기타로 분류된다.

- 일반건설업: 해당 공사를 종합적으로 계획, 관리 및 조정을 하면서 시공하는 건설공사 (토건, 토목, 건축, 산업설비 등)
- 전문건설업: 시설물의 일부 또는 전문분야에 관한 건설공사 (토공, 미장, 철콘, 석공, 도장, 비계, 난방, 금속, 강구조 등)

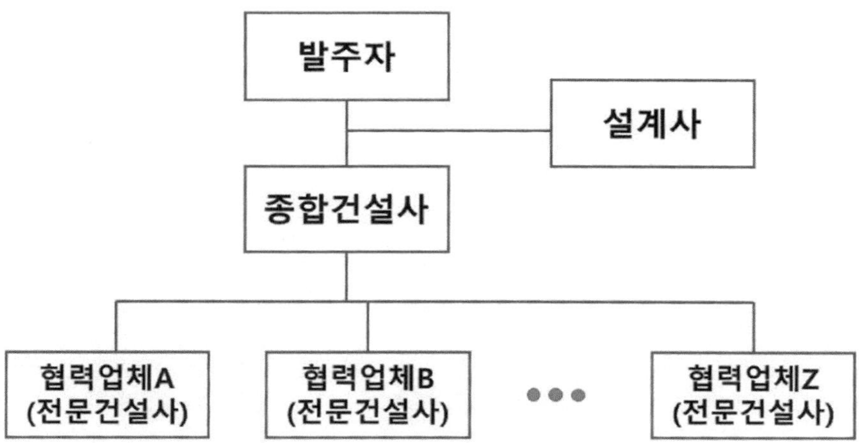

② 전자세금 e-mail의 경우에는 국세청 신고 시 사용되는 이메일이므로 정확하게 기입하도록 한다.

〈전자세금계산서 양식〉

전자세금계산서 (공급자 보관용)

작성 년	월	일	공란수	공급가액	세액
2013	1	7	8	100	10

월	일	품목	규격	수량	단가	공급가액	세액	비고
1	7					100	10	

합계금액	현금	수표	어음	외상미수금	
110					위 금액을 청구 함

③ '사용 여부' 항목에 ☐사용안함 을 체크할 경우 좌측 필드의 회사리스트에 사용 안 함 항목이 체크된다. 삭제 시에는 데이터가 모두 지워지지만, 사용 안 함으로 체크 시에는 데이터를 보존해주는 일종의 숨김 기능이다.

④ '결재라인' 항목에는 본사, 현장 결재라인 정보를 입력한다. 결재라인에서 입력하지 않은 항목은 출력물 상에서 공란으로 나타난다.

⑤ '인감등록'과 '회사로고 등록'란은 이미지 파일로 등록 가능하며 대외적인 문서에서 등록된 인감이 자동으로 출력된다.

⑥ '부가가치세 신고 및 세무서 제출용' 항목의 경우 근로자 지급 조서 신고 시 필수 항목이다.

⑦ 좌측 필드의 회사리스트에서 '삭제' 버튼을 클릭하여 등록된 회사정보를 삭제할 수 있다. 하지만 다른 메뉴에 해당 회사정보가 입력된 상태에서는 삭제가 되지 않는다. 다른 메뉴에 등록된 자료를 먼저 삭제한 뒤 해당 회사를 삭제 가능하다.

궁금한 용어

- **전자세금계산서:** 사업자가 물품 등을 판매할 시 소비자로부터 부가가치세를 징수하였다는 거래 사실을 증명하기 위한 전자문서이다.
- **부가가치세:** 상품(재화)이나 서비스(용역)가 생산되거나 유통되는 모든 단계에서 얻어진 부가가치(마진)에 대해서 과세하는 세금이다. 구매자가 판매자로부터 상품을 살 때 부가가치세 10%가 포함된 금액을 결제하면 판매자가 구매자를 대신해 세금을 신고 · 납부한다.
  국세청에선 1년에 4번씩 부가가치세를 거둔다. 1월과 7월에 내는 것은 확정신고이고 4월과 10월에 내는 것은 예정신고다.

이력관리

이력관리 탭은 회사정보가 변경된 경우의 이력 내역을 관리하는 메뉴이다. 아래와 같이 상호변경, 회사 주소변경, 임원등록 등 회사의 이력변경 내역을 관리할 수 있다.

〈기초정보의 기업정보등록 중 이력관리〉

No.	일자	분류	내용	비고	변경예정일	코드
1	2024-04-08	상호변경	한국종합건설->우리종합건설변경			1
2	2024-04-08	주소지변경	서울 강동구 성내동163-16 ->충북 청주시 분평동 kt 9층			3
3	2024-04-08	이사변경	3년만기 이사사임/중임	기간내 필히 등기정리	2013-04-08	4
4	2024-03-01	이사변경	김성준이사->감사로변경			2

실적/시공능력

① **실적/시공능력** 탭에 입력된 데이터는 실적/시공능력에 따라 입찰에 참여할 때 필요한 항목이다.

② [실적/시공능력] 탭에서 당년도 실적을 입력하면 3년, 5년 실적이 자동 계산되어 표시된다. 아래와 같이 실적/시공능력에 관한 사항을 연도별 표로 제공한다.

〈기초정보의 기업정보등록 중 실적/시공능력〉

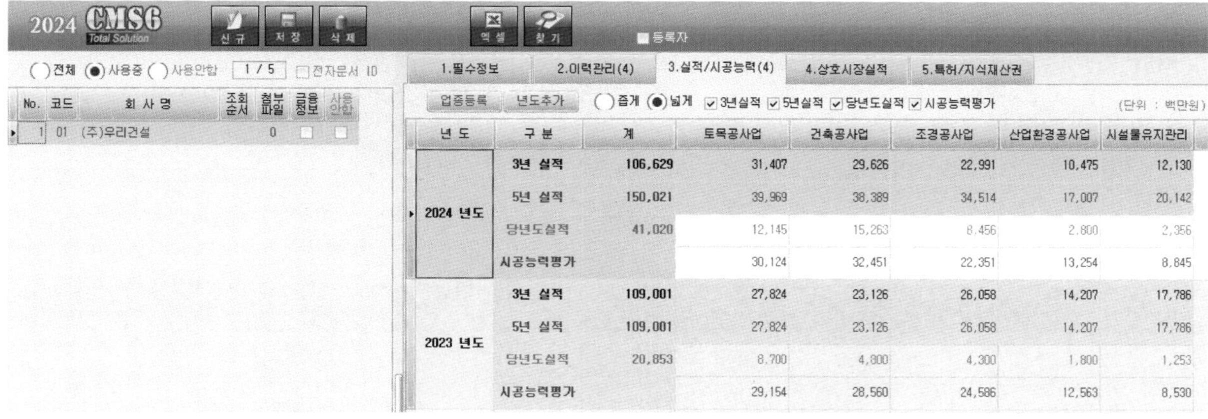

(단위 : 백만원)

년도	구분	계	토목공사업	건축공사업	조경공사업	산업환경공사업	시설물유지관리
2024 년도	3년 실적	106,629	31,407	29,626	22,991	10,475	12,130
	5년 실적	150,021	39,969	38,389	34,514	17,007	20,142
	당년도실적	41,020	12,145	15,263	8,456	2,800	2,356
	시공능력평가		30,124	32,451	22,351	13,254	8,845
2023 년도	3년 실적	109,001	27,824	23,126	26,058	14,207	17,786
	5년 실적	109,001	27,824	23,126	26,058	14,207	17,786
	당년도실적	20,853	8,700	4,800	4,300	1,800	1,253
	시공능력평가		29,154	28,560	24,586	12,563	8,530

TIP

- 건설회사는 입찰참여 시 발주처(국가기관, 지자체, 공기업 등)와 공사예정금액 등에 따라 3년 실적 금액, 5년 실적 금액, 시공능력평가액 등 관리가 필요하다. [실적/시공능력] 탭에서 해당 금액을 연도별로 등록하여 관리할 수 있다.
- 예시) 행자부 입찰공고에서 공사금액이 추정가격 10억 원일 경우: 해당 공고는 5년 실적으로 평가하며, 5년 실적 금액이 10억 원 이상이면 입찰 점수가 만점을 받게 된다. 즉, 추정가격이 10억 원 이상~50억 원 미만은 5년간의 기성 실적 금액이 평가사항에 해당된다.

실습하기 - 기업정보등록

아래 회사정보를 바탕으로 프로그램에서 회사 신규 등록을 실습한다.

① 필수정보

회사명	영화건설	대표자명	이영화
구 분	건설회사	업 태	건설업
사업자 번호	123-12-12345	종 목	토목
법인번호	111111-0007105	전화번호	031-222-2222
회사 주소	경기도 화성시 동탄지성로	팩스번호	031-222-1111
전자세금 메일	개인 이메일 입력	세무대리인	대한민국세무서
인감등록	선택	관할세무서 명	동탄세무서
회사로고 등록	선택	관할세무서 코드	315

② 이력관리

일 자	분 류	내 용
2024.07.01	홍길동 이사등재	이사회에서 이사로 임명
2024.07.01	이재용 감사등재	이사회에서 감사로 임명

③ 실적/시공능력

년 도	구 분	건축 공사업	토목 공사업	조경 공사업	철근콘크리트공사	토공사업
2024년도	당년도 실적	12,456	15,263	8,456	2,800	2,356
	시공 능력평가	30,124	32,451	22,654	13,254	8,845

실습화면

실습화면에서 [필수정보], [이력관리], [실적/시공능력] 탭에 맞게 정보를 입력해준다.

① 필수정보

〈기업정보등록 필수정보 실습화면보기〉

- [필수정보] 탭에서 코드는 자동으로 부여된다. 상호명에 회사명과 그밖에 정보를 입력해 준 후에는 반드시 '저장' 버튼을 클릭해야 데이터가 저장되며 화면 왼쪽에 있는 회사리스트에 등록한 회사명이 추가된다.
- [필수정보] 탭의 '□사용 안 함' 항목을 체크하면 간단하게 회사별 통합관리에서 제외시킬 수 있다.

② 이력관리

〈기업정보등록 이력관리 실습화면보기〉

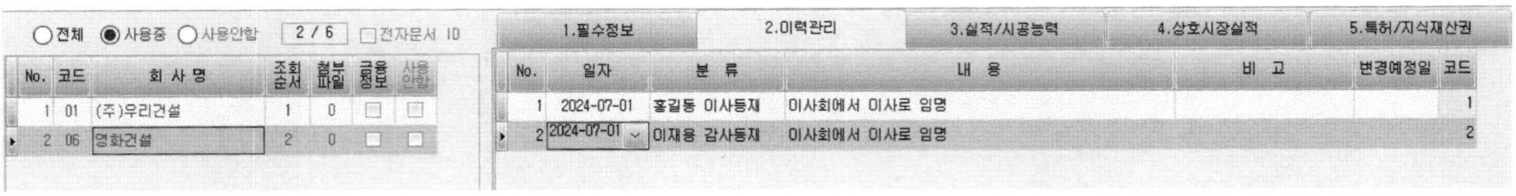

○전체 ◉사용중 ○사용안함 2 / 6 □전자문서 ID

No.	코드	회 사 명	조회순서	첨부파일	금융정보	사용안함
1	01	(주)우리건설	1	0	□	□
2	06	영화건설	2	0	□	□

1.필수정보 | 2.이력관리 | 3.실적/시공능력 | 4.상호시장실적 | 5.특허/지식재산권

No.	일자	분 류	내 용	비 고	변경예정일	코드
1	2024-07-01	홍길동 이사등재	이사회에서 이사로 임명			1
2	2024-07-01	이재용 감사등재	이사회에서 이사로 임명			2

• [이력관리] 탭 옆의 괄호 안의 숫자는 변경된 이력의 개수를 의미한다.

• 데이터를 입력한 후에는 키보드 방향키(↑ ↓)를 움직여 저장할 수 있다.

③ 실적/시공능력

〈기업정보등록 실적/시공능력 실습화면보기〉

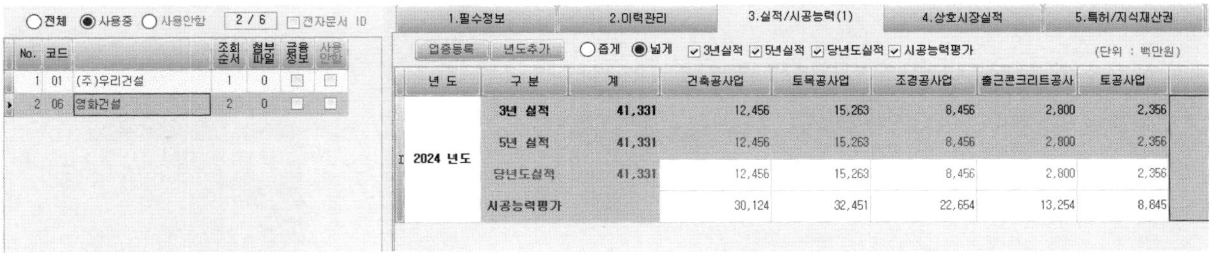

○전체 ◉사용중 ○사용안함 2 / 6 □전자문서 ID

No.	코드		조회순서	첨부파일	금융정보	사용안함
1	01	(주)우리건설	1	0	□	□
2	06	영화건설	2	0	□	□

1.필수정보 | 2.이력관리 | 3.실적/시공능력(1) | 4.상호시장실적 | 5.특허/지식재산권

업종등록 년도추가 ○좁게 ◉넓게 ☑3년실적 ☑5년실적 ☑당년도실적 ☑시공능력평가 (단위 : 백만원)

년 도	구 분	계	건축공사업	토목공사업	조경공사업	철근콘크리트공사	토공사업
2024 년도	3년 실적	41,331	12,456	15,263	8,456	2,800	2,356
	5년 실적	41,331	12,456	15,263	8,456	2,800	2,356
	당년도실적	41,331	12,456	15,263	8,456	2,800	2,356
	시공능력평가		30,124	32,451	22,654	13,254	8,845

• 업종등록 버튼으로 화면에서 가로줄에 해당하는 '건축공사업'과 같은 공사업을 추가로 등록할 수 있다.

• 년도추가 버튼으로 원하는 연도를 추가하여 수행했던 실적을 등록할 수 있어, 추후 입찰서류에 필요한 자료를 관리할 수 있다.

2. 현장총괄등록/현황

메뉴 홈 → 기초정보 → 02. 현장총괄등록 / 현황

"현장총괄등록/현황"은 현재 공사가 진행되거나 완료된 현장의 정보를 확인하기 위한 메뉴이다. 아래 그림과 같이 화면 좌측에는 현장명과 금액 등이 표시되며 선택된 현장의 상세 도급정보는 화면 우측에서 확인할 수 있다. 화면 우측의 [도급 대장] 탭에는 현장정보와 계약금액, 공사개요, 4대보험, 공동도급, 외주계약

등을 표시하고 있어 각 현장의 주요 사항들을 쉽게 확인할 수 있다. 2018년 8월 국민연금, 건강보험법 시행령이 개정됨에 따라 국민연금 및 건강보험 신고기준이 기존 20일 이상 근무에서 8일 이상 근무 시 적용으로 신고대상 범위가 확대되었다. 이에 따라 건설 ERP 프로그램 역시 "현장총괄등록/현황" 메뉴의 '국민/건강 8일 적용' 항목을 통해 해당 기준 적용 연월을 설정할 수 있다. 2018년 변경된 국민연금/건강보험 가입기준 적용은 시행일(2018.8.1) 이후 입찰공고 또는 계약 체결한 건설현장 사업장을 대상으로 한다. 시행일 전 입찰공고 또는 계약 체결한 건설현장 사업장은 2020년 7월 31일까지 종전 규정(월 20일 이상)을 적용한다.

건설공사의 도급계약을 체결한 건설업체는 국토교통부에서 관리하는 사이트인 www.kiscon.net(건설공사정보시스템)에 '건설공사대장'을 입력하여야 한다. kiscon은 국토교통부에서 주관으로 추진해온 건설산업정보망 구축 및 운영사업으로 구축된 시스템이다. (건설산업기본법 제22조, 계약 후 30일 이내 신고)

건설공사대장에는 공사개요, 계약 내용, 하도급 계획 내용, 공사진척 및 공사대금 수령사항, 참여자현황 등을 등록하여 관리하여야 한다. 현재 건설공사대장 통보대상 공사의 범위는 원도급공사의 경우 부가세 포함 1억 원 이상의 공사, 하도급공사의 경우는 부가세 포함 4천만 원 이상의 공사이다.

〈기초정보의 현장총괄등록/현황〉

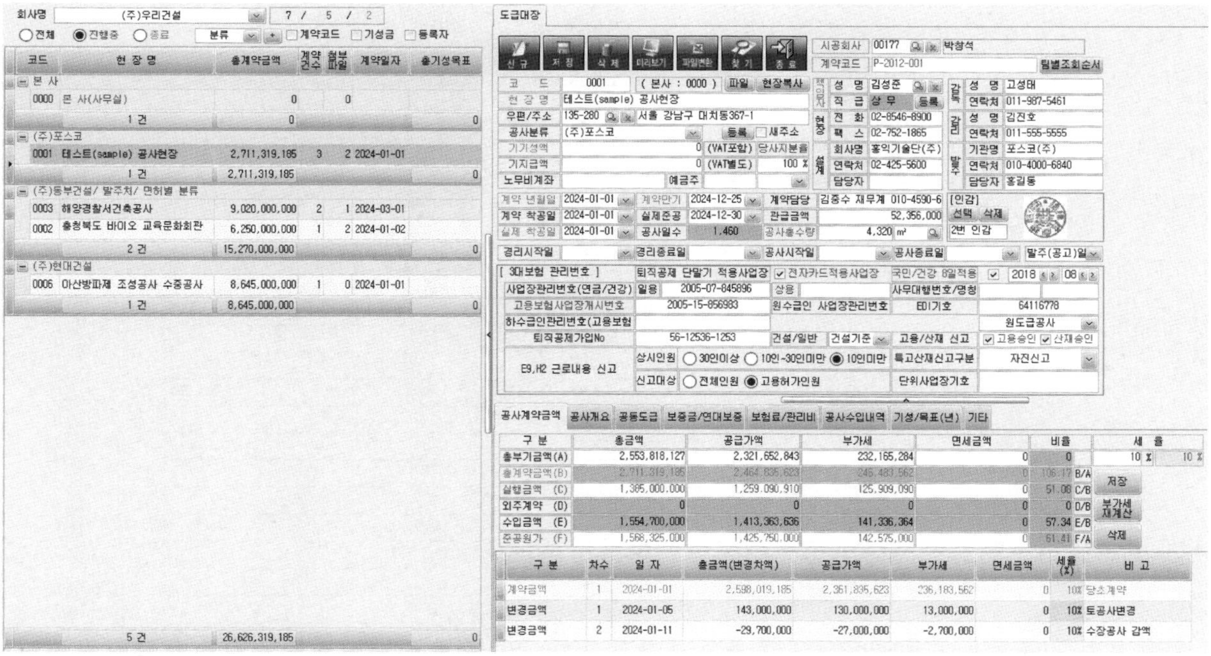

(1) 메뉴설명

버튼메뉴	세부기능 및 연동 기능
신 규	새로운 현장에 대한 데이터를 등록할 수 있다. 신규로 입력된 정보는 반드시 '저장' 버튼을 클릭해야 데이터가 저장된다.
저 장	새롭게 입력하거나 변경된 데이터가 있는 경우에는 반드시 '저장' 버튼을 클릭해야 저장된다.
삭 제	좌측 화면 리스트에서 선택된 현장에 대한 모든 정보를 삭제할 수 있다. 단 해당 현장에 등록된 자료(공사일보, 전표등록 등)를 먼저 삭제해야 한다.
미리 보기	사용자는 보고서 형식으로 현재 [도급 대장]에 있는 내용을 출력할 수 있다. '공사관리대장, 공사도급/보증서 현황, 고용보험 하수급인 내역서, 착공계, 준공계' 5가지 보고서를 출력할 수 있다. 아래 그림과 같이 '공사관리대장'을 미리 보기 했을 때의 화면이다. 또한 '2. 공사도급/보증서 현황' 양식의 경우 엑셀 문서로 변환이 가능하다.
파일변환	변환양식에 맞게 작성된 엑셀 문서를 변환할 때 사용하는 버튼이다. '불러오기' 버튼을 이용해 해당 엑셀 파일을 선택한 후 '저장' 버튼을 통해 프로그램에 저장 가능하다.
찾 기	등록된 현장이 많을 경우 현장명을 입력하면 바로 검색이 가능하다.

〈기초정보의 현장총괄등록/현황 중 미리 보기〉

공 사 관 리 대 장		책임자	직급	상 무	감독관	성 명	고성태
			성명	김성준		연락처	011-987-5461
회 사 명	(주)우리건설		전화	011-406-1702	감리	성 명	김진호
		현장전화		02-8546-8900		연락처	011-555-5555
현 장 명	테스트(sample) 공사현장	발주자	기관명	포스코(주)	설계	상 호	홍익기술단(주)
주 소	서울 강남구 대치동367-1		연락처	010-4000-6840		연락처	02-425-5600

구 분	변경일자	총 금 액	공 급 가 액	부 가 세	면세금액	비 고
총부기 금액		2,553,818,127	2,321,652,843	232,165,284	0	
총계약 금액		2,711,319,185	2,464,835,623	246,483,562	0	
실 행 금 액		1,385,000,000	관급자재금액	52,356,000	0	
1차 계약금액	2024-01-01	2,598,019,185	2,361,835,623	236,183,562	0	당초계약
1차 변경금액	2024-01-05	143,000,000	130,000,000	13,000,000	0	토공사변경
2차 변경금액	2024-01-11	-29,700,000	-27,000,000	-2,700,000	0	수장공사 감액

계약년월일	2024-01-01	계약 기간	1,460	계약 담당	김중수 재무계 010-4590-6850
계약착수일	2024-01-01	실제착수일	2024-01-01		

계약만기일	2024-12-25	실제준공일	2024-12-30	사업장관리번호	2005-15-856983			인감	2번 인감
계약보증금	1,200,000,000	보증 기간	2024-01-01 ~ 2024-12-31	보증율%	10	예치방법	조합		
차액보증금	35,000,000	보증 기간	2024-06-01 ~ 2024-12-31	보증율%	10	예치방법	조합		
하자보증금	54,000,000	보증 기간	2024-01-01 ~ 2024-12-31	보증율%	3	예치방법	조합		

선 수 금	100,000,000	신청일	2024-04-12	지급일	2024-09-21
		청구일	2024-09-15	신청율	15

대금지급시기 및 지급방법	현금							
	현금	25,000,000	어음	15,000,000	대물	30,000,000	기타	200,000

공 동 도 급

회 사 명	대표자	지분율	전화번호	주 소
대저토건(주)	김성옥	40	052-563-4856	경남 김해시135번지
(주)우리종합건설	김 정 환	60	043-532-8810	충북 청주시 흥덕구 분평동 465-33

연대 보증인	상호	대저토건(주)	대표자	심성옥	주소	경남 김해시 상담동1350
	상호	대보산업개발(주)	대표자	박시영	주소	충남 서천시 주오동136

외 주 계 약 현 황

외주계약명	거래처명	합 계 금 액	공 급 가 액	부 가 세	면세금액
철근콘크리트공사	한우리건업(주)	286,848,982	260,771,802	26,077,180	0
조경식재	삼호조경	295,653,100	268,775,546	26,877,554	0
토공사	정원건설(주)	140,443,574	127,675,977	12,767,597	0
포장공사	대성포장(주)	120,000,000	109,090,909	10,909,091	0
형틀설치/해체	박창석	33,386,680	30,351,528	3,035,152	0
조경구조물공사	(주)아성기업	186,500,000	169,545,455	16,954,545	0
토공사	우진건설(주)	90,875,744	82,614,313	8,261,431	0

우측에 있는 [도급 대장]에 대한 상세 설명은 다음과 같다.

① 상단에 있는 '코드'는 자동으로 부여되며 현장명과 현장 주소를 입력한다.

② '공사분류'는 회사가 관리하고 싶은 기준에 따라 등록하여 관리할 수 있다. 발주처별, 공종별 혹은 관리 담당자 등 회사가 원하는 기준으로 자유롭게 등록하여 관리 가능하다.

② 빨간색 '책임자' 항목은 인사등록과 연동되어 있으므로 사원등록을 먼저 해야 한다. 등록된 직원의 경우 성명 입력 시 자동 검색이 되며, 등록되지 않은 직원의 경우에는 바로 신규 사원등록도 가능하다. 근로내역확인신고 시에 책임자의 정보도 같이 출력되기 때문에 필수입력 사항이다.

③ 기 기성액은 발주처로부터 이미 지급 받은 금액이며, 기 지급액은 이미 지급한 금액을 나타낸다. 이 항목은 공사가 진행된 후 프로그램을 사용할 시 이전에 받은 기성액(수금액)과 지급한 금액을 등록한다. 시공사는 공사과정에서 완성된 정도에 따라 발주처로부터 일정 부분의 기성금을 받으며, 공사를 진행하면서 투입된 원가(노무, 자재, 장비, 외주비 등)를 거래처에 지급한다.

④ '계약 연월일', '계약만기' 항목은 좌측 화면의 '○진행 중', '○종료'와 연결되어 있어 반드시 입력해야 한다. 계약 만기일이 오늘 이전으로 설정될 시 종료된 현장으로 구분된다.

⑤ '3대보험 관리번호'는 "근로자관리" 메뉴에서 전산매체 신고에 활용되기 때문에 정확하게 입력해야 한다.

⑥ 공사계약금액, 공사개요, 공종별 실행금액, 공동도급 등의 사항은 다음과 같은 기준으로 입력된다.

㉠ 공사계약금액에서 음영 처리되지 않은 총부기금액(A), 실행금액(C), 준공원가(F)는 직접 입력한다. '총계약금액(B)'은 하단에 계약금액과 변경금액 입력 시 자동으로 계산되며 '외주계약(D)', '수입금액(E)'은 [외주계약] 탭과 [공사수입 내역] 탭에 입력된 정보를 불러온다.
파란색 음영 처리된 부분은 직접 입력이 제한된다.

㉡ 일자 입력은 월일(0222)만 입력해도 연월일(2024-02-22)로 자동 인식한다.

㉢ [외주계약] 탭은 "메뉴 홈-기초정보-외주계약등록/현황" 메뉴에서 입력한 내용이 자동으로 표기된다.

실습하기 - 현장정보등록

아래 현장정보와 계약금액을 바탕으로 신규 현장등록을 실습한다.

정 보	상세 내용	정 보	상세 내용
현장명	하나빌딩 신축공사	계약 연월일	2024년 1월 1일
시공회사	대신건설	계약만기	2024년 9월 1일
기 기성액	0원	실제 착공일	2024년 1월 1일
기 지급액	0원	계약금액	58,717,922원
책임자	홍길동	실행금액	45,000,000원
당사지분율	100%		

[현장총괄등록 실습화면보기]

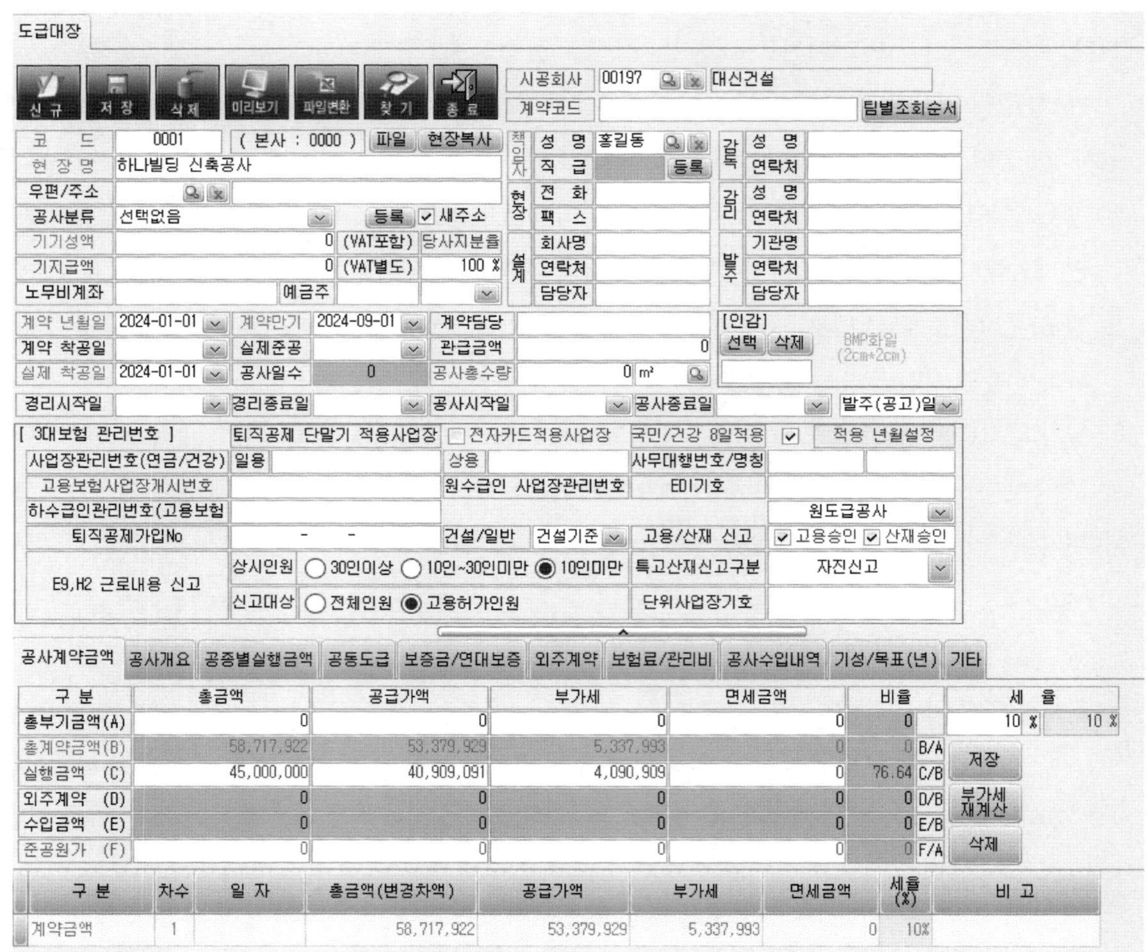

실습화면

① 아래 실습화면에서 외주계약금액은 "메뉴 홈-기초정보-외주계약등록/현황" 메뉴에서 작성된 데이터가 자동으로 표시되는 것으로 회색으로 음영 표시된 부분은 직접 입력이나 수정이 불가능하다.

② 도급 대장의 '신규' 버튼을 통해 새로운 데이터를 입력한 후 '저장' 버튼을 클릭하면 화면 왼쪽에 새로운 현장명이 등록된다.

궁금한 용어

- **도급 대장**: 도급인과 수급인 사이에 체결한 공사 도급계약의 내용을 공사 건별로 상세히 기록한 문서를 말한다. 건설공사에 사용하는 도급 대장에는 공사명과 공사장소를 비롯하여 준공 예정일, 착공일, 준공검사일 등의 사항을 모두 기재해야 한다. 도급 대장은 도급계약의 진행 상황을 효율적으로 기록, 관리할 수 있다는 장점이 있다.
- **공종**: 건설공사를 하다 보면 여러 가지 종류의 공사가 진행된다. 기초공사, 콘크리트 공사, 창호공사, 방수공사, 전기공사 등과 같이 공사 종류별로 분류한 것을 공종이라고 한다.
- **공종기성**: 공종기성은 실제 계약된 내역서 대비 공종별 물량 관리를 의미한다.
- **공정률**: 공사의 진행순서와 작업일정을 종합한 공사의 진도과정에 따라 투입된 공사비의 총 공사비에 대한 비율을 말한다.

$$\text{공정률} = \frac{\text{투입공사비(진도과정에 따라)}}{\text{총 공사비}} \times 100$$

- **과세단가**: 물품에 대하여 세금이 포함된 단가(부가세 포함단가)를 말한다.
- **관급자재**: 시설 공사 설계 시 조달청에 단가 계약된 물품이나 자재를 발주처에서 공급해 주는 것을 말하는데 관급자재 수불부에는 설계량, 인수량, 출급량, 잔량 등을 기록한다. 시설 공사 시 사용하는 공구와 그 종류에 대해 기록하고, 자재의 입출고 양을 기록함으로써 총 잔량을 확인할 수 있다. 국가기관이 체결한 공사계약에 있어서 관급자재는 공사공정예정표에 따라 적기에 공급하여야 하며, 인도일시 및 장소는 계약당사자 간에 협의하여 결정하도록 규정하고 있다.
- **산재보험**: 산재근로자와 그 가족의 생활을 보장하기 위하여 국가가 책임을 지는 의무보험으로 원래 사용자의 근로기준법상 재해 보상책임을 보장하기 위하여 국가가 사업주로부터 소정의 보험료를 징수하여 그 기금(재원)으로 사업주를 대신하여 산재근로자에게 보상을 해주는 제도이다. 발주처(지자체 및 공공기관)는 도급 내역서의 원가계산서에 포함시켜 시공사와 계약한다.
- **고용보험**: 고용보험이란 정부에서 실업 문제를 해소하기 위해 도입한 제도로써 근로자가 실직한 경우에 생활안정을 위하여 일정 기간 동안 급여를 지급하는 실업급여사업과 구직자에 대한 직업능력개발 및 적극적인 취업알선을 통한 재취업의 촉진을 위한 직업능력개발사업 등의 실시를 목적으로 하는 사회보험이다. 발주처(지자체 및 공공기관)는 도급 내역서의 원가계산서에 포함시켜 시공사와 계약한다.
- **국민연금**: 국민연금은 소득이 있을 때 보험료를 납부했다가 은퇴나 사고 · 질병, 사망 등으로 소득 활동을 할 수 없게 될 때 기본적인 생활을 유지할 수 있도록 매월 일정 금액을 지급하는 사회보장제도다. 사업장가입자는 노동자 본인과 사용자가 각각 매월 소득의 4.5%씩 납부하고, 지역가입자, 임의가입자, 임의계속 가입자는 본인이 소득의 9% 전액을 납부한다. 발주처는 도급 내역서의 원가계산서에 포함시켜 시공사와 계약한다. 준공 시 사후정산금액으로 현장근로자(일용직)에 대하여 국민연금 사용금액을 최종 정산(반영)하여 준공 내역서를 작성한다.
- **건강보험**: 근로자에 제공되는 4대보험 중의 하나로써 일반회사 근무 시 근로자와 사업주가 보험료를 반씩 부담한다. 연도별 보험료율에 따라 보수월액에서 해당 요율만큼 공제한다. 넓은 의미로는 피보험자가 상해 · 질병 · 임신 · 출산 · 사망 등 인간의 생물학적 사고로 활동능력을 잃거나, 의료처치로 인해 불이익을 받거나 수입 감소가 있을 경우, 그 치료를 위한 비용이나 수입 감소액을 보상하는 것을 목적으로 하는 보험의 총칭이다. 발주처는 도급 내역서의 원가계산서에 포함시켜 시공사와 계약한다. 준공 시 사후정산 금액으로 현장근로자(일용직)에 대하여 건강보험료 사용금액을 최종 정산(반영)하여 준공 내역서를 작성한다.
- **산업안전보건관리비(안전관리비)**: 건설사업장과 본사 안전전담부서에서 산업재해의 예방을 위하여 법령에 규정된 사항의 이행에 필요한 비용을 말한다. (건설업 산업안전보건관리비 계상 및 사용기준 제2조 1항 내용) 건설사업장에서 근무하는 근로자의 산업재해 및 건강장해 예방을 위한 목적으로만 사용하여야 한다. (제7조 1항 내용) 수급인 또는 자기 공사자는 안전관리비 사용 내역에 대하여 공사 시작 후 6개월마다 1회 이상 발주자 또는 감리원의 확인을 받아야 한다. 다만, 6개월 이내에 공사가 종료되는 경우에는 종료 시 확인을 받아야 한다. 준공 시 사후정산금액으로 최종 정산(반영)하여 준공 내역서를 작성한다. 안전한 현장관리를 위해 계약된 안전관리비 이상 사용하도록 한다.

- **환경관리비**: 건설공사에서 각종 장비의 투입과 건설공사로 인하여 발생할 각종 환경 훼손을 최소화하기 위한 환경영향저감시설의 설치 · 운영관리 · 해체에 필요한 비용, 폐기물처리비용, 사후환경영향조사비용, 환경관련교육훈련비 및 기타 환경관리업무를 위한 비용 등을 말한다. 환경관리비 산출은 「건설기술진흥법 시행규칙 제61조」에 따라 산출한다. 준공 시 사후정산금액으로 최종 정산(반영)하여 준공 내역서를 작성한다.
- **퇴직공제부금**: 일용 · 임시직 건설근로자가 퇴직공제 가입 건설현장에서 근로하면 건설사업주가 건설근로자공제회(www.cwma.or.kr)로 근로일수를 신고하고, 공제부금을 납부하면 해당 근로자가 건설업에서 퇴직할 때 공제회가 퇴직공제금을 지급한다. 일용 · 임시직 건설근로자의 퇴직금 개념이다. 적립일수 252일 이상인 근로자가 청구하는 경우에만 지급된다.
- **실행금**: 공사 수주 후 공사 투입에 따른 예상 비용을 산출한 금액이다.
- **매출금**: 건설회사가 실질적으로 공사를 완료한 물량을 도급 내역으로 산출된 금액을 말한다. 공사를 공정상 완료하여 기성 내역을 산출한 금액이며, 수금액과는 차이가 있다.

3. 사용자등록 / 권한

메뉴 홈 → 기초정보 → 06. 사용자등록 / 권한

"사용자등록 / 권한"은 관리자(admin)가 사용자마다 ID와 P/W를 부여할 수 있으며, 부여 받은 ID와 P/W는 권한 설정에 따라 회사별, 현장별, 메뉴별로 사용이 제한된다. 따라서 개별 사용자마다 부여 받은 권한으로 프로그램을 사용할 수 있다.

사용자등록 / 권한을 설정하는 이유는 직원마다 기업의 정보를 관리하는 범위와 사용 권한이 모두 다르기 때문에 이러한 권한을 직원마다 부여하기 위해 사용된다.

〈기초정보의 사용자등록 / 권한 설정 화면〉

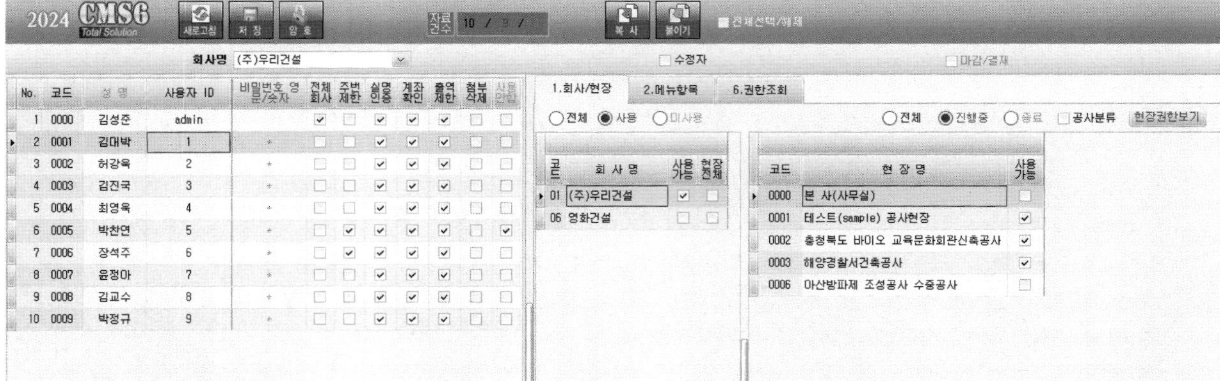

위의 그림에서 관리자(admin)는 왼쪽 화면에서 사용자를 추가하거나 해당 ID의 사용 여부를 설정할 수 있다. 오른쪽 화면에서는 왼쪽 화면에서 선택한 사용자의 상세 권한을 부여할 수 있다.

(1) 메뉴설명

버튼메뉴	세부기능 및 연동 기능
새로 고침	사용자를 추가하거나 권한을 변경한 경우에 '새로 고침' 버튼을 클릭하여 최신 정보로 업데이트가 가능하다.
저 장	변경된 데이터를 서버에 저장하기 위해서 사용하는 버튼이다.
암 호	관리자가 사용자의 비밀번호를 확인하기 위해 사용하는 버튼이다.
삭 제	선택한 사용자 ID를 삭제할 때 사용하는 버튼이다. 단, 해당 사용자 ID로 데이터가 입력된 경우 삭제할 수 없다.
복 사	권한 부여가 동일한 직원이 있을 경우 사용하는 버튼이다. 우측화면에 체크한 사용 권한을 복사할 수 있다.
붙이기	복사한 사용 권한을 붙이기 하는 기능이다.

(2) 사용자 추가

위의 그림과 같이 사용자를 추가할 경우에는 왼쪽 화면의 사용자 리스트를 클릭한 뒤 키보드의 Insert Key 또는 리스트의 제일 하단에서 키보드 방향키(↓)를 누르면 새로운 입력란이 활성화되어 사용자를 추가할 수 있다. 특히 성명 칼럼 위치의 아이콘( )을 클릭하면 아래 그림과 같이 등록된 사원 리스트가 팝업된다. 원하는 사원을 마우스로 클릭하거나 키보드 스페이스 바를 이용하면 다수 선택이 가능하다. 사원 선택이 완료된 후 [등 록] 버튼을 클릭하면 프로그램 사용자가 추가 등록된다. 만약 이미 ID 등록이 완료된 직원이라면 추가 등록이 되지 않는다. 추가나 변경 시에는 반드시 '새로 고침' 버튼을 클릭해서 업데이트를 해야 한다.

〈기초정보의 사용자등록 / 권한 화면 중 사원등록 추가화면〉

2024 CMS6 Total Solution 찾 기 종 료

회사명 (주)우리건설 직책 전체

사원번호	사원명	직급	근무형태	주민등록번호	회사명
00001	김대박	부 장	상근	700327-1******	(주)우리건설
00002	이석규	과 장	상근	630413-1******	(주)우리건설
00003	박소연	차 장	상근	- ******	(주)우리건설
00004	최영욱	과 장	상근	811201-1******	(주)우리건설
00005	박정규	과 장	상근	780101-1******	(주)우리건설
00006	김진국	차 장	상근	760407-1******	(주)우리건설
00007	윤정아	주 임	상근	921201-1******	(주)우리건설
00008	장석주	대 리	비상근	-******	(주)우리건설
00009	박병길	대 리	상근	891201-1******	(주)우리건설
00010	강황식	대 리	비상근	- ******	(주)우리건설
00011	박찬정	대 리	상근	- ******	(주)우리건설
00013	손광록	대 리	비상근	- ******	(주)우리건설
00014	김성배	대 리	비상근	- ******	(주)우리건설
00015	허강욱	과 장	상근	860101-1******	(주)우리건설

실습하기 - 권한 설정

아래 사원 정보를 바탕으로 신규 사용자등록 및 권한 설정을 실습한다.

정 보	상세 내용	정 보	상세 내용
회사명	영화건설	아이디	나현장
성 명	나현장	비밀번호	1234
현장명	동탄삼성반도체 현장	공사일보	모든 권한 부여

1. 보기 1

화면에서 회사명을 설정한 후 키보드 아래 방향키(↓)를 이용해서 새로운 사용자를 설정할 수 있다. ③번과 ④번은 회사명과 현장명을 구분해서 사용 권한을 제한할 수 있음을 보여준다.

〈보기 1: 사용자등록/권한 실습화면〉

2. 보기 2

화면에서 번호 ②번의 돋보기 버튼을 클릭하면 보기 2 화면과 같이 등록된 모든 사원이 나타난다. 프로그램 접속 아이디를 부여할 사원을 선택한 후 '등록' 버튼을 클릭하여 최종적으로 프로그램 사용자를 추가할 수 있다.

〈보기 2: 사용자등록/권한 실습화면〉

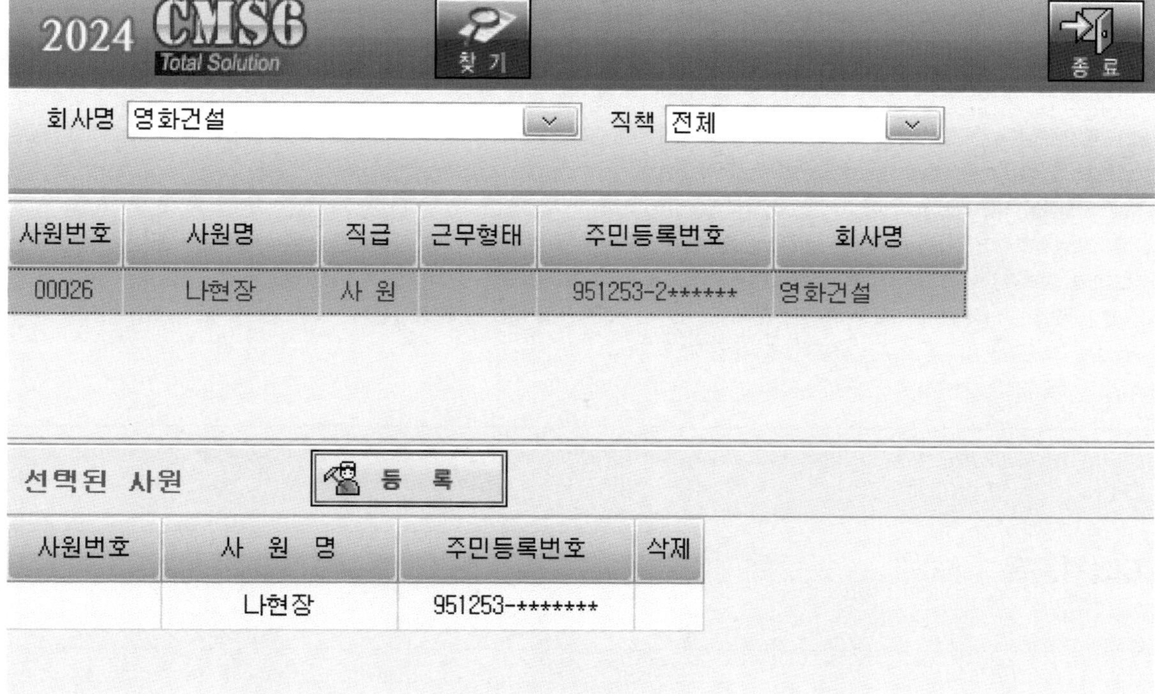

3. 보기 3

화면에서 새로운 사용자를 등록한 후에는 메뉴별 세부 권한을 설정할 수 있다.

〈보기 3: 사용자등록/권한 실습화면〉

2024 CMS6 Total Solution　새로고침　저 장　암 호　자료건수 10 /　■ 전체선택/해제

회사명 영화건설　☐ 수정자　☐ 마감/결재

No.	코드	성 명	사용자 ID	비밀번호 영문/숫자	전체회사	주번제한	실명인증	계좌확인	출력제한	첨부삭제	사용안함
1	0000	김성준	admin		☑	☐	☑	☑	☑	☐	☐
2	0010	나현장	나현장	****	☐	☑	☐	☐	☐	☐	☐

1.회사/현장　2.메뉴항목　6.권한조회

No.	프로그램명	전체	화면	신규	수정	삭제	인쇄	엑셀	금액	기타
	근로내역	☐	☐	☐	☐	☐	☐	☐	☐	☐
1	근로자/일일출역명세	☑	☑	☑	☑	☑	☑	☑	☐	☐
3	근로자출역현황	☑	☑	☑	☑	☑	☑	☐	☐	☐
5	근로자등록/계약	☑	☑	☑	☑	☑	☑	☑	☑	☑
6	4대보험취득/상실신고	☑	☑	☑	☑	☑	☑	☐	☐	☐
7	노무원가집계현황	☑	☑	☑	☑	☑	☑	☐	☐	☐
8	지급조서/전산매체	☑	☑	☑	☑	☑	☑	☑	☐	☑
9	4대보험/전산매체	☑	☑	☑	☑	☑	☑	☐	☐	☐
10	소득변경/전산매체	☑	☑	☑	☑	☑	☑	☐	☐	☐
11	퇴직공제/전산매체	☑	☑	☑	☑	☑	☑	☐	☐	☐
12	퇴직금대상자/정산	☑	☑	☑	☑	☑	☑	☑	☐	☐
13	월별 마감/결재현황	☑	☑	☑	☑	☑	☑	☐	☐	☐
15	장애인근로자신고	☑	☑	☑	☑	☑	☑	☐	☐	☐
16	고용/산재확정신고	☑	☑	☑	☑	☑	☑	☐	☐	☑
17	보험/연금/공제사후정산	☑	☑	☑	☑	☑	☑	☐	☐	☐
	기초정보입력	☐	☐	☐	☐	☐	☐	☐	☐	☐
1	기업정보등록	☑	☑	☑	☑	☑	☑	☐	☐	☐

궁금한 용어

- **공사일보:** 공사와 관련된 작업 진행 사항을 매일 기록하는 문서를 말한다. 공사일보는 한마디로 말해 공사 일정과 작업 내역을 기록한 일지로 장비투입현황, 자재사용현황 등 공사의 진행 사항을 기록한다. 매일매일 공사가 진행되고 있는 상황을 정리하고 보고하는 형태로, 계획한 대로 작업이 잘 이루어졌는지 알 수 있으며, 공사에 쓰인 장비나 자재, 인력 등의 소요량이 어느 정도 되는지 파악할 수 있다. 공사일보를 작성하면 공사 일정이나 약속 사항에 관해 확인하면서 전체적인 진행 흐름을 파악할 수 있는 장점이 있다. 공사 일정을 사전에 숙지하여 하루의 작업일정 및 업무 이행에 차질이 없도록 관리하는 것이 중요하다.
- **외주:** 시설물을 직접 생산 및 시공하지 않고, 협력업체에 발주, 의뢰하는 것을 외주라고 한다. 반대말은 '직영'이다
- **견적:** 장래에 있을 거래가격을 사전에 계산하여 산출하는 일. 견적 내용을 구체적으로 기재한 문서가 견적서이다.
- **전자결재:** 문서가 네트워크상에서 자유롭게 소통될 수 있도록 한 시스템. 즉, 종이 문서가 네트워크상에 통용될 수 있도록 데이터화 되고, 도장이나 서명이 전자화 된 결재 시스템이 전자결재 시스템이다. 전통적인 결재 시스템인 종이 문서가 갖고 있는 비효율과 불편을 없애고 문서가 신속히 소통되어 업무의 효율을 높일 것으로 기대되고 있다.
- **직영:** 시설물을 직접 시공하거나 생산하는 것을 말한다. 반대말은 '외주'이다.

4. 거래처등록

메뉴 홈 → 기초정보 → 7. 거래처등록

"거래처등록"은 아래 그림과 같이 거래처를 등록하고 조회, 출력할 수 있는 메뉴이다. 거래처의 정보는 노무비 지급과도 연관이 있어 해당 항목은 정확히 입력해야 한다. 거래처 신규 등록 시 거래처의 사업장 오류번호 및 중복번호 검색이 가능하며 기존 입력된 자료를 엑셀로 변환 가능하다.

〈기초정보의 거래처등록 중 등록〉

〈기초정보의 거래처등록 중 조회〉

코드	거 래 처 명	구분	사업자등록번호	대표자명	전화번호	핸드폰	팩스번호	주 소
00162	(자)서방건설		316-48-71215	김기동	043-297-	010-4000-	043-297-	충북 청주시 흥덕구 미평동00 00
00182	(주)인타스		- -					
00040	(주)일양		302-81-10572	이기형				충북 옥천군 청성면 고당리
00036	(주)장성캐터링		118-10-15012	김종욱				충북 청주시 흥덕구 분평동
00016	(주)청운정보		220-81-67453	이청환				서울 강남구 대치동
00026	(주)하나로마트		301-81-33849	안영혁				충북 청주시 상당구 방서동
00037	(주)한국건설안전공사		314-81-20317	김봉주				충남 천안시 봉명동
00143	(주)케이티		301-81-85124		080-2580			청주 상당 북문로1가 KT청주지사 2360
00018	(주)코아게이트		104-81-53017	김동주				서울 중구 을지로2가
00174	(주)교진유로홈상사		301-81-31245	김길수	031-294-	011-4568-	043-294-	
00132	(주)교차로		301-04-04011	이회창				충북 청주시 흥덕구 운천동
00033	(주)대신공영	우수협	301-81-36939	이경호	043-294-	011-8957-	043-2941-	충북 청주시 상당구 내덕동 1356

실습하기 - 거래처등록

아래 거래처 정보를 바탕으로 신규 거래처등록을 실습한다.

상 호	하나상회	이메일	개인 이메일
사업자 번호	124–12–78451	예금주	김하나
대표자명	김하나	은행명	신한은행
업태/종목	건설	계좌번호	1254–58745–4477

실습화면

① 거래처는 한 번만 등록하면 언제든지 조회할 수 있으며, 아래 화면에서 번호순서대로 데이터를 입력한 후 최종 '저장' 버튼으로 거래처를 등록할 수 있다.

〈거래처등록 실습화면 보기〉

1.조 회 2.등 록 3.출 력

2024 CMS6 Total Solution 보 기 신 규 저 장 삭 제 인쇄조건 찾 기 첨부파일 파일변환 등록자

코 드 00197
상 호 하나상회 연결거래처 사용안함
분 류 분류등록
등 급
사업자번호 124-12-78451 간이과세자
종사업장번호 수동인증 중복체크
주번/법인번호 - -
대표자명 김하나 대표이사
업태/종목 건설
전화/팩스
핸드폰/담당
은 행 명 신한은행
계좌번호 1254-58745-4477 예금주 김하나
회 사 명 전체회사 입이직신고거래처
현 장 명
이 메 일 seojine@seojine.com

전체 사용중 사용안함 분 류 302 건 302 / 30

사용안함	코드	거래처명	사업자번호	간이과세자	입이직거래처	대표자명
	00197	하나상회	124-12-78451			김하나
	00196	현대유통	301-23-71407			여경익
	00195	청주시청	301-83-00793			나기정
	00194	서진철물	- -			
	00193	은성군청	- -			
	00192	서울주유소	301-81-41582			
	00191	경동보일러	- -			
	00190	우리종합건설	- -			
	00189	우리가	- -			
	00188	제일공구	- -			
	00187	서울대	- -			
	00186	연세대	- -			

5. 직종등록

메뉴 홈 → 기초정보 → 8. 직종등록

"직종등록"은 아래 그림과 같이 건설업에서 사용되는 직종을 등록하고 관리하는 메뉴이다. 회사마다 고유하게 사용하고 있는 용어로도 등록이 가능하며 직종명을 등록한 후에는 반드시 한국고용직업 분류코드를 입력해야 한다. 추가 입력 시에는 키보드 Insert 키를 누르거나 등록된 직종 리스트 맨 하단에서 키보드 방향키(↓)를 클릭하면 신규 입력칸이 활성화된다.

〈기초정보의 직종등록〉

코드	직 종 명	분류코드	한국고용직업분류(2018.08 기준)	클린페이직종	조회순서
0001	갱 부	706	건설 · 채굴 단순 종사자	특별인부	
0002	건축목공	701	건설구조 기능원	건축목공	
0003	형틀목공	701	건설구조 기능원	형틀목공	
0004	창호목공	701	건설구조 기능원	형틀목공	
0005	철골공	701	건설구조 기능원	철골공	
0006	철골(경량)	701	건설구조 기능원	철골공	
0007	철근공	701	건설구조 기능원	철근공	
0008	철판공	701	건설구조 기능원	철판공	
0009	샷시공	701	건설구조 기능원	철공	
0010	절단공	701	건설구조 기능원	보통인부	

【직 종 해 설】

직종번호	직 종 명	해 설
1001	작업반장	각 공종별로 인부를 통솔하여 작업을 지휘하는 사람(십장)
1002	보통인부	기능을 요하지 않는 경작업인 일반잡역에 종사하면서 단순 육체노동을 하는 사람
1003	특별인부	보통인부보다 다소 높은 기능 정도를 요하며, 특수한 작업조건 하에서 작업하는 사람
1004	조력공	숙련공을 도와서 그의 지시를 받아 작업에 협력하는 사람
1005	제도사	고안된 설계도면에 따라 도면을 깨끗하게 제도하거나 컴퓨터 프로그램으로 도면을 그리는(작업하는) 사람
1006	비계공	비계, 운반대, 작업대, 보호망 등의 설치 및 해체작업에 종사하는 사람
1007	형틀목공	콘크리트 타설을 위하여 형틀 및 동바리를 제작, 조립, 설치, 해체작업을 하는 목수
1008	철근공	철근의 절단, 가공, 조립, 해체 등의 작업에 종사하는 사람
1009	철공	철재의 절단, 가공, 조립, 설치 등의 작업에 종사하는 사람
1010	철판공	철판을 주자재로 하여 제작, 가공, 조립 및 해체를 하는 사람
1011	철골공	H빔 BOX빔 등 철골의 절단, 가공, 조립 및 해체 등의 작업에 종사하는 사람
1012	용접공	일반 철재, 일반기기 또는 일반배관 등의 용접을 하는 사람(난이도 일반수준)
1013	콘크리트공	소정의 중량화 및 용적화의 콘크리트를 만들기 위해 시멘트, 모래, 자갈, 물 비비기와 부어 넣기 및 바이브레타를 사용하여 다지거나 숏크리트를 분사하는 사람
1014	보링공	지하수 개발 또는 지질조사나 구조물기초설계를 위한 보링을 전문으로 하는 사람
1015	착암공	착암기를 사용하여 암반의 천공작업을 하는 사람
1016	화약취급공	화약의 저장관리 및 장진 발파작업을 전문으로 하는 사람
1017	할석공	큰 돌을 소정의 규격에 맞도록 깨는 사람
1018	포설공	골재를 포설하는 사람

직종 번호	직 종 명	해 설
1019	포장공	도로포장 등 공사에 있어서 표면처리를 하는 사람
1020	잠수부	수중에서 잠수작업을 하는 사람
1021	조적공	벽돌, 치장 벽돌 및 블록을 쌓기 및 해체하는 사람
1022	견출공	콘크리트 면을 매끈하게 마감 공사를 하는 사람
1023	건축목공	건축물의 축조 및 실내 목구조물의 제작, 설치 또는 해체작업에 종사하는 목수
1024	창호공	건물 등에서 목재, 철재, 새시 등으로 된 창 및 문짝을 제작 또는 설치하는 사람
1025	유리공	유리를 규격에 맞게 재단하거나 끼우게 하는 사람
1026	방수공	구조물의 바닥, 벽체, 지붕 등의 누수방지작업을 하는 사람
1027	미장공	시멘트, 모르타르나 회반죽, 석고 프라스타 및 기타 미장 재료를 이용하여 구조물의 내외표면에 바름 작업을 하는 사람
1028	타일공	타일 또는 아스타일 등 타일류를 구조물의 표면에 부착시키는 사람
1029	도장공	도장을 위한 바탕처리작업 및 페인트류 및 기타 도료를 구조물 등에 칠하는 사람
1030	내장공	건물의 내부에 수장재를 사용하여 마무리하는 사람
1031	도배공	실내의 벽체, 천정, 바닥, 창호 등 실내표면에 종이나 장판지 등 도배재료를 부착시키는 사람
1032	연마공	인조석 및 테라조의 표면을 인력이나 기계로 물갈기 하여 광택 작업을 하는 사람
1033	석공	대할 및 소할 된 석재를 가공하여 형성된 마름돌과 석재를 설치 또는 붙이거나 일반 쌓기를 하여 구조물을 축조하는 사람
1034	줄눈공	석축 및 조적조에 줄눈을 장치하는 사람
1035	패널 조립공	P.C 패널이나 샌드위치 패널 등에 보온재를 채우거나 자르는 등 가공하여 조립 부착하는 사람
1036	지붕잇기공	기와 잇기 및 슬레이트를 절단 · 가공하여 지붕, 벽체, 천정 등에 부착작업을 하는 사람
1037	벌목부	나무를 베는 사람
1038	조경공	수목 식재 및 조경작업을 하는 사람
1039	배관공	설계압력 5kg/㎠ 미만의 배관을 시공 및 보수하는 사람
1040	배관공(수도)	옥외(건물 외부)에서 상 · 하수도, 공업용수로 등의 배관을 시공 및 보수하는 사람
1041	보일러공	보일러 조립 · 설치 및 정비를 하는 사람
1042	위생공	위생도기의 설치 및 부대 작업을 하는 사람
1043	덕트공	금속 박판을 가공하여 덕트 등을 가공, 제작, 조립, 설치작업에 종사하는 사람
1044	보온공	기기 및 배관류의 보온시공을 하는 사람
1045	인력운반공	2인 이상이 1조가 되어 인력으로 중량물을 운반하는 작업 에 종사하는 사람(목도 포함)
1046	궤도공	철도의 궤도부설작업 또는 일반 공사장(사업장) 내의 운반 수단으로 임시 간이궤도를 부설, 해체, 유지 보수하는 작업 에 종사하는 사람

직종번호	직 종 명	해 설
1047	건설기계조장	건설기계 조종원을 통솔, 지휘하는 사람
1048	건설기계운전사	각종 건설기계의 운전과 조작을 하는 운전사(12t 이상 트럭 포함)
1049	화물차운전사	운반을 목적으로 하는 화물자동차의 운전사
1050	일반기계운전사	발동기, 발전기, 양수기, 윈치 등 경기계 조종원
1051	기계설비공	일반 기계설비 및 기계의 조립설치, 조정, 검사 및 유지보수를 하는 사람
1052	준설선 선장	준설기를 장치한 선박의 선장
1053	준설선기관사	준설기를 장치한 선박의 기관사(준설선기관장, 준설선전기사 포함)
1054	준설선운전사	준설기를 장치한 준설 기계 운전사
1055	선원	선박의 운항을 위한 각 부서의 선원
1056	플랜트배관공	유해가스 이송관, 플랜트(철강, 석유, 제지, 화학, 원자력 및 발전 등의 에너지시설) 배관 또는 설계압력 5kg/㎠ 이상의 배관을 시공 및 보수하는 사람(원자력배관공 포함)
1057	플랜트제관공	플랜트(철강, 석유, 제지, 화학, 원자력 및 발전 등의 에너지시설) 시설에서 다른 건설공사보다 엄격한 규격 및 품질 보증 요구조건에 따라 강제구조물과 압력용기의 가공, 제작시공 및 보수를 하는 사람(원자력 포함)
1058	플랜트용접공	유해가스 이송관 및 유해가스 용기를 용접하거나, 플랜트 기기 및 플랜트 배관을 용접하거나, 철재 · 강관(합금강제외)을 TIG, MIG 등 용접하거나, 각각의 설계압력이 5kg/㎠ 이상인 기기 또는 배관의 용접을 하는 사람(난이도 중 · 고급수준)
1059	플랜트특수용접공	각각의 사용압력이 100kg/㎠ 이상인 배관 또는 압력용기를 용접하거나 합금강을 용접 하거나, 합금강을 TIG, MIG 등과 용접을 하는 사람(난이도 특급수준)
1060	플랜트기계설치공	정밀을 요하는 플랜트 기계설비의 조립, 설치, 조정, 검사 및 보수를 하는 사람
1061	플랜트특별인부	플랜트(철강, 석유, 제지, 화학, 원자력 및 발전 등의 에너지시설) 시설에서 다른 건설공사보다 엄격한 규격 및 품질 보증 요구조건에 따라 전문작업을 보조해주는 사람(원자력 포함)
1062	플랜트케이블전공	플랜트(철강, 석유, 제지, 화학, 원자력 및 발전 등의 에너지시설) 시설에서 다른 건설공사보다 엄격한 규격 및 품질 보증 요구조건에 따라 전문작업을 보조해주는 사람(원자력 포함)
1063	플랜트계장공	플랜트(철강, 석유, 제지, 화학, 원자력 및 발전 등의 에너지시설) 시설에서 다른 건설공사보다 엄격한 규격 및 품질 보증 요구조건에 따라 계장 작업을 하는 사람(원자력 포함)
1064	플랜트덕트공	플랜트(철강, 석유, 제지, 화학, 원자력 및 발전 등의 에너지시설) 시설에서 다른 건설공사보다 엄격한 규격 및 품질 보증 요구조건에 따라 덕트의 제작 · 설치작업을 하는 사람(원자력 포함)
1065	플랜트보온공	플랜트(철강, 석유, 제지, 화학, 원자력 및 발전 등의 에너지시설) 시설에서 다른 건설공사보다 엄격한 규격 및 품질 보증 요구조건에 따라 기기 및 배관류 등의 보온시공을 하는 사람(원자력 포함)
1066	제철축로공	제철용 각종로(1,000 ° C~1,400 ° C) 내화물 시공(R 오차 ± 1mm 이내) 및 보수를 하는 사람
1067	비파괴시험공	일반 또는 플랜트(철강, 석유, 제지, 화학, 원자력 및 발전 등의 에너지시설) 등 시설물의 기기 및 배관 등의 용접 부위 또는 구조물 주요부위의 비파괴검사를 실시하는 사람(검사자)
1068	특급품질관리원	건설기술진흥법 시행규칙 별표5에 해당하는 특급품질관리 자격을 가진 자로서 건설현장에 배치되어 각종 건설자재의 품질시험, 검사, 분석, 검토, 확인 등을 실시하는 시험인력
1069	고급품질관리원	건설기술진흥법 시행규칙 별표5에 해당하는 특급품질관리 자격을 가진 자로서 건설현장에 배치되어 각종 건설자재의 품질시험, 검사, 분석, 검토, 확인 등을 실시하는 시험인력

직종 번호	직 종 명	해 설
1070	중급품질관리원	건설기술진흥법 시행규칙 별표5에 해당하는 특급품질관리 자격을 가진 자로서 건설현장에 배치되어 각종 건설자재의 품질시험, 검사, 분석, 검토, 확인 등을 실시하는 시험인력
1071	초급품질관리원	건설기술진흥법 시행규칙 별표5에 해당하는 특급품질관리 자격을 가진 자로서 건설현장에 배치되어 각종 건설자재의 품질시험, 검사, 분석, 검토, 확인 등을 실시하는 시험인력
1072	지적기사	지적산업기사가 하는 업무와 지적측량의 종합적 계획수립에 종사하는 사람
1073	지적산업기사	지적기능사가 하는 업무와 지적측량에 종사하는 사람
1074	지적기능사	지적측량의 보조 또는 도면의 정리와 등사, 면적측정 및 도면작성에 종사하는 사람
1075	내선전공	옥내전선관, 배선 및 등기구류 설비의 시공 및 보수에 종사하는 사람
1076	특고압케이블전공	특별 고압 케이블 설비의 시공 및 보수에 종사하는 사람 (7,000V 초과)
1077	고압케이블전공	고압 케이블 설비의 시공 및 보수에 종사하는 사람(교류 600V 초과, 직류 750V 초과, 7,000V 이하)
1078	저압케이블전공	저압 케이블 및 제어용 케이블 설비의 시공 및 보수에 종사하는 사람(교류 600V 이하, 직류 750V 이하)
1079	송전전공	발전소와 변전소 사이의 송전선의 철탑 및 송전설비의 시공 및 보수에 종사하는 사람
1080	송전활선전공	소정의 활선 작업교육을 이수한 숙련 송전전공으로서 전기가 흐르는 상태에서 필수 활선 장비를 사용하여 송전설비에 종사하는 사람
1081	배전전공	22.9kv 이하의 배전설비의 시공 및 보수에 종사하는 사람으로서 전주를 세우고 완금, 애자 등의 부품과 기계류(변압기, 개폐기 등)를 설치하고 무거운 전선을 가설하는 등의 작업을 하는 사람
1082	배전활선전공	소정의 활선 작업교육을 이수한 숙련배전전공으로서 전기가 흐르는 상태에서 필수 활선 장비를 사용하여 배전설비에 종사하는 사람
1083	플랜트전공	발전소 중공업설비 · 플랜트 설비의 시공 및 보수에 종사하는 사람
1084	계장공	기계, 급배수, 전기, 가스, 위생, 냉난방 및 기타공사에 있어서 계기(공업제어장치, 공업계측 및 컴퓨터, 자동제어장치 등)를 전문으로 설치, 부착 및 점검하는 사람
1085	철도신호공	철도신호기를 설치 등 신호 보안 설비공사 및 보수에 종사하는 사람
1086	통신내선공	구내에 통신용 합성 수지관 및 배선을 시공 또는 유지보수 등의 업무에 종사하는 사람
1087	통신설비공	무선기기, 반송 기기, 영상 · 음향 · 정보 · 제어설비 등의 시공 및 유지보수 업무에 종사하는 사람
1088	통신외선공	전주, PE 내관(전선관) 포설, 조가선, 나선로 등의 시공 및 보수 업무에 종사하는 사람
1089	통신케이블공	각종 동선 케이블의 가설, 포설, 접속, 연공, 시험 및 유지보수 등의 업무에 종사하는 사람
1090	무선안테나공	철탑, 항공, 항만, 선박통신, 철도신호의 각종 안테나설비 설치 및 도색 등 유지보수 업무에 종사하는 사람
1091	석면해체공	건축물, 시설물, 설비 등에서 석면이 함유된 자재를 해체 또는 철거하는 작업에 종사하는 사람
2001	광케이블설치사	광케이블 및 전송장치(단말장치, 중계기 포함)의 설치, 각종 시험, 교정 및 유지보수 등의 업무에 종사하는 사람
2002	H/W시험사	전자교환기, 기지국, 컴퓨터시스템의 기계설비(하드웨어 포함)의 설치, 시험, 분석, 운영 시공 지도, 유지보수 등의 업무에 종사하는 사람
2003	S/W시험사	전자교환기, 기지국, 컴퓨터시스템(CPU 등 포함)의 소프트웨어 및 프로그램 설계, 작성, 입력, 시험, 분석, 설치, 유지보수 등의 업무에 종사하는 사람

직종 번호	직 종 명	해 설
3001	도편수	전통 한식 건조물의 신축 또는 보수 시 설계도를 해독하고 한식목공, 한식 석공 등을 총괄, 지휘하며 여러 전문 직종의 우두머리가 되는 사람(도석수 포함)
3002	드잡이공	내려앉거나 기울어진 목조건조물, 석조건조물을 바로잡는 일을 하는 사람
3003	한식목공	도편수의 지휘 아래 전통 한식 기법으로 목재 마름질 등 목조건조물의 나무를 치목하여 깎고, 다듬어서 기물이나 건물을 짜 세우는 일을 전문으로 하는 사람
3004	한식목공조공	전통 한식 건조물의 치목, 조립을 하는 사람으로 한식목공을 보조하는 사람
3005	한식석공	도편수(도석수)의 지휘 아래 전통 한식 기법으로 흑두기 등 석재를 마름질하여 기단, 성곽, 석축 등 석조물 조립 · 해체를 전문으로 하는 사람
3006	한식미장공	미장 바름재(진흙, 회삼물, 강회 등)를 사용하여 한식 벽체 · 앙벽 · 온돌 · 외역기 등을 전통기법대로 시공하는 사람
3007	한식와공	전통 한식 건조물의 지붕을 옛 기법대로 기와를 잇거나 보수하는 사람으로 연와 공사를 총괄 지휘하는 사람
3008	한식와공조공	한식와공의 지도를 받아 전통 한식 건조물의 기와를 잇는 사람으로 한식와공을 보조하는 사람
3009	목조각공	목조불상, 한식 건축물의 장식물인 포부재, 화반, 대공 등의 조각을 담당하여 새김질을 하는 사람
3010	석조각공	석조불상, 기단 우석, 전통석탑 등 석조건조물의 조각을 하는 사람
3011	특수화공	고유단청을 현장에서 시공하는 사람으로서 안료 배합 및 초를 낼 수 있고 벽화를 시공할 수 있는 기능을 가진 사람
3012	화공	고유단청을 현장에서 시공하는 사람으로서 타분, 채색 및 색긋기, 먹긋기, 가칠 등을 전문으로 하는 사람
3013	드잡이공 편수	전통 한식 건조물의 신축 또는 보수 시 설계도를 해독하고 드잡이공을 총괄, 지휘하는 사람
3014	한식미장공 편수	전통 한식 건조물의 신축 또는 보수 시 설계도를 해독하고 한식 미장공을 총괄, 지휘하는 사람
3015	한식와공 편수	전통 한식 건조물의 신축 또는 보수 시 설계도를 해독하고 한식와공을 총괄, 지휘하는 사람
3016	한식단청공 편수	전통 한식 건조물의 신축 또는 보수 시 설계도를 해독하고 화공 및 특수화공을 총괄, 지휘하는 사람
3017	한식석공조공	기단, 성곽, 석축 등 석조물의 치석과 해체, 조립을 하는 사람으로 한식 석공을 보조하는 사람
3018	한식미장공조공	전통 한식 건조물의 미장을 하는 사람으로 한식 미장공을 보조하는 사람
4001	원자력플랜트전공	원자력발전소 건설 · 보수 시 원전의 안정성 및 신뢰성 확보를 위하여 다른 건설공사에 비해 엄격한 원자력 관련 제 규정, 규격 및 품질 보증 요구조건에 따라 발 · 변전설비의 시공 및 보수작업을 하는 사람
4002	원자력용접공	원자력발전소 건설 · 보수 시 원전의 안정성 및 신뢰성 확보를 위하여 다른 건설공사에 비해 엄격한 원자력 관련 제 규정, 규격 및 품질 보증 요구조건에 따라 1차 계통의 용접작업을 하는 사람
4003	원자력기계설치공	원자력발전소 건설 · 보수 시 원전의 안정성 및 신뢰성 확보를 위하여 다른 건설공사에 비해 엄격한 원자력 관련 제 규정, 규격 및 품질 보증 요구조건에 따라 1차 계통의 기계조립, 설치 및 정비를 전문으로 하는 사람
4004	원자력품질관리사	원자력 품질관리규정(10 CFR 50 APP.B)의 요건에 따라 소정의 교육을 이수 후 관리사 자격을 취득하고 원자력 관련 제 규정 및 규격에 관한 지식을 보유하고 동 규정에 따라 품질 보증 업무를 하는 사람
5001	통신관련기사	정보통신공사업법상의 통신기술 자격자(기사)로서 전기통신 설비의 시험 · 측정 · 조정 · 유지보수 등에서 종사하는 사람(광 단말장치 및 광 중계장치 제외)
5002	통신관련산업기사	정보통신공사업법상의 통신기술 자격자(산업기사)로서 전기통신 설비의 시험 · 측정 · 조정 · 유지보수 등에서 종사하는 사람(광 단말장치 및 광 중계장치 제외)
5003	통신관련기능사	정보통신공사업법상의 통신기술 자격자(기능사)로서 전기통신 설비의 유지보수 및 엔지니어링 업무 보조자로 종사하는 사람

직종 번호	직 종 명	해 설
5004	전기공사기사	전기공사업법상의 전기기술 자격자(기사)로 전기설비의 설치 및 유지보수에 종사하는 사람
5005	전기공사산업기사	전기공사업법상의 전기기술 자격자(산업기사)로 전기설비의 설치 및 유지보수에 종사하는 사람
5006	변전전공	변전소 설비의 시공 및 보수에 종사하는 사람
5007	코킹공	창틀, 욕조 등의 방수나 고정을 위하여 코킹 작업을 하는 사람
5008	특급품질관리 기술인	건설현장에 배치되어 품질관리 업무를 수행하는 건설기술인으로서, 국토교통부 고시 '건설기술인 등급인정 및 교육훈련 등에 관한 기준'에 따른 기술등급이 특급인 자
5009	고급품질관리 기술인	건설현장에 배치되어 품질관리 업무를 수행하는 건설기술인으로서, 국토교통부 고시 '건설기술인 등급인정 및 교육훈련 등에 관한 기준'에 따른 기술등급이 고급인 자
5010	중급품질관리 기술인	건설현장에 배치되어 품질관리 업무를 수행하는 건설기술인으로서, 국토교통부 고시 '건설기술인 등급인정 및 교육훈련 등에 관한 기준'에 따른 기술등급이 중급인 자
5011	초급품질관리 기술인	건설현장에 배치되어 품질관리 업무를 수행하는 건설기술인으로서, 국토교통부 고시 '건설기술인 등급인정 및 교육훈련 등에 관한 기준'에 따른 기술등급이 초급인 자

궁금한 용어

- 직종: 직무 분류 구분의 하나로써 복잡함과 책임 정도는 다르지만 이들 직무의 내용이 유사한 직무의 집합을 직종이라 한다. 예를 들어 건축 목공, 드릴공, 방수공, 철근공, 형틀 목공 등으로 직종을 구분할 수 있다.

6. 개인화면설정

메뉴 홈 → 기초정보 → 12. 개인화면설정

"개인화면설정"은 사용자의 편의에 따라 프로그램 화면을 설정하는 메뉴로, 아래 첫 번째 그림과 같이 [화면설정], [인쇄설정], [즐겨찾기] 탭으로 구성되어 있다. [화면설정] 탭에서 사용하고 싶은 바탕화면 및 글꼴, 색, 스킨 등을 사용자별로 설정할 수 있다. 아래 두 번째 그림의 [인쇄설정]은 해당 출력물의 용지 여백에 대한 설정을 일괄적으로 적용하기 위한 탭이다.

〈기초정보의 개인화면설정 중 화면설정〉

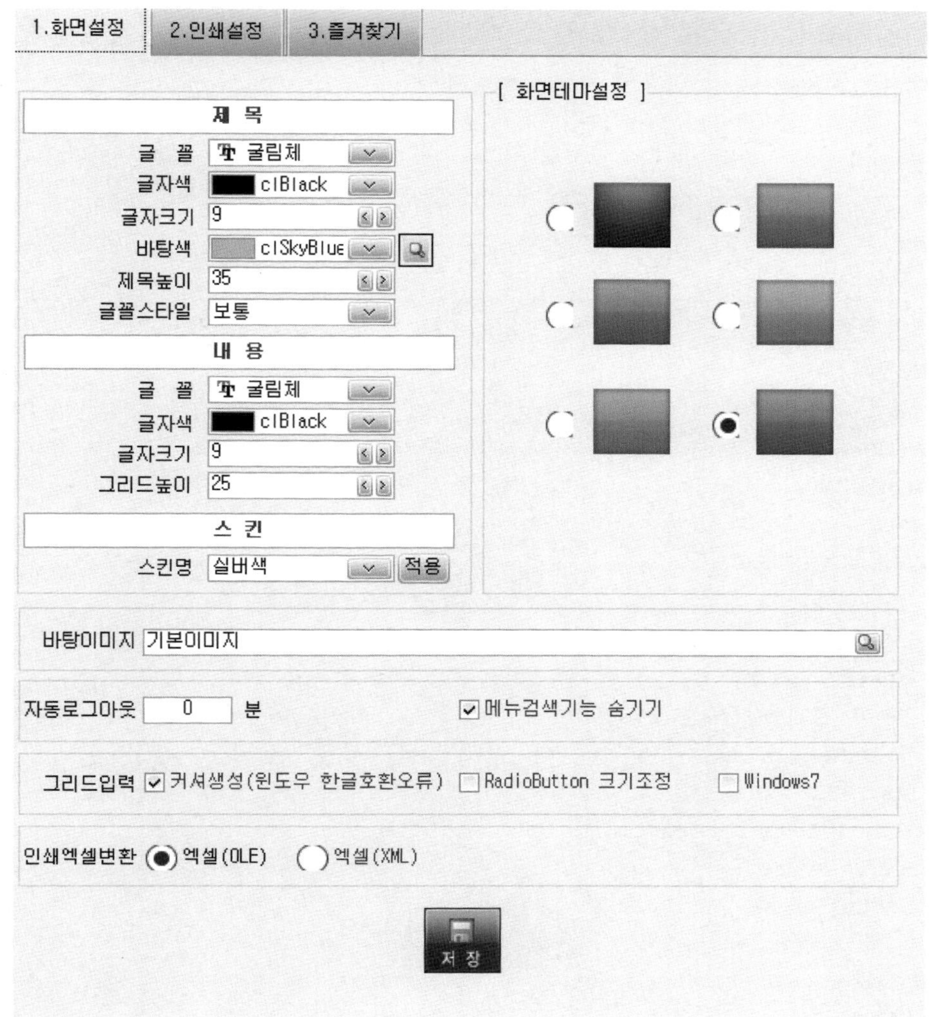

〈기초정보의 개인화면 설정 중 인쇄설정〉

1.화면설정 | 2.인쇄설정 | 3.즐겨찾기

코드	레포트명	상단여백	좌측여백	중간여백
01	전표	18	25	20
02	세금계산서(A4용지)	1	10	1
03	세금계산서(인쇄용지)	6	10	19
04	계산서(A4용지)	1	8	1
05	계산서(인쇄용지)	6	10	20
06	수입지출결의서	18	25	12
07	지출정산서	15	16	12
08	거래명세서	16	20	29

아래 그림과 같이 [즐겨찾기] 탭을 통해 자주 쓰는 메뉴를 등록할 수 있다. 사용자가 반복적으로 자주 사용하는 메뉴를 [즐겨찾기] 탭에 등록함으로써 업무의 효율성을 높이고 작업 시간을 단축할 수 있는 장점을 가지고 있다. 또한 우측화면에는 즐겨찾기 메뉴로 등록한 메뉴들이 표시되고 있다.

〈기초정보의 개인화면 설정 중 즐겨찾기〉

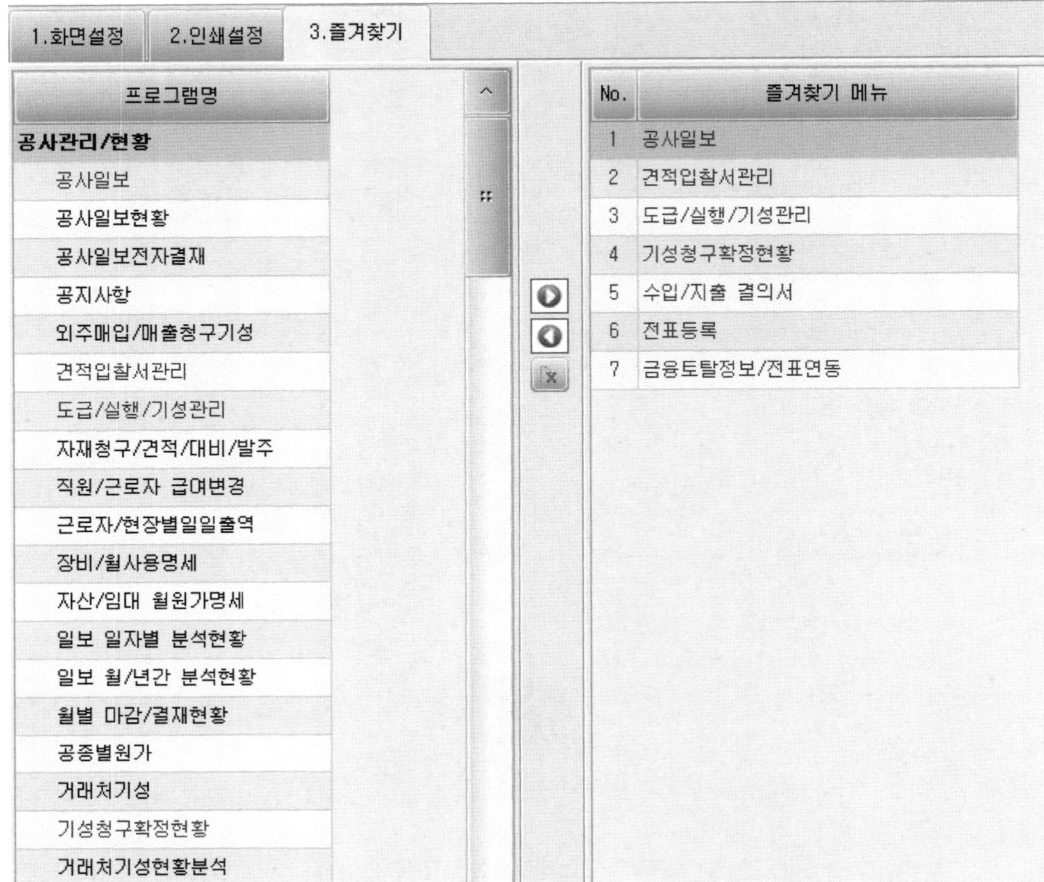

7. 환경설정

메뉴 홈 → 기초정보 → 13. 환경설정

"환경설정"은 전체 시스템을 운영하고 관리하기 위해서 필요한 개별 환경설정을 하는 메뉴이다. 사용자는 원하는 환경에 맞게 프로그램을 설정하여 사용할 수 있다. 본 환경설정은 크게 3가지 탭(노무설정, 화면설정, 소수점 표기)으로 구성되어 있다.

① 노무설정: "메뉴 홈-근로자관리" 메뉴의 일용근로자 세액 및 보험료 적용기준을 설정하는 메뉴이다. 일용근로자를 고용할 경우 발생하는 소득세 산출기준, 4대보험료 적용기준 등 노무관리에 대한 세부사항을 설정할 수 있다. 아래 그림 참조

〈기초정보의 환경설정 중 노무설정〉

설정 | 4.화면설정 | 5.소수점표기

☑ 노무설정 회사별 관리 | 기본회사설정 | 추가 | 삭제

일용근로자 세액/보험료 설정

	구 분	전 체	내국인	외 국 인
01	소 득 세	☑	☑	☑
02	지방소득세	☑	☑	☑
03	고용보험	☑	☑	1.자동 (체류자격)
04	국민연금	☑	☑	1.자동 (체류자격+국적)
05	건강보험	☑	☑	1.자동 (체류자격) ☐ 요양보험 자동부과
06	퇴직공제	☑	☑	☑
07	노무단가기준	소수첫째자리에서 버림		
08	노무금액기준	원단위에서 버림		
09	소득세기준	1.주차/월차/추가 출역일 균등분할 (규정)		
10	국민연금기준	4. 입사일기준 1개월 20일(8일)이상/신고월 보험료 제외 (규정)		
11	건강보험기준	4. 입사일기준 1개월 20일(8일)이상/신고월 보험료 제외 (규정)		
12	소득세 기준	○ 일일계산 ◉ 월계산 ○ 일괄계산(더존)		
13	지방소득세 기준	○ 일일계산 ◉ 소득세10%		
14	주차근로일수	○ 사용안함 ◉ 현장별계산		
15	근로내역 분계기준	○ 공수 ◉ 금액 ○ 일수 (추가금액, 식대, 기타공제, 노조비) =>팀, 직종별 분계(인쇄출력)		
16	식대 적용기준	1. 전체제외 소득세, 3대보험 : 2011년 4월이후 적용	고용보험 신고관리	3. 15일미적용
17	지급조서 전산매체신고	☐ 현장별 신고(30일 초과 신고제한) ☑ 근로내용신고서 국세청 신고 제외	외국인 체류기간 출역제한	1.사용안함
18	출역내역 타현장 전환기능	○ 사용안함 ◉ 사용	주52시간 요일설정	1.사용안함
19	근로자관리	◉ 전체 ○ 회사별(노무법인) ○ 현장별(근태) ○ 현장별(4대보험 신고불가)		
20	1공수 기준시간	8 시간 공수/시간 재계산	전산매체 회사폴더	☐ 회사별
21	회사별출역정보 항목선택	☑ 임금기준 ☑ 단가 ☐ 공종명 ☐ (소)거래처 ☐ 근무시간 ☑ 거래처(팀) ☑ 직종 ☐ 직영/외주 ☐ 작업위치		
22	월출역명세 항목설정	노조비 명칭: 1. 노조비 / 명칭: 노조비 / 약칭: 노조 / 요율: 0 % / 분회비명칭: 분회비	추가 지급 항목	1.사용안함 적용 년월설정
23	퇴직공제 (공수계)	☐ 1년 이상 계속근로시 퇴직공제 자동제외 올림		
24	기타설정	☐ 근로자등록 임금단가 열람(수정불가) ☐ 공사일보(노무) 근태 불러오기 : 1.정상출퇴근만 사용		
25	신분증 위조시 근로자등록	신규등록가능	근로자 출역제한	☑ 제한함
26	타현장이중출역 체크	◉ 전체회사 ○ 회사별 ☐ 주민등록번호로 체크		

② 화면설정: "메뉴 홈-기초정보-23. 개인화면설정"과 동일한 항목이다. 아래 그림 참조

〈기초정보의 환경설정 중 화면설정〉

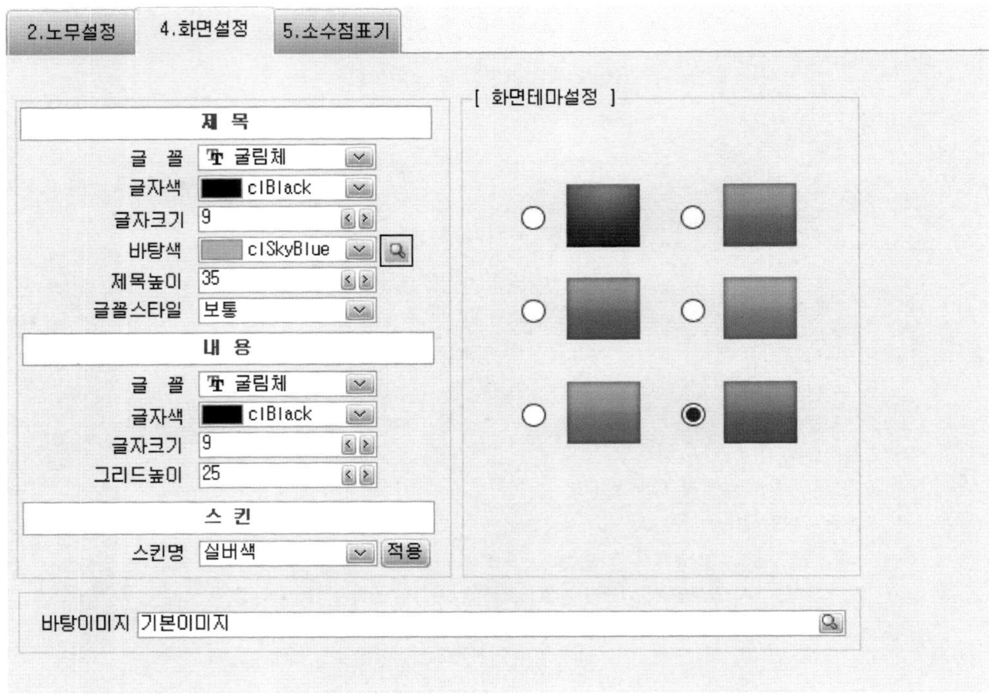

③ 소수점 표기: 다른 메뉴에서 사용될 수량, 단가, 금액 등 소수점 표기방법을 설정하는 메뉴이다. 아래 그림 참조

〈기초정보의 환경설정 중 소수점 표기〉

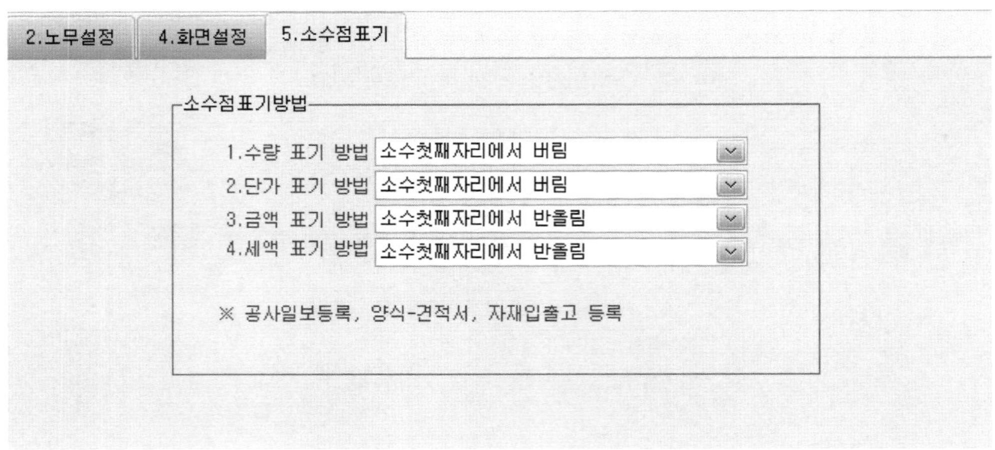

궁금한 용어

- **국민연금**: 국민연금은 소득이 있을 때 보험료를 납부했다가 은퇴나 사고 · 질병, 사망 등으로 소득 활동을 할 수 없게 될 때 기본적인 생활을 유지할 수 있도록 매월 일정 금액을 지급하는 사회보장제도다. 사업장가입자는 노동자 본인과 사용자가 각각 매월 소득의 4.5%씩 납부하고, 지역가입자, 임의가입자, 임의계속 가입자는 본인이 소득의 9% 전액을 납부한다.

연금보험료 = 가입장의 기준소득월액 × 연금보험료율

- **건강보험**: 근로자에 제공되는 4대보험 중의 하나로써 일반회사 근무 시 근로자와 사업주가 보험료를 반씩 부담한다. 연도별 보험료율에 따라 보수월액에서 해당 요율만큼 공제한다.
  넓은 의미로는 피보험자가 상해 · 질병 · 임신 · 출산 · 사망 등 인간의 생물학적 사고로 활동능력을 잃거나, 의료처치로 인해 불이익을 받거나 수입 감소가 있을 경우, 그 치료를 위한 비용이나 수입 감소액을 보상하는 것을 목적으로 하는 보험의 총칭이다.
- **퇴직공제**: 사업주가 건설근로자를 피공제자로 하여 건설근로자퇴직공제회에 공제부금을 납부하고 당해 피공제자가 건설업에서 퇴직하는 경우, 건설근로자 퇴직공제회가 퇴직공제금을 지급할 것을 내용으로 사업주와 건설근로자퇴직공제회 간에 약정하는 제도를 말한다.
- **소득세**: 공공기관이 관할구역 내에 있는 개인이나 법인의 소득에 부과하는 세금. 사기업이 발달한 나라에서는 소득세가 정부의 주요수입원이 된다. 법인 소득세와 개인소득세는 어느 정도 일반적인 공통점이 있지만 각각의 원리 · 적용 · 문제점 등에서 차이가 있기 때문에 따로 구분해서 다루는 것이 바람직하다.
- **지급조서**: 일용근로자 지급명세서와 같은 말. 일용근로자를 고용하고 급여를 지급하는 사업자는 매 분기 일용근로소득지급명세서를 의무 제출해야 한다.
- **출역내역**: 건설현장에서 노무자의 간단한 인적 사항과 함께 일한 일수, 기간, 노무 단가 등을 기록한 문서. 근로자가 일일 출역한 내역을 의미한다.
- **체류자격**: 외국인이 국내에 들어오는 경우에는 비자의 종류에 따라서 국내 체류할 수 있는 자격을 법적으로 보호받게 되어있다. 이 체류자격을 위반한 경우는 불법체류에 해당한다.

제3장

근로자관리

제1절 개요

1. 건설업 노무관리 개념과 특징

NCS 학습 모듈: 건설 – 건설공사관리–건설시공관리–건설공사 공무관리–현장자원관리–노무 관리하기(LM1401010405_14v2.1)

(1) 노무관리의 개념

노무관리란 기업경영을 함에 있어서 근로자를 가장 효율적이고 합리적으로 이용하기 위한 종합적인 관리를 의미한다. 오늘날의 노무관리는 고용관리 · 근로조건관리 · 급여관리로 나누어지며, 보통 적성검사 · 직무분석 · 직무평가 · 시간 및 동작연구 · 피로검사 · 인사고과 등의 방법에 의하여 채용 · 배치 · 이동 · 교육 · 훈련 · 안전 · 위생 · 임금 · 근로시간 등의 관리를 행한다.

(2) 건설업 노무관리의 특징

건설업의 공사 주체는 건설현장에 있다. 따라서 현장관리에 따라 경영성과가 나타나며 그중에서도 근로자를 고용하고 관리하는 노무관리가 현장관리의 핵심이라고 볼 수 있다.

근로자의 경우 상용직인지 일용직인지에 따라 주휴수당, 퇴직금, 연차수당 지급 여부가 달라진다. 특히 건설업의 경우 건설현장에서 공사가 중단되는 경우가 발생할 수 있다. 공사가 중단되었다 해서 일방적인 근로관계 종료행위는 해고에 해당한다. 그렇기에 건설업의 노무관리는 다른 업종에 비해 고려해야 할 점이 많아 정확한 관리가 필요하다.

① 일용직근로자 노무관리 및 근로조건

일용직근로자를 고용할 경우 계약서를 서면으로 작성하여야 하며, 사용 기간이 30일 이상인 일용직근로자에 대해서는 근로자명부를 작성하여 3년간 비치해야 한다. 또한 임금 대장, 고용, 해고, 퇴직 등에 관한 서류, 휴가에 관한 서류, 만 18세 미만은 연소자 증명에 관한 서류 등을 3년간 보존해야 한다. 만약 이를 위반한 경우 벌금 500만 원 이하에 처해진다.

「근로기준법」에 의해 1주 40시간, 1주간 연장근로 시간의 합계가 12시간을 초과하지 못하며 근로자의 휴일근로는 근로자의 동의가 필요하다. 일용직근로자가 근로계약을 반복적으로 체결하여 5일간 계속 근로한 경우에는 1일의 유급휴가를 주어야 한다. 다만 5일을 계속 근로함으로써 유급 주휴일 부여 요건을 충족한 경우라도 주휴일을 부여해야 할 날 직전일에 근로관계가 종료된 때는 주휴일을 부여하지 않아도 된다.

1년 미만 단기계약 근로자가 계약이 갱신되어 재고용이 되면 최초 입사일로부터 1년이 경과하는 경우에는 연차휴가를 부여해야 한다. 일용직근로자일지라도 일용계약이 반복하여 갱신되면 1년을 초과할 경우 퇴직금을 지급해야 한다.

건설 일용근로자의 임금 산정방법은 '일당 출역 일수'로 건설업의 약 90%가 해당 방법을 통해 임금을 산출하고 있다. 일당제가 아닌 월급제 방식의 경우, 유급 주휴가 수당, 연차수당, 휴일근로가산수당, 월차수당 등을 별도로 산정하여야 하지만 현실적으로는 일당과 출역 일수의 곱으로 지불하는 것이 관행화되어 있다.

② 체불임금 관계

건설과 관련하여 하수급인이 수급인의 귀책사유로 인해 근로자에게 임금을 지급하지 못하면 하수급과 연대하여 책임을 지게 된다. 「임금채권보장법」에 의한 체불임금을 청구함에 있어서 노동부 장관은 「임금채권보장법」 제7조에 의하여 근로자의 임금을 사업주 대신 지급하도록 되어있다.

최근 건설업 일용직근로자들의 임금체불 문제가 많이 대두되고 있다. 우리나라 건설업의 경우 특히 하청과 재하청의 연속이기 때문에 하청업체 근로자들은 이러한 임금체불 문제에 더욱 노출되어 있다. 하청에서 재하청이 이루어질 때 공사계약서 작성도 이루어지지 않는 경우가 빈번해 임금체불 문제가 발생했을 때 이를 입증하기 어려운 것이 사실이다. 하청업체에 체불임금을 청구하였지만 발주처에서 공사대금이 나오지 않았다는 이유로 지급을 거절하는 상황이라면 근로자는 「근로기준법」 제44조의 2에 근거하여 체불임금을 수급인에게 청구할 수 있다. 「근로기준법」 제44조의 2(건설업에서의 임금 지급 연대책임)에 의하면 ① 건설업에서 사업이 2차례 이상 「건설산업기본법」 제2조 제11호에 따른 도급(이하"공사 도급"이라 한다)이 이루어진 경우에 같은 법 제2조 제7호에 따른 건설업자가 아닌 하수급인이 그가 사용한 근로자에게 임금(해당 건설공사에서 발생한 임금으로 한정한다)을 지급하지 못한 경우에는 그 수급인은 하수급인과 연대하여 하수급인이 사용한 근로자의 임금을 지급할 책임을 진다.

③ 건축공사 공종별 분류

NCS 학습 모듈: 건설 – 건설공사관리–건설시공관리–건설공사 공무관리–현장자원관리–노무 관리하기(LM1401010405_14v2.1)

건설공사는 프로젝트 공사별로 건축공사와 토목공사로 나누어진다. 각 공사별로 공정이 분류되며, 이에 따른 근로자의 수요를 예측하여 적재적소에 투입할 것을 담당자에게 요구할 수 있다. 따라서 건설 품셈에 따른 건축공사와 토목공사의 공정별 분류는 다음과 같다.

건축공사 공종별 분류
(건설공사 표준 품셈 건축부문)

- 가설공사
- 토목공사
- 기초 철근콘크리트공사
- 철골공사
- 조적공사
- 돌공사
- 타일공사
- 목공사 및 수장공사
- 방수공사
- 지붕 및 홈통공사
- 금속공사
- 미장공사
- 창호 및 유리공사
- 칠공사
- 기타 잡공사
- 조경공사

토목공사 공종별 분류
(건설공사 표준 품셈 토목부문)

- 가설공사
- 토공사
- 기초 철근콘크리트공사
- 돌쌓기 및 헐기
- 기계화 시공
- 기계정비
- 도로포장 및 유지
- 하천, 항만, 터널, 궤도공사
- 철강 및 철골공사
- 관부설 및 접합
- 지반조사
- 측량 조경공사

④ 인력청구서

위에서 분류한 공종을 기초로 주간 및 월간 공정계획에 의거 인력청구서를 작성하여 투입을 요청한다.

인력청구서					청구부서		
					청구일자		
번호	남/여	인원수	단가	금액	투입요청일	작업내용	신청인
결재	공사		공무	관리		관리책임자	소장
	담당	공구장		담당	관리주임		

2. 일용직근로자 주요 공제항목

(1) 4대보험(2024년 기준)

항 목	국민연금	건강보험	고용보험	산재보험
신고기관	국민연금공단	국민건강보험공단	고용노동부	근로복지공단
대 상	18세 이상~60세 미만	모든 근로자	65세 이상 제외	모든 근로자
보험료율	9% (사업주:4.5%)	7.09% (사업주:3.545%)	1.8% (사업주:0.9%+α)	사업주 전액 부담
자격취득	입사(고용)일			
자격상실	1) 해당일 다음날 ① 이직/사망/퇴사한 때 ② 근로계약 변경 시 2) 해당일 ① 보험관계 소멸일 ② 보험배제 신청한 날			
비 고	• 8일 이상 근로자 적용 • 외국인의 경우 국가 및 체류 자격에 따라 적용	• 8일 이상 근로자 적용 • 1일이 포함되어 있지 않는 경우 취득대상이나 보험료 납부대상은 아님	• 만 65세 이후에 고용되거나 자영업을 개시한 자에 대하여는 징수하지 않음	• 총공사금 2천만 원 미만, 공사100㎡ 미만 현장은 제외
상 · 하한액	상한액: 590만 원 하한액: 37만 원	상한액: 119,625,106원 하한액:279,266원	없음	없음

■ 보험료율 및 금액은 연도별로 변경될 수 있음

건설업의 경우 일반 사업장과는 조금 다른 기준으로 4대보험이 적용된다. 4대보험 가입제외 대상은 1개월 미만의 기간 동안 고용되는 일용직근로자이거나 동일한 근무현장에서 1개월간 8일 미만 근로를 제공한 경우가 가입대상에서 제외된다.

① 건강보험

건강보험이란 국민의 건강한 생활을 보장하기 위해, 질병에 수반하는 의료비의 부담과 소득상실 등의 위험을 공동 부담하는 사회보험 형태의 의료보장 제도를 말한다. 건강보험 정책은 빈곤화의 원인을 질병으로 보고 빈곤과 질병의 관계를 단절하기 위해 이중의 압박에 대한 대책으로 형성된 것이다. 넓은 의미로는 피보험자가 상해 · 질병 · 임신 · 출산 · 사망 등 인간의 생물학적 사고로 활동능력을 잃거나, 의료처치로 인해 불이익을 받거나 수입 감소가 있을 경우, 그 치료를 위한 비용이나 수입 감소액을 보상하는 것을 목적으로 하는 보험의 총칭이다.

② 국민연금

국민연금 제도는 사회보험의 한 방법으로써 국민들이 일상생활을 하는 중에 노령에 달했거나 또는 불구 · 폐질 · 사망 등의 예기하지 않은 위험 발생으로 인하여 소득이 상실되거나 중단된 때를 대비한 장기소득 보장책의 한 수단이다.

이 제도의 주요 내용을 살펴보면 다음과 같다. 첫째, 적용대상은 18세 이상 60세 미만의 국내 거주 국민으로 하되, 「공무원연금법」 · 「군인연금법」 등 다른 법률에 의하여 연금적용을 받고 있는 자는 제외하도록 하고 있다. 그러나 외국인의 경우에도 국민연금의 적용을 받는 사업장에 종사하는 경우에는 본인의 희망에 따라 적용될 수 있다.

둘째, 가입자는 사업장가입자 · 지역가입자 및 임의계속가입자로 구분되고 있으며 상시 5인 이상의 근로자를 사용하고 있는 사업장 근로자는 당연히 가입하여야 하나 5인 미만의 사업장과 농어민 · 도시자영자 등은 본인의 희망에 따라 가입할 수 있다.

셋째, 보험료율은 부담자의 부담능력을 고려하여 제도 시행 초에는 낮게 출발하되 연차적으로 상향 조정하도록 하고 있다. 즉, 1988년부터 1992년까지는 소득월액의 3%, 1993년부터 1997년까지는 6%, 1998년부터는 9%로 하고 있다. 부담방법은 사업장가입자의 경우, 근로자 본인과 사용자가 균등 부담하고 지역가입자와 임의계속가입자는 가입자 본인이 전액 부담하게 된다.

넷째, 급여의 종류는 노령연금 · 장애연금 · 유족연금 및 반환일시금의 4종류로 구분된다. 이 중 반환일시금은 1999년 1월 1일부로 폐지됨. 따라서 1999년 1월 1일 이후 자격을 상실한 사업장가입자는 도시자영자 가입자 등에 자동 편입되어 반환일시금을 받을 수 없게 된다. 그중 노령연금은 가입 기간 · 연령 · 소득의 유무 등에 따라 완전 노령연금 · 감액 노령연금 · 조기노령연금 · 재직자 노령연금 및 특례노령연금으로 세분된다.

급여의 수준은 노령연금을 기준으로 할 때 일반적으로 가입자자격상실 당시 보수 또는 소득월액의 약 40%를 매월의 연금으로 지급 받게 된다.

다섯째, 이러한 제도의 관리 · 운영은 국민연금관리공단이라는 특수법인에 의하여 시행되며, 이 국민연금관리공단은 가입자의 기록을 유지 · 관리하고 보험료를 징수하며 제 급여를 지급하는 업무 이외에 가입자나 연금수급권자에 대한 각종 복지증진사업도 병행하게 된다.

③ 고용보험

고용보험은 근로자가 실직했을 때 실직근로자와 가족의 생활을 안정시키고 실직자의 재취업을 촉진하기 위한 사회보장제도의 일종으로, 국민건강보험 · 국민연금 · 산업재해보상보험과 함께 4대 사회보험을 이룬다. 1993년 12월 27일 「고용보험법」이 제정되고 1995년 7월 1일부터 시행되었다. 고용보험의 목적은 실업 예방, 고용 촉진, 근로자의 직업능력개발 및 향상, 국가의 직업지도와 직업소개 기능을 강화하고, 근로자가 실직한 경우 생활에 필요한 자금을 지급하여 구직 활동을 촉진하여 경제와 사회를 발전시키는 것에 있다. 고용보험에 가입한 사업장에 재직하고 있는 모든 근로자는 고용보험의 혜택을 받는데, 2004년부터는 60세 넘어 채용된 근로자와 국내 파견 외국인근로자, 일용근로자도 고용보험 혜택을 받고 있다. 단, 65세 이상인 근로자는 적용제외 대상이다.

2004년 1월 1일부터는 고용 기간이 1개월 미만인 일용근로자에 대해서도 실업급여를 지급할 수 있도록 하여 사실상 모든 근로자가 고용보험의 적용을 받게 되었다. 일용근로자의 피보험자격취득 및 상실신고, 이직확인서는 근로내역확인신고서 혹은 전자카드에 의한 신고로 갈음하여 사유 발생일로부터 다음 달 15일까지 신고 및 제출해야 한다.

④ 산재보험

산재보험은 산재근로자와 그 가족의 생활을 보장하기 위하여 국가가 책임을 지는 의무보험으로 원래 사용자의 「근로기준법」상 재해보상책임을 보장하기 위하여 국가가 사업주로부터 소정의 보험료를 징수하여 그 기금(재원)으로 사업주를 대신하여 산재근로자에게 보상을 해주는 제도이다. 산재보험은 공업화가 진전되면서 급격히 증가하는 산업재해근로자를 보호하기 위하여 1964년에 우리나라 최초의 사회보험제도로 도입되었다.

초기의 산업재해는 건설현장과 위험한 기계 · 기구를 설치 · 사용하는 사업장에서 주로 발생하였으나 산업사회의 현대화 · 고도화 · 정보화 등으로 재해 발생원인도 신종직업병과 과로, 스트레스 등에 기인한 재해가 급격히 증가하고 있다. 산업재해로부터 근로자를 보호하기 위해서는 산업재해 자체를 예방하는 것이 가장 바람직하나 이미 발생한 산업재해로 인하여 부상 또는 사망한 경우는 그 산재근로자나 가족을 보호 내지 보상해 주기 위해서 산재보험이 중요한 의미를 지닌다 할 수 있다.

(2) 소득세 및 지방소득세

소득세란 국세이며, 직접세이다. 소득세는 개인소득세와 법인소득세로 나눌 수 있는데, 법인소득세는 「법인세법」에 따라 법인세로 부과되므로, 「소득세법」에 의한 소득세는 개인소득세만을 의미한다. 「소득세법」에 따른 거주자와 비거주자는 소득세를 납부할 의무를 진다. 거주자는 모든 소득에 대하여 과세하며, 비거주자는 국내원천소득에 대하여만 과세한다. 과세소득은 종합소득(해당 연도에 발생하는 이자소득 · 배당소득 · 부동산임대소득 · 사업소득 · 근로소득 · 연금소득과 기타소득을 합산한 것), 퇴직소득 · 양도소득으로 구분하고, 원칙적으로 계속적 · 경상적으로 발생하는 소득을 과세대상으로 한다.

소득세의 경우 일용직근로자와 상용직 근로자의 구분에 따라 계산방법에 차이가 있다. 일용직의 경우 일급여에서 일 급여 비과세인 15만 원을 근로소득 공제한 후 6% 세율을 적용한다. 이에 따라 계산된 산출세액에서 세액공제를 차감한 금액을 원천징수한다.

상용직 근로자의 경우 월급여액, 실제 공제대상 가족 수(본인 포함), 공제대상 가족 중 20세 이하 자녀 수에 따라 근로소득 간이세액표 기준으로 소득세가 산출된다.

지방소득세란 시 · 군이 징수 주체인 지방세(보통세)를 말한다. 2014.1.1. 지방세제 개편 시 그 동안 부가세 방식(즉 소득세의 10% 등)으로 운영되어 오던 지방소득세를 독립세 방식으로 전환하였고, 주민을 대상으로 소득(종합, 양도, 근로 등)에 따라 개인 지방소득세와 법인 지방소득세로 구분한다. 따라서 개인 지방소득세는 위처럼 개인의 소득을 과세표준으로 해서 징수하는 지방세라고 생각하면 된다.

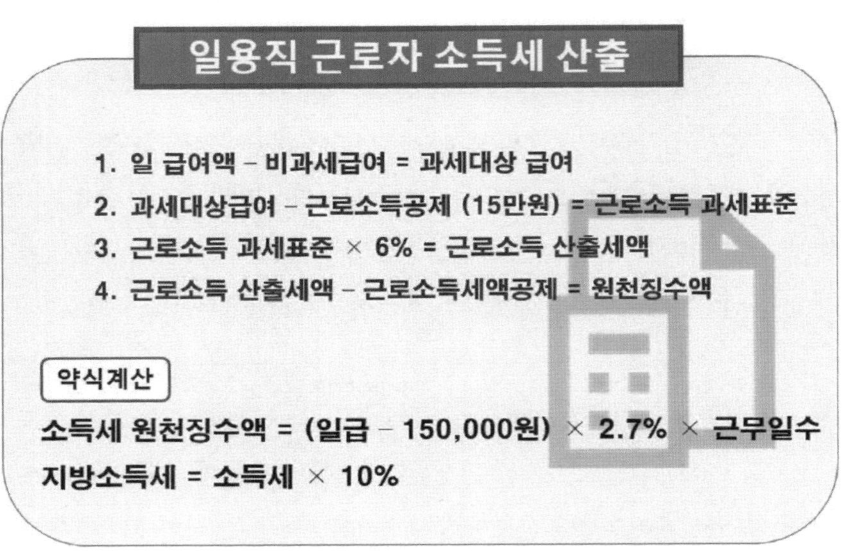

이렇게 계산된 소득세가 1,000원 미만일 경우 소액부징수로 세액을 납부하지 않아도 된다.

3. 건설일용직근로자 주요 신고사항

(1) 건설근로자퇴직공제

건설근로자퇴직공제회란 건설근로자의 고용안정과 복지증진을 위하여 사업주가 고용하는 건설근로자를 피공제자로 하여 퇴직공제금을 지급하는 건설근로자 퇴직공제사업을 실시하기 위하여 노동부 장관의 인가를 받아 설립된 단체를 말한다. 퇴직공제제도란 일용직 건설근로자가 퇴직공제 가입 건설현장에서 근로할 경우 건설사업주가 공제회로 근로일수를 신고하고 그에 맞는 공제부금을 납부하면 해당 근로자가 건설업에서 퇴직할 때 공제회가 퇴직공제금을 지급하는 제도이다.

건설, 전기, 정보통신, 소방, 문화재수리 공사로서 공사예정금액이 1억 원 이상인 공공공사이거나 공사예정금액이 50억 원 이상인 민간공사는 퇴직공제에 가입하여 근로자들에게 퇴직공제 혜택을 주어야 한다.

〈퇴직공제제도 당연 가입대상 공사의 범위〉

유형	구분	범 위
공공공사	국가 또는 지자체가 발주하는 공사	공사예정금액 1억 원 이상
	국가 또는 지자체가 출자 또는 출연한 법인이 발주하는 공사	
	국가 또는 지자체가 출자 또는 출연한 법인이 납입 자본금의 5할 이상을 출자한 법인	
민자유치	「사회기반시설에 대한 민간투자법」에 따른 민간투자사업으로 시행되는 공사(민자유치)	
공동주택	공동주택의 건설공사	200호(실) 이상
주상복합	주상복합건물의 건설공사	
오피스텔	오피스텔의 건설공사	
민간공사	민간이 발주하는 공사	200호실 이상 또는 50억 원 이상

■ 보험료율 및 금액은 연도별로 변경될 수 있음

건설근로자 공제회에 가입하지 못하는 자의 범위는 기간의 정함이 없이 고용된 상용근로자, 1년 이상의 기간을 정하여 고용된 근로자, 1일의 소정근로시간이 4시간 미만이고 1주간의 소정근로시간이 15시간 미만인 근로자, 외국인근로자 중 임시직 및 일용직은 가입이 되지만 산업기술연수생 및 불법체류자는 관할 공제회로부터 부여받은 외국인근로자 실명 번호를 사용하여 가입이 가능하다.

퇴직공제회는 공제부금의 납부 월수가 12개월 이상, 공제 증지 252매 이상의 첨부 시에는 건설근로자가 퇴직, 사망한 때 혹은 65세 이상인 때는 공제부금으로 납부한 원금에 월 복리의 이자를 붙여 퇴직공제금을 지급한다.

구 분	내 용
신고기관	건설근로자퇴직공제회
가입대상	공공공사: 공사예정금액 1억 원 이상 민간공사: 공사예정금액 50억 원 이상
적용대상	근로계약 기간 1년 미만의 일용근로자
적용제외	법적 퇴직금을 받는 근로자 1일 소정 근로시간 4시간 미만, 1주 15시간 미만 근로자
지급대상	적립일수 252일 이상
신고기간	별도의 정해진 기간 없이 공제회에 공문형식으로 요청하며 대략 분기 마감 15일까지 신고
신고기준	출역 일수(10일)와 출역 공수(12공)가 다를 시 출역 공수(12공)로 신고
공제단가	6,500원(2024년 기준)

■ 보험료율 및 금액은 연도별로 변경될 수 있음

(2) 지급조서

지급조서란 고용주가 일용직근로자 현황 및 급여지급 내역을 기재한 신고서로, 일용직 지급조서를 작성할 때에는 지급자 정보와 분기별 원천징수 집계현황, 소득자 인적 사항 및 일용근로소득 내용 등으로 구분하여 각 항목에 정확한 내용을 기재하도록 한다. 지급조서는 일용직근로자를 채용하고 급여를 지급한 회사가 반드시 제출하여야 하는 양식으로, 분기별로 제출기한이 있으므로 이를 정확히 확인하도록 하며, 만일 제출기한까지 제출하지 않은 경우 미제출 금액의 0.25%에 해당하는 가산세가 부과된다.

지급조서의 경우 일용근로소득 지급일이 속하는 달의 다음 달 말일까지 제출해야 한다. 단, 12월 31일까지 해당 귀속연도 분의 일용근로소득을 지급하지 않은 경우 12월 말일을 지급일로 보아 1월 말까지 제출해야 한다. 소득원천징수에 따라 법인세를 신고하는 경우 인건비 지출에 따른 증빙자료로 세금을 절약할 수 있는 장점이 있다.

다만 최근에 법이 개정됨에 따라 고용부에 제출되던 근로 내용 확인 신고와 국세청에 제출되는 일용근로소득 지급명세서가 중복되는 것을 막기 위해 고용노동부를 통해 근로내용확인신고서만 제출 가능하도록 되어있다. 그러나 사업주의 의견에 따라 기존의 신고 방식대로 각 기관에 제출하는 것도 가능하다. 일용근로소득 지급명세는 원천징수는 적용되나 연말 정산에는 해당하지 않는다.

■ 보험료율 및 금액은 연도별로 변경될 수 있음

(3) 근로내용확인신고

NCS 학습 모듈: 건설 - 건설공사관리–건설시공관리–건설공사 공무관리–현장자원관리–노무 관리하기(LM1401010405_14v2.1)

일반적으로 일용직근로자는 근무 기간이 정해져 있으며 단기간, 하루 단위로 일을 하므로 근무의 계속성이 명확하지 않아 묵시적으로 근로계약을 포함한다. 일용직근로자의 경우 일반사업장, 운송업에서 근무 가능하며, 대부분의 경우 건설현장 근로자는 일용직근로자로 간주된다. 숙련된 건설근로자일지라도 대부분 일용직근로자로 구분되며 경리업무, 현장감독 및 관리 감독이 이루어지는 근로자는 상시 운용되는 특수성 때문에 상용근로자로 분리된다.

근로내용확인신고란 회사 내 근로자의 소득에 따른 원천징수를 이행하고 일용직근로자를 상대로 근로 사실을 확인하기 위해 신고하는 것으로 고용노동부나 근로복지공단에 제출된다. 일용직근로자를 고용한 달을 포함하여 다음 달 15일 내로 근로내용확인신고를 해야 하며 만일 정해진 신고기한 내에 신고의무를 다하지 않을 경우 근로자의 인원수와 근로를 제공한 개월에 따라 합산된 금액에 대한 과태료가 부과된다. 근로내용확인신고를 통해 근로자의 올바른 임금이 지급될 수 있도록 한다.

일용직근로자의 경우 근로시간, 고용형태에 관계없이 무조건 고용보험, 산재보험 가입 대상자가 된다. 하지만 일용직근로자는 1일 단위로 자격취득, 상실신고를 해야 하지만 현실적으로 어려운 점을 고려하여 근로내용확인신고서의 제출로 고용보험과 산재보험의 고용정보 신고를 한 것으로 인정하고 있다. 다시 말해 근로내용확인신고서를 제출하면 고용개시 신고 및 종료신고를 한 것으로 보아 고용정보 미신고에 따른 300만 원 이하의 과태료가 부과되지 않는다는 것이다. 건설업의 경우 자진신고 대상 사업장으로 고용보험만 작성하면 되며 고용한 달의 다음 달 15일까지 사업장 소재지 관할 근로복지공단에 제출하면 된다.

(4) 근로계약

NCS 학습 모듈: 건설 – 건설공사관리–건설시공관리–건설공사 공무관리–현장자원관리–노무 관리하기(LM1401010405_14v2.1)

건설업 근로자는 근로계약을 통해 일을 한 대가로 회사 규정에 따라 임금을 지급 받고, 노무를 제공한다. 자세한 사항은 근로계약서 작성 시 세부적인 임금 구성, 근로조건 등 계약 내용을 분명히 해야 한다. 근로조건 위반 시 법적 책임이 따르며 손해배상 청구 및 근로계약 해지도 가능하다. 또한, 계약을 체결했지만 계약서를 작성하지 않을 경우 차후 법적 분쟁 발생 시 문제가 될 수 있으므로 서면으로 작성해야 한다.

「근로기준법」 제23조 제2항에 의해 사용자는 근로자가 업무상 부상 혹은 질병의 요양을 위한 휴업 기간과 그 후 30일간은 어떠한 경우라도 해고하지 못하도록 해고제한을 하고 있다. 그러나 공사계약 기간에 따른 기간을 정하여 당해 공사에만 근로계약이 체결된 일용직근로자의 경우에는 공사 기간 만료로 근로계약이 자동으로 해지되므로 해고제한을 적용받지 않고 공사종료일(근로계약 만료일)에 퇴직한 것으로 볼 수 있다. 따라서 근로계약 종료일이 명시되어 있으면 근로계약 종료일까지 만약 없다면 현장종료일까지 퇴직금을 산정하여 지급해야 한다.

(5) 건설근로자의 채용 여부 결정

NCS 학습 모듈: 건설 – 건설공사관리–건설시공관리–건설공사 공무관리–현장자원관리–노무 관리하기(LM1401010405_14v2.1)

① 기초 안전교육 미이수자 채용금지

협력회사 신규 투입 전 확인 후 채용

② 기초 안전교육 이수자 채용 시 현장 자체 안전교육 후 현장 투입

기초 안전교육 이수자 현장 안전교육 실시(현장 위험 사항 및 준수사항 등 추가교육)

③ 건설근로자 경력 부족자 관리

- 일반관리: 건설업 경력 1년 이상의 근로자
- 집중관리: 건설업 경력 1년 미만의 근로자, 용역 근로자
  (당일 위험 작업 근로자도 집중 근로자로 분류, 집중관리 근로자에 대한 담당자 지정하여 관리)

④ 고혈압, 고령 건설근로자 관리 방안

- 고혈압 건설근로자 채용기준
  ㈎ 혈압 160mmHg 이상: 채용금지
  ㈏ 혈압 150~159mmHg: 조건부 채용 (소견서 상 특이사항 없을 시)
- 고령 건설근로자 채용기준
  ㈎ 만60세~만67세: 1주간 집중관리
  ㈏ 만67세 이상: 채용 불가(예외 규정 있을 수 있음)

⑤ 작업 인원 채용확인 통보서

건설근로자를 현장에 투입하기 위하여 인적 사항, 안전교육 이수 여부, 건강상태, 기능 숙련도 등을 파악하여 관리하고, 최종 채용 여부는 작업 인원 채용확인 통보서를 공정별 협력회사로 송부한다.

[작업 인원 채용확인 통보서]

인 원	이 름	작업량	비 고	인원	이 름	작업량	비 고
1				6			
2				7			
3				8			
4				9			
5				10			

년 월 일
oo건설: (인)
확인자: (인)

4. 외국인근로자 관리

NCS 학습 모듈: 건설 - 건설공사관리-건설시공관리-건설공사 공무관리-현장자원관리-노무 관리하기(LM1401010405_14v2.1)

(1) 외국인근로자 채용

외국인은 체류 자격에 따라 건설업 일용근로자로 근로 가능 여부를 확인한다.

〈외국인 체류자격〉

구 분	체류자격	비 고
근로 가능	F-2(거주)	영주권자의 배우자와 자녀, 국내인과 결혼하여 출생한 자녀, 외국인 투자자 등
	F-5(영주)	영구 체류 자격 부여
	F-6(결혼이민)	국내인과 결혼한 자
	E-9(비전문취업)	국내 취업 요건을 갖추고 사업주와 상용직 근로계약을 체결한 자. 고용허가서 발급 필수
	H-2(방문취업)	단기간 취업 방문 외국인근로자
		*건설업 취업교육을 이수하고 건설업 취업 인정을 발급받은 경우 기초 교육면제, 특례고용가능 확인서 발급 필수
조건부	F-4(재외동포)	대한민국 국적자 또는 그 자손으로서 현재는 외국 국적 보유자
		*「출입국관리법」상 단순 노무 행위와 근로는 금지(단순 노무 행위가 아닌 경우 취업제한 없음)
근로 불가	C-3(관광비자)	체류 기간 3개월 이내 단수 또는 복수 비자
	F-1(방문 동거)	취업 불가 체류자격, 외교전문직 등의 가사 보조만 제한적으로 취업허용
	F-3(동반)	특정 분야 체류자의 배우자와 자녀

신규 근로자 교육 시 외국인 등록증을 확인하여 근로 가능(F-2, F-5, F-6. E-9, H-2), 조건부(F-4), 근로 불가(C-3, F-1, F-3) 등 근로자의 체류자격 확인 후 기초안전보건교육(4시간) 여부를 확인하고 신규 근로자 교육을 실시한다. 단 H-2(방문취업)인 근로자의 경우 건설업 취업교육을 이수한 경우는 취업 인정증 유효기간 내 취업이 가능하다.

① 건설현장의 외국인근로자 관리

- 불법 체류 외국인근로자
  - ㈎ 합법적으로 취업 활동을 할 수 있는 체류 자격을 가지지 않고 취업한 자
  - ㈏ 체류 기간이 지났는데도 국내에서 취업하는 자

(다) 근무처의 변경 또는 추가 허가를 받지 아니하고 취업하는 자

- 4대보험 적용 각종 보험가입
  (가) 합법적 외국인은 「근로기준법」, 산재, 고용 건강보험 피보험자격 대상이 된다. 국민연금은 상호주의에 따라 적용(중국, 필리핀 적용됨)
  (나) 체불임금 청산 및 산재 요구 시 우선 관리 구제 후 불법체류 사실 통보
  (다) 출국 만기 보험(E-9), 보증보험(E-9), 귀국보험, 상해보험(E-9, H-2) 가입

- 현장 관리상 유의사항
  (가) 신규 근로자 안전교육 시, 대면 질의 등 확인절차 강화 (주민등록증 위조방지)
  (나) 협력회사와 외국인근로자 간 서면 근로계약 체결 (합법적 관리유도)
  (다) 외국인을 고용한 때에는 14일 이내에 '외국인근로자 고용변동신고서'를 소재지 관할 노동부 고용안정센터에 제출

〈외국인근로자 고용변동 신고서〉

<table>
<tr><td colspan="7">외국인근로자 고용변동 등 신고서
□ 이탈 □ 사망 □ 출국 □ 기타(전염병 등)
□ 근로계약 중도 해지 □ 근로계약 만료</td></tr>
<tr><td rowspan="7">외국인고용
사업장</td><td colspan="2">① 고용보험사업장 관리번호</td><td></td><td colspan="2">② 사업자등록번호</td><td></td></tr>
<tr><td>③ 사업장명</td><td colspan="2"></td><td colspan="2">④ 대표자</td><td></td></tr>
<tr><td rowspan="4">⑤ 소재지</td><td colspan="2" rowspan="4">□ □ □－□ □ □</td><td rowspan="4">⑥ 연락처</td><td>전화번호</td><td></td></tr>
<tr><td>휴대전화
번호</td><td></td></tr>
<tr><td>팩스</td><td></td></tr>
<tr><td>E–mail</td><td>@</td></tr>
<tr><td>⑦ 업종</td><td colspan="2"></td><td colspan="2">⑧ 사업내용</td><td></td></tr>
<tr><td rowspan="10">신고대상
외국인
인적 사항
및 신고사항</td><td>일련번호</td><td colspan="2">(1)</td><td colspan="2">(2)</td><td>(3)</td></tr>
<tr><td>⑨ 성명(영어)</td><td colspan="2"></td><td colspan="2"></td><td></td></tr>
<tr><td>⑩ 국적</td><td colspan="2"></td><td colspan="2"></td><td></td></tr>
<tr><td>⑪ 생년월일</td><td colspan="2"></td><td colspan="2"></td><td></td></tr>
<tr><td>⑫ 여권번호</td><td colspan="2"></td><td colspan="2"></td><td></td></tr>
<tr><td>⑬ 외국인등록번호</td><td colspan="2"></td><td colspan="2"></td><td></td></tr>
<tr><td>⑭ 체류자격</td><td colspan="2"></td><td colspan="2"></td><td></td></tr>
<tr><td>⑮ 체류기간</td><td colspan="2"></td><td colspan="2"></td><td></td></tr>
<tr><td>⑯ 사유 발생일</td><td colspan="2"></td><td colspan="2"></td><td></td></tr>
<tr><td>⑰ 발생 사유</td><td colspan="2"></td><td colspan="2"></td><td></td></tr>
<tr><td colspan="7">「외국인근로자의 고용 등에 관한 법률」 제17조 제1항 및 같은 법 시행규칙 제14조에 따라 위와 같이 외국인근로자 고용변동 등 신고서를 제출합니다.

신고일 년 월 일

신고인 (서명 또는 인)

지방노동청(지청) 고용지원센터 소장 귀하</td></tr>
</table>

• 불법 고용 또는 알선 시 처벌 기준

(가) 불법 외국인 직접 고용한 사업주: 3년 이하 징역 또는 2천만 원 이하 벌금

(나) 고용을 알선한 용역업자: 3년 이하 징역 또는 2천만 원 이하 벌금

(다) 지정된 근무처 외에서 근무한 근로자: 1년 이하 징역 또는 1천만 원 이하 벌금

(라) 주무 부처 허가 없이 근무처 변경 근로자: 1년 이하 징역 또는 1천만 원 이하 벌금

② 건설현장의 외국인근로자 관리 조건 비교

건설현장의 외국인근로자 관리 조건을 아래 표를 토대로 비교 수행해 본다. 합법 외국인근로자의 국민연금 및 건강보험, 산재보험, 퇴직공제는 적용하며 고용보험은 임의 적용한다.

유형	일반고용허가제(E-9)	특례고용허가제 (H-2)
도입업종	• 사업비 300억 이상의 SOC 건설공사 • 임대주택 및 국민주택기금건립주택건설공사, 국토교통부 장관이 필요하다고 인정하는 주요 SOC 건설공사(석유화학, 플랜트 공사)	• 건설업 (08.2.28.부터 공사금액 상한 제한 없음) • 발전소, 제철소, 석유화학공사 건설업체 중 건설면허가 산업환경설비인 경우 제외
대상조건	한국어 시험 및 건강검진 절차를 거쳐 구직 등록한 자	중국, 구소련 지역에 거주하는 외국 국적 동포
고용절차	① 내국인 구인 노력 ② 고용허가신청(노동부) ③ 외국인근로자 선정 및 고용허가서발급(노동부) ④ 입국 전 근로계약 체결 ⑤ 사증발급인정서(법무부) ⑥ 대행기관(한국산업인력공단)을 통해 외국인근로자와 근로계약 체결 (최대 3년 간 고용) ⑦ 출국만기보험 (퇴직금 대체)	① 고용센터 방문 14일간 내국인 구인 노력 ② 고용허가서 및 특례고용가능확인서 발급 신청 ③ 고용지원센터가 관리하는 구직자 명부에 등록된 자 중에서 동포 (H2 비자)를 채용 ④ 표준 근로계약서 작성 ⑤ 근로개시 신고 (위반 시 100만 원 이하 과태료)
기타	임금체불 보증보험 및 4대 사회보험 가입 (사업주 요청 시 재고용 가능)	건설업 취업 인정 증명서 및 취업인정증명증(카드)을 발급받아 건설업에서 취업 가능

③ 외국인근로자 사증과 건설업 허용 인원

• 취업 사증

단기 취업(C-4), 교수(E-1), 회화지도(E-2), 연구(E-3), 기술지도(E-4), 전문 직업(E-5), 예술 흥행(E-6), 특정 활동(E-7), 비전문 취업(E-9), 내항 선원(E-10), 관광 취업(H-1), 방문 취업(H-2) 등

• 건설업 허용 기준에서 발전소, 제철소, 석유화학 건설 현장업체 중 건설면허 가산업 환경 설비인 경우에는 적용을 제외

④ 사용자가 가입하여야 하는 보험

- 출국 만기 보험

(가) 외국인근로자에 대한 퇴직금을 확보하기 위하여 가입

(나) 근로계약 효력발생일로부터 15일 이내에 의무적으로 가입

(다) 가입 시 「근로자 퇴직급여 보장법」에 의한 퇴직금 제도를 설정한 것으로 간주(미가입 시 500만 원 이하 벌금)

⑤ 외국인근로자가 가입하여야 하는 보험

- 귀국 비용 보험

(가) 외국인근로자가 귀국 경비 확보를 위하여 가입

(나) 근로계약 효력발생일로부터 80일 이내에 가입

- 상해보험

(가) 외국인근로자가 업무상 재해 이외에 상해 또는 질병사고 등에 대비

(나) 근로계약 효력발생일로부터 15일 이내에 가입

⑥ 외국인근로자 4대 사회보험

- 건강보험 및 산재보험: 당연 가입
- 고용보험: 당연/임의 가입(체류자격에 따라 구분됨)
- 국민연금: 상호주의 원칙에 따라 적용

⑦ 불법 체류 외국인근로자 고용 시 처벌 기준

- 불법 고용주에게는 3년 이하의 징역 또는 3천만 원 이하의 벌금 부과

「외국인고용법」 제20조에 따라 불법 고용주는 3년간 외국인근로자의 고용이 제한됨

(가) 불법 고용주는 관할 출입국사무소로부터 불법 체류 외국인근로자 1명 당 500만 원 (3개월~6개월 미만 고용) 이하의 범칙금(과태료) 부과

(나) 형사처벌로써 「출입국관리법」 위반으로 3년 이하의 징역 또는 3,000만 원 이하의 벌금형 부과

■ 보험료율 및 금액은 연도별로 변경될 수 있음

- 외국인근로자 고용 제한 사유

(가) 고용허가서를 발급받지 아니하고 외국인근로자를 고용한 자

(나) 외국인근로자 고용허가가 취소된 자

(다) 귀국 시 필요한 금품 청산을 하지 않거나 외국인근로자의 사업장 변경을 방해하는 등「외국인고용법」을 위반하거나「출입국관리법」을 위반한 자

(라) 고용허가서를 발급받은 날부터 6개월 이내에 내국인 근로자를 고용 조정으로 이직 시킨 자

(마) 외국인근로자에 대하여 근로계약에 명시된 사업 또는 사업장 이외에서 근로를 제공하게 한 자

⑧ 건설업 기초안전 보건교육 기관교육 업무 수행 시 유의사항

체류자격 H-2(방문취업)인 근로자의 경우 건설업 취업을 위해 건설업 취업교육을 이수하고 건설업취업인정증의 유효기간 내에서만 건설현장에 합법 취업이 가능하다. 건설업 취업교육 시 기초안전 보건교육을 포함하기 때문에 건설업취업인정증 유효기간 동안 기초안전 보건교육 이수로 갈음하며, 별도의 교육이 불필요하다.

제2절 근로자관리 메뉴

본 장의 근로자관리는 인력과 관련된 업무처리를 쉽고 편리하게 수행하기 위한 메뉴이다. 현장별로 발생하는 근로자의 근무 일수 및 4대보험 등과 관련된 노무관리 업무를 종합적으로 관리할 수 있으며, 공공기관에 신고해야 할 지급조서, 4대보험, 소득변경, 퇴직공제 등의 EDI 전산매체가 자동생성 되어 중복업무를 방지할 수 있다. 또한 퇴직자 관리 및 퇴직금도 일괄적으로 신고 및 관리가 가능하다.

근로자관리		
번 호	메뉴명	메뉴설명
01	근로자 월출역 명세	근로자 월간 출역 관리
02	근로자 출역 현황	월별 출역 현황 및 주 52시간 출역 현황 관리
03	근로자 등록/계약	근로자 등록 및 계약현황
04	4대보험취득/상실신고	4대보험 관련 자격취득/상실신고 관리
05	노무원가 집계현황	월별 노무비 총계
06	지급조서/전산매체	근로자별 지급조서 및 세부 출역 내역
07	4대보험/전산매체	4대보험 관리 및 전산매체 생성
08	소득변경/전산매체	소득변경 관리 및 전산매체 생성
09	퇴직공제/전산매체	퇴직공제 관리 및 전산매체 생성
10	퇴직금대상자/정산	퇴직금 대상자 확인 및 금액 정산

근로자관리		
번 호	메뉴명	메뉴설명
11	장애인근로자신고	장애인근로자 현황/계획 및 고용장려금 신청서 관리
12	고용/산재확정신고	고용/산재 확정 및 개산 신고 관리
13	보험/연금/공제사후정산	현장별 4대보험 및 퇴직공제 관리

1. 근로자 월출역 명세

NCS 학습 모듈: 건설 – 건설공사관리–건설시공관리–건설공사 공무관리–현장자원관리–노무 관리하기(LM1401010405_14v2.1)

메뉴 홈 → 근로자관리 → 01. 근로자 월출역 명세(일일 출역 명세)

근로자 월출역 명세는 현장근로자들의 월간 출역 내역을 작성하여 근로자의 출역 일수와 그에 따른 지급금액을 산출하는 서류이다. 현장근로자의 지급조서, 4대보험, 소득변경, 퇴직공제부금 등을 작성 및 신고하기 위한 근거자료가 되기 때문에 정확하게 작성해야 한다.

아래 그림과 같이 조회할 연월과 회사명/현장명을 선택한 후 '보기' 버튼을 클릭하면 입력된 데이터를 확인할 수 있다. 이미 공사일보에 등록된 데이터를 불러오기 위해서는 '일보' 버튼을 클릭해서 한 달간 근로자 출역 내역을 일괄 생성할 수 있다.

〈근로자관리의 근로자 월출역 명세〉

번호	선택	확정	성 명	주민등록번호	연령	정상오류	직종명	거래처(팀)	임금기준	기준단가	확정단가	실지급 기준금액	일당 시간	근무 일수	총공수	월 1	화 2	수 3	목 4	금 5	토 6	일 7	월 8	화 9	수 10	목 11	금 12	토 13	일 14	월 15	화 16
1			임춘구	410722-	82	1.정상	드릴공	한터출판 디자인	3.시급	12,000	0	0	8	12	12			8		8		8			8		8				
2			박태용	490822-	74	1.정상	철근공	한우리건업(주)	2.일급	200,000	0	0	8	20	20		1	1		1		1		1	1		1		1	1	1
3			박지극	480417-	75	2.오류	형틀목공	이석규	2.일급	150,000	0	0	8	22	24.9	0.9	1	1	1	2		1			1		1		1	1	1
4			정회원	620822-	61	1.정상	건축목공	박창석	4.월급/일급	2,000,000	0	0	8	17	19.5	1.5	1	1	1	1		1			1		1		1	1	1
5			김성준	640413-	59	1.정상	형틀목공	이석규	2.일급	210,000	0	0	8	24	39.5	1.5	1	1	1	1		1	1		2		2		2	1	2
6			이양현	620517-	61	1.정상	건축목공	(주)대신공영	7.일급/시급	150,000	0	0	8	25	7.13	1	1	1	1	2	1	2	1		2		2		2	2	2
9			김광언	591017-	64	1.정상	형틀목공	(주)아성기업	2.일급	120,000	0	0	8	18	19.5	2	0.5				1		1		1		1		1	1	1
10			송창수	550617-	68	1.정상	형틀목공	(주)한국건설안전	2.일급	150,000	0	0	8	15	15	1			1							1			1	1	1
13			양주석	591017-	64	1.정상	형틀목공	한우리건업(주)	2.일급	180,000	0	0	8	20	21		1		1	1	1	1		1	1		1		1	1	1
15			김인성	660809-	57	1.정상	형틀목공	경북상회	2.일급	200,000	0	0	8	10	10	1						1			1		1		1		1
27			김동윤	660809-	57	1.정상	철근공	(주)아성기업	2.일급	130,000	0	0	8	18	18		1		1	1	1				1	1			1	1	1
28			이주학	591017-	64	1.정상	철근공	(주)아성기업	2.일급	150,000	0	0	8	18	18		1	1	1	1	1				1	1			1	1	

(1) 메뉴설명

"근로자/현장별 일일 출역" 메뉴에서 사용되는 버튼의 기능은 다음과 같다.

버튼메뉴	세부기능 및 연동 기능
보 기	현재 선택된 옵션에 따라서 화면에 새로운 데이터를 정리해서 보여준다.
삭 제	선택된 근로자의 "월출역 명세" 메뉴의 출역 내역 정보를 삭제한다.
인쇄조건	보고서 종류를 선택할 수 있으며 '미리 보기' 버튼을 이용해서 실제 출력될 내용을 미리 확인할 수 있다.
상세보기	우측화면에 근로자 개인별 계약조건과 출역 내역이 정리되어 보여준다. 다시 화면으로 복귀하려면 '상세보기' 버튼을 클릭하여 상세화면을 종료할 수 있다.
재계산	법적 공제항목과 관련된 데이터가 변경된 값이 있을 경우 재계산 작업을 수행한다.
전산매체	작성된 "근로자 월출역 명세" 데이터를 기반으로 EDI 전산매체 신고용 파일을 생성해준다.
전체삭제	화면 전체 등록된 근로자 출역 정보를 삭제할 수 있다. 하지만 이미 경리전표가 등록되어 있을 경우 '전체삭제'가 불가능하다.
새로 고침	근로자의 정보가 변경된 경우 입력 데이터의 값을 바로 업데이트할 수 있다.
일 보	공사일보에 등록된 [5. 노무] 데이터를 불러올 수 있다.
파일변환	기존에 가지고 있는 엑셀 파일을 불러오고자 할 경우 사용한다.
근로계약	근로계약서 출력 및 계약서 내용을 확인할 수 있다.
설 정	화면항목 및 필요기능 등을 선택하여 설정 가능하며, 세액/보험료 설정 등을 확인할 수 있는 버튼이다.

〈근로자관리–출역 명세–인쇄조건〉

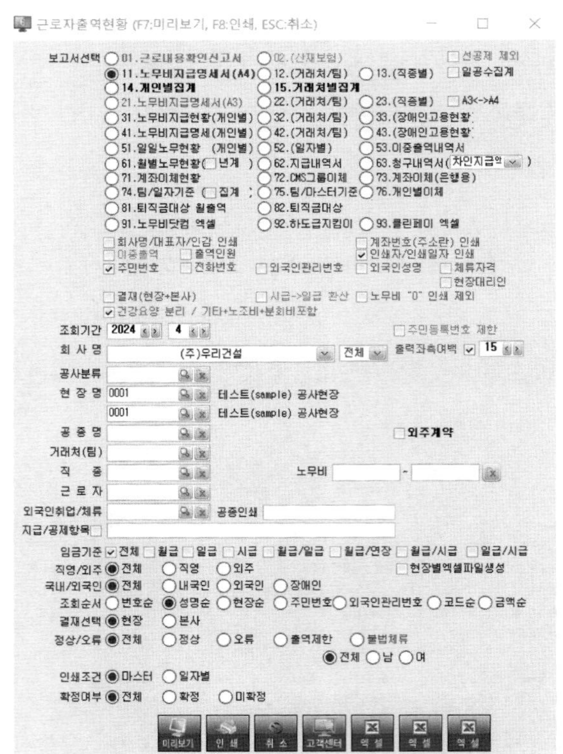

(2) 세부기능

추가 데이터를 입력할 경우에는 키보드 아래 방향키(↓)를 누르거나 'Insert' 키를 누르면 입력 칸이 추가된다. 데이터의 저장의 경우에는 키보드 위아래 방향키(↑↓)를 통해 저장 가능하다. 그밖에 상세 기능은 다음과 같다.

① 데이터의 값은 기본적으로 근로자의 등록정보에 입력되어 있는 마스터 값이 조회된다.

② 화면 좌측의 [버튼] 버튼을 클릭하여 세부 분류항목 조회기준 설정이 가능하다. 즉 분류항목에 있는 거래처(팀), 직종, 임금 기준, 임금 단가, 현장명 중에서 원하는 기준으로 데이터를 정렬해서 보고 싶은 경우에 선택할 수 있는 옵션이다. 예를 들어 분류항목 중에서 근로자를 선택할 경우 아래 그림과 같이 근로자를 기준으로 데이터를 확인할 수 있다.

〈근로자관리의 근로자 월출역 명세 중 세부 분류항목〉

③ 출역 상세: 화면 좌측의 [버튼] 버튼을 클릭할 경우 나타나는 '출역 상세'에서 보이는 항목은 이미 "메뉴홈-기초정보-13. 환경설정" 메뉴의 [노무설정] 탭에서 '회사별 출역 정보 항목선택'란에서 선택한 항목이다.

〈기초정보의 환경설정 중 노무설정〉

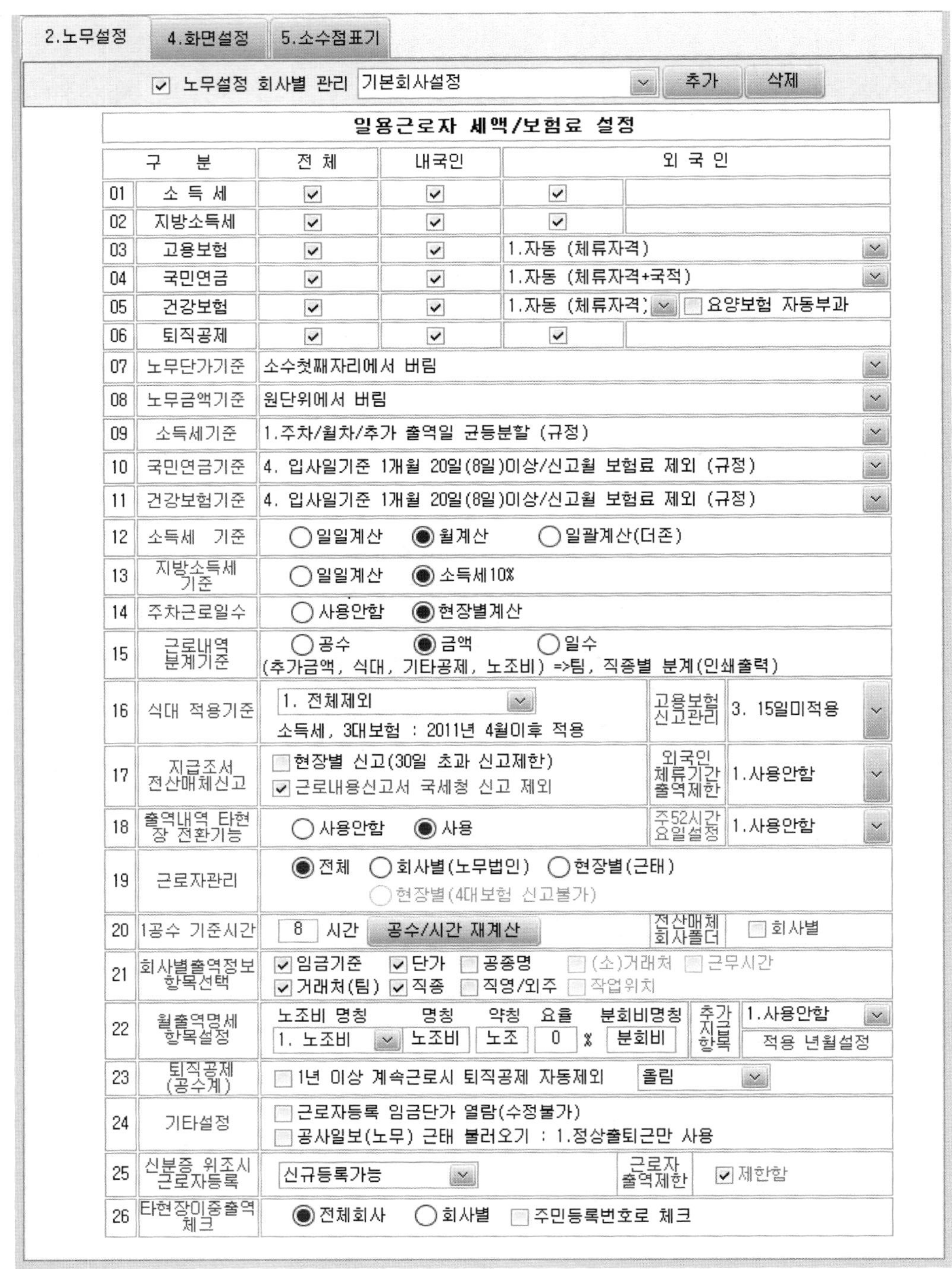

2.노무설정 | 4.화면설정 | 5.소수점표기

☑ 노무설정 회사별 관리 | 기본회사설정 | 추가 | 삭제

일용근로자 세액/보험료 설정

	구 분	전 체	내국인	외 국 인	
01	소 득 세	☑	☑	☑	
02	지방소득세	☑	☑	☑	
03	고용보험	☑	☑	1.자동 (체류자격)	
04	국민연금	☑	☑	1.자동 (체류자격+국적)	
05	건강보험	☑	☑	1.자동 (체류자격)	☐ 요양보험 자동부과
06	퇴직공제	☑	☑	☑	
07	노무단가기준	소수첫째자리에서 버림			
08	노무금액기준	원단위에서 버림			
09	소득세기준	1.주차/월차/추가 출역일 균등분할 (규정)			
10	국민연금기준	4. 입사일기준 1개월 20일(8일)이상/신고월 보험료 제외 (규정)			
11	건강보험기준	4. 입사일기준 1개월 20일(8일)이상/신고월 보험료 제외 (규정)			
12	소득세 기준	○일일계산 ◉월계산 ○일괄계산(더존)			
13	지방소득세 기준	○일일계산 ◉소득세10%			
14	주차근로일수	○사용안함 ◉현장별계산			
15	근로내역 분계기준	○공수 ◉금액 ○일수 (추가금액, 식대, 기타공제, 노조비) =>팀, 직종별 분계(인쇄출력)			
16	식대 적용기준	1. 전체제외 / 소득세, 3대보험 : 2011년 4월이후 적용		고용보험 신고관리	3. 15일미적용
17	지급조서 전산매체신고	☐현장별 신고(30일 초과 신고제한) ☑근로내용신고서 국세청 신고 제외		외국인 체류기간 출역제한	1.사용안함
18	출역내역 타현장 전환가능	○사용안함 ◉사용		주52시간 요일설정	1.사용안함
19	근로자관리	◉전체 ○회사별(노무법인) ○현장별(근태) ○현장별(4대보험 신고불가)			
20	1공수 기준시간	8 시간 공수/시간 재계산		전산매체 회사폴더	☐회사별
21	회사별출역정보 항목선택	☑임금기준 ☑단가 ☐공종명 ☐(소)거래처 ☐근무시간 ☑거래처(팀) ☑직종 ☐직영/외주 ☐작업위치			
22	월출역명세 항목설정	노조비 명칭: 1. 노조비 / 명칭: 노조비 / 약칭: 노조 / 요율: 0 % / 분회비명칭: 분회비		추가 지급 항목	1.사용안함 / 적용 년월설정
23	퇴직공제 (공수계)	☐1년 이상 계속근로시 퇴직공제 자동제외 / 올림			
24	기타설정	☐근로자등록 임금단가 열람(수정불가) ☐공사일보(노무) 근태 불러오기 : 1.정상출퇴근만 사용			
25	신분증 위조시 근로자등록	신규등록가능		근로자 출역제한	☑제한함
26	타현장이중출역 체크	◉전체회사 ○회사별 ☐주민등록번호로 체크			

④ 새로 고침/재계산: 근로자의 등록정보가 수정되었을 경우에 '새로 고침' 버튼으로 데이터를 업데이트할 수 있으며, '재계산' 버튼은 변경된 등록정보를 적용하여 법적 공제금액을 다시 계산할 때 사용된다.

⑤ 실명인증: '실명인증' 버튼을 클릭하면 새로운 팝업창이 활성화되면서 근로자의 주민등록번호와 실명

이 일치하는 지를 확인할 수 있다. 확인된 사람은 실명인증결과 항목에 표시된다. 실명인증은 유상비용이 발생하며 홈페이지(http://www.seojine.com)에서 선 충전 후 사용 가능하다.

〈근로자관리의 근로자 월출역 명세 중 실명인증〉

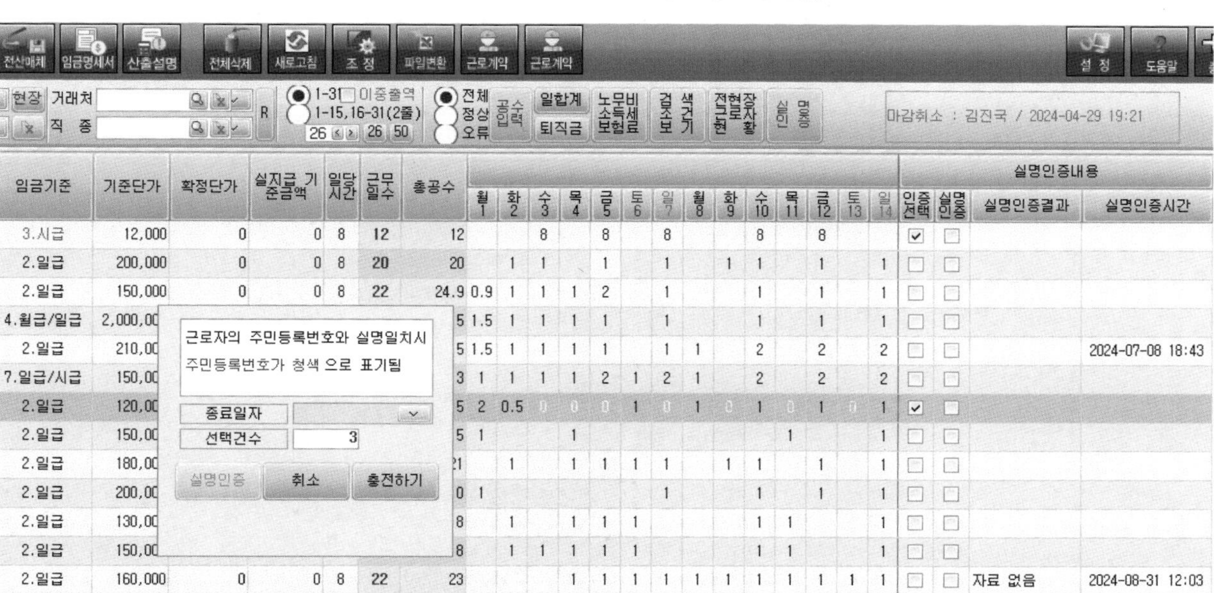

⑥ 이중 출역: '□이중 출역'을 체크하면 타 현장의 이중 출역 내역을 확인할 수 있으며, 이중 출역한 일자는 분홍색으로 표시되어 확인 가능하다.

⑦ 노무비, 소득세, 보험료 / 출역 명세: '노무비/소득세/보험료' 버튼을 클릭하면 현재 일자별 출역 내용이 아닌 공제금액, 4대보험과 관련된 내용 및 실지급액 등을 바로 보여준다.

〈근로자 월출역 명세의 노무비, 소득세, 보험료〉

⑧ 일 합계: '일 합계' 버튼 클릭 시 일자별 노무비 합계 및 한 달 동안의 전체 노무비 비용 등을 정리해서 보여준다.

〈근로자관리의 근로자 월출역 명세 중 일 합계〉

노 무 비	43,767,000
식 대	16,000
소 득 세	278,890
지방소득세	27,840
고용 보험	283,300
국민 연금	247,360
건강 보험	572,780
요양 보험	74,150
기 타	0
노 조 비	0
분회비	0
공 제 계	1,484,320
실 지급액	42,298,680
1	1,209,420
2	1,615,280
3	1,416,280
4	1,669,280
5	3,786,000
6	1,435,000
7	2,095,280
8	1,010,000
9	730,000
10	2,200,280
11	940,000
12	3,590,280
13	435,000
14	2,114,280
15	1,819,280

⑨ 검색조건보기: 전체 데이터 중에서 원하는 선택 값만 보고 싶은 경우에 '검색조건보기' 버튼을 통해 해당하는 값만 선택해서 볼 수 있다.

〈근로자관리의 근로자 월출역 명세 중 검색조건보기〉

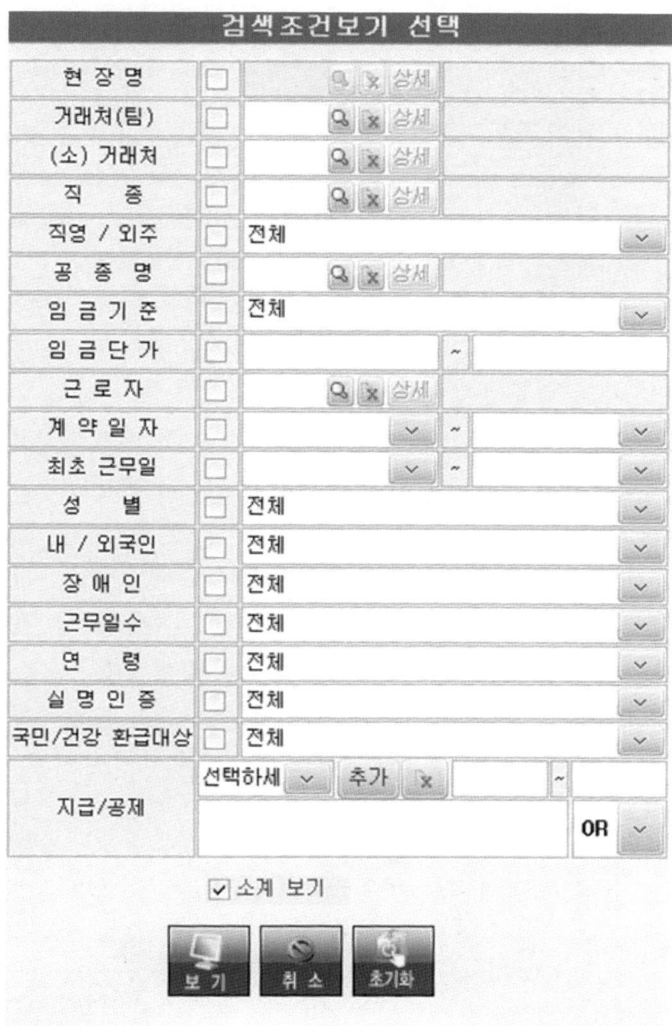

⑩ 전 현장근로자 현황: '전 현장근로자현황' 버튼을 클릭하여 해당 근로자의 모든 현장에 대한 출역 사항을 확인할 수 있다. 사용자는 다양한 선택옵션을 통해 근로자의 출역 명세 리스트를 설정할 수 있다. 근로자가 타 사업장에도 근무할 수 있으며 같은 날 이중으로도 출역할 수 있어 그에 따른 임금 기준 및 단가를 따로따로 계산할 때 용이한 기능이다.

<근로자관리의 근로자 월출역 명세 중 전 현장 근로자 현황>

성 명	근무일수	총공수	총시간	지급금액		공제금액									실지급액	현장명
				지급합계	식대	소득세	지방소득세	고용보험	국민연금	건강보험	노조비	분회비	기타공제	공제합계		
성명 : 곽인혁					(00036)											
2 명	13		220	1,900,000	4,000	4,590	450	0	0	0	0	0	0	5,040	1,898,960	
성명 : 구자호					(00028)											
1 명	7	7.4	59.2	792,000	0	0	0	0	0	0	0	0	0	0	792,000	
성명 : 김광언					(00009)											
2 명	28	29.5	236	2,650,000	4,000	1,520	150	22,850	0	58,490	0	0	0	90,580	2,563,420	
성명 : 김동윤					(00029)											
1 명	18	18	144	1,460,000	0	0	0	13,140	0	0	0	0	0	13,140	1,446,860	
성명 : 김민희					(00034)											
3 명	29	29.5	236	5,340,000	0	28,350	2,800	46,720	0	0	0	0	0	77,870	5,262,130	
성명 : 김상길					(00039)											
1 명	7	7	56	840,000	0	0	0	6,720	0	0	0	0	0	6,720	833,280	

⑪ 1, 2, 3, 4, 5: [1][2][3][4][5] 버튼은 '분류 소계'의 단계를 나타내는 것으로 분류단계가 여러 단계일수록 높은 번호를 클릭해야 한다. 위 그림은 성명으로만 분류단계가 되어있다.

(3) 설정

화면에서 보이는 리스트의 환경설정과 관련된 기능으로 다음과 같이 5가지 설정으로 구성되어 있다.

㉠ 근로자/명세 복사: 아래 그림과 같이 근로 내역을 복사할 회사명, 현장명, 거래처명 등을 선택하여 전체 근로 내역 또는 근로자명부 등 원하는 데이터를 선택하여 복사할 수 있다.

<근로자관리의 근로자 월출역 명세 중 근로자/명세 복사 설정>

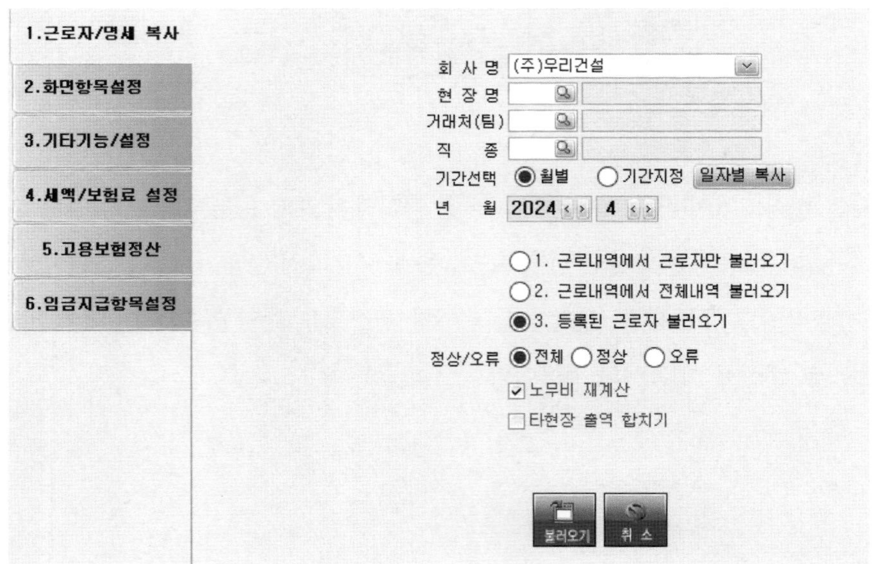

㉡ 화면항목 설정: 화면에 보이는 항목 중에서 필요한 항목만 선택해서 관리할 수 있다. 기본항목으로 초기화할 수도 있다. 설정 후에는 반드시 '저장' 버튼을 클릭해야 변경된 환경으로 화면이 설정된다.

〈근로자관리의 근로자 월출역 명세 중 화면항목설정〉

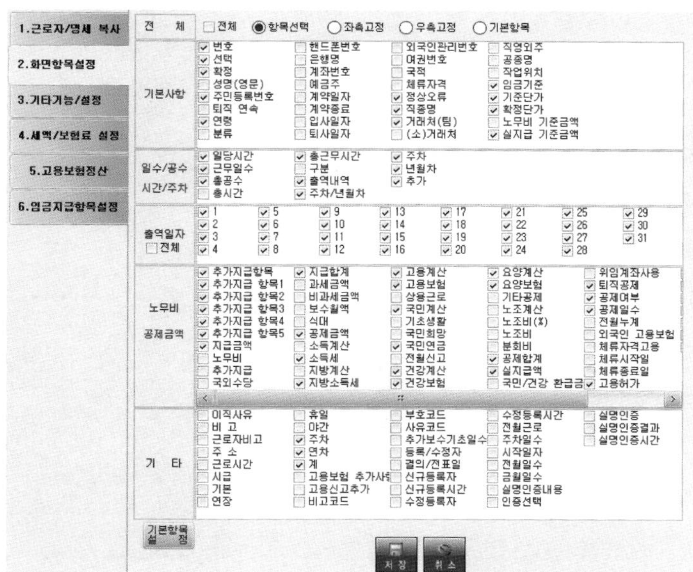

㉢ 기타기능/설정: 화면 상단에서 보이는 버튼을 선택할 수 있는 기능이다. 전체삭제, 새로 고침, 조정, 일보, 엑셀, 노무자등록, 파일변환 등 필요한 버튼을 선택할 수 있으며 전체 노무비를 %로 지정하여 일괄적으로 변경도 가능하다.

〈근로자관리의 근로자 월출역 명세 중 기타기능/설정〉

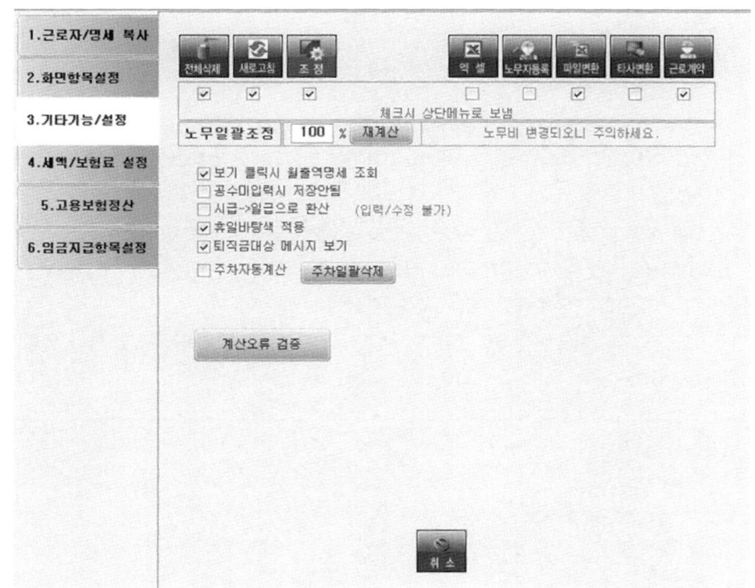

㉣ 세액/보험료 설정: 세액/보험료 설정을 '회사설정' 혹은 '개별설정'으로 선택해서 조정이 가능하다. '회사설정' 시에는 "메뉴 홈-기초정보-13. 환경설정" 메뉴에서 회사로 설정된 값이 적용된다. '개별설정' 체크 시에는 현장별로 세액 및 보험료 설정이 가능하다. 설정이 완료된 후에는 반드시 '재계산' 버튼으로 업데이트 한다.

〈근로자관리의 근로자 월출역 명세 중 세액/보험료 설정〉

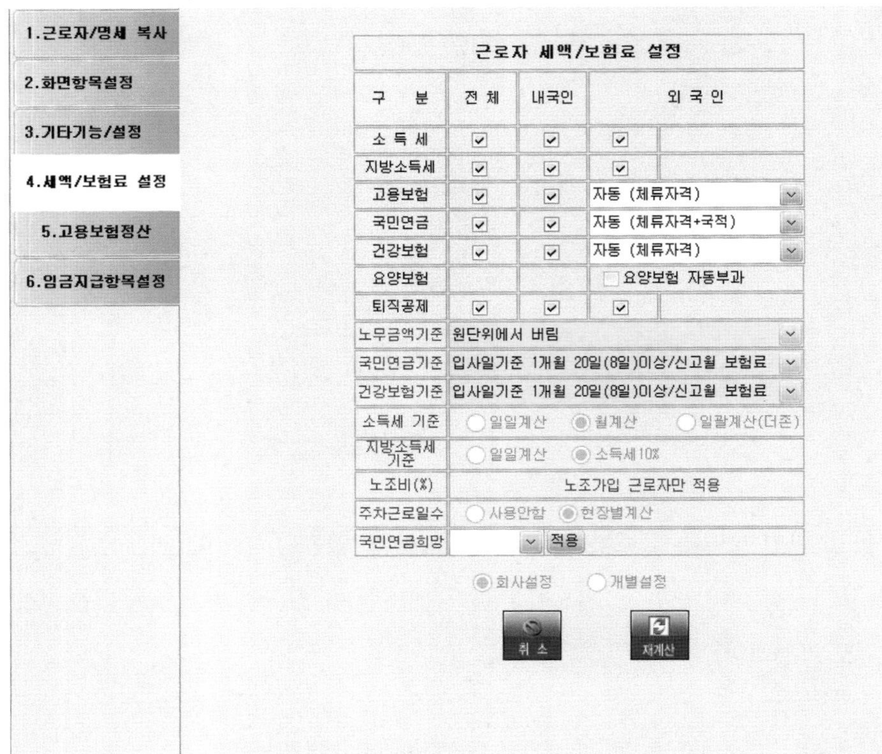

궁금한 용어

- **고용보험:** 고용보험이란 정부에서 실업 문제를 해소하기 위해 도입한 제도로써 근로자가 실직한 경우에 생활안정을 위하여 일정 기간 동안 급여를 지급하는 실업급여사업과 구직자에 대한 직업능력개발 및 적극적인 취업알선을 통한 재취업의 촉진을 위한 직업능력개발사업 등의 실시를 목적으로 하는 사회보험이다.
- **퇴직공제:** 사업주가 일용근로자를 피공제자로 하여 건설근로자공제회에 공제부금을 납부하고 공제회는 일용근로자가 여러 사업장에서 근로한 내역을 합산하여 향후 건설업에서 퇴직할 때 퇴직공제금을 지급하는 제도이다.
- **이중출역:** 근로자가 작업 현장이 여러 곳인 경우에 중복되어 근무한 것을 의미한다.
- **출역명세:** 일용직근로자의 급여지급명세를 기록한 문서로 근로자 개개인의 간단한 신상명세와 직종 및 단가, 일일별 출근 일자, 총 출근일수, 급여액 등을 일자별로 기록한 문서이다.

실습하기 - 근로자 월출역 명세

아래 정보를 가지고 근로자 월출역 명세를 직접 입력하고 등록을 실습해본다.

〈근로자관리의 근로자 월출역 명세 작성〉

조회 일자	공사현장	이 름	주민등록번호
2024년 10월 1일~31일	테스트(sample) 공사공장	삼다수 (일급 12만 원)	710110-100xxxx

1. 삼다수 이름으로 신규 등록을 수행한다.
2. 출역 내역에 근무 일수가 8일이 되도록 등록한다.
3. "건설 ERP 관리사 홈페이지-학습자료실-자료실" 메뉴의 '2. 대학교 특강용 첨부물'에 등록된 일용노무비 지급명세서 엑셀 파일을 불러와서 자동으로 입력해 본다.

실습화면

① 화면에 키보드 아래 방향키(↓) 또는 'Insert' 키를 통해 신규 입력 칸을 활성화 할 수 있다. 이름과 주민등록번호를 입력한 후 출역 내역에는 근무 일수가 8일 되도록 임의로 공수를 입력한다.

〈근로자 월출역 명세 등록 실습화면 보기〉

번호	선택	확정	성 명	성명(영문)	연령	정상오류	주민등록번호	직종명	거래처(팀)	임금기준	기준단가	확정단가	실지급 기준금액	일당시간	근무일수	총공수
1	☐	☐	이양현		56	1.정상	620517-1******	건축목공	(주)대신공영	2.일급	250,000	0	0	8	20	20
1	☐	☐	박태용		69	1.정상	490822-1******	철근공	한우리건업(주)	2.일급	180,000	0	0	8	10	10
2	☐	☐	이용태		63	1.정상	550617-1******	형틀목공	박창석	2.일급	80,000	0	0	8	23	23
3	☐	☐	김인성		52	1.정상	660809-1******	형틀목공	경북상회	2.일급	180,000	0	0	8	14	14
4	☐	☐	삼다수		47	2.오류	710110-1******			2.일급	120,000	0	0	8	20	20

성 명	월 1	화 2	수 3	목 4	금 5	토 6	일 7	월 8	화 9	수 10	목 11	금 12	토 13	일 14	월 15	화 16	수 17	목 18
이양현	1	1	1	1	1	1	1	1	1	1	1	1	1	1	1	1	1	
박태용			1	1	1	1	1	1	1	1	1	1						
이용태	1	1	1	1	1	1	1	1	1	1	1	1	1	1	1	1	1	1
김인성					1	1	1	1	1	1	1	1	1	1	1	1	1	1
삼다수	1	1	1	1	1	1	1	1	1	1	1	1	1	1	1	1	1	1

② 홈페이지(http://www.sj-erp.com)의 [학습자료실-자료실] 메뉴의 '대학교 특강용 첨부물'의 일용노무비 지급명세서 엑셀 파일을 다운받은 후에 '파일변환' 버튼을 이용해서 직접 엑셀 파일을 불러온 후 자료 시작 행 번호, 열 번호, 행 번호 등을 조정한다.

〈근로자 월출역 명세 엑셀 파일 파일변환 실습화면 보기〉

0	1	2	3	4	5	6	7	8	9	10	11	12	13	14	15	16
	직종	성명	주민번호	주소	1	2	3	4	5	6	7	8	9	10	11	12
					16	17	18	19	20	21	22	23	24	25	26	27
1	일용 노무비 지급															
2	상호 : 주식회사				출역											
3	직종직책	성명	주민등록번호	주소	1	2	3	4	5	6	7	8	9	10	11	12
4					16	17	18	19	20	21	22	23	24	25	26	27
5	전기공	오석구	591017-1	경기도 수원시 팔달구 정자동 217-4	1	1	1		1	1	1	1	1		1	1
6	반장				1			1		1	1	1	1	1	1	1
7	계장공	박정환	690527-1	서울 중랑구 묵2동 214-47			1				1				1	
8	잡부									1	1	1	1			1
9	철근공	이희철	660809-1	경기도 화성시 동탄지성로 245-45	1		1	1	1	1	1	1	1	1	1	1
10	잡부					1		1	1		1	1	1	1		1
11	토목공	옥주현	770604-2	인천광역시 남구 학익동 457			1	1		1	1	1		1	1	1
12	잡부							1	1	1	1	1	1	1	1	1
13		김태희	801225-1	충남 진천시 덕산면 123-1		1	1	1	1	1	1	1				1
14																
15																

Sheet1 Sheet2 Sheet3

구분	성명	주민번호	직종	주소	일당	총일수	1	2	3	4	5	6	7	8	9	10	11	12	13	14	15	16	17	18	19	20	21	22	23	24	25	26	27	28	29	30	31
열번호	2	3	1	4	22	21	5	6	7	8	9	10	11	12	13	14	15	16	17	18	19	5	6	7	8	9	10	11	12	13	14	15	16	17	18	19	20
행번호	1	1	1	1	1	1	1	1	1	1	1	1	1	1	1	1	1	1	1	1	1	2	2	2	2	2	2	2	2	2	2	2	2	2	2	2	2

◉근로내역 ○근로자 □주변상하2줄 □주소상하2줄 자료시작행번호 5 자료행수 2 엑셀화일분류명 추가(교재) 설정저장 전체보기 분류등록

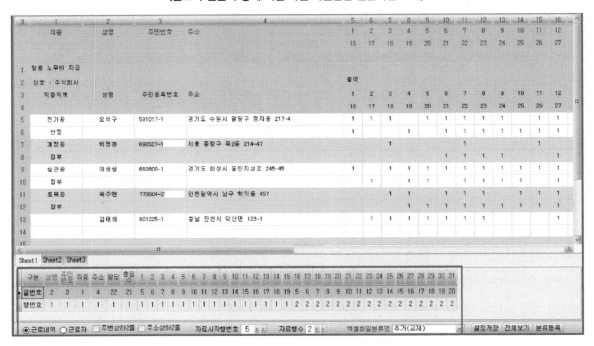

③ [엑셀 불러오기] 탭에서 최종적으로 '파일변환' 버튼을 다시 클릭하면 아래와 같이 [근로 내역 저장] 탭으로 이동되어 '저장' 버튼을 통해 최종 저장한다.

〈근로자 월출역 명세 엑셀 파일 파일변환저장 실습화면 보기〉

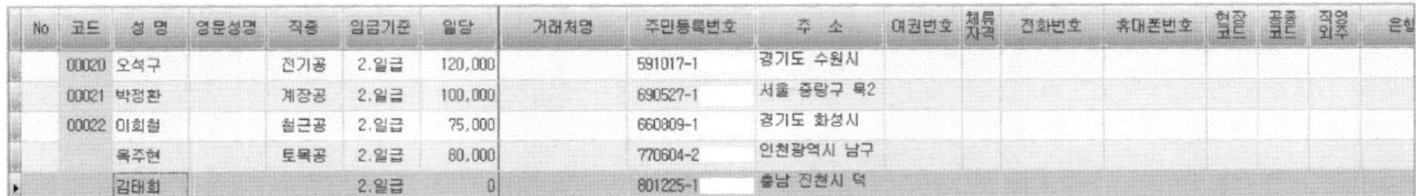

No	코드	성 명	영문성명	직종	임금기준	일당	거래처명	주민등록번호	주 소	여권번호	체류자격	전화번호	휴대폰번호	현장코드	공종코드	직영외주	은행
	00020	오석구		전기공	2.일급	120,000		591017-1	경기도 수원시								
	00021	박정환		계장공	2.일급	100,000		690527-1	서울 중랑구 묵2								
	00022	이희철		철근공	2.일급	75,000		660809-1	경기도 화성시								
		옥주현		토목공	2.일급	80,000		770604-2	인천광역시 남구								
		김태희			2.일급	0		801225-1	충남 진천시 덕								

④ 최종적으로 엑셀에서 불어온 신규 근로자가 아래와 같이 추가된다. 여기서 직접공수를 조정하거나 거래처와 직종별로 검색이 가능하다.

〈근로자 월출역 명세 엑셀 파일 파일변환 최종 실습화면 보기〉

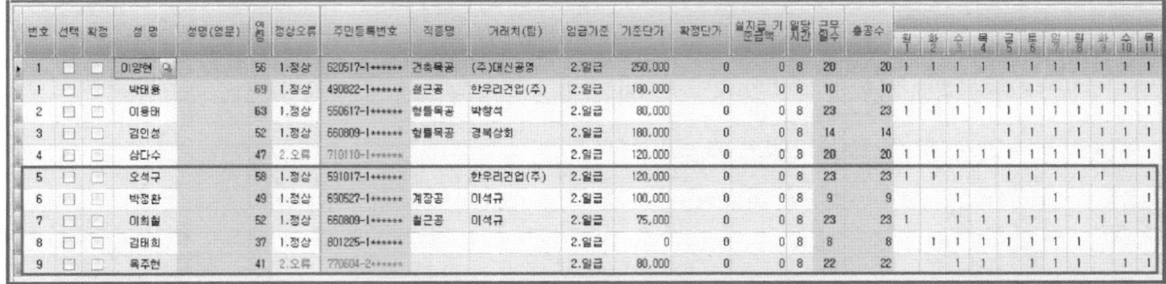

번호	선택	확정	성 명	성명(영문)	연령	정상오류	주민등록번호	직종명	거래처(팀)	임금기준	기준단가	확정단가	실지급 기준금액	일당시간	근무일수	총공수	월 1	화 2	수 3	목 4	금 5	토 6	일 7	월 8	화 9	수 10	목 11
1	□	□	이양현		56	1.정상	620517-1******	건축목공	(주)대신공영	2.일급	250,000	0	0	8	20	20	1	1	1	1	1	1	1	1	1	1	1
1	□	□	박태용		69	1.정상	490822-1******	철근공	한우리건업(주)	2.일급	180,000	0	0	8	10	10			1	1	1	1	1	1	1	1	1
2	□	□	이용태		63	1.정상	550617-1******	형틀목공	박창석	2.일급	80,000	0	0	8	23	23	1	1	1	1	1	1	1	1	1	1	1
3	□	□	김인성		52	1.정상	660809-1******	형틀목공	경북상회	2.일급	180,000	0	0	8	14	14					1	1	1	1	1	1	1
4	□	□	삼다수		47	2.오류	710110-1******			2.일급	120,000	0	0	8	20	20	1	1	1	1	1	1	1	1	1	1	1
5	□	□	오석구		58	1.정상	591017-1******		한우리건업(주)	2.일급	120,000	0	0	8	23	23	1	1	1		1	1	1	1	1		1
6	□	□	박정환		49	1.정상	690527-1******	계장공	이석규	2.일급	100,000	0	0	8	9	9			1				1				1
7	□	□	이희철		52	1.정상	660809-1******	철근공	이석규	2.일급	75,000	0	0	8	23	23	1		1	1	1	1	1	1	1	1	1
8	□	□	김태희		37	1.정상	801225-1******			2.일급	0	0	0	8	8	8		1	1	1	1	1	1	1			
9	□	□	옥주현		41	2.오류	770604-2******			2.일급	80,000	0	0	8	22	22			1	1		1	1	1		1	1

⑤ 확정단가 항목을 입력하면 확정단가에 입력된 금액만큼으로 급여가 지급된다.

2. 근로자 임금명세서

NCS 학습 모듈: 건설 – 건설공사관리–건설시공관리–건설공사 공무관리–현장자원관리–노무 관리하기(LM1401010405_14v2.1)

메뉴 홈 → 근로자관리 → 02. 임금명세서/전자문서전송

2021년 11월 19일부터 사용자는 근로자에게 임금을 지급할 때 반드시 임금명세서를 교부하여야 한다. 이를 위반할 경우 500만 원 이하 과태료에 처할 수 있다.

근로자에게 교부되는 임금명세서에는 근로자를 특정할 수 있는 정보(이름, 생년월일, 사원번호 등), 임금 지급일, 임금총액, 기본급, 수당, 상여금 등 입금의 구성항목별 금액, 급여의 공제항목별 금액과 총액 등의 정보가 기재되어야 한다.

이에 따라 프로그램 내 해당 메뉴에서 근로자 월출역 명세서에서 기재된 근로자의 노무비를 바탕으로 산출식 및 산출근거를 세팅하여 근로자에게 전자문서(SMS, 알림톡)를 발송할 수 있다.

(1) 세부기능

① 설정: 처음 임금명세서 사용 시 [4. 설정] 탭에서 초기 설정이 필요하다. 관리자 및 월출역 명세 마감/결재 권한 있는 사용자만 설정할 수 있다.
'임금명세서 명칭'을 통해 여러 양식을 추가하여 관리할 수 있다. 임금항목/구분/산출식/급여항목 등 임금명세서에 표기되는 항목과 노무비 산정 비율을 회사 내규에 맞게 수정할 수 있다.
'알림톡/문자전송 설정'에서 알림톡 또는 SMS(내용 수정 가능)로 전송할지 여부를 선택할 수 있다.

〈근로자 임금명세서 [설정] 화면〉

② 임금명세서: [1. 임금명세서] 탭은 설정한 년/월의 "근로자관리 → 근로자/일일 출역 명세"에 입력된 내용이 불러온다. 근로자를 선택한 후 '일괄변경' → '일괄생성' 순으로 진행한다. '일괄변경'에서는 지급일자/전송방법/양식 등을 설정할 수 있다. 일괄생성까지 진행 후 '임금명세서' 버튼으로 생성한 임금명세서를 볼 수 있다.

전자문서 충전(1건당 100원/VAT 별도) 후 '문자전송' 버튼으로 근로자에게 문자로 임금명세서를 전송할 수 있다.

〈근로자 임금명세서 [임금명세서] 화면〉

〈임금명세서 미리 보기 예시〉

2024년 04월 임 금 명 세 서

(주)우리건설 지급일 : 2024-05-10

현 장 명	테스트(sample) 공사현장		
성 명	**박태용**	생년월일	490822
거래처(팀)	한우리건업(주)	직 종	철근공

세 부 내 역			
지 급		공 제	
임금 항목	지급 금액	공제 항목	공제 금액
기본급	851,504	근로소득세	25,650
주휴수당	171,187	지방소득세	2,560
연장근로	318,526	국민연금	
휴일근무	679,597	건강보험	134,710
연차휴가	39,186	장기요양보험	17,440
		고용보험	
식대		노조비	
추가지급		분회비	
국외수당		기타공제	
지급금액	**2,060,000**	공제금액	180,360
		실수령액	3,619,640

근로일수	총 근로시간	기본근로시간	주휴시간	연장근로시간	휴일근로시간	연차시간	
21 일	184 시간	76.06 시간	15.29 시간	28.45 시간	60.7 시간	3.5 시간	

계 산 방 법		
구 분	산출식 또는 산출방법	지급/공제액
기본급	기본근로시간 * 통상시급	851,504
주휴수당	주휴시간 * 통상시급	171,187
연장근로	연장근로시간 * 통상시급	318,526
휴일근무	휴일근로시간 * 통상시급	679,597
연차휴가	연차시간 * 통상시급	39,186
근로소득세	(일용근로소득-150,000원/일) * 2.7%	1,580
지방소득세	근로소득세 * 10%	150
고용보험료	과세급여 * 0.9%	
국민연금	과세급여 * 4.5%	
건강보험료	과세급여 * 3.545%	73,020
장기요양보험	건강보험료 * 12.81%	9,350

비고	최선을 다해주셔서 감사합니다.^^

※ 상기임금명세서는 근로계약서에 기준하여 작성되었습니다.

3. 근로자계약/전자문서

NCS 학습 모듈: 건설 – 건설공사관리–건설시공관리–건설공사 공무관리–현장자원관리–노무 관리하기(LM1401010405_14v2.1)

메뉴 홈 → 근로자관리 → 03. 근로자/장비계약 전자문서

"근로자관리 → 05. 근로자 등록/계약" 및 "근로자관리 → 01. 근로자/일일 출역 명세"에 등록된 근로자들의 계약서를 전자문서 형태로 생성하고 근로자에게 발송(SMS, 알림톡)하여 서명을 회신 받을 수 있다.

서명이 회신된 문서를 해당 메뉴에서 조회가 가능하다.

(1) 세부기능

① 설정: 근로계약서 생성 전 [3. 설정]의 '계약서명'에서 노무비 산정비율, 계약방식에 따른 설정이 필요하다. '12. 알림톡/문자전송설정'에서는 알림톡 또는 SMS 중 전자근로계약서 발송 방식을 선택할 수 있다.

〈근로자계약/전자문서 메뉴 [설정] 화면〉

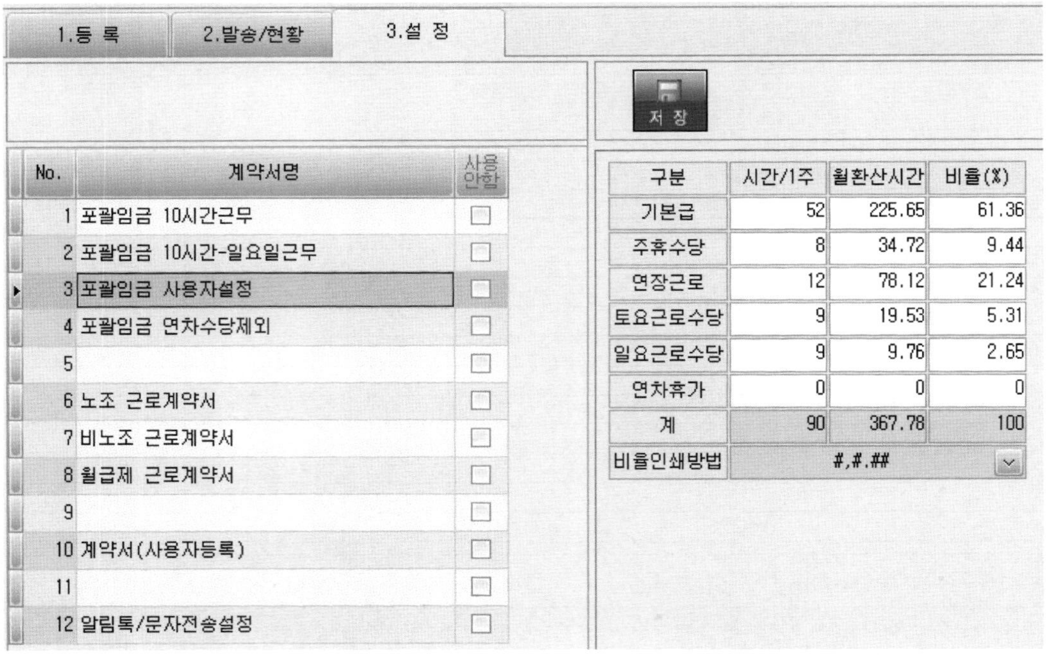

1.등 록 | 2.발송/현황 | 3.설 정

저 장

No.	계약서명	사용안함
1	포괄임금 10시간근무	☐
2	포괄임금 10시간-일요일근무	☐
3	포괄임금 사용자설정	☐
4	포괄임금 연차수당제외	☐
5		☐
6	노조 근로계약서	☐
7	비노조 근로계약서	☐
8	월급제 근로계약서	☐
9		☐
10	계약서(사용자등록)	☐
11		☐
12	알림톡/문자전송설정	☐

구분	시간/1주	월환산시간	비율(%)
기본급	52	225.65	61.36
주휴수당	8	34.72	9.44
연장근로	12	78.12	21.24
토요근로수당	9	19.53	5.31
일요근로수당	9	9.76	2.65
연차휴가	0	0	0
계	90	367.78	100
비율인쇄방법	#,#.##		

② 등록: [1. 등록]에서 근로자 또는 장비에 대한 계약서를 생성할 수 있다.

㉠ 검색조건: '1. 검색조건'에서 근로자 등록 또는 월출역 명세에 등록된 내용을 기준으로 근로계약서를 생성할지 선택할 수 있다. 다양한 조건검색을 통해 근로자를 선택한다.

㉡ 근로계약서 생성: '2. 근로계약서 생성'에서 [3. 설정]에서 설정한 계약서 종류를 선택하고, 등록 일자와 전송방법을 선택할 수 있다. '당초 계약일'과 '첫 근로 일자(월출역 명세 기준)' 선택항목으로 계약일자를 설정할 수 있다.

㉢ 일괄생성: 하단의 일괄생성 버튼으로 설정한 내용의 계약서를 생성할 수 있다.

〈근로자계약/전자문서 메뉴 [등록] 화면〉

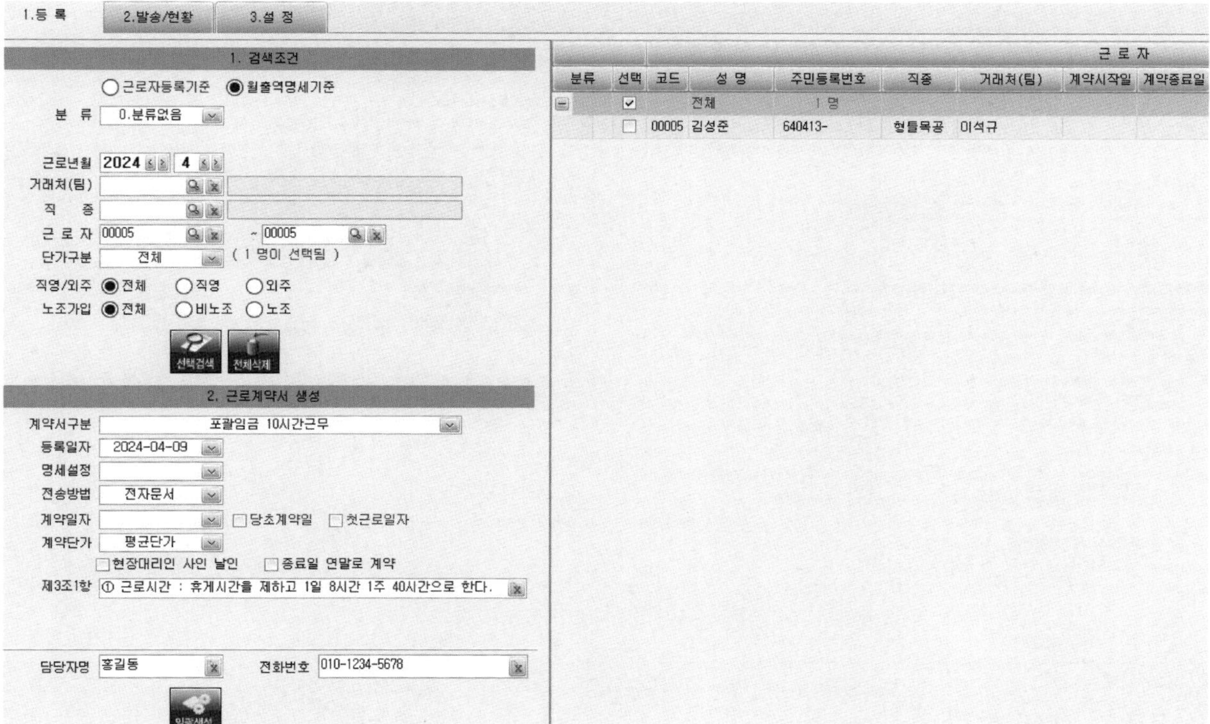

③ 발송/현황: [2. 발송/현황] 탭에서 일괄생성한 근로계약서를 미리 보기 하거나 발송할 수 있다.

대상자를 선택하여 '근로계약' 버튼으로 근로계약서를 조회하고, '문서전송'으로 해당 계약서를 발송할 수 있다.

'근로계약서 전자계약조회' 버튼으로 근로자가 서명하여 회신한 근로계약서를 확인 가능하다. (1회 근로계약서 전송 및 회신 200원/VAT 별도)

전송된 근로계약서는 파란색으로, 서명 완료된 근로계약서는 초록색으로 표기된다.

〈근로자계약/전자문서 메뉴 [발송/현황] 화면〉

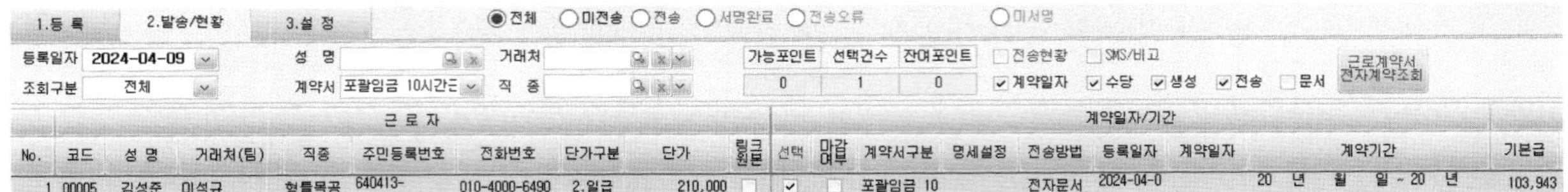

〈근로자계약서 미리 보기 예시〉

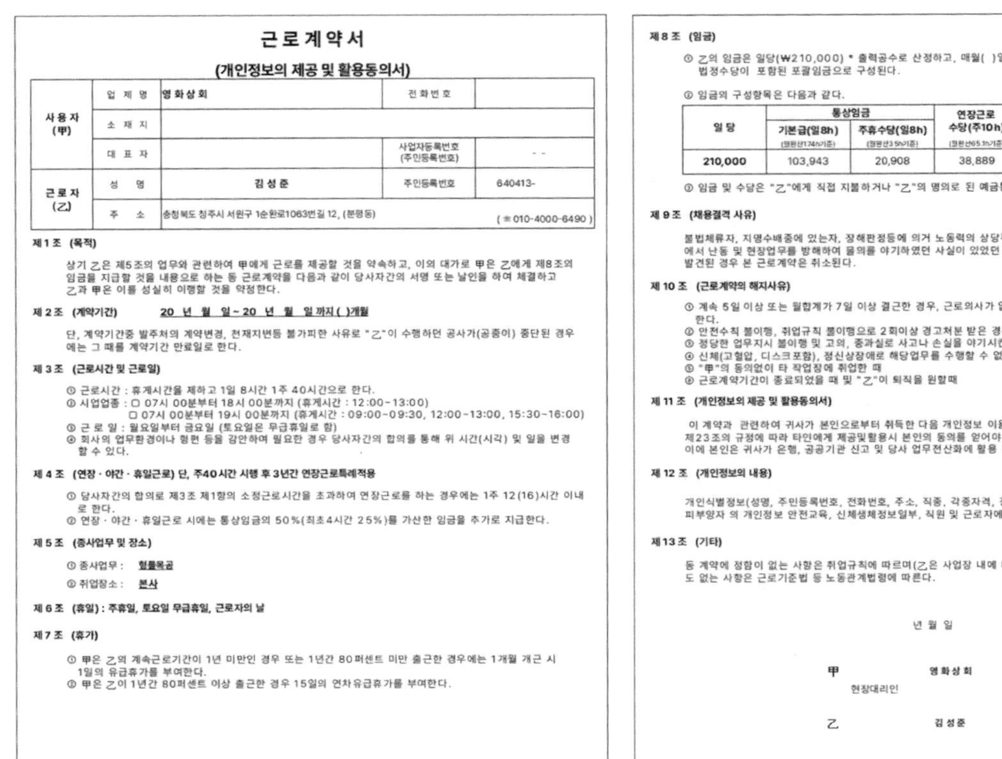

근 로 계 약 서

(개인정보의 제공 및 활용동의서)

사용자(甲)	업 체 명	영화상회	전화번호	
	소 재 지			
	대 표 자		사업자등록번호 (주민등록번호)	- -
근로자(乙)	성 명	김성준	주민등록번호	640413-
	주 소	충청북도 청주시 서원구 1순환로1063번길 12, (분평동)		(☎010-4000-6490)

제 1 조 (목적)

상기 乙은 제5조의 업무와 관련하여 甲에게 근로를 제공할 것을 약속하고, 이의 대가로 甲은 乙에게 제8조의 임금을 지급할 것을 내용으로 하는 동 근로계약을 다음과 같이 당사자간의 서명 또는 날인을 하여 체결하고 乙과 甲은 이를 성실히 이행할 것을 약정한다.

제 2 조 (계약기간) 20 년 월 일 ~ 20 년 월 일 까지 ( )개월

단, 계약기간중 발주처의 계약변경, 천재지변등 불가피한 사유로 "乙"이 수행하던 공사가(공종이) 중단된 경우에는 그 때를 계약기간 만료일로 한다.

제 3 조 (근로시간 및 근로일)

① 근로시간 : 휴게시간을 제하고 1일 8시간 1주 40시간으로 한다.
② 시업업종 : □ 07시 00분부터 18시 00분까지 (휴게시간 : 12:00~13:00)
□ 07시 00분부터 19시 00분까지 (휴게시간 : 09:00~09:30, 12:00~13:00, 15:30~16:00)
③ 근 로 일 : 월요일부터 금요일 (토요일은 무급휴일로 함)
④ 회사의 업무환경이나 형편 등을 감안하여 필요한 경우 당사자간의 합의를 통해 위 시간(시각) 및 일을 변경할 수 있다.

제 4 조 (연장 · 야간 · 휴일근로) 단, 주40시간 시행 후 3년간 연장근로특례적용

① 당사자간의 합의로 제3조 제1항의 소정근로시간을 초과하여 연장근로를 하는 경우에는 1주 12(16)시간 이내로 한다.
② 연장 · 야간 · 휴일근로 시에는 통상임금의 50%(최초4시간 25%)를 가산한 임금을 추가로 지급한다.

제 5 조 (종사업무 및 장소)

① 종사업무 : 형틀목공
② 취업장소 : 본사

제 6 조 (휴일) : 주휴일, 토요일 무급휴일, 근로자의 날

제 7 조 (휴가)

① 甲은 乙의 계속근로기간이 1년 미만인 경우 또는 1년간 80퍼센트 미만 출근한 경우에는 1개월 개근 시 1일의 유급휴가를 부여한다.
② 甲은 乙이 1년간 80퍼센트 이상 출근한 경우 15일의 연차유급휴가를 부여한다.

제 8 조 (임금)

① 乙의 임금은 일당(₩210,000) * 출력공수로 산정하고, 매월( )일에 정기 지급하며, 위 임금에는 법정수당이 포함된 포괄임금으로 구성된다.

② 임금의 구성항목은 다음과 같다.

일 당	통상임금		연장근로 수당(주10h)	휴일근무 수당(주10h)	연차휴가 수당(주8h)
	기본급(일8h) (월환산174h기준)	주휴수당(일8h) (월환산35h기준)	(월환산65.1h기준)	(월환산 69.44h기준)	(월환산8h기준)
210,000	103,943	20,908	38,889	41,481	4,779

③ 임금 및 수당은 "乙"에게 직접 지불하거나 "乙"의 명의로 된 예금통장에 입금한다.

제 9 조 (채용결격 사유)

불법체류자, 지명수배중에 있는자, 장해판정등에 의거 노동력의 상당부분이 상실되었음이 확인된자, 타건설현장에서 난동 및 현장업무를 방해하여 물의를 야기하였던 사실이 있었던 자는 채용될 수 없으며, 위 사실이 추후 발견된 경우 본 근로계약은 취소된다.

제 10 조 (근로계약의 해지사유)

① 계속 5일 이상 또는 월합계가 7일 이상 결근한 경우, 근로의사가 없는 것으로 간주 징계 절차없이 자동면직한다.
② 안전수칙 불이행, 취업규칙 불이행으로 2회이상 경고처분 받은 경우
③ 정당한 업무지시 불이행 및 고의, 중과실로 사고나 손실을 야기시킨 경우
④ 신체(고혈압, 디스크포함), 정신상장애로 해당업무를 수행할 수 없을 경우
⑤ "甲"의 동의없이 타 작업장에 취업한 때
⑥ 근로계약기간이 종료되었을 때 및 "乙"이 퇴직을 원할때

제 11 조 (개인정보의 제공 및 활용동의서)

이 계약과 관련하여 귀사가 본인으로부터 취득한 다음 개인정보 이용 및 보호에 관한 법률 제23조의 규정에 따라 타인에게 제공및활용시 본인의 동의를 얻어야 하는 정보입니다.
이에 본인은 귀사가 은행, 공공기관 신고 및 당사 업무전산화에 활용 하도록 하는데 동의합니다.

제 12 조 (개인정보의 내용)

개인식별정보(성명, 주민등록번호, 전화번호, 주소, 직종, 각종자격, 장애등급, 기초생활수급자, 피부양자 의 개인정보 안전교육, 신체생체정보일부, 직원 및 근로자에 필요한 정보 일체 등등)

제 13 조 (기타)

동 계약에 정함이 없는 사항은 취업규칙에 따르며(乙은 사업장 내에 비치 · 게시된 취업규칙 참조), 취업규칙에도 없는 사항은 근로기준법 등 노동관계법령에 따른다.

년 월 일

甲 영화상회
현장대리인 영화

乙 김성준 (서명 또는 인)

4. 근로자 출역 현황

NCS 학습 모듈: 건설 – 건설공사관리–건설시공관리–건설공사 공무관리–현장자원관리–노무 관리하기(LM1401010405_14v2.1)

메뉴 홈 → 근로자관리 → 04. 근로자 출역 현황

"근로자 출역 현황"은 근로자들의 월출역 현황 및 주 단위 출역 현황을 관리하기 위한 메뉴이다. 2018년 근로기준법이 개정되며 주당 법적 근로시간을 이전 68시간에서 52시간으로 단축하며, 해당 주 단위 근로시

간을 관리하기 위해 만들어진 메뉴이다. 아래 그림과 같이 월출역 현황, 근로자 출역 현황, 주 52시간 출역 현황, 주 52시간 출역(공수/시간) 4가지 분석 보고서 확인이 가능하다. 특히 '근로자 출역 현황' 보고서를 선택할 경우 팀/직종/개인별 등 세부 분류별 노무비 지급명세 현황 역시 확인할 수 있다.

〈근로자관리의 근로자 출역 현황 중 월출역 현황〉

04.근로자출역현황 (찾기:F5-F6, 보기:F7)

2024 CMS6 Total Solution 보 기 | 엑 셀 | 상세보기 | 인원/건수 32 / 45

보고서 1.월출역현황 | 년월 2024 4 ~ 2024 4 | 전월 금월 | 회사명 전체회사 | 거래처 | 공종명 | 분류소계

기간 2024-04-01 ~ 2024-04-30 | 전년 금년 | 현장명 | 직 종 | 근로자 | 1 2 3 4 5

성 명	년월	현장명	주민등록번호	연령	예금주	직종명	임금기준	기준단가	확정단가	근무일수	총공수	출역내역																								
												월 1	화 2	수 3	목 4	금 5	토 6	일 7	월 8	화 9	수 10	목 11	금 12	토 13	일 14	월 15	화 16	수 17	목 18	금 19	토 20	일 21	월 22	화 23	수 24	목 25
곽인혁	2024-04	테스트(sample) 공사현장	441025-	79		계장공	2.일급	100,000	0	7	21		3	3	3	3	3	3	3																	
곽인혁	2024-04	해양경찰서건축공사	441025-	79		계장공	2.일급	100,000	0	6	6.5							1.5		1	1	1	1	1												
곽인혁	2024-04	용산 센트럴시티아파트 골	441025-	79		계장공	2.일급	100,000	0	23	25	1	1	1	1	1	1	1	1	1	1	1	1		1		1	1	1	1	1	1	1	1	1	1
구자호	2024-04	해양경찰서건축공사	550617-	68	구자호	건축목공	2.일급	120,000	0	7	7.4	1.2						1.2		1	1	1	1	1												
김광언	2024-04	테스트(sample) 공사현장	591017-	64		형틀목공	2.일급	120,000	0	18	19.5	2	0.5				1		1		1		1		1	1	1	1	1	1		1	1	1	1	1
김광언	2024-04	미원-청천간 도로확포장공	591017-	64		형틀목공	2.일급	100,000	0	10	10			1	1	1		1		1		1									1	1		1	1	
김동윤	2024-04	테스트(sample) 공사현장	660809-	57		철근공	2.일급	130,000	0	18	18		1		1	1	1				1	1			1	1	1	1		1		1	1	1	1	1
김민희	2024-04	테스트(sample) 공사현장	690527-	54		철근공	2.일급	200,000	0	20	20		1	1		1	1	1	1		1	1			1	1	1	1		1		1	1	1	1	1
김민희	2024-04	충청북도 바이오 교육문화	690527-	54		철근공	2.일급	120,000	0	3	3.5	1.5	1				1																			
김민희	2024-04	해양경찰서건축공사	690527-	54		철근공	2.일급	160,000	0	6	6				1					1	1	1	1	1												
김상길	2024-04	해양경찰서건축공사	640501-	59	유성용	철근공	2.일급	120,000	0	7	7			1	1					1	1	1	1	1												
김성준	2024-04	테스트(sample) 공사현장	640413-	59	김성준	형틀목공	2.일급	210,000	0	24	39.5	1.5	1	1	1	1		1	1		2		2		2	1	2	2	2	2	1	2	2	1	2	2
김성준	2024-04	충청북도 바이오 교육문화	640413-	59	김성준	미장공	2.일급	85,000	0	4	4.8		1.2				1.2		1.2		1.2															
김인성	2024-04	테스트(sample) 공사현장	660809-	57		형틀목공	2.일급	200,000	0	10	10	1						1			1		1		1		1			1		1				1
김인성	2024-04	해양경찰서건축공사	660809-	57		형틀목공	2.일급	180,000	0	21	23	1		1	1		1		1	1	1	1	1	1	1	1	1	1	1	1	1	1	1	1	1	
김인성	2024-04	서진산업 내추리공장 신축	660809-	57		형틀목공	2.일급	200,000	0	1	1	1																								
김재영	2024-04	테스트(sample) 공사현장	620413-	61		철근공	2.일급	190,000	0	12	23				1	1	1	1	1	1	1	1	11	1	1	1										
김현봉	2024-04	해양경찰서건축공사	620517-	61	김현봉	형틀목공	2.일급	160,000	0	8	10			1			2		2	1	1	1	1	1												
나정용	2024-04	테스트(sample) 공사현장	660809-	57		건축목공	2.일급	160,000	0	22	23				1	1	1	1	1	1	1	1	1	1	1	1	1	1		1		1	1	1	1	1
박정환	2024-04	해양경찰서건축공사	690527-	54		비계공	2.일급	90,000	0	6	6		1							1	1	1	1	1												
박종만	2024-04	테스트(sample) 공사현장	591017-	64		직영인부	2.일급	80,000	0	21	23		1	2	1	2	1	1	1		1		1		1	1	1	1	1		1		1	1	1	
박지극	2024-04	테스트(sample) 공사현장	480417-	75		형틀목공	2.일급	150,000	0	22	24.9	0.9	1	1	1	2		1			1		1		1	1	1	1	1	1	1	1	1		1	1

(1) 메뉴설명

"근로자 출역 현황" 메뉴에서 사용되는 버튼의 기능은 다음과 같다.

버튼메뉴	세부기능 및 연동 기능
보 기	데이터의 수정이나 옵션을 변경할 경우 '보기' 버튼을 클릭하여 최신 데이터로 업데이트 할 수 있다.
엑 셀	현재 화면에 있는 리스트의 내용을 엑셀의 형식으로 변환하는 기능이다.
인쇄조건	'2. 근로자 출역 현황' 보고서 선택 시 활성화되며, "01. 근로자/일일 출역 명세"의 '인쇄조건'과 동일한 화면으로 조회조건에 따른 근로자 출역 현황 보고서 및 노무비 지급명세서 등 원하는 보고서 출력이 가능하다.
상세보기	선택된 근로자의 일자별 공수 및 단가, 공제금액 등 상세 근로 내역을 확인할 수 있다.
설 정	'1. 월출역 현황' 보고서 선택 시 활성화되며, 화면에 보이는 항목을 선택할 수 있는 화면항목 설정 버튼이다.

(2) 세부기능

① 월출역 현황: "근로자관리-01. 근로자/일일 출역 명세"와 동일한 기능으로 근로자들의 한 달간 출역 내역 및 지급금액, 공제금액 등 출역 사항을 관리하는 항목이다. 상단 조회 설정 항목을 통해 원하는 회사, 현장, 거래처, 직종, 조회 기간 등 세부 조회 설정 역시 가능하다.

② 근로자 출역 현황: "근로자관리-01. 근로자/일일 출역 명세" 메뉴의 데이터를 기반으로 아래 그림과 같

이 11가지 노무비 지급명세 및 현황을 조회할 수 있는 항목이다. 선택한 지급명세 기준을 토대로 한 달간 근로자 출역 현황을 조회할 수 있다.

③ 주 52시간 출역 현황: 2018년 근로기준법이 개정되며 주당 법적 근로시간을 이전 68시간에서 52시간으로 단축하며, 해당 주 단위 근로시간을 관리하기 위해 만들어진 항목이다. 아래 그림과 같이 "근로자관리-01. 근로자/일일 출역 명세" 메뉴와 "공사관리-01. 공사일보-5. 노무" 메뉴 중 선택적으로 데이터를 불러올 수 있다. 또한 요일 기준 및 주 단위 기준 분석 시간 역시 설정할 수 있다.

〈근로자관리의 근로자 출역 현황 중 주 52시간 출역 현황〉

04.근로자출역현황 (찾기: F5-F6, 보기:F7)

2024 CMS6 Total Solution 보 기 엑 셀 인원/건수 42 /

보고서 3.주52시간 출역현황 년월 2024 4 ~ 2024 4 전월 금월 회사명 (주)우리건설 거래처 공종명
기간 2024-04-01 ~ 2024-04-30 전년 금년 현장명 직 종 근로자

자료 ◉월출역 요일 ◉월~일 ○일~토 구분 ◉일자 ○주별 분석 ◉전체 ○40시간 초과 ○44시간 초과 ○52시간 초과

No.	성 명	주민등록번호	거래처(팀)	직종명	2024년 04월 (04-01 ~ 04-28)																							
					1주 (04-01 ~ 04-07)								2주 (04-08 ~ 04-14)								3주 (04-15 ~ 04-21)							
					월 1	화 2	수 3	목 4	금 5	토 6	일 7	계	월 8	화 9	수 10	목 11	금 12	토 13	일 14	계	월 15	화 16	수 17	목 18	금 19	토 20	일 21	계
1	강신균	660809-	(주)아성기업	방수공																								
2	곽인혁	441025-	한터출판 디	계장공		24	24	24	24	24	36	156	24	8	8	8	8	8		64								
3	구자호	550617-	(주)대신공영	건축목공	9.6						9.6	19.2		8	8	8	8	8		40								
4	김광언	591017-	(주)아성기업	형틀목공	16	4	8	8	8	8	8	60	8	8	8	8	8		8	48	8	8	8	8	8	8	16	64
5	김동윤	660809-	(주)아성기업	철근공		8		8	8	8		32			8	8			8	24	8	8	8		8		8	40
6	김민희	690527-	(주)한국건설	철근공	12	16	8	8	8	16	8	76	8	8	16	16	8	8	8	72	8	8	8		8		8	40
7	김상길	640501-	한우리건업(	철근공			8	8				16		8	8	8	8	8		40								
8	김성준	640413-	이석규	형틀목공	12	17.6	8	8	8	9.6	8	71.2	17.6		25.6		16		16	75.2	8	16	16	16	16	8	16	96
9	김인성	660809-	경북상회	형틀목공	24		8	8		8	8	56	8	8	16	8	16	8	16	80	8	16	8	8	16	8	16	80
10	김재영	620413-	(주)대신공영	철근공				8	8	8	8	32	8	8	8	8	88	8	8	136	8							8
11	김현봉	620517-	삼성콘테이너	형틀목공			8			16		24	16	8	8	8	8	8		56								
12	나정용	660809-	(주)대신공영	건축목공				8	8	8	8	32	8	8	8	8	8	8	8	56	8	8	8		8		8	40

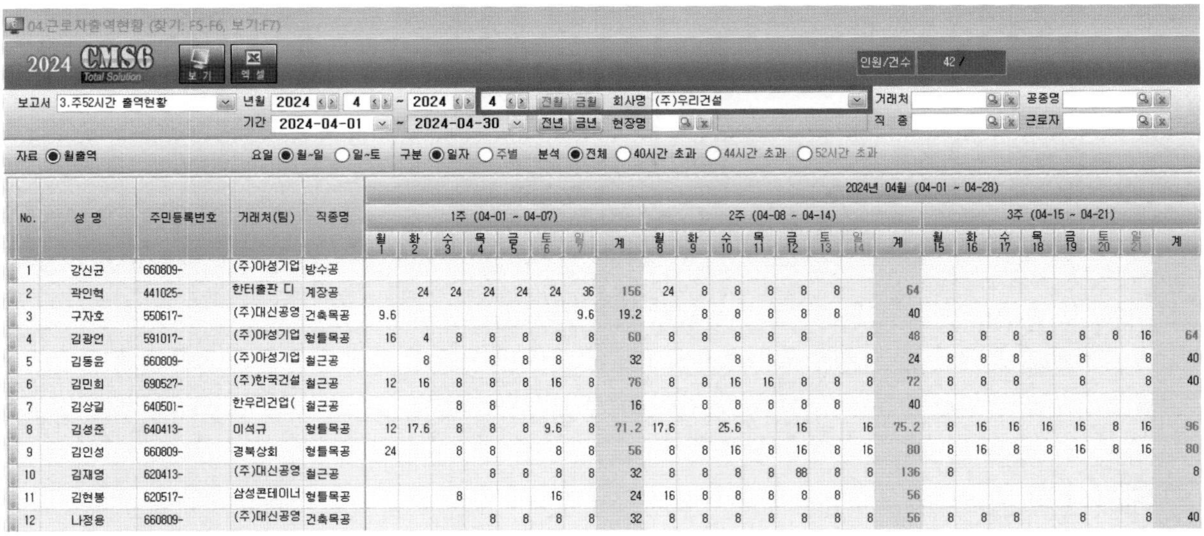

④ 주 52시간 출역(공수/시간): 이전의 "주 52시간 출역 현황" 보고서의 경우 출역 시간을 토대로 근로자의 주간 근무시간 분석이 가능했다면, "주 52시간 출역(공수/시간)" 보고서의 경우 아래 그림과 같이 공사와 출역 시간을 함께 분석할 수 있다는 차이점이 있다.

〈근로자관리의 근로자 출역 현황 중 주 52시간 출역 현황(공수/시간)〉

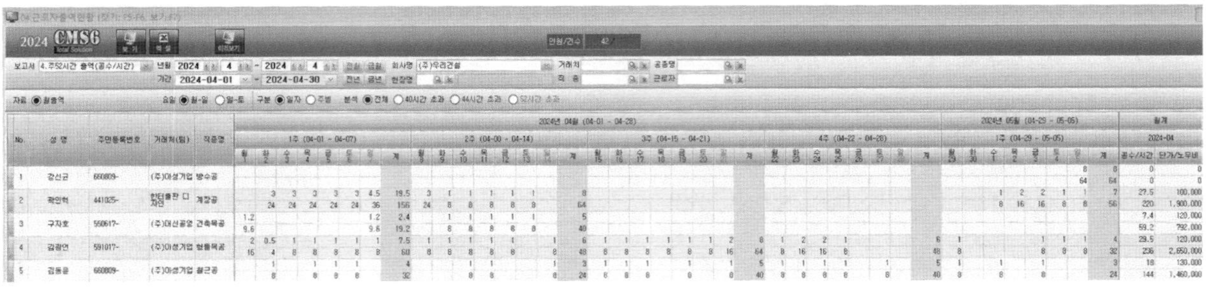

04.근로자출역현황 (찾기: F5-F6, 보기:F7)

2024 CMS6 Total Solution 보 기 엑 셀 이전보기 인원/건수 42 /

보고서 4.주52시간 출역(공수/시간) 년월 2024 4 ~ 2024 4 전월 금월 회사명 (주)우리건설 거래처 공종명
기간 2024-04-01 ~ 2024-04-30 전년 금년 현장명 직 종 근로자

자료 ◉월출역 요일 ◉월~일 ○일~토 구분 ◉일자 ○주별 분석 ◉전체 ○40시간 초과 ○44시간 초과 ○52시간 초과

No.	성 명	주민등록번호	거래처(팀)	직종명	2024년 04월 (04-01 ~ 04-28)																																				2024년 05월 (04-29 ~ 05-05)								월계	
					1주 (04-01 ~ 04-07)								2주 (04-08 ~ 04-14)								3주 (04-15 ~ 04-21)								4주 (04-22 ~ 04-28)								1주 (04-29 ~ 05-05)								2024-04	
					월 1	화 2	수 3	목 4	금 5	토 6	일 7	계	월 8	화 9	수 10	목 11	금 12	토 13	일 14	계	월 15	화 16	수 17	목 18	금 19	토 20	일 21	계	월 22	화 23	수 24	목 25	금 26	토 27	일 28	계	월 29	화 30	수 1	목 2	금 3	토 4	일 5	계	공수/시간	단가/노무비
1	강신균	660809-	(주)아성기업	방수공																																							8	8	0	0
																																											64	64	0	0
2	곽인혁	441025-	한터출판 디자인	계장공		3	3	3	3	3	4.5	19.5	3	1	1	1	1	1		8																			1	2	2	1	1	7	27.5	100,000
						24	24	24	24	24	36	156	24	8	8	8	8	8		64																			8	16	16	8	8	56	220	1,900,000
3	구자호	550617-	(주)대신공영	건축목공	1.2						1.2	2.4		1	1	1	1	1		5																									7.4	120,000
					9.6						9.6	19.2		8	8	8	8	8		40																									59.2	792,000
4	김광언	591017-	(주)아성기업	형틀목공	2	0.5	1	1	1	1	1	7.5	1	1	1	1	1		1	6	1	1	1	1	1	1	2	8	1	2	2	1				6	1				1	1	1	4	29.5	120,000
					16	4	8	8	8	8	8	60	8	8	8	8	8		8	48	8	8	8	8	8	8	16	64	8	16	16	8				48	8				8	8	8	32	236	2,650,000
5	김동윤	660809-	(주)아성기업	철근공		1		1	1	1		4			1	1			1	3	1	1	1		1		1	5	1	1	1	1		1		5	1		1		1			3	18	130,000
						8		8	8	8		32			8	8			8	24	8	8	8		8		8	40	8	8	8	8		8		40	8		8		8			24	144	1,460,000

5. 근로자 등록/계약

NCS 학습 모듈: 건설 - 건설공사관리-건설시공관리-건설공사 공무관리-현장자원관리-노무 관리하기(LM1401010405_14v2.1)

메뉴 홈 → 근로자관리 → 05. 근로자 등록/계약

"근로자 등록/계약"은 회사명과 현장 등의 선택에 따라서 근로자를 관리하기 위한 메뉴로 근로자 등록 및 조회가 가능하다. 근로자의 기본적인 데이터를 직접 입력할 수 있으며 현재 계약 기간에 따라 '계약중'인지 '계약종료'인지 자동 구분되며 근무상황도 바로 검색이 가능하다. 아래 그림은 "근로자 등록/계약" 메뉴의 초기화면이다.

〈근로자관리의 근로자 등록/계약〉

06.근로자등록/계약 (찾기: F5-F6, F7:보기, F8:선택검색, F12:정보수정)

2024 CMS6 Total Solution | 보 기 | 삭 제 | 인쇄조건 | 찾 기 | 상세보기 | 첨부파일 | 노무명세 | 근로계약 | 파일변환 | 엑 셀 | 선택검색 | 설 정 | 종 료

회사명 (주)우리건설 현장명 0001 테스트(sample) 공사현장 거래처(팀) 검색 0.전체 등록건수 33 54 / 46 / 8

◉전체 ○계약중 ○계약종료 | 엑셀문서복사 | 일괄변경 | 신분증 인식 | 실명인증 | 계좌번호확인 | 전자근로계약 | 체류자격변경 | 등록자

코드	출역제한	계약첨부	성명(한글)	성명(영문)	주민등록번호	분류	구분	직 종	단가구분	월급/일당	거래처(팀)	현 장 명	휴대전화	새주소	주 소	최초근무일	계약일	계약종료일	국적
00081	☐	☐	부라운에리어		430707-		기공	견출공	2.일급	150,000		테스트(sample) 공사현장		☑	충청북도 청주시 상당구 단재로293번				
00080	☐	☐	박지극		451017-		조공	견출공	2.일급	100,000	(주)아성기업	테스트(sample) 공사현장		☐					
00079	☐	☐	박태용		620822-		조공	철근공	2.일급	150,000	(주)아성기업	테스트(sample) 공사현장		☐					
00072	☐	☐	김재영		620413-		조공	철근공	2.일급	190,000	(주)대신공영	테스트(sample) 공사현장		☐			2024-04-01		
00051	☐	☐	장광동		430505-		조공	직영인부	2.일급	130,000	(주)아성기업	테스트(sample) 공사현장		☐					
00050	☐	☐	정봉원		420307-		조공	철근공	2.일급	160,000	(주)아성기업	테스트(sample) 공사현장		☐					
00046	☐	☑	부라운엘라	Borwen Aira	630707-	양호	조공	견출공	2.일급	150,000	(주)아성기업	테스트(sample) 공사현장	010-253-5623	☐	분당구 세종동 369번지		2024-07-21		필리핀(*)
00045	☐	☑	장광수		470505-	양호	조공	직영인부	4.월급/일급	2,000,000	직영반장	테스트(sample) 공사현장	011-4856-8920	☐					
00044	☐	☐	철이		430707-	양호	조공	건축목공	4.월급/일급	2,500,000	(주)교차로	테스트(sample) 공사현장		☐	충북 청주시 흥덕구 분평동1390	2024-06-25		2024-07-31	
00043	☐	☐	김영재		630413-	보통	기공	철근공	5.월급/연장	2,500,000	박창석	테스트(sample) 공사현장		☐	충북 청주시 상당구 용암동 현대1차	2024-06-25	2024-12-31	2024-07-31	
00042	☐	☐	알렉스 볼트	ALREXS Bolt	640413-	보통	조공	건축목공	3.시급	7,000	한우리건업(	테스트(sample) 공사현장	010-5326-5620	☐	울산 울주군 범서읍 천상리 150-15		2024-04-01	2024-12-31	독일(*)
00041	☐	☐	한광돌	Kamgdoll Han	620505-	보통	조공	견출공	2.일급	120,000	(주)대신공영	테스트(sample) 공사현장	010-4521-8591	☐	경북 포항시 북구 장성동158		2024-01-01		
00040	☐	☐	부영하		640505-	신불	기공	포장공	2.일급	100,000	화성방수(주)	테스트(sample) 공사현장	016-4852-4862	☐	서울 종로구 세종로150			2024-12-31	
00039	☐	☐	김상길		640501-	신불	기공	철근공	2.일급	120,000	한우리건업(	테스트(sample) 공사현장	017-145-8569	☐	서울 영등포구 당산동210		2023-04-01	2024-09-30	
00038	☑	☐	고영일		540621-	불량	기공	철근공	2.일급	180,000	(주)대신공영	테스트(sample) 공사현장	011-4654-5434	☐	충북 청주시 흥덕구 사직1동		2023-04-01	2023-10-31	
00033	☐	☐	오승현		591017-		기공	철근공	2.일급	130,000	(주)아성기업	테스트(sample) 공사현장	011-521-5132	☐			2024-04-01	2024-11-26	

(1) 메뉴설명

"근로자 등록/계약" 메뉴에서 사용되는 버튼의 기능은 다음과 같다.

버튼메뉴	세부기능 및 연동 기능
보 기	데이터의 수정이나 옵션을 변경할 경우 '보기' 버튼을 클릭하여 최신 데이터로 업데이트 할 수 있다.
삭 제	커서가 있는 위치의 데이터 정보를 삭제할 경우에 사용한다. 관련 데이터 전체가 삭제되기 때문에 사용에 신중해야 한다.
인쇄조건	옵션 선택을 통해 근로자 현황을 출력물의 형태로 확인하거나 인쇄 가능하다. (아래 그림 참조)
찾 기	검색 옵션을 통해서 쉽게 원하는 근로자 데이터를 찾을 수 있다. (아래그림 참조)
상세보기	커서가 있는 위치의 선택된 근로자의 개인 정보를 화면 우측에 상세하게 보여주는 기능이다. 새롭게 근로자를 추가할 수 있는 '신규' 버튼과 근로자의 근로계약서 등을 참조할 수 있는 '근로계약' 버튼 등이 있다. 근로자마다 [기본정보], [현장정보], [출역 현황], [추가정보] 등의 탭으로 각각 정보를 분류하고 있어 항목별 관리상황도 손쉽게 파악할 수 있다.
첨부파일	근로자 정보에 등록된 사진이나 파일을 확인할 수 있으며 새롭게 파일을 등록할 수도 있다.
노무명세	이전에 설명한 "근로자 월출역 명세" 메뉴와 동일한 화면이다. 근로자의 월별 출역 상황을 다양한 옵션 선택을 통해 관리가 가능하다.
근로계약	근로자의 근로계약서 작성, 변경, 관리가 모두 가능하다. 보고 싶은 근로자를 여러 명 선택도 가능하며 '미리 보기' 버튼을 이용해서 출력될 내용을 미리 확인도 가능하다. (아래 그림 참조)
파일변환	엑셀로 저장된 근로자 정보를 프로그램에 변환해주는 기능이다.
엑 셀	'파일변환'과 반대되는 기능으로 현재 화면에 있는 리스트의 내용을 엑셀의 형식으로 변환하는 기능이다.
선택검색	현재 커서가 있는 위치의 데이터 값을 검색조건으로 해서 데이터를 새롭게 추출할 수 있는 기능이다. 다시 전체 리스트를 보고 싶은 경우에는 '보기' 버튼을 클릭한다.
설 정	아래 그림과 같이 화면 리스트에 보일 항목을 선택할 수 있는 옵션이다. 체크하지 않은 항목은 화면 리스트에 보이지 않는다. 그룹항목 및 좌우측 고정 설정도 가능하다.

〈근로자관리의 근로자/등록 계약 중 인쇄조건〉

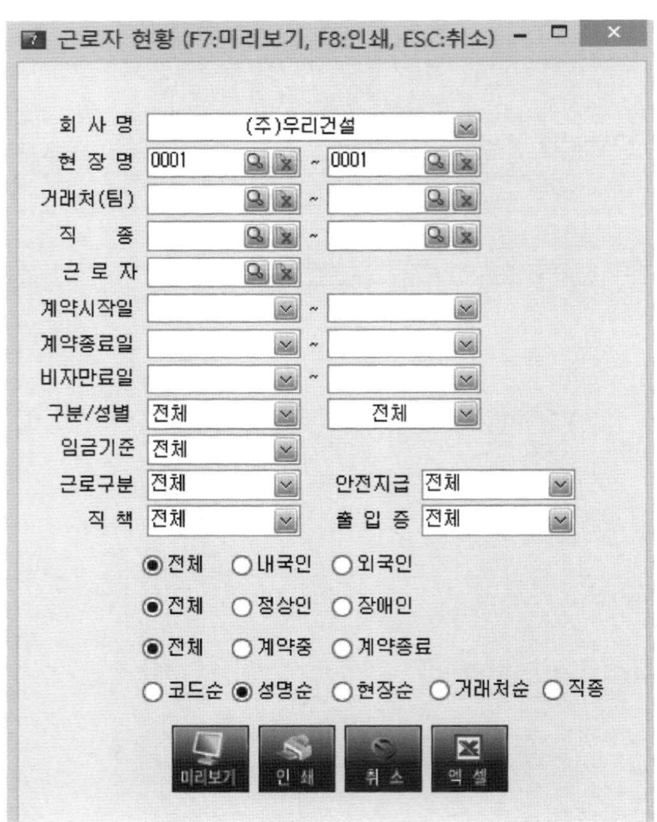

〈근로자관리의 근로자 등록/계약 중 찾기〉

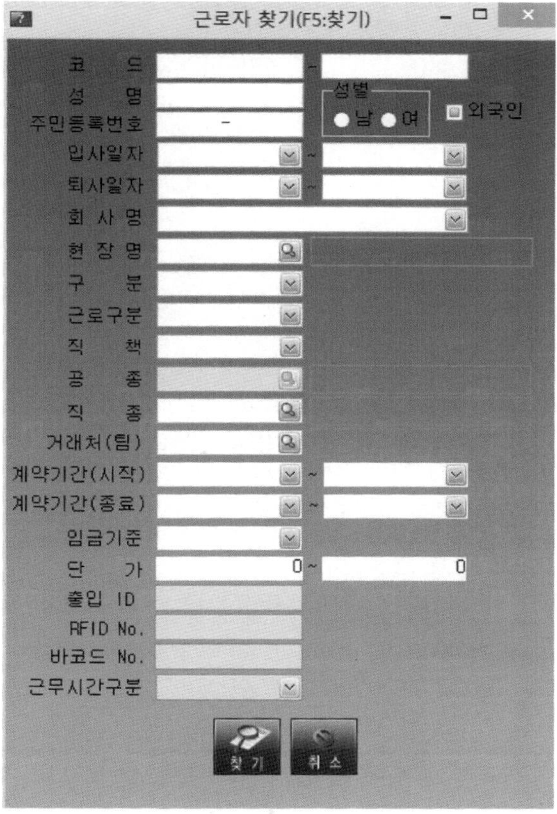

〈근로자관리의 근로자 등록/계약 중 상세보기〉

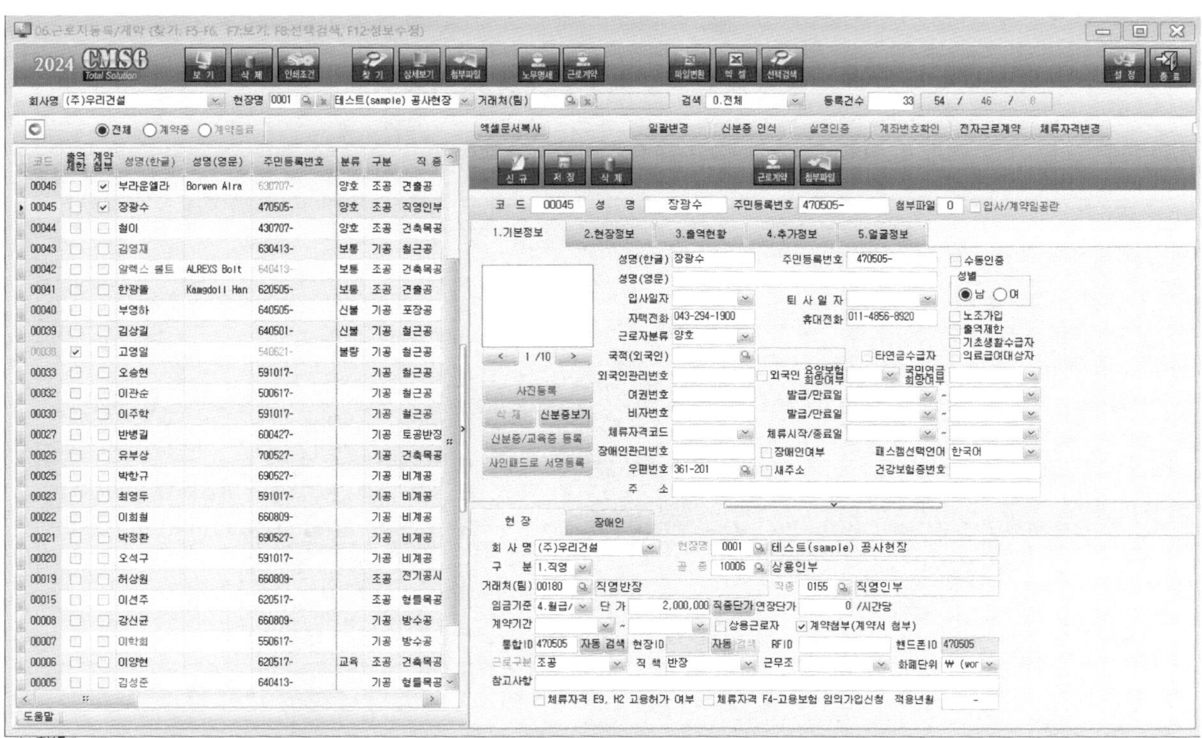

〈근로자관리의 근로자 등록/계약 중 근로계약〉

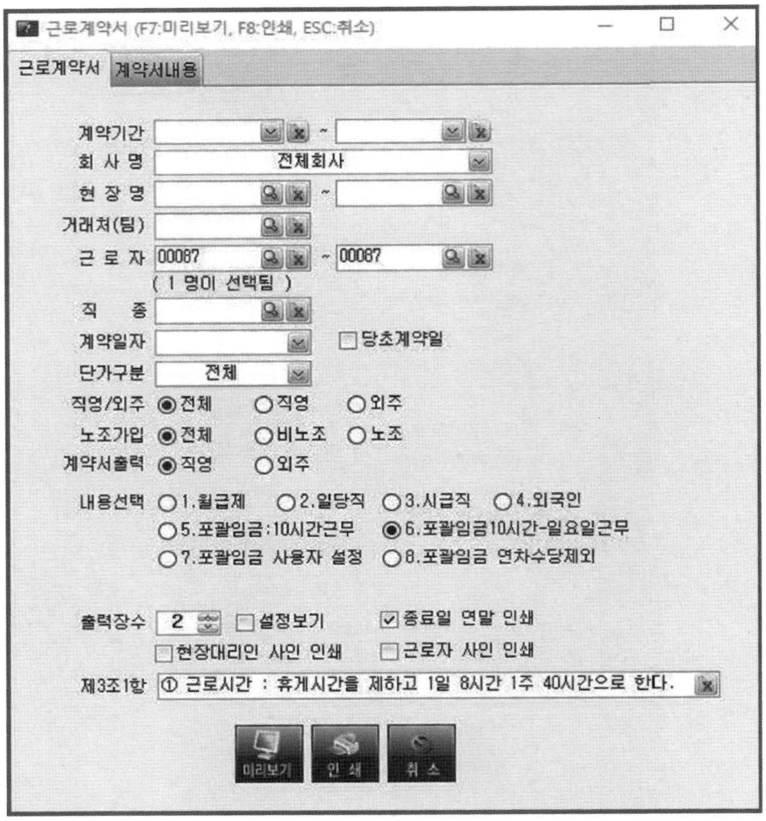

근로계약서 (F7:미리보기, F8:인쇄, ESC:취소)

근로계약서 | 계약서내용

계약기간 ~
회 사 명 전체회사
현 장 명 ~
거래처(팀)
근 로 자 00087 ~ 00087
(1 명이 선택됨)
직 종
계약일자 □당초계약일
단가구분 전체
직영/외주 ◉전체 ○직영 ○외주
노조가입 ◉전체 ○비노조 ○노조
계약서출력 ◉직영 ○외주
내용선택 ○1.월급제 ○2.일당직 ○3.시급직 ○4.외국인
○5.포괄임금:10시간근무 ◉6.포괄임금10시간-일요일근무
○7.포괄임금 사용자 설정 ○8.포괄임금 연차수당제외

출력장수 2 □설정보기 ☑종료일 연말 인쇄
□현장대리인 사인 인쇄 □근로자 사인 인쇄
제3조1항 ① 근로시간 : 휴게시간을 제하고 1일 8시간 1주 40시간으로 한다.

미리보기 | 인 쇄 | 취 소

〈근로자관리의 근로자 등록/계약 중 근로계약 미리 보기〉

근로계약서(일용)

(갑) 사용자	상 호	**(주)우리건설**	대 표 자	**김 정 환**
	주 소	충청북도 청주시 서원구 1순환로1063번길 12, (분평동)		
(을) 근로자	성 명	**임춘구**	주민등록번호	410722-
	주 소		전 화 번 호	016-541-1954

"갑"과 "을"은 아래의 근로조건을 성실히 이행할 것을 약정하고 근로계약을 체결한다.

\- 아 래 -

근 로 장 소	**테스트(sample) 공사현장**	공종/수행업무	드릴공
소 속 팀 장	한터출판 디자인	체 류 자 격	

계 약 기 간	2016.01.01. ~ 2016. 12. 31. 로 한다. 현장의 인력수급, 기능수준, 태업등 근태, 작업성과, 건강, 안전수칙준수등을 감안하여 당사자 간 합의에 의하여 근로계약은 갱신 체결될 수 있다. 다만, 근로계약이 갱신된 경우라도 근로계약의 최대기간은 "을"의 담당 공종 및 업무가 종료된 때를 계약만료일로 한다. 또한, 계약기간 중이라 하더라도 천재지변, 동절기 공사중단, 발주처의 공사중단, 설계변경 등의 사유로 공사를 계속할 수 없을때를 계약기간 만료일로 한다.
임 금	1. "을"의 임금은 1일 8시간 기본일당 (**₩92,040**)원, 시간급(**₩11,505**)원 으로 한다. 2. 임금은 익월 말일에 지급하며, 급여지급시 근로소득세 및 고용보험료, 의료보험료, 국민연금 등 제세공과금을 원천징수한 후 "을"의 온라인 통장구좌로 직접 지급한다. 3. 성과급 (팀기성-팀인건비+경비) 발생시 팀장(반장)이 정한 배분기준에 따라 추가공수를 지급할 수 있다. 4. "을"은 1일 9시간(월-일) 월30일 근로시 발생될 법정수당이 포함된 포괄일당 (**₩150,000**)원에 출역공수(9h 1공수(월-일), 연장3시간 0.5공수)를 곱하여 산정 지급받는데에 이의없이 동의한다. 포괄임금 산정방식에 동의함. 동의자 : 임춘구 (인)

포괄역산 산정내역	임금구성내역	기본일당	유급주휴	연장근로	휴일할증
	포괄일당대비 비율	61.36 %	9.44 %	21.24 %	7.96 %
	포괄일당 (₩150,000 원)	₩92,040 원	₩14,160 원	₩31,860 원	₩11,940 원

1. 소정근로시간은 07:00~17:00 (월~금, 휴게2시간)으로 1일 8시간 1주 40시간으로 한다.

〈근로자관리의 근로자 등록/계약 중 설정〉

(2) 세부기능

① 일괄변경: 근로자들의 상세정보를 일괄로 변경하고자 하는 경우 변경할 근로자 성명 좌측의 선택을 체크한 후 회사명, 현장명, 거래처, 직종, 단가, 계약일, 종료일 중에서 변경할 대상 항목을 선택하여 데이터를 일괄적으로 변경할 수 있다.

② 신분증 인식: 아래 그림과 같이 이미 신분증이 등록된 경우에는 [신분증 인쇄] 탭에서 바로 출력이 가능하며 아직 신분증 등록되지 않은 경우에는 아래 그림과 같이 [신분증 스캔] 탭에서 신분증을 스캔할 수 있다. 반드시 '보기' 버튼 클릭을 해야 데이터 리스트가 생성되며 '미리 보기' 버튼 클릭 시에는 인쇄 미리 보기도 가능하다. 신분증 인식을 위해서는 서진 신분증 인식 스캐너가 설치되어 있어야 한다.

③ 실명인증/계좌번호확인: 근로자의 주민등록번호와 계좌번호에 대한 인증을 할 수 있다. 신용평가원에 자료를 검색하여 개인 정보 확인 후 검증이 가능하다.

실명인증 과 계좌번호확인 은 비용이 발생하며 서진 ERP 홈페이지에서 문의 후 사용 가능하다. 인증된 근로자는 '실명인증결과' 항목에 결괏값이 나타나며 '주민등록번호'란이 파란색으로 표기된다. 만약 주민등록번호 오류자는 적색으로 표기된다.

④ 근로계약: '근로계약' 버튼을 통해 근로자의 근로계약서 확인이 가능하며 월급/일당/시급/외국인 등 원하는 내용 및 양식을 선택할 수 있다.

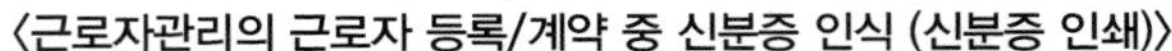

〈근로자관리의 근로자 등록/계약 중 신분증 인식 (신분증 인쇄)〉

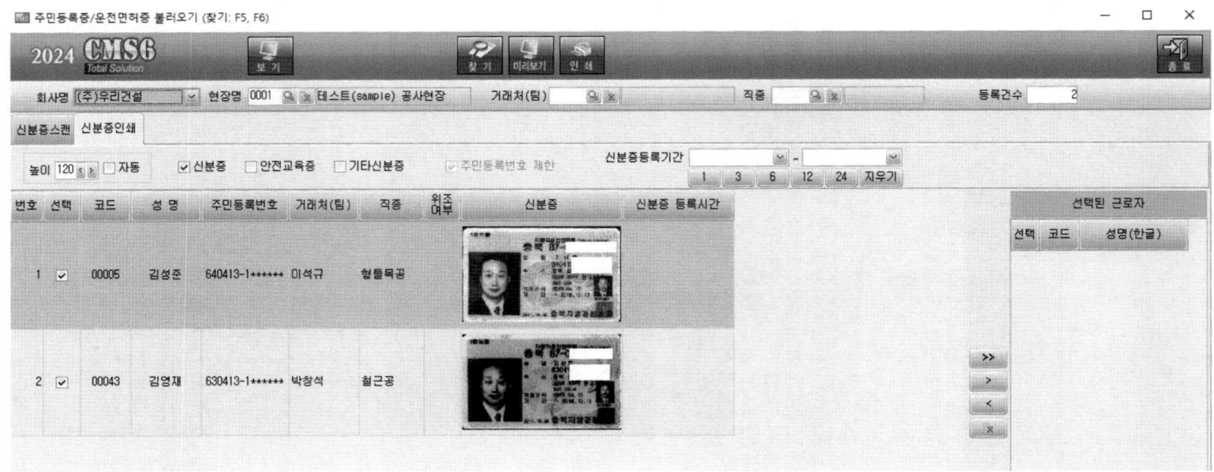

〈근로자관리의 근로자 등록/계약 중 신분증 인식 (신분증 스캔)〉

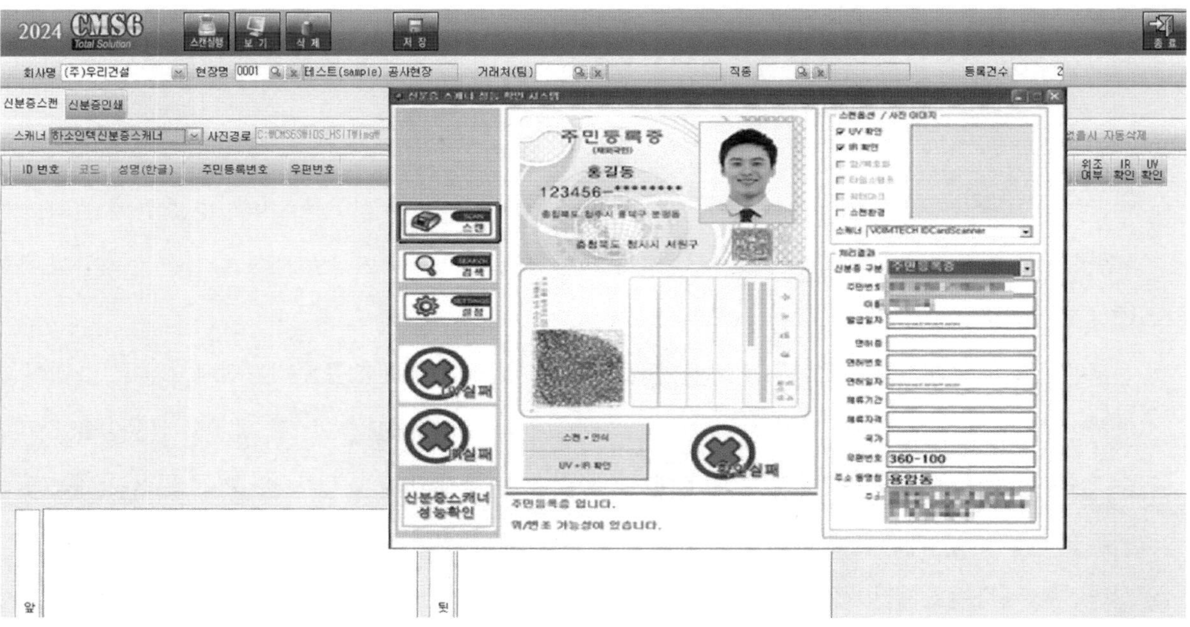

실습하기 - 근로자 등록/계약

"근로자 등록/계약" 메뉴에서 근로자를 신규로 등록할 수 있으며 사진이나 파일첨부도 가능하다.

① "근로자 등록/계약" 메뉴에서 '상세보기' 버튼을 클릭해서 새롭게 신규 등록이 가능하다. 이때 사진이나 첨부파일을 추가할 수 있으며 근로자 구분을 위해 이름과 주민등록번호를 반드시 입력해야 한다. '근로계약' 버튼을 통해 근로계약서를 자동으로 작성할 수 있다. 또한 근로자를 현장에서 출역 제한을 하고자 할 경우에는 '출역 제한'을 체크하여 불량 근로자를 업무에서 배제할 수 있다.

〈근로자 등록/계약에서 신규 등록 및 근로계약서 작성하기〉

② 근로계약서를 작성하고 싶을 경우에는 '근로계약' 버튼을 클릭하면 작성하기(1) 사진과 같은 새 창이 나타나며, 이때 내용 선택을 통해 간편하게 계약서를 작성할 수 있으며 [계약서 내용] 탭에서 상세 내용을 확인하거나 수정할 수 있다.

〈근로자 등록/계약에서 신규 등록 및 근로계약서 작성하기(1)〉

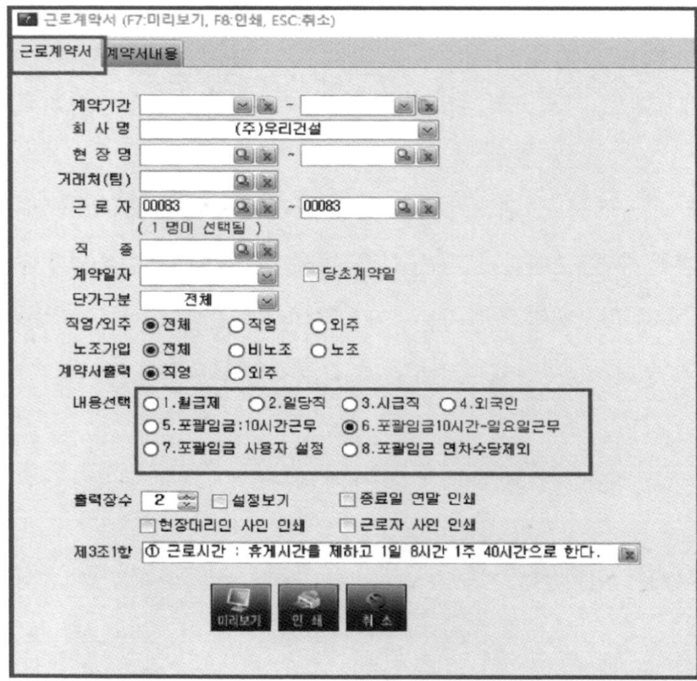

〈근로자 등록/계약에서 신규 등록 및 근로계약서 작성하기(2)〉

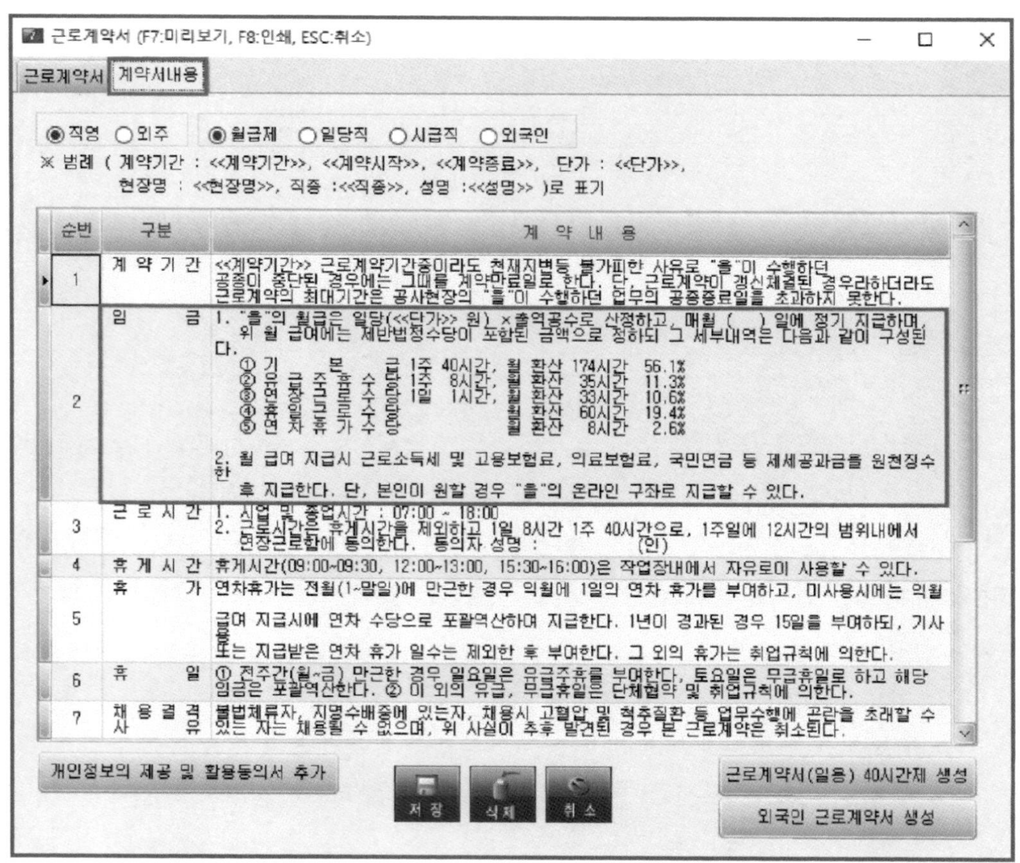

6. 4대보험 취득/상실신고

NCS 학습 모듈: 건설-건설공사관리-건설시공관리-건설공사 공무관리-현장자원관리-노무 관리하기(LM1401010405_14v2.1)

메뉴 홈 → 근로자관리 → 07. 4대보험 취득/상실신고

"4대보험 취득/상실신고"는 4대보험(고용보험, 국민연금, 건강보험, 산재보험) 취득/상실 관리 및 신고서까지 자동 처리되는 메뉴이다. 아래 그림과 같이 회사명, 현장명, 근무 연월을 선택하면 자동으로 근무자 리스트를 보여준다. 우측화면은 개인별 4대보험 취득/상실신고 일자 및 세부내용을 확인할 수 있다. 화면 하단에는 근무자의 근로 연월, 현장명, 출역 내역 리스트 등을 상세하게 보여준다.

〈근로자관리의 4대보험 취득/상실신고〉

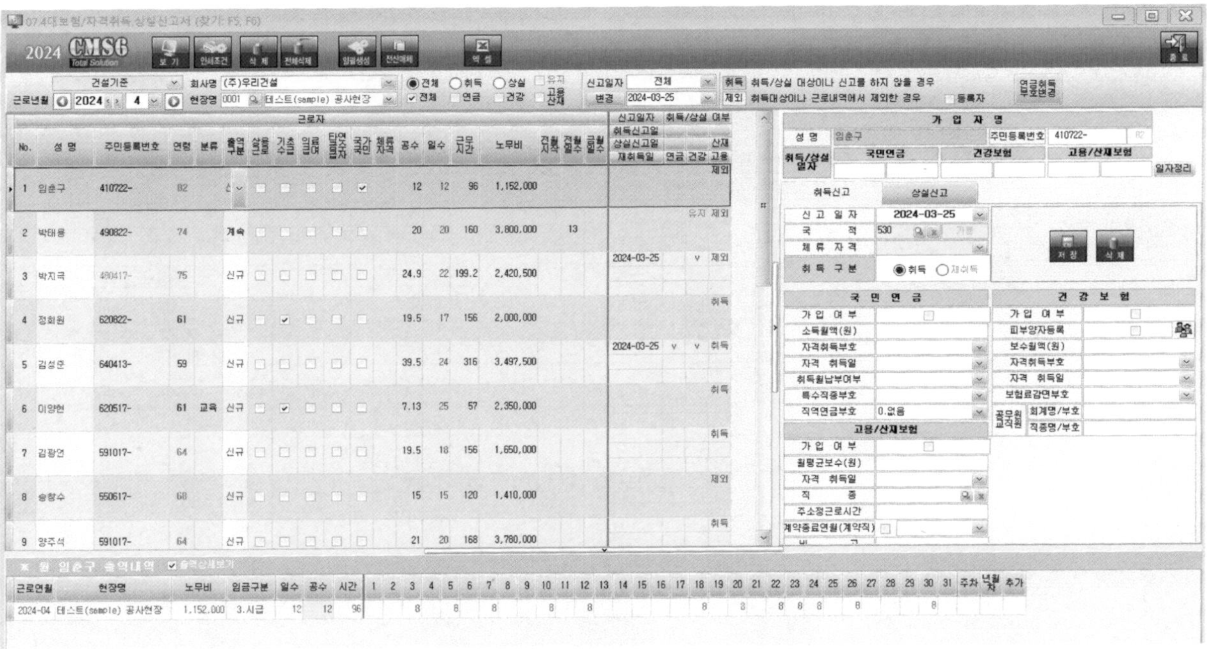

(1) 메뉴설명

"4대보험 취득/상실" 메뉴에서 사용되는 버튼의 기능은 다음과 같다.

버튼메뉴	세부기능 및 연동 기능
인쇄조건	아래 그림과 같이 4대보험 관련 신고서를 선택하여 출력할 수 있다. 선택옵션에는 기간, 회사 및 현장, 보고서 등 원하는 옵션을 선택 가능하며, 출력물을 확인할 수 있다.
삭 제	선택된 근로자의 취득/상실신고일 정보를 삭제할 경우에 사용한다. 관련 데이터 전체가 삭제되기 때문에 신중히 사용해야 한다.
전체삭제	화면에 있는 리스트 내용의 취득/상실 여부 데이터 전체가 삭제된다.
일괄생성	근로자의 4대 보험 취득/상실 데이터를 일괄적으로 불러올 수 있다. '전체삭제' 버튼을 통해 삭제 후 일괄생성 시 오늘 날짜의 신고일이 등록된다. "메뉴 홈-근로자관리-01. 근로자/일일 출역 명세" 메뉴가 수정된 경우 '전체삭제→일괄생성' 하면 편리하다.
전산매체	아래 그림과 같이 사회보험 EDI와 건강보험 EDI 신고기관을 확인 후 옵션을 선택할 수 있다.
엑 셀	현재 화면에 있는 리스트의 내용을 엑셀의 형식으로 변환하는 기능이다.

〈근로자관리의 4대보험 취득/상실신고 중 신고서〉

■ 국민건강보험법 시행규칙 (별지 제6호서식) <개정 2022.10.26>

국민연금 [V] 사업장가입자 자격취득 신고서　　건강보험 [V] 직장가입자 자격취득 신고서

고용보험 [　] 근로자 피보험 자격취득 신고서　　산재보험 [　] 근로자 고용 신고서

※ 유의사항 및 작성방법은 제2쪽을 참고해 주시기 바라며, 색상이 어두운 란은 신고인이 적지 않습니다.
※ [ ] 에는 해당되는 곳에 '√' 표시를 합니다.
※ 같은 사람의 4대 사회보험의 자격취득일 또는 월 소득액(소득월액, 보수월액, 월평균보수액)이 서로 다른 경우 줄을 달리하여 적습니다.

접수번호	접수일시	처리기간 : 3일(고용 · 산재보험은 5일)

구분	항목	내용	항목	내용	항목	내용
사업장	사업장관리번호	2005-07-845896	명칭	테스트(sample) 공사현장	단위 사업장 명칭	테스트(sample) 공사현장 / 영업소 명칭 (주)우리건설
	소재지	서울 강남구 대치동367-1	우편번호(135-280)			
	전화번호	02-8546-8900			FAX번호	02-752-1865
보험사무 대행기관	번호		명칭		하수급인 관리번호(건설공사 등의 미승인 하수급인만 해당합니다)	

구분	성명 / 주민등록번호(외국인등록번호 · 국내거소신고번호)	국적 / 체류자격	대표자 여부	월 소득액(소득월액 · 보수월액 · 월평균보수액)(원)	자격 취득일(yyyy.mm.dd)	국민연금			건강보험				고용보험 · 산재보험				
						자격취득부호	특수직종부호	직역연금부호	자격취득부호	보험료 감면부호	공무원 · 교직원 회계명/부호	공무원 · 교직원 직종명/부호	직종부호	1주 소정근로시간	계약종료 연월(계약직만 작성)	보험료 부과구분(해당자만 작성) 부호	보험료 부과구분(해당자만 작성) 사유
1	박지극		[ ] 예 [V] 아니오	2,420,500	2024.04.01	[ ] 국민연금 ([ ] 취득월 납부 희망)			[V] 건강보험 ([ ] 피부양자 신청)				[ ] 고용보험(계약직여부: [ ] 예, [ ] 아니오) [ ] 산재보험				
	480417-								00								
2	김성준		[ ] 예 [V] 아니오	3,497,500	V 2024.04.01	[ ] 국민연금 ([ ] 취득월 납부 희망)			[V] 건강보험 ([ ] 피부양자 신청)				[ ] 고용보험(계약직여부: [ ] 예, [ ] 아니오) [ ] 산재보험				
	640413-					01		0	00								

〈근로자관리의 4대보험 취득/상실신고 중 전산매체〉

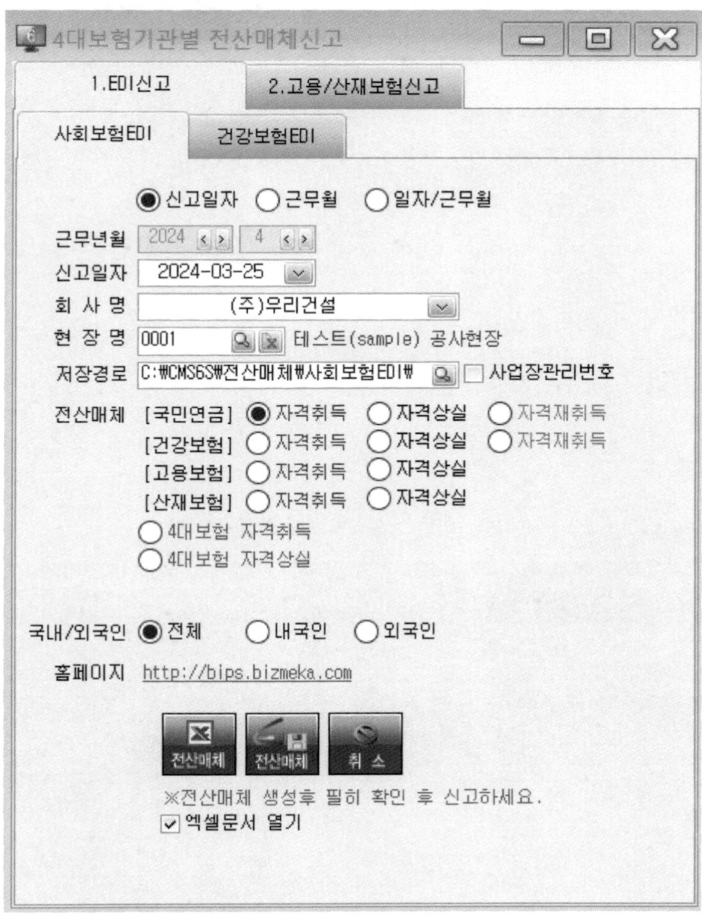

① 빨간색 표시: 화면 리스트에 빨간색으로 표시되는 경우는 나이가 만65세 이상, 근무 일수 8일 미만, 주민등록번호 오류인 경우에 표시된다.

② 파란색 표시: 화면 리스트에 파란색으로 표시되는 경우는 "메뉴 홈-근로자관리-01. 근로자/일일 출역명세" 메뉴에서 데이터를 불러온 근로자인 경우, 출역 구분이 신규인 경우, 근무일 수 8일 이상, 나이 60세~64세의 경우에 표시된다.

> 궁금한 용어
>
> - **취득신고일**: 근로자의 4대보험을 취득 신고하는 일자이다. 4대보험은 1인 이상을 고용하는 사업장에 적용되며 입사일 기준으로 취득신고를 하여야 한다.
> - **산재보험**: 산재근로자와 그 가족의 생활을 보장하기 위하여 국가가 책임을 지는 의무보험으로 원래 사용자의 근로기준법상 재해 보상책임을 보장하기 위하여 국가가 사업주로부터 소정의 보험료를 징수하여 그 기금(재원)으로 사업주를 대신하여 산재 근로자에게 보상을 해주는 제도이다.

실습하기 - 4대보험 취득/상실신고

반복되는 일용직근로자들의 4대보험 취득 및 상실신고를 클릭 몇 번으로 아주 손쉽게 처리할 수 있다. 4대보험은 8일 이상 근로를 해야 취득 대상자가 되며, 만약 취득 후 8일 미만으로 근로를 한 경우에는 상실신고를 해야 한다.

① 보기 1 그림과 같이 근무 일수에 따라서 자동으로 4대보험 취득/상실이 결정되기 때문에 일일이 선택해서 체크할 필요가 없다. 근무 일수의 경우 전체 현장의 총 근무 일수가 아닌 각각의 현장별 근무 일수로 계산된다.

〈4대보험 취득/상실신고 실습화면 보기 1〉

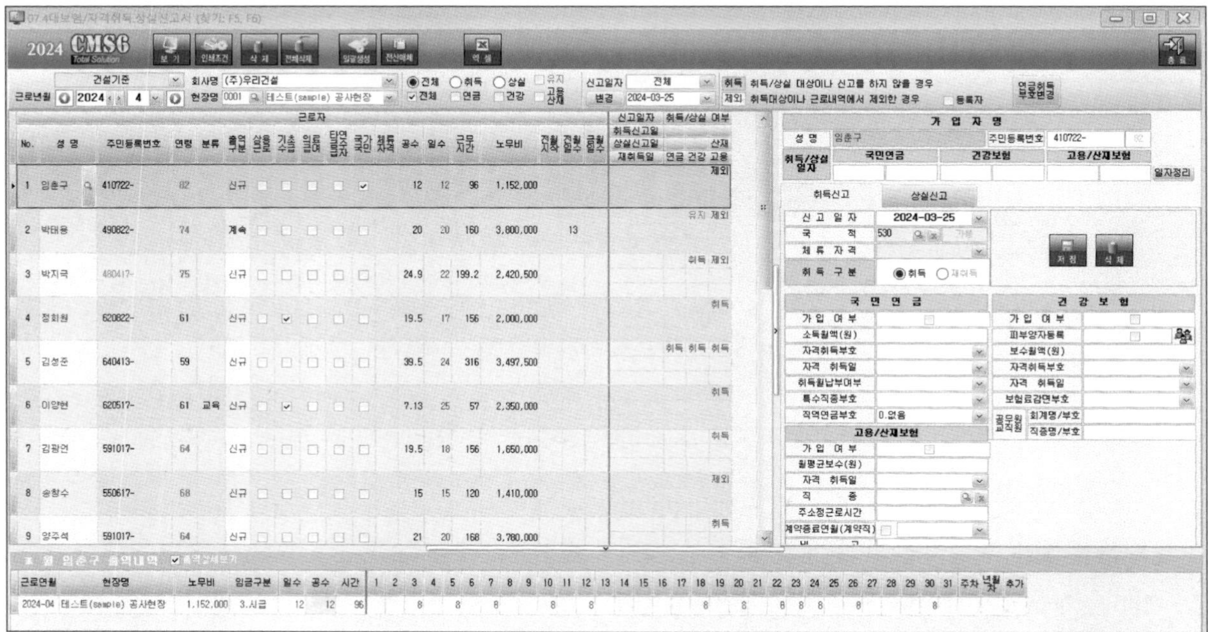

② 현장 선택 후 '일괄생성' 버튼을 통해 근로자의 취득/상실 여부를 일괄적으로 설정할 수 있으며 이때 체크 마크(v)가 생성되고 새롭게 등록된 사람은 '신규'로 표시된다. 국민연금, 건강보험의 취득 기준은 "메뉴 홈-기초정보-13. 환경설정-노무설정"에서 설정 가능하다.

〈4대보험 취득/상실신고 실습화면 보기 2〉

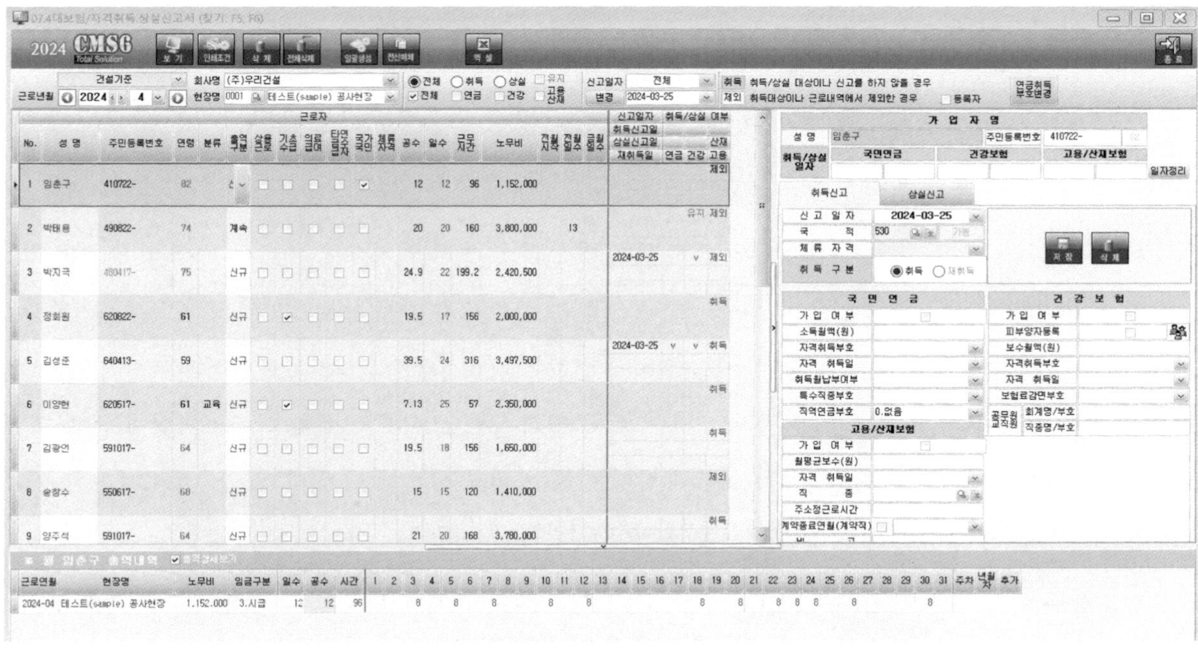

③ '전산매체' 버튼을 클릭해서 직접 EDI 신고 파일을 생성할 수 있다. 보기 3과 같이 '전산매체' 팝업창이 생성된 후 최종적으로 원하는 '전산매체' 버튼을 클릭하여 EDI 파일을 생성할 수 있다.

〈4대보험 취득/상실신고 전산매체 실습화면 보기 3 〉

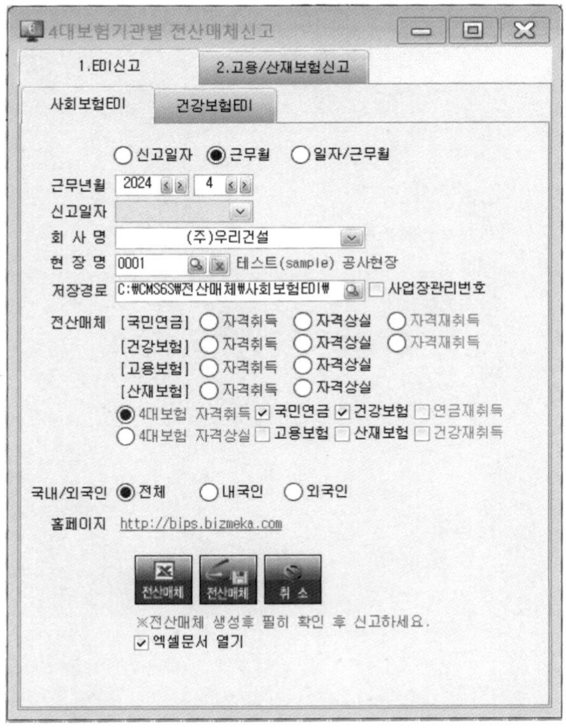

7. 노무원가 집계현황

NCS 학습 모듈: 건설 – 건설공사관리–건설시공관리–건설공사 공무관리–현장자원관리–노무 관리하기(LM1401010405_14v2.1)

메뉴 홈 → 근로자관리 → 08. 노무원가 집계현황

"노무원가 집계현황"은 아래 그림과 같이 노무비에 대한 현황을 월별 보고서 형식으로 분석할 수 있는 메뉴이다. 옵션 선택에 따라서 총액기준, 실지급기준, 팀별 집계 등으로 선택할 수 있다. 특히 '팀별 집계'를 체크할 경우 '팀별 선택' 버튼을 통해 아래 그림과 같이 원하는 팀을 선택할 수 있다. 또한 '미리 보기' 버튼을 통해 선택된 거래처/팀의 '근로자 투입 내역 현황'을 확인할 수 있다.

〈근로자관리의 노무원가 집계현황〉

〈근로자관리의 노무원가 집계현황 중 '팀별 선택'〉

노무원가집계현황-팀선택

2024 CMS6 Total Solution | 미리보기 | 인 쇄 | 종 료

회사명 (주)우리건설 ☐금회만 보기

현장명 0001 테스트(sample) 공사현장 조회기간 2023-03-01 ~ 2024-03-22

선택	No.	거래처/팀	전회 공수	전회 금 액	금회 공수	금회 금 액	누계 공수	누계 금 액
☑	1	(주)한국건설안전공사	0	0	50	4,265,000	50	4,265,000
☑	2	(주)대신공영	0	0	99	8,165,000	99	8,165,000
☑	3	(주)아성기업	0	0	111.4	9,014,000	111.4	9,014,000
☑	4	경북상회	0	0	175	33,440,000	175	33,440,000
☐	5	박창석	0	0	42	4,400,000	42	4,400,000
☐	6	삼성콘테이너	0	0	11	880,000	11	880,000
☐	7	이석규	0	0	39	4,505,000	39	4,505,000
☐	8	직영반장	0	0	26	1,000,000	26	1,000,000
☐	9	한우리건업(주)	0	0	332.5	49,039,350	332.5	49,039,350
☐	10	한터출판 디자인	0	0	42	2,550,000	42	2,550,000
☐	11	현장직영팀	0	0	34	2,808,000	34	2,808,000
		합계 : 4 / 11 건	0	0	435	54,884,000	435	54,884,000

도움말

8. 지급조서/전산매체

NCS 학습 모듈: 건설 - 건설공사관리-건설시공관리-건설공사 공무관리- 현장자원관리- 노무 관리하기(LM1401010405_14v2.1)

메뉴 홈 → 근로자관리 → 09. 지급조서/전산매체

"지급조서/전산매체"는 여러 현장별로 계산된 근로자들의 소득세/지방세를 회사로 취합하여 홈택스 신고용 전산매체 생성 및 신고자료를 관리하는 메뉴이다. 가장 기초가 되는 "메뉴 홈-근로자관리-01. 근로자/일일 출역 명세" 메뉴의 내용을 확정 후 '일괄생성' 버튼을 클릭하여 현장별로 계산되어 있는 근로자들의 소득세/지방세를 취합하여 재확인하여야 한다. "01. 근로자/일일 출역 명세" 데이터 중 월급제는 제외하고 일괄생성된다. 최소 2개 이상의 현장에서 근무 시 회사별 세액과 현장별 세액이 다르게 표시될 수 있으며, 화면

하단에서 근로자에 대한 현장별/일자별 노무비 확인이 가능하다. 일반적으로 전산매체 신고는 '회사별 / 월별 / 지급월' 기준으로 신고한다. 아래 그림은 "지급조서/전산매체" 메뉴의 메인 화면이다.

〈근로자관리의 지급조서/전산매체〉

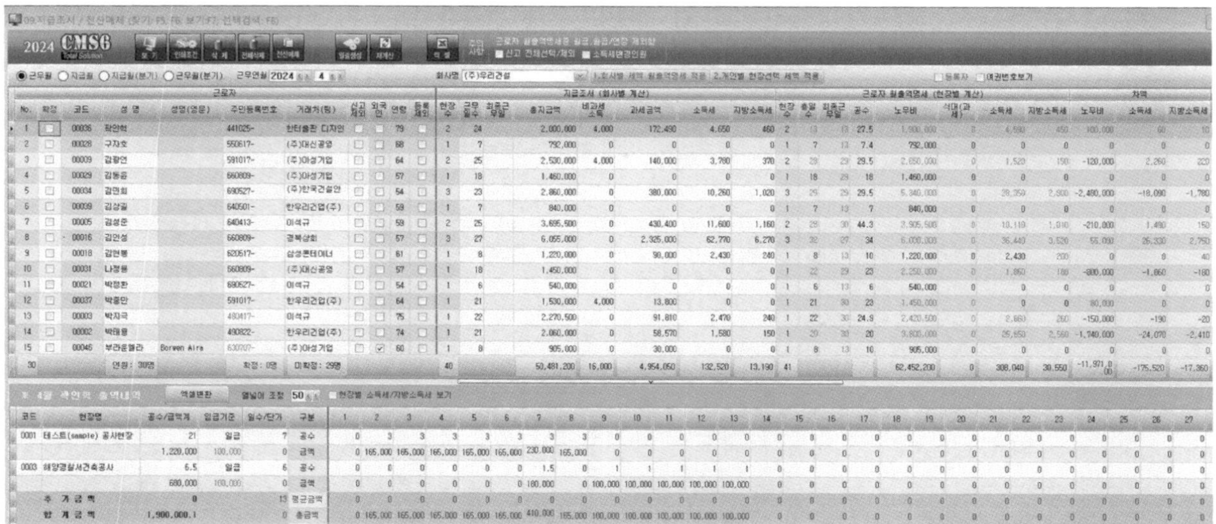

(1) 메뉴설명

"지급조서/전산매체" 메뉴에서 사용되는 버튼의 기능은 다음과 같다.

버튼메뉴	세부기능 및 연동 기능
보 기	옵션 변경이나 데이터를 수정한 경우에 '보기' 버튼을 통해 화면 리스트의 데이터를 업데이트 할 수 있다.
인쇄 조건	[근로소득신고서]와 [지급조서 전산매체] 탭으로 구분되어 있다. [근로소득신고서] 탭에서 분기별 일용직근로자에 대한 '근로소득 지급명세서'나 '근로소득 지급조서' 화면을 '미리 보기' 버튼을 통해 바로 확인할 수 있다. 두 개의 옵션 탭을 선택한 경우에 나타나는 화면이다. (아래 그림 참조)
삭 제	선택된 근로자의 지급조서(회사별 계산) 데이터를 삭제할 경우에 사용한다.
전체 삭제	'확정'에 체크된 근로자가 없을 경우 '전체삭제' 버튼을 이용해 해당 월의 지급조서 내역 전체를 삭제할 수 있다. 만약 "메뉴홈–근로자관리–01. 근로자/일일 출역 명세"가 수정된 경우에는 반드시 '전체삭제' 후 '일괄생성' 버튼을 통해 새롭게 데이터를 불러와야 한다.
일괄 생성	지급조서(회사별 계산)를 일괄 생성하려면 '근무 연월'을 선택하여야 한다. 일일 계산, 일괄계산, 소득세 10% 등의 옵션을 기준으로 데이터를 불러올 수 있다. 일괄생성 이후에 리스트가 수정된 경우 '전체삭제' 버튼을 수행한 후 다시 불러와야 한다.
재계산	자료가 수정된 경우에는 선택된 근로자의 세부 내역을 '재계산' 버튼을 이용해 다시 계산 가능하다.
엑 셀	현재 화면에 있는 리스트의 내용을 엑셀의 형식으로 변환하는 기능이다.

〈근로자관리의 지급조서/전산매체 중 인쇄조건〉

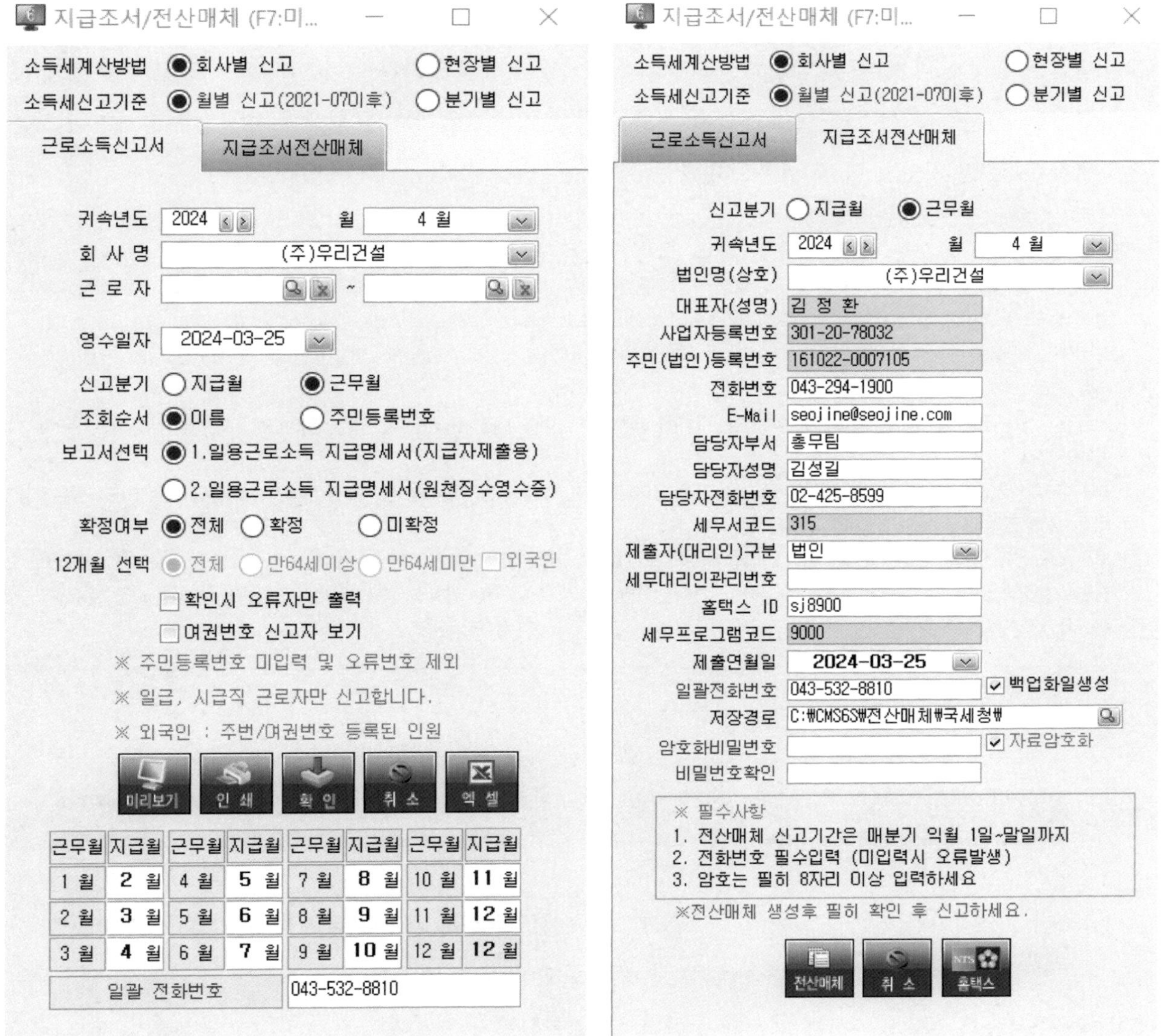

① 주의사항

㉠ "메뉴 홈-근로자관리-01. 근로자/일일 출역 명세" 메뉴 중 월급제를 제외하고 불러온다. (월급제 신고가 불가하므로 자동 제외됨)

㉡ '□신고 전체선택/제외' 체크 시 전체 선택되며 체크 해제 시 전체 해제된다.

㉢ '□소득세변경 인원' 체크 시 소득세가 변경되는 인원만 화면에 표시된다.

② 회사별 세액 월출역 명세 적용: 지급조서 신고는 회사 단위로 진행하므로 소득세/지방소득세 또한 회사 기준으로 계산한다. '1. 회사별 세액 월출역 명세 적용' 버튼은 회사 기준으로 계산된 세액을 일정 비율(각 현장별 임금비율)로 나누어 각 현장에 적용하고자 할 때 사용한다. 단, 소득세/지방소득세를

일정 비율로 분배할 지의 여부는 사용자가 판단한다.

③ 개인별 현장 선택 세액적용: 소득세/지방소득세는 계산 방법에 따라 달라진다. '2. 개인별 현장 선택 세액적용' 버튼은 회사 기준으로 계산된 세액과 현장 기준으로 계산된 세액의 차액을 사용자가 원하는 현장으로 적용하고자 할 때 사용한다.

궁금한 용어

- **근로소득지급명세서:** 소득은 개인 또는 법인이 일정 기간에 걸쳐서 노동이나 토지 그리고 자본 등의 생산요소를 통해 활발한 경제 활동을 통하여 얻게 되는 재화를 뜻한다. 이러한 소득은 개인소득과 법인소득으로 분류된다. 개인소득으로는 근로소득과 재산소득이 있고, 법인소득으로는 기업소득과 정부 소득 등의 종류가 있다. 근로소득에 따른 지급 내역을 상세하게 기록하여 연말 정산에 따른 과세를 신고하기 위한 문서를 '근로소득지급명세서'라고 한다.
- **지급조서:** 일용근로자 지급명세서와 같은 말. 일용근로자를 고용하고 급여를 지급하는 사업자는 매월 '일용근로소득 지급명세서'를 의무 제출해야 한다.
- **보수:** 「소득세법」에 따른 근로소득(봉급, 급료, 세비, 임금, 상여, 수당 등 그 밖에 이와 유사한 성질의 금품)에서 비과세 급여(식대비, 차량유지비 등)를 뺀 금액이다. 즉 과세근거가 되는 금액을 의미한다.
- **보수월액:** 신규 입사자의 경우에는 공단에 신고한 액수가 보수월액이 되며 기존입사자의 경우에는 전년도에 신고한 '보수총액신고서' 상의 평균보수 월액을 말한다. 신규 입사자의 경우에는 공단에 신고한 액수가 보수월액이 되며 기존입사자의 경우에는 전년도에 신고한 '보수총액신고서' 상의 평균보수 월액을 말한다.

실습하기 - 지급조서/전산매체

지급조서란 사업자가 모든 종업원(일용직 포함)에게 지급한 소득 관련 자료를 말하는 것으로 2006년부터 사업자는 관할 세무서에 지급조서를 제출하도록 의무화되어 있다. 따라서 일용직근로자를 고용한 경우에는 매월 일용근로소득 지급명세서를 제출해야 한다. 하지만 이렇게 번거로운 신고가 ERP를 통해 자동으로 신고용 전산매체 생성이 가능하다.

① 보기 1 그림은 지급조서 설정 화면이다. 처음에는 근로자 월출역 명세(현장별 계산)에만 금액이 입력되어 있었지만 '일괄생성' 버튼을 클릭하여 '지급조서(회사별 계산)' 데이터를 불러올 수 있다. 만약 회사별 세액과 현장별 세액이 다를 경우에는 하단의 출역 현장의 일자별 노무비를 확인해야 한다

〈보기 1: 지급조서 일괄설정 실습화면〉

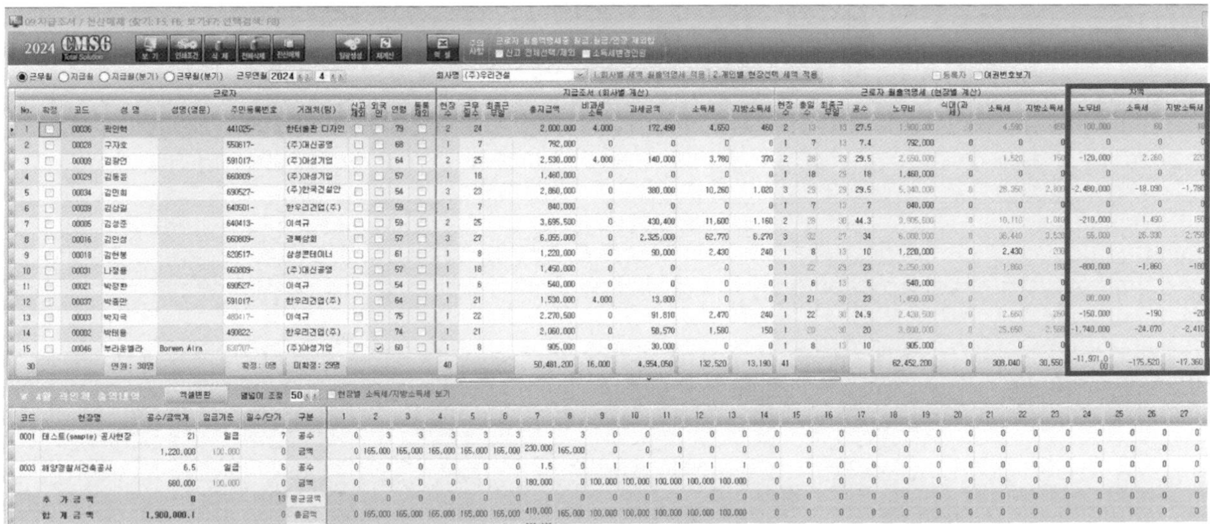

② 전산매체 신고는 월별, 지급 월 기준으로 신고하며 '전산매체' 버튼을 클릭하여 전산매체 파일을 생성한 후 '홈택스' 홈페이지를 통해 신고가 가능하다. '전산매체' 버튼의 [지급조서 전산매체] 탭의 음영 처리된 부분은 "기초정보 → 1. 기업정보등록" 메뉴에 입력된 사항이다.

〈보기 2: 지급조서/전산매체 신고 실습화면〉

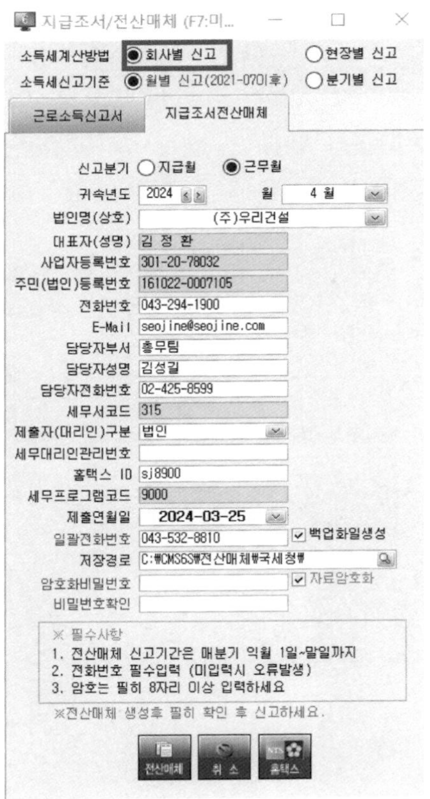

9. 4대보험/전산매체

NCS 학습 모듈: 건설 – 건설공사관리–건설시공관리–건설공사 공무관리–현장자원관리–노무 관리하기(LM1401010405_14v2.1)

메뉴 홈 → 근로자관리 → 10. 4대보험/전산매체

"4대보험/전산매체"는 아래 그림과 같이 "근로자관리 → 07. 4대보험 취득/상실신고" 메뉴에서 설명했던 '전산매체' 버튼과 동일한 메뉴이다. [EDI신고]와 [고용/산재보험신고] 두 개의 탭으로 구분되며, 자격취득인지 상실인지를 옵션으로 선택할 수 있다. 특히 고용책임자 및 인적사항은 "메뉴 홈-기초정보-02. 현장총괄등록/현황" 메뉴에서 입력 혹은 수정이 가능하다.

〈근로자관리의 4대보험/전산매체〉

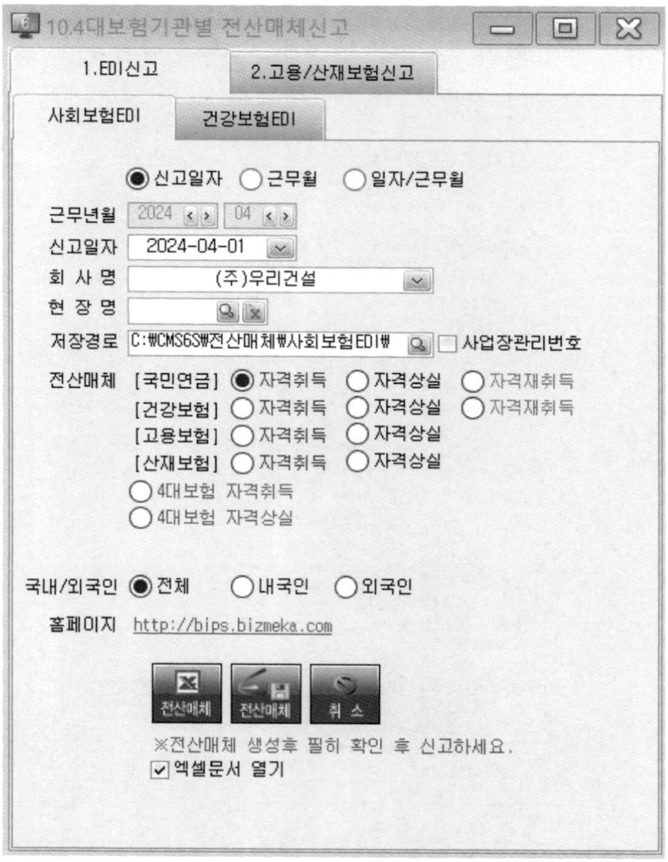

<기초정보의 현장총괄등록/현황>

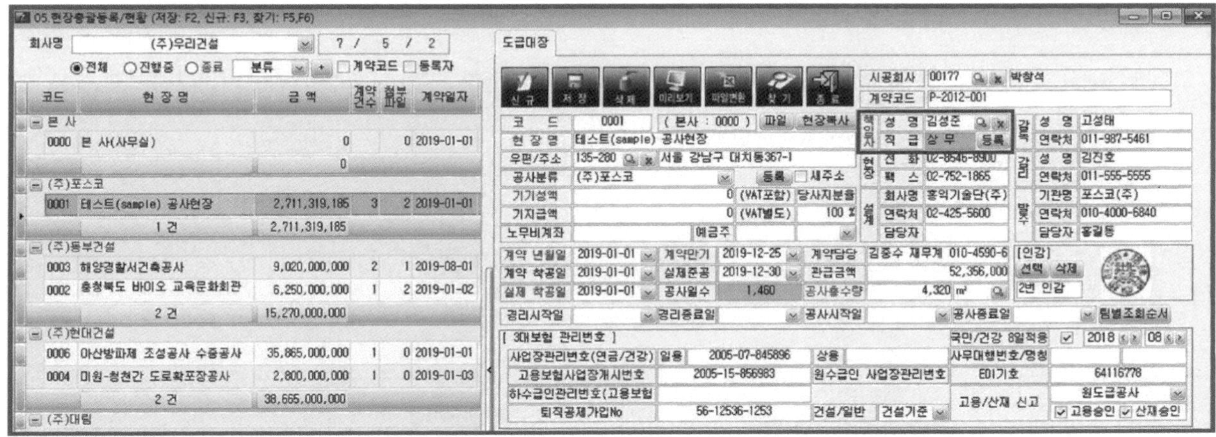

10. 소득변경/전산매체

메뉴 홈 → 근로자관리 → 11. 소득변경/전산매체

"소득변경/전산매체"는 아래 그림과 같이 근로자들의 소득변경 내역을 관리하고 신고를 위한 전산매체 생성이 가능한 메뉴이다. 신고할 연월, 회사명, 현장명 등을 선택한 후 상단의 '일괄생성' 버튼을 클릭하면 보수 내역 중에서 소득이 변경된 근로자 리스트를 불러올 수 있다.

<근로자관리의 소득변경/전산매체>

(1) 세부기능

① 일괄생성: 근로 내역이 있는 근로자 중에서 지난 달에 비해 보수가 변경된 근로자만 선택적으로 불러올 수 있다.

② 변경사유: '보수인하', '보수인상', '착오정정' 등 3가지 옵션을 통해 변경 사유를 세부적으로 관리할 수 있다.

③ 전산매체: 근로 소득이 변경됨으로 인해 4대보험금 역시 변경된다. 사회보험 EDI와 건강보험, 국민연금 EDI 신고기관을 확인 후 옵션을 선택하여 전산매체 파일을 생성할 수 있다.

11. 퇴직공제/전산매체

메뉴 홈 → 근로자관리 → 12. 퇴직공제/전산매체

"퇴직공제/전산매체"는 아래 그림과 같이 근로자 퇴직공제금과 관련된 메뉴로 새롭게 작성하는 것이 아니라 현장명의 돋보기 아이콘을 클릭하여 신고할 현장에 대한 데이터를 불러올 수 있다. 신고는 현장 단위로 하기 때문에 현장명을 반드시 입력해야 한다. 각 신고 항목에 대한 피공제자 수를 확인하고 전산매체가 저장될 경로를 선택한다. 확인 후 전산매체를 생성하여 해당 신고 사이트를 통해 신고 가능하다.

〈근로자관리의 퇴직공제/전산매체〉

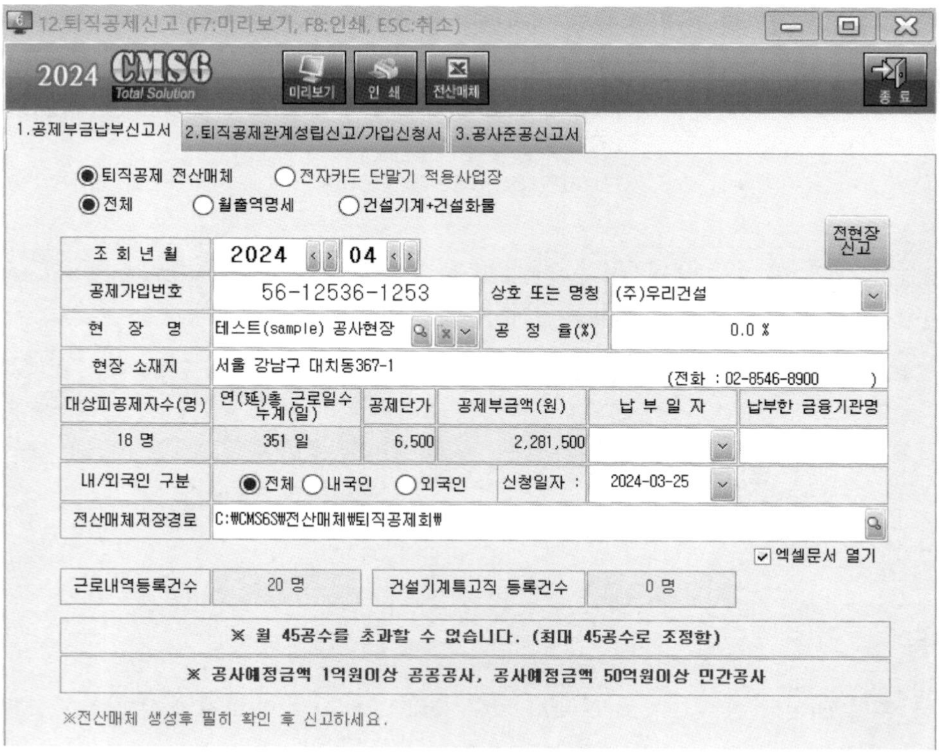

12.퇴직공제신고 (F7:미리보기, F8:인쇄, ESC:취소)

2024 CMS6 Total Solution | 미리보기 | 인 쇄 | 전산매체 | 종 료

1.공제부금납부신고서 | 2.퇴직공제관계성립신고/가입신청서 | 3.공사준공신고서

◉퇴직공제 전산매체 ○전자카드 단말기 적용사업장

◉전체 ○월출역명세 ○건설기계+건설화물

전현장 신고

조 회 년 월	2024 04		
공제가입번호	56-12536-1253	상호 또는 명칭	(주)우리건설
현 장 명	테스트(sample) 공사현장	공 정 율(%)	0.0 %
현장 소재지	서울 강남구 대치동367-1 (전화 : 02-8546-8900)		

대상피공제자수(명)	연(延)총 근로일수 누계(일)	공제단가	공제부금액(원)	납 부 일 자	납부한 금융기관명
18 명	351 일	6,500	2,281,500		

내/외국인 구분	◉전체 ○내국인 ○외국인	신청일자 :	2024-03-25
전산매체저장경로	C:₩CMS6S₩전산매체₩퇴직공제회₩		

☑엑셀문서 열기

근로내역등록건수	20 명	건설기계특고직 등록건수	0 명

※ 월 45공수를 초과할 수 없습니다. (최대 45공수로 조정함)

※ 공사예정금액 1억원이상 공공공사, 공사예정금액 50억원이상 민간공사

※전산매체 생성후 필히 확인 후 신고하세요.

〈근로자관리의 퇴직공제/전산매체 중 공제부금납부신고서 미리 보기〉

■건설근로자의 고용개선 등에 관한 법률 시행규칙 (별지 제14호 서식) <개정 2020.11.26>

(2024년 04월분) 피공제자별 근로일수 및 공제부금납부 신고서

신 고 인 (사 업 주)	공제 가입 번호	56-12536-1253	상호 또는 법인명칭	(주)우리건설
	사업장의 명칭	테스트(sample) 공사현장	공 정 률(%)	0 %
	사업장의 소재지	서울 강남구 대치동367-1		(전화번호 : 02-8546-8900)

1. 공제부금 납부신고

대상 피공제자수(명)	근로일수 누계(일)	공제부금의 금액(원)	공제부금 납부	
			납부일	납부한 금융기관명
18	351	**2,281,500**	...	

2. 근로일수 신고

연번	피공제자 성명	주민등록번호 (외국인등록번호)	근로연월	근로일수	주 소 (외국인인 경우 체류지)	전화번호 (휴대전화번호)	직종	외국인(외국인만 기재)	
								국적	여권번호
1	곽인혁	441025-	2024.04	21		011-6521-2132	계장공		
2	김광언	591017-	2024.04	19		011-852-6445	형틀목공		
3	김동윤	660809-	2024.04	18		016-654-4122	철근공		

건설근로자의 고용개선 등에 관한 법률 제13조, 같은법 시행령 제12조제1항과 같은 법 시행규칙 제15조제4항에 따라 피공제자별 근로일수 및 공제부금 납부 신고서를 제출합니다.

2024 년 03 월 25 일

신고인 (사업주) **김 정 환** (서명 또는 인)

건설근로자공제회 귀중

첨부서류	공제부금을 냈다는 것을 증명하는 서류	수수료 없음

〈근로자관리의 퇴직공제/전산매체 중 퇴직공제관계성립신고 미리 보기〉

■건설근로자의 고용개선 등에 관한 법률 시행규칙 (별지 제9호서식)

건설근로자 퇴직공제 관계 성립신고서

※ [ ] 에는 해당되는 곳에 √표를 하시기 바라며, 색상이 어두운 란은 신고인이 적지 않습니다.

접수번호	접수일	처리기간 : 7일

구분	항목	내용	항목	내용
신고인 (사업주)	상호(법인 명칭)	(주)우리건설	대표자 성명	김 정 환
	주된 사무소의 소재지	충청북도 청주시 상당구 1순환로 1202-3, 서진빌딩4~5F(방서동) (전화번호 : 043-294-1900)		
	법인등록번호(생년월일)	161022-0007105	사업자등록번호	301-20-78032
	가입범위	사업장별 [O] 사업의 전부 [ ]		
사업장	사업주 구분	원수급 [O] 하수급 [ ] 자체시공 [ ]		
	사업장의 명칭			
	사업장 소재지	(전화번호 :)		
	총공사금액	천원	퇴직공제에 가입하는 데에 드는 금액	천원
	건설호(실)수	호(실)		
	사업기간		착공일	
	주된 공사종류			
	발주자 구분	국가 [ ] 지방자치단체 [O] 정부출자.출연기관 [ ] 정부재출자기관 [ ] 민간 [ ] 기타 [ ]		
	발주자 주소 및 성명(명칭)			

건설근로자의 고용개선등에 관한법률 제10조의4 및 같은법 시행규칙 제11조제1항에 따라 위와 같이 신고합니다.

2024 년 03 월 25 일

신고인(사업주) 김 정 환 (서명 또는 인)

건설근로자공제회 귀중

12. 퇴직금 대상자/정산

> 메뉴 홈 → 근로자관리 → 13. 퇴직금 대상자/정산

"퇴직금 대상자/정산"은 아래 그림과 같이 "메뉴 홈-근로자관리-01. 근로자/일일 출역 명세" 메뉴에 입력된 자료를 기준으로 근로자의 퇴직금 대상자를 조회할 수 있는 메뉴이다. 근로 연월과 회사명을 선택하면 퇴직금 대상자가 리스트에 표시된다. '신규' 버튼을 통해 대상자를 추가할 수 있으며 아래 그림과 같이 수정도 가능하다.

〈근로자관리의 퇴직금 대상자/정산〉

No.	인쇄선택	성 명	성명(영문)	주민등록번호	근속기간 정산입사일	정산퇴사일	근속일수	근속년수	퇴직금 퇴직금	소득세	지방소득세	차인지급액
1	☐	박태용		490822-	2023-04-01	2024-04-30	395	2	3,509,220	4,220	420	3,504,580
2	☐	김인성		660809-	2023-04-01	2024-04-27	392	2	4,062,618	17,500	1,750	4,043,368
3	☐	곽인혁		441025-	2023-04-02	2024-04-30	29	1	35,620	0	0	35,620

〈근로자관리의 퇴직금 대상자/정산 중 상세보기〉

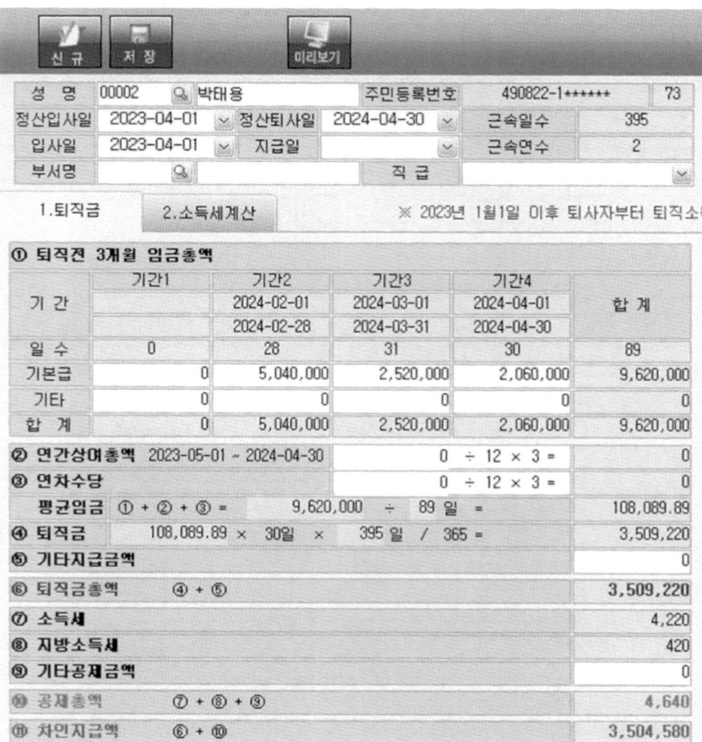

① 퇴직전 3개월 임금총액

	기간1	기간2	기간3	기간4	합 계
기 간		2024-02-01	2024-03-01	2024-04-01	
		2024-02-28	2024-03-31	2024-04-30	
일 수	0	28	31	30	89
기본급	0	5,040,000	2,520,000	2,060,000	9,620,000
기타	0	0	0	0	0
합 계	0	5,040,000	2,520,000	2,060,000	9,620,000

② 연간상여총액	2023-05-01 ~ 2024-04-30 0 ÷ 12 × 3 =	0
③ 연차수당	0 ÷ 12 × 3 =	0
평균임금	① + ② + ③ = 9,620,000 ÷ 89 일 =	108,089.89
④ 퇴직금	108,089.89 × 30일 × 395 일 / 365 =	3,509,220
⑤ 기타지급금액		0
⑥ 퇴직금총액	④ + ⑤	3,509,220
⑦ 소득세		4,220
⑧ 지방소득세		420
⑨ 기타공제금액		0
⑩ 공제총액	⑦ + ⑧ + ⑨	4,640
⑪ 차인지급액	⑥ + ⑩	3,504,580

(1) 메뉴설명

"퇴직금 대상자/정산" 메뉴에서 사용되는 버튼의 기능은 다음과 같다.

버튼메뉴	세부기능 및 연동 기능
신 규	퇴직대상자를 새롭게 추가할 경우 사용되며, 아래 그림과 같은 양식의 팝업창이 생성되며 해당 항목에 대상자 정보를 입력한다.
수 정	해당 근로자의 입사일이나 퇴사일 등 수정내용이 있을 경우에 바로 수정이 가능하다.
삭 제	해당 커서가 있는 근로자의 정보를 삭제할 수 있다.
전체삭제	화면 리스트에 있는 모든 근로자의 정보가 사라진다. '일괄생성' 버튼을 통해 다시 근로자 데이터를 선택적으로 불러올 수 있다.
상세보기	해당 근로자에 대한 퇴직금 정산 리스트를 상세하게 확인할 수 있다.
미리 보기	선택한 자료에 대한 출력 내역을 미리 확인 할 수 있다.
일괄생성	근무 기간을 선택하면 해당하는 근로자 리스트가 보인다. 해당하는 근로자를 선택하여 퇴직금 대상자로 추가할 수 있다.
엑 셀	화면에 있는 퇴직대상자에 대한 리스트 정보를 엑셀 파일 형식으로 저장할 수 있다.

〈근로자관리의 퇴직금 대상자/정산 중 신규〉

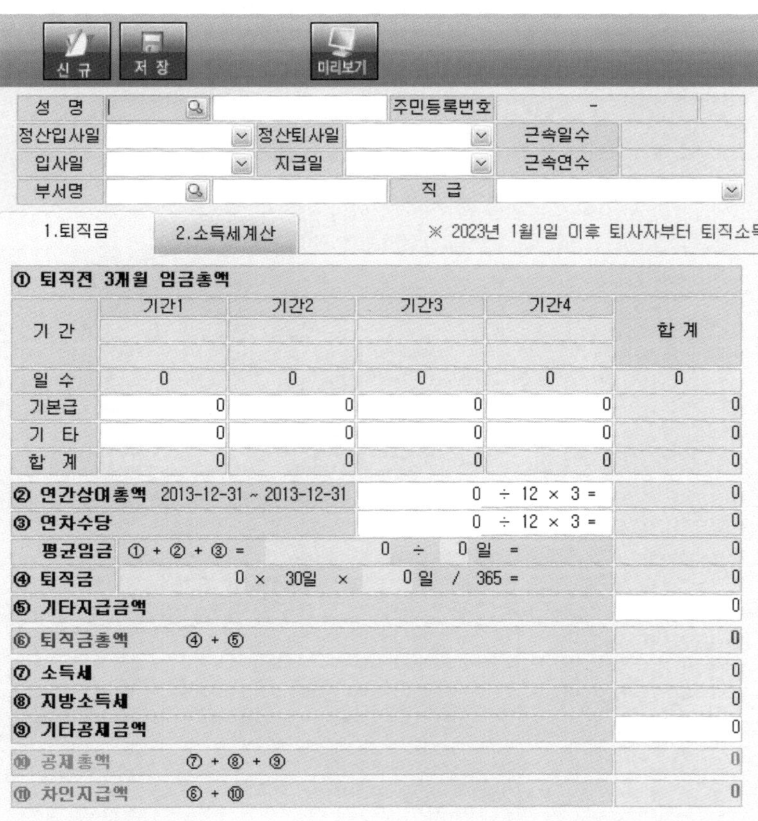

실습하기 - 퇴직금 대상자/정산

입사일을 기준으로 일 년 동안 계속 근무를 제공하였을 경우 일용직근로자도 퇴직금 지급 대상자에 해당하며 퇴직금 지급 조건에 충족하는 경우 퇴직금 청구가 가능하다.

① 아래 퇴직금 정산 화면에서 '상세보기' 버튼을 클릭하면 세부 퇴직금 정산 내역을 확인할 수 있으며, '미리 보기' 버튼을 클릭하면 '퇴직금명세서'를 출력할 수 있다.

〈보기: 퇴직금 정산/명세서 출력 실습화면〉

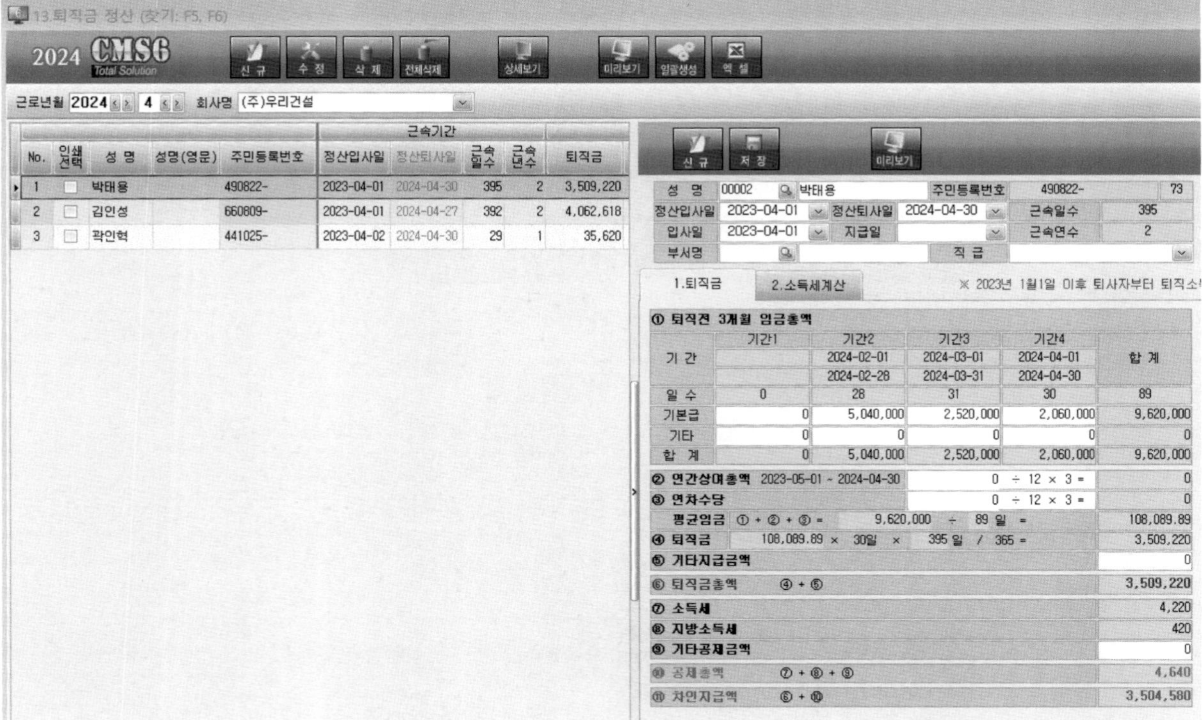

② '일괄생성' 버튼에서는 "메뉴 홈-근로자관리-01. 근로자/일일 출역 명세" 메뉴에 입력된 자료를 기준으로 퇴직금 대상자의 자료가 생성된다.

13. 장애인근로자 신고

메뉴 홈 → 근로자관리 → 16. 장애인근로자 신고

"장애인근로자 신고"는 장애인근로자의 고용 관리를 통해 장애인 고용계획 및 고용장려금/부담금 등의 신청을 손쉽게 처리하기 위한 메뉴이다. 장애인 고용인원수와 장애 여부 등을 입력하거나 수정할 수 있으며, 장애인근로자들의 명단을 관리할 수 있다.

〈근로자관리의 장애인근로자 신고〉

16.장애인근로자 신고 (찾기: F5, F6)

2024 CMS6 Total Solution 상세보기 인쇄조건 부담/장려

회사명 (주)우리건설 현장명 인원수 5

○전체 ◉장애인

근 로 자			등 록 내 용												
코드	성 명	주민등록번호	현장코드	현 장 명	자택전화	핸드폰	장애인관리번호	장애인여부	장애인정구분	장애유형	상이등급	장애등급	중증여부	중증2배수 인정여부	장애인정
00043	김영재	630413-	0001	테스트(sample) 공사현			BK-02536	☑					☐	☐	
00042	알렉스 볼트	640413-	0001	테스트(sample) 공사현		010-5326-562		☑					☐	☐	
00041	한광돌	620505-	0001	테스트(sample) 공사현		010-4521-859		☑					☐	☐	
00039	김상길	640501-	0001	테스트(sample) 공사현		017-145-8569		☑					☐	☐	
00034	김민희	690527-	0003	해양경찰서건축공사	042-852-1231	018-221-1221		☑					☐	☐	

(1) 세부기능

① 상세보기: 아래 그림과 같이 선택된 근로자의 상세정보를 확인할 수 있는 기능이다. [기본정보], [현장정보], [출역 현황], [추가정보] 등의 탭을 통해 근로자들의 상세정보를 구분하여 관리 가능하며, '근로계약, 첨부파일' 등의 버튼을 통해 근로계약서 및 기타 중요 서류들 역시 관리 가능하다. 근로자의 정보 변경 시에는 반드시 '저장' 버튼을 클릭해야 데이터가 저장된다.

〈근로자관리의 장애인근로자 신고 중 상세보기〉

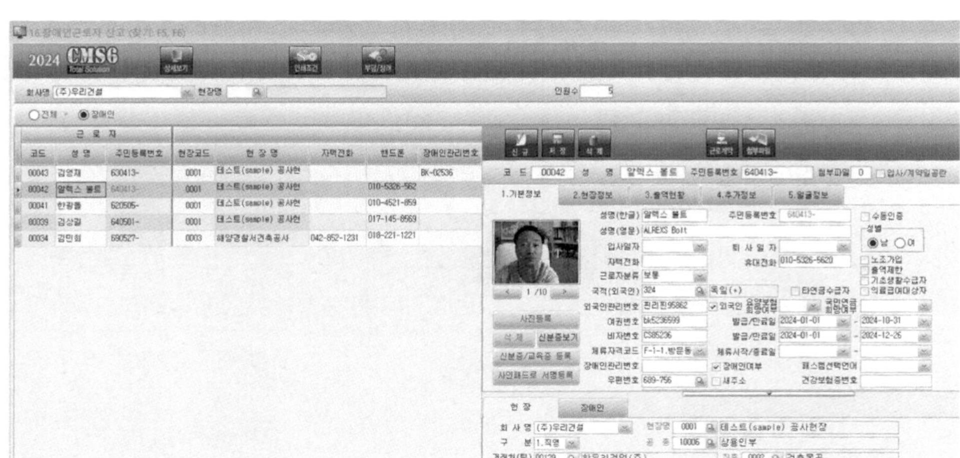

② 부담/장려: 장애인고용장려금과 고용부담금 신고 시에 편리하게 사용할 수 있는 기능이다. 아래 그림과 같이 신고연도와 회사를 선택한 후 금년도 장애인근로자 고용계획 내용을 입력한다. 고용장려금 및 고용부담금 신청서 내의 장애인 고용현황의 자료는 '불러오기' 버튼을 통해 "메뉴 홈-근로자관리-01. 근로자/일일 출역 명세" 메뉴에 입력된 장애인 근로 내역을 자동으로 산정 가능하다. 단 직원에 대한 자료는 자동으로 산정되지 않아 추가로 입력해야 한다. 흰색 바탕의 데이터 입력 부분은 수기로 입력 및 수정이 가능하지만 음영 처리된 부분은 수기 입력 및 수정이 불가능하다. 부담금액은 자동 계산되나 기타 부과 특례액, 연계고용감면액 등은 장애인고용촉진 공단에 확인 후 직접 입력해야 한다.

〈근로자관리의 장애인근로자 신고 중 부담/장려〉

신고연도	2024	적용(기준)연도	2023	☐ 장애인 고용계획 및 실시상황 보고서	☐ 장애인 고용장려금 신청서
				☑ 장애인 고용부담금 신고서 ☑ 수정신고서 ☐	☑ 장애인 고용부담금 분할납부 신청서

사 업 체 명	(주)우리건설	대 표 자	김 정 환	법인(주민)등록번호	161022-0007105
사업자등록번호	301-20-78032	업종(주된 생산품)		업종코드	
소 재 지	충청북도 청주시 상당구 1순환로 1202-3,서진빌딩4~5F(방서	사 업 장 수	개		
사업체전화번호	043-294-1900	사업체팩스	043-294-1705	사업장구분	☑ 총괄 ☐ 사업장 ☐ 자회사형표준사업장
담당자 연락처	성명 :	휴대전화 :		전자우편 :	

불러오기

( )년 장애인 고용현황

월별	전체 근로자수	적용제외 근로자수	상시 근로자수	의무고용인원	장려금 기준 인원	장애인 근로자수				미달고용인원		장려금 제외인원	장려금 지급인원	가산인원			
						전 체	경증 장애인	중증장애인		미고용월	고용월			3/4 이상	1/2 ~ 3/4 미만	1/4 ~ 1/2 미만	1/4 미만
								60시간 이상	60시간 미만								
1월																	
2월																	
3월																	
4월																	
5월																	
6월																	
7월																	
8월																	
9월																	
10월																	
11월																	
12월																	
합계																	

장애인 고용계획 및 실시상황 보고

전년도(12월) 장애인고용현황	장애인 고용률	장애인 고용의무 미달인원	의무고용 미이행 사유
	%	명	

금년도 장애인 고용계획	고용예정직무	전체고용예정인원	장애인 고용계획						
			인원					시기	고용방법
			계	경증남성	경증여성	중증남성	중증여성		
		명	명	명	명	명	명		
		명	명	명	명	명	명		
		명	명	명	명	명	명		
		명	명	명	명	명	명		

궁금한 용어

- 장애인고용부담금: 상시근로자 수가 50인 이상인 사업장은 장애인근로자를 의무적으로 고용해야 한다. 만약 장애인근로자 의무고용 인원에 미달할 경우 미달하는 수에 따라 사업주가 부담하는 금액을 장애인 고용부담금이라 한다. 사회 연대 책임의 이념을 반영하여 장애인을 고용하는 사업주와 고용하지 않는 사업주의 경제적 부담을 평등하게 조정함으로써 장애인 고용에 따른 비용을 보전해 주기 위해 도입되었다.
- 고용 · 산재확정신고: 건설업 등은 고용보험과 산재보험에 대한 직전 연도의 확정보험료와 당해연도의 개산보험료를 매년 3월 31일까지 근로복지공단에 신고/납부하는 제도이다.

14. 고용/산재확정신고

메뉴 홈 → 근로자관리 → 17. 고용/산재확정신고

"고용/산재 확정신고"는 회사에서 매년 근로복지공단에 신고할 고용/산재보험 보험료신고서를 자동으로 손쉽게 작성할 수 있는 메뉴이다. 아래 그림과 같이 회사명과 신고연도를 설정한 후 '일괄생성' 버튼을 클릭하면 자동으로 데이터를 집계해서 보여준다. 직접 수정도 가능하며 [월별 기초보수총액], [보험료신고서], [보험료율], [현장별 설정] 4가지 탭을 이용해서 세부 내역 조회가 가능하다.

〈근로자관리의 고용/산재 확정신고 중 월별 기초보수총액〉

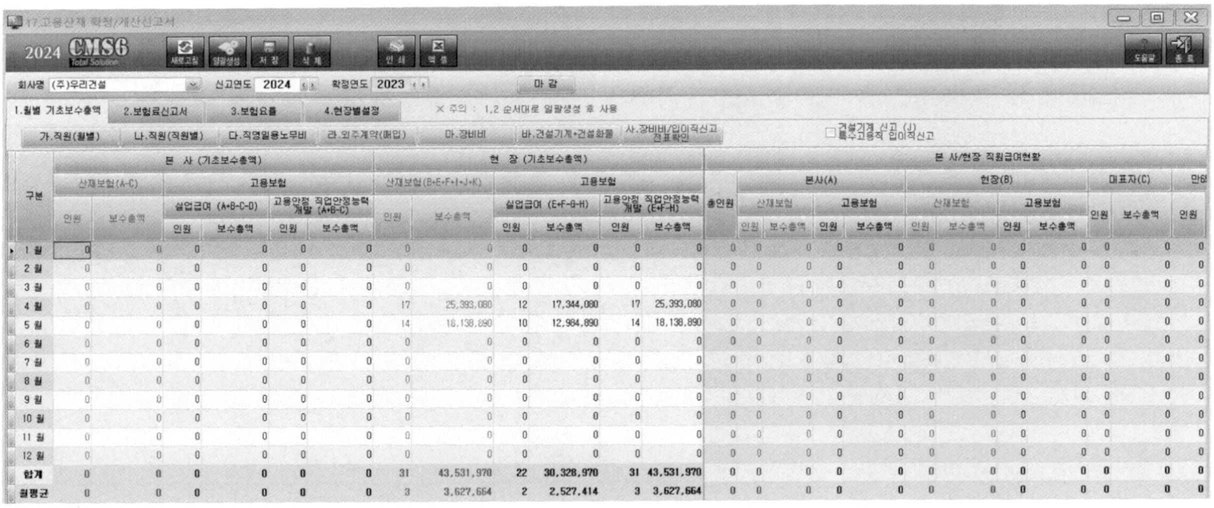

17.고용산재 확정/개산신고서

2024 CMS6 Total Solution | 새로고침 | 일괄생성 | 저 장 | 삭 제 | 인 쇄 | 엑 셀 | 도움말 | 종 료

회사명 (주)우리건설 신고연도 2024 확정연도 2023 마 감

1.월별 기초보수총액 | 2.보험료신고서 | 3.보험요율 | 4.현장별설정 ※ 주의 : 1,2 순서대로 일괄생성 후 사용

가.직원(월별) | 나.직원(직원별) | 다.직영일용노무비 | 라.외주계약(매입) | 마.장비비 | 바.건설기계+건설화물 | 사.장비비/입이직신고 전표확인 ☐ 건설기계 신고 (J) 특수고용직 입이직신고

구분	본 사 (기초보수총액)						현 장 (기초보수총액)					
	산재보험(A-C)		고용보험				산재보험(B+E+F+I+J+K)		고용보험			
			실업급여 (A+B-C-D)		고용안정 직업안정능력개발 (A+B-C)				실업급여 (E+F-G-H)		고용안정 직업안정능력개발 (E+F-H)	
	인원	보수총액	인원	보수총액	인원	보수총액	인원	보수총액	인원	보수총액	인원	보수총액
1 월	0	0	0	0	0	0	0	0	0	0	0	0
2 월	0	0	0	0	0	0	0	0	0	0	0	0
3 월	0	0	0	0	0	0	0	0	0	0	0	0
4 월	0	0	0	0	0	0	17	25,393,080	12	17,344,080	17	25,393,080
5 월	0	0	0	0	0	0	14	18,138,890	10	12,984,890	14	18,138,890
6 월	0	0	0	0	0	0	0	0	0	0	0	0
7 월	0	0	0	0	0	0	0	0	0	0	0	0
8 월	0	0	0	0	0	0	0	0	0	0	0	0
9 월	0	0	0	0	0	0	0	0	0	0	0	0
10 월	0	0	0	0	0	0	0	0	0	0	0	0
11 월	0	0	0	0	0	0	0	0	0	0	0	0
12 월	0	0	0	0	0	0	0	0	0	0	0	0
합계	0	0	0	0	0	0	31	43,531,970	22	30,328,970	31	43,531,970
월평균	0	0	0	0	0	0	3	3,627,664	2	2,527,414	3	3,627,664

구분	본 사/현장 직원급여현황											
	총인원	본사(A)				현장(B)				대표자(C)		만6
		산재보험		고용보험		산재보험		고용보험				
		인원	보수총액	인원	보수총액	인원	보수총액	인원	보수총액	인원	보수총액	인원
1 월	0	0	0	0	0	0	0	0	0	0	0	0
2 월	0	0	0	0	0	0	0	0	0	0	0	0
3 월	0	0	0	0	0	0	0	0	0	0	0	0
4 월	0	0	0	0	0	0	0	0	0	0	0	0
5 월	0	0	0	0	0	0	0	0	0	0	0	0
6 월	0	0	0	0	0	0	0	0	0	0	0	0
7 월	0	0	0	0	0	0	0	0	0	0	0	0
8 월	0	0	0	0	0	0	0	0	0	0	0	0
9 월	0	0	0	0	0	0	0	0	0	0	0	0
10 월	0	0	0	0	0	0	0	0	0	0	0	0
11 월	0	0	0	0	0	0	0	0	0	0	0	0
12 월	0	0	0	0	0	0	0	0	0	0	0	0
합계	0	0	0	0	0	0	0	0	0	0	0	0
월평균	0	0	0	0	0	0	0	0	0	0	0	0

(1) 세부기능

① 월별 기초보수총액: 근로자 월출역 명세 확정 후 사용해야 하며 '월별 기초보수총액'과 '보험료 신고서' 탭을 순서대로 일괄생성 후 사용해야 한다. 일용근로자 노무비의 경우 근로자 월출역 명세 중 직영 노

무비에 대해서만 생성된다. 항목 중에서 '본사/현장 직원급여현황'에 있는 데이터는 급여 대장에 있는 직원 급여현황이다. 현장 급여의 경우에는 인사발령 일자를 기준으로 일괄 계상한다.

② 보험료신고서: 아래 그림과 같이 확정보험료 보수총액은 확정연도 보험료로 계산되며 개산보험료는 전년도 확정보험료가 있어야 자동 산정되므로 자료가 없을 경우에는 수동으로 입력해야 한다. □전자신고 여부 체크박스 선택에 따라서 보험료 공제액이 반영(건당 5,000원)된다. 보험료율은 해당 연도에 맞게 자동 및 수동으로 설정 가능하며 회사 익년도 설정 복사/붙이기도 가능하며 반드시 '저장' 버튼으로 저장해야 한다.

〈근로자관리의 고용/산재 확정신고 중 보험료신고서〉

17.고용산재 확정/개산신고서

2024 CMS6 Total Solution | 새로고침 | 일괄생성 | 저 장 | 삭 제 | 미리보기 | 인 쇄

회사명 (주)우리건설 신고연도 2024 확정연도 2023 마 감

1.월별 기초보수총액 | 2.보험료신고서 | 3.보험요율 | 4.현장별설정 ※ 주의 : 1,2 순서대로 일괄생성 후 사용

신고일자 2024-02-13 ◉본사 ○현장 □(확정) 실업급여 전후반기 □(개산) 실업급여 전후반기 ☑전자신고 여부

	구분			산정기간	① 보수총액	② 보험요율	③확정보험료액 (①×②)	개산보험료액 ④ 신고액	개산보험료액 ⑤ 납부액	⑥추가납부할액 (③-④)	⑦ 초과액 (⑤-③) 충당액	⑦ 초과액 (⑤-③) 반환액
확정보험료	산재보험	근로자		2023.01.01 ~ 2023.12.31	0	10.00 / 1,000	0	0	0	0	0	0
		노무제공자	건설기계	2023.01.01 2023.12.31	0	10.50 / 1,000	0	0	0	0	0	0
			건설화물	2023.07.01 2023.12.31	0	10.50 / 1,000	0	0	0	0	0	0
		계			0		0	0	0	0	0	0
	고용보험	실업급여		2023.01.01 ~ 2023.12.31	0	16.00 / 1,000	0	0	0	0	0	0
				~	0	0.00 / 1,000	0					
		고용안정 직업능력개발		2023.01.01 ~ 2023.12.31	0	2.50 / 1,000	0	0	0	0	0	0
		계			150인 미만 상시근로자		0	0	0	0	0	0

	구분			산정기간	⑧ 보수총액	⑨ 보험요율	⑩개산보험료액 (⑧×⑨)	⑪분할납부여부
개산보험료	산재보험	근로자		2024.01.01 ~ 2024.12.31	0	10.93 / 1,000	0	☑일시납부
		노무제공자	건설기계	2024.01.01 ~ 2024.12.31	0	10.30 / 1,000	0	□분할납부
			건설화물	2024.01.01 ~ 2024.12.31	0	10.30 / 1,000	0	
		계					0	
	고용보험	실업급여		2024.01.01 ~ 2024.12.31	0	16.00 / 1,000	0	☑일시납부
				~	0	0.00 / 1,000	0	□분할납부
		고용안정 직업능력개발		2024.01.01 ~ 2024.12.31	0	2.50 / 1,000	0	
		계					0	

①확정보수총액 대비 ⑦개산보험료보수총액 감소(30%초과) 사유
□근로자 감소
□휴업일
□그 밖의 사유

	구분		개산보험료	제1기	제2기	제3기	제4기
개산보험료의 분할납부 신청서	산재보험		0	0	0	0	0
	고용보험	실업급여	0	0	0	0	0
		고용안정 직업능력개발	0	0	0	0	0
		계	0	0	0	0	0

③ 확정보험료 산정방법

㉠ 고용보험의 경우

- 본사 – 사무(내근)직원 보수 + 본사소속 현장근무직원 보수
- 현장 – [현장일용직 보수 + (외주공사비 × 하도급 노무 비율)] × 보험료율

㉡ 산재보험의 경우

- 본사 – 사무(내근)직원 보수
- 현장 – [본사소속 현장근무직원 보수 + 현장일용직 보수 + (외주공사비 × 하도급 노무 비율) + (건설기계조종사 보수 × 산재보험료율)] × 보험료율

④ 보험료율: 보험료율은 매년 업데이트 시 자동으로 반영되며 직접 변경도 가능하다. 아래 그림과 같이 보험료율은 해당 연도에 맞게 설정 가능하며, 회사 익년도 설정 시에 [복사], [붙이기] 버튼을 이용해 동일한 요율로 복사도 가능하다. 반드시 '저장' 버튼을 사용해서 데이터를 저장해야 한다.

〈근로자관리의 고용/산재 확정신고 중 보험료율〉

보험분류				2023 확정보험료		2024 개산보험료			2024건설기계	회사보험율
				본 사	현 장		본 사	현 장	자진신고	부과고지
1	산재보험	근로자		10.00 / 1,000	38.13 / 1,000		10.93 / 1,000	37.93 / 1,000	0.00/1000	0.00/1000
		노무제공자	건설기계	10.50 / 1,000	37.50 / 1,000		10.30 / 1,000	37.30 / 1,000		
			건설화물	10.50 / 1,000	37.50 / 1,000		10.30 / 1,000	37.30 / 1,000		
2	고용보험	실업급여	1 ~ 12 월	16.00 / 1,000	16.00 / 1,000	1 ~ 12 월	16.00 / 1,000	16.00 / 1,000		
				0.00 / 1,000	0.00 / 1,000		0.00 / 1,000	0.00 / 1,000		
		직업능력개발	상시근로자 150인미만	2.50 / 1,000	2.50 / 1,000		2.50 / 1,000	2.50 / 1,000		
			상시근로자 150인이상	4.50 / 1,000	4.50 / 1,000		4.50 / 1,000	4.50 / 1,000		
			상시근로자 1000인미만	6.50 / 1,000	6.50 / 1,000		6.50 / 1,000	6.50 / 1,000		
			상시근로자 1000인이상	8.50 / 1,000	8.50 / 1,000		8.50 / 1,000	8.50 / 1,000		
3	외주계약대비 노무비				30.00 / 100			30.00 / 100		
4	일반건설업(노무비율)				27.00 / 100			27.00 / 100		
5	건설업 월평균보수				4,226,652			4,330,442		
6	장비비코드선택(다수)									

⑤ 아래 그림은 근로복지공단에 신고될 신고서를 '미리 보기' 버튼을 통해 출력한 것이다. 그 외에 '미리 보기' 버튼을 이용해 '고용/산재 확정/개산 영수현황'도 출력 가능하다.

〈근로자관리의 고용/산재 확정신고 중 보험료신고서〉

2024 년도 ☑고용 ☑산재보험(임금채권부담금 등) 보험료신고서

※ 문의 : 1588-0075 ※ 전자팩스번호 : ※사업장작성자 : (전화번호 :) (앞면)

접수번호	접수일	작성자명 : (전화 :)	처리기간 5일

⑳신고 사업장			
	사업구분 : 일반사업장	사업장관리번호 : 907-00-39943-1	공사명(건설공사) :
	사업장명칭 : (주)우리건설	대표자 : 김 정 환	소재지 : 충청북도 청주시 상당구 1순환로 1202-3,서진빌딩4~5F(방서동)
	전화번호 : 043-294-1900	휴대전화 : 010-6980-7979	FAX : 043-294-1705 / E-mail : seojine@seojine.com

⑲ 2023년 확정보험료	구 분		산정기간	①보수총액	②보험료율 ( )	③확정 보험료액 (①×②)	개산보험료액 ④신고액	개산보험료액 ⑤납부액	⑥추가납부할액 (③-④)	⑦초과액(⑤-③) 충당액	⑦초과액(⑤-③) 반환액
	산재보험	일반 (임금채권부담금 등 포함)	2023.01.01~2023.12.31	0	10.00/1,000	0	0	0	0	0	0
	산재보험	노무제공자 건설기계	2023.01.01~2023.12.31	0	10.50/1,000	0	0	0	0	0	0
	산재보험	노무제공자 건설화물	2023.07.01~2023.12.31	0	10.50/1,000	0	0	0	0	0	0
	산재보험	계				0	0	0	0	0	0
	고용보험	실업급여	2023.01.01~2023.12.31	0	16.00/1,000	0	0	0	0	0	0
	고용보험	고용안정 · 직업능력개발	2023.01.01~2023.12.31	0	2.50/1,000	0	0	0	0	0	0
	고용보험	계				0	0	0	0	0	0

▼아래 ⑧번 개산보험료 보수총액이 전년도 확정보험료 보수총액(①번)의 70/100이상 130/100이하인 경우에는 전년도 확정보험료 보수총액(①번)과 동일하게 기재합니다.

⑱ 2024년 개산보험료 (추정보험료)	구 분		산정기간	⑧보수총액	⑨보험료율 ( )	⑩개산보험료액 (⑧×⑨)	⑪분할납부 여 부
	산재보험	일반 (임금채권부담금 등 포함)	2024.01.01~2024.12.31	0	10.93/1,000	0	[V] 일시납부 [ ] 분할납부
	산재보험	노무제공자 건설기계	2024.01.01~2024.12.31	0	10.30/1,000	0	
	산재보험	노무제공자 건설화물	2024.01.01~2024.12.31	0	10.30/1,000	0	
	산재보험	계				0	
	고용보험	실업급여	2024.01.01~2024.12.31	0	16.00/1,000	0	[V] 일시납부 [ ] 분할납부
	고용보험	고용안정 · 직업능력개발	2024.01.01~2024.12.31	0	2.50/1,000	0	
	고용보험	계				0	

※퇴직보험 등에 가입한 사업장은 별도로 | ①확정보수총액대비 ⑧개산보험료 | ※분할납부는 개산보험료를 한정하여

⑭ (2023)년도 확정보험료 산정 기초 보수총액						
구분	산재보험 인원	산재보험 보수총액	고용보험 실업급여 인원	고용보험 실업급여 보수총액	고용보험 고용안정직업능력개발 인원	고용보험 고용안정직업능력개발 보수총액
1월	명	원	명	원	명	원
2월	명	원	명	원	명	원
3월	명	원	명	원	명	원
4월	명	원	명	원	명	원
5월	명	원	명	원	명	원
6월	명	원	명	원	명	원
7월	명	원	명	원	명	원

15. 보험/연금/공제 사후정산

NCS 학습 모듈: 건설 – 건설공사관리–건설시공관리–건설공사 공무관리–현장자원관리–노무 관리하기(LM1401010405_14v2.1)

메뉴 홈 → 근로자관리 → 18. 보험/연금/공제 사후정산

"보험/연금/공제 사후정산"은 "메뉴 홈-근로자관리-01. 근로자/일일 출역 명세" 메뉴의 데이터를 집계하여 현장별 4대보험의 내역 및 발생금액을 관리할 수 있는 메뉴이다. '내역금액' 항목은 "메뉴 홈-기초정보-02. 현장총괄등록/현황" 메뉴에서 [보험료/관리비] 탭에 입력된 금액이 자동 계산되어 파란색으로 표시되며, 직접 입력 시에는 검은색으로 표시된다.

〈근로자관리의 보험/연금/공제 사후정산〉

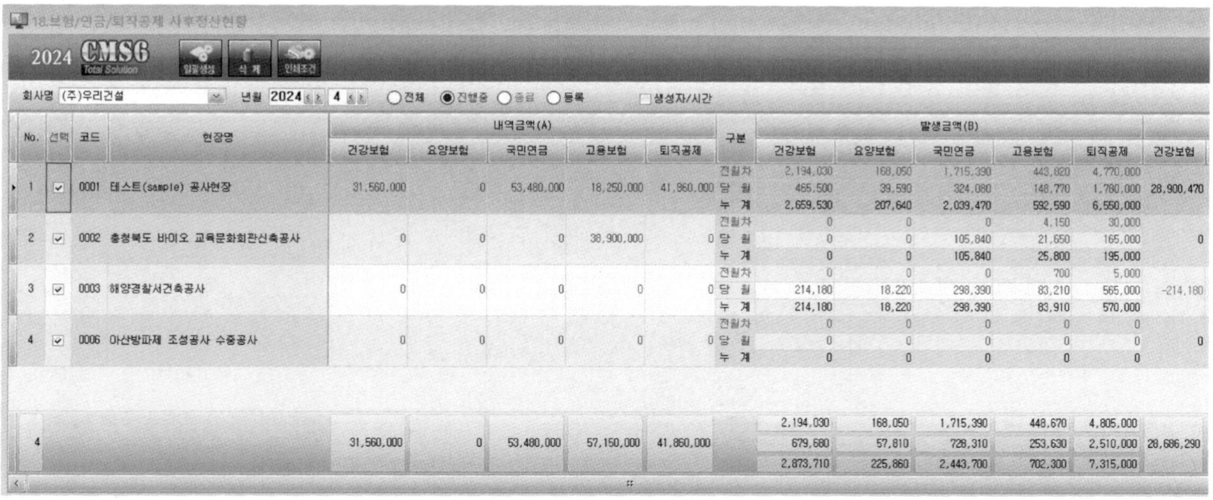

No.	선택	코드	현장명	내역금액(A) 건강보험	요양보험	국민연금	고용보험	퇴직공제	구분	발생금액(B) 건강보험	요양보험	국민연금	고용보험	퇴직공제	건강보험
									전월차	2,194,030	168,050	1,715,390	443,820	4,770,000	
1	☑	0001	테스트(sample) 공사현장	31,560,000	0	53,480,000	18,250,000	41,860,000	당 월	465,500	39,590	324,080	148,770	1,780,000	28,900,470
									누 계	2,659,530	207,640	2,039,470	592,590	6,550,000	
									전월차	0	0	0	4,150	30,000	
2	☑	0002	충청북도 바이오 교육문화회관신축공사	0	0	0	38,900,000	0	당 월	0	0	105,840	21,650	165,000	0
									누 계	0	0	105,840	25,800	195,000	
									전월차	0	0	0	700	5,000	
3	☑	0003	해양경찰서건축공사	0	0	0	0	0	당 월	214,180	18,220	298,390	83,210	565,000	-214,180
									누 계	214,180	18,220	298,390	83,910	570,000	
									전월차	0	0	0	0	0	
4	☑	0006	아산방파제 조성공사 수중공사	0	0	0	0	0	당 월	0	0	0	0	0	0
									누 계	0	0	0	0	0	
										2,194,030	168,050	1,715,390	448,670	4,805,000	
4				31,560,000	0	53,480,000	57,150,000	41,860,000		679,680	57,810	728,310	253,630	2,510,000	28,686,290
										2,873,710	225,860	2,443,700	702,300	7,315,000	

- 세부기능
  - 일괄생성: 사후정산 자료를 불러오기 할 경우에 전월 차 발생금액을 근로 내역(01. 근로자/일일 출역 명세)인지 사후정산 기준인지를 선택한 후에 '저장' 버튼을 클릭한다. 아래 그림은 '일괄생성' 버튼 클릭 시에 보이는 화면이다.

〈근로자관리의 보험/연금/공제 사후정산 중 일괄생성〉

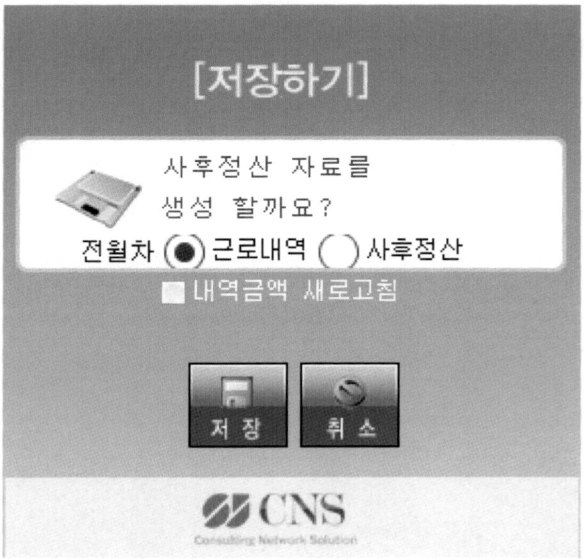

PART

4

부록

- 신고서 작성사례
- 근태 관리시스템
- 건설근로자 전자카드

– 신고서 작성사례

■ 고용보험 및 산업재해보상보험의 보험료징수 등에 관한 법률 시행규칙 [별지 제2호서식] 〈개정 2021. 7. 1.〉

국민연금 [✓]당연적용사업장 해당 신고서
건강보험 [✓]사업장(기관) 적용신고서
고용보험 [ ]보험관계 성립신고서 [ ]보험가입신청서(근로자 종사 사업장)
산재보험 [ ]보험관계 성립신고서 [ ]보험가입신청서(근로자 종사 사업장)

※ 2쪽의 유의사항 및 작성방법을 읽고 작성하기 바라며, 색상이 어두운 난은 신고인(신청인)이 적지 않습니다. (4쪽 중 1쪽)

접수번호	접수일	처리기간 국민연금 · 건강보험 3일, 고용 · 산재보험 5일

공통	사업장	사업장관리번호	명칭(주)우리건설	사업장 형태	[✓]법인 [ ]개인
		소재지	우편번호( )충북 청주시 서원구 1순환로 1202-33, 서진빌딩 4~5층		
		우편물 수령지	우편번호( )	전자우편주소 72345	
		전화번호	(휴대전화)	팩스번호	
		업태	종목 (주생산품)	업종코드	
		사업자등록번호 123-45-78987	법인등록번호		
		환급(반환) 계좌 사전신고	은행명	계좌번호	[ ] 자동이체 계좌와 동일
			예금주명	* 보험료 정산 등 환급(반환)금액 발생 시 지급될 계좌입니다. (지급 관련하여 통장사본 등 추가 서류를 요청할 수 있습니다.)	
	사용자(대표자)	성명 홍길동	주민(외국인)등록번호 770717-1220111	전화번호	
		주소 서울 강남구 테헤란로 313			
	보험료 자동이체신청	은행명 하나은행	계좌번호 11244154-445		
		예금주명 ㈜우리건설	예금주 주민등록번호(사업자 등록번호)		
		합산자동이체 적용여부 [ ] 적용 [ ] 미적용	이체희망일 [ ] 납기일 [ ] 납기전월 말일(월별보험료)		
		※ 고용 · 산재보험 건설업 일시납 개산보험료 및 1기 분납 보험료는 자동이체 처리되지 않음에 유의하여 주시기 바랍니다.			
	전자고지 신청	고지방법 [ ]전자우편 [ ]휴대전화 [ ]전자문서교환시스템 [ ]인터넷홈페이지(사회보험통합징수포털)			
		수신처(전자우편주소, 휴대전화번호 또는 아이디) seojine@seojine.com			
		수신자 성명 홍길동	수신자 주민등록번호 770717-1220111		

국민연금/건강보험	건설현장사업장 [✓]해당 [ ]비해당	건설현장 사업기간	2024.01.01.~2024.12.31
연금(고용)보험료 지원 신청	「국민연금법」 제100조의3 또는 「고용보험 및 산업재해보상보험의 보험료징수 등에 관한 법률」 제21조에 따라 아래와 같이 연금(고용)보험료 지원을 신청합니다(근로자 수가 10명 미만인 사업(장)만 해당합니다). 국민연금 [ ] 고용보험 [ ]		

국민연금	근로자 수 20명	가입대상자수 20명	적용 연월일(YYYY.MM.DD)
	분리적용사업장 [✓]해당 [ ]비해당	본점사업장관리번호 111-22-33333-0	
건강보험	적용대상자수 20명	본점사업장관리번호	적용 연월일 착공일자
	사업장 특성부호 7	회계종목(공무원 및 교직원기관만 작성)	1 2 3
고용보험	상시근로자 수	피보험자수	성립일
	보험사무대행기관 (명칭)	(번호)	
	주된 사업장 명 칭	사업자등록번호	
	주된 사업장 우선지원대상기업 [ ]해당 [ ]비해당	관리번호	
산재보험	상시근로자 수	성립일	사업종류코드
	사업의 형태 [ ] 계속 [ ] 기간이 정해져 있는 사업(사업기간: –)		
	성립신고일(가입신청일) 현재 산업재해발생여부	[ ]있음 [ ]없음	
	주된 사업장 여부 [ ]해당 [ ]비해당	주된 사업장 관리번호	
	원사업주 사업장관리번호 또는 사업개시번호 (사내하도급 수급사업주인 경우만 적습니다)		

행정정보 공동이용 동의서

본인은 이 건 업무처리와 관련하여 담당 직원이 「전자정부법」 제36조제1항에 따른 행정정보의 공동이용을 통해 담당 직원 확인사항의 행정정보를 확인하는 것에 동의합니다. *동의하지 않는 경우에는 신고인(신청인)이 직접 관련 서류를 제출해야 합니다.

신고인(신청인) (서명 또는 인)

위와 같이 신고(신청)합니다. 2024년 1 월 1 일

신고인 · 신청인(사용자 · 대표자) ㈜우리건설 홍길동 (서명 또는 인)

[ ]보험사무대행기관(고용 · 산재보험만 해당) (서명 또는 인)

국민연금공단 이사장/국민건강보험공단 이사장/근로복지공단 ○○지역본부(지사)장 귀하

210mm×297mm[백상지(80g/㎡) 또는 중질지(80g/㎡)]

■ 고용보험 및 산업재해보상보험의 보험료징수 등에 관한 법률 시행규칙 [별지 제3호서식] 〈개정 2021. 12. 31.〉

고용 · 산재보험토탈서비스(total.comwel.or.kr)에서도 신고할 수 있습니다.

건설업 및 벌목업 [✓]고용보험 [ ]보험가입신청서 [✓]산재보험 [✓]보험관계 성립신고서

(앞쪽)

접수번호	접수일	처리기한: 5일

사업장관리번호			성립신고일 현재 산업재해 발생 여부	[ ]있음 [✓]없음
사업주(대표자)	성명	홍길동	주민등록번호(외국인등록번호)	620110-1001111
	주소	서울 강남구 테헤란도 313		전화번호 02-558-2222
	전자우편주소	seojine@seojine.com	휴대전화번호	
본사	명칭	우리건설	사업 형태	[✓]법인 [ ]개인
	소재지	충북 청주시 상당구 1순환로 1202-3		전화번호
	사업자등록번호		법인등록번호	
	우편물 수령지			팩스번호

현장(건설공사 및 벌목작업)	현장명		해양경찰서 공사	고용보험 업종코드	
	구분		[✓]도급 [ ]직영	산재보험 업종코드	
	소재지		충북 청주시 상당구 우암동 354번지		전화번호 010-2222-4444
	건설면허번호		서울 10-12	계약일	2024년 1월 1일
	건축허가(신고)번호			계약서상 착공일	2024년 1월 10일
	총공사금액	계약금액(부가세 제외)	100,000,000원	실제 착공일	2024년 1월 10일
		재료 시가환산액	원	준공 예정일	년 월 일
		합계액	원	벌목재적량	㎥
		발주공사 총금액(분리발주된 경우)	원	벌목 상시근로자 수	명
	발주자 성명		한국전력	발주자 연락처	02-222-2222

「고용보험 및 산업재해보상보험의 보험료징수 등에 관한 법률 시행규칙」 제3조제1항 또는 제7조제1항에 따라 위와 같이 신청(신고)합니다.

2024년 1월 1일

신청 · 신고인(사업주) ㈜우리건설 홍길동 (서명 또는 인)

보험사무대행기관 (서명 또는 인)

근로복지공단 ○○○○지역본부(지사)장 귀하

개인정보 수집 및 이용 동의서

본인은 이 건 민원사무처리에 대한 처리결과 안내, 캠페인(이벤트), 사업홍보물, 고객만족도조사 및 관련 제도개선에 필요한 의견조사를 위해 우편, 휴대전화 또는 전자우편 등으로 수신 · 참여하는 것에 동의합니다.

2024년 1월 1일

위와 같이 개인정보를 수집 · 이용하는데 동의하십니까? ([✓] 동의함 [ ] 동의안함)

신고인(신청인) ㈜우리건설 홍길동 (서명 또는 인)

※ 처리 사항(아래 사항은 신청인 · 신고인이 적지 않습니다)

가입승인 여부	[ ]승 인 [ ]불승인	보험관계 성립일	고용보험	년 월 일
			산재보험	년 월 일

210mm×297mm[백상지(80g/㎡) 또는 중질지(80g/㎡)]

■ 고용보험 및 산업재해보상보험의 보험료징수 등에 관한 법률 시행규칙 [별지 제5호서식] 〈개정 2021. 12. 31.〉

고용 · 산재보험토탈서비스(total.comwel.or.kr)에서도 신청(신고)할 수 있습니다.

건설업 및 벌목업 [✓] 고용보험 [ ] 보험관계 해지신청서 / [✓] 산재보험 [✓] 보험관계 소멸신고서

※ 뒤쪽의 유의사항 및 작성방법을 읽고 작성하기 바라며, 색상이 어두운 난은 신청(신고)인이 적지 않습니다. (앞쪽)

접수번호		접수일		처리기간	3일
사업장관리번호			보험사무대행기관명		
사업주 (대표자)	성명	홍길동	주민등록번호	630110-1234567	
	주소	서울 강남구 테헤란로 313		전화번호	02-555-4444
	휴대전화번호	010-2204-0000	전자우편주소	seojine@seojine.com	
본사	사업장명	㈜우리건설			
	소재지	충북 청주시 상당구 1순환로 1202-3			
	전화번호	043-667-1705	휴대전화번호		
	우편물 수령지				
현장 (건설공사 및 벌목작업)	현장명	㈜우리건설 해양경찰서 공사			
	소재지	충북 청주시 서원구 1순환로 1063번길			
	총공사금액	100,000,000원	공사(사업)기간	2024.01.01.~2024.12.31	
	착공(시작)일	2024. 01. 01.	준공(완료)일	2024. 12. 31.	
	고용보험 소멸일	2025.01.01	산재보험 소멸일	2025.01.01	
	보험관계 소멸 또는 해지신청 사유	[ ]사업 폐업(공사 종료) [ ]사업 규모 축소 [ ]그 밖의 사유(사유 기재):			
주된 사업장이 소멸되는 경우 새로운 주된 사업장의 관리번호					
거래은행 계좌번호 신고서		은행명	예금주명		
		계좌번호			

「고용보험 및 산업재해보상보험의 보험료징수 등에 관한 법률 시행규칙」 제3조제3항 또는 제7조제3항에 따라 위와 같이 신청(신고)합니다.

2024년 1월 1일

신청(신고)인 ㈜우리건설 홍길동 (서명 또는 인)

[ ] 보험사무대행기관 (서명 또는 인)

근로복지공단 ○○○○지역본부(지사)장 귀하

210mm×297mm[백상지(80g/㎡) 또는 중질지(80g/㎡)]

■ 고용보험 및 산업재해보상보험의 보험료징수 등에 관한 법률 시행규칙 [별지 제6호서식] 〈개정 2021. 12. 31.〉

고용 · 산재보험토탈서비스(total.comwel.or.kr)에서도 신청(신고)할 수 있습니다.

[✓]고용보험 [✓]산재보험 일괄적용 [✓]승인신청서 [ ]성립신고서

※ 뒤쪽의 유의사항 및 작성방법을 읽고 작성하기 바라며, 색상이 어두운 난은 신청인(신고인)이 적지 않습니다. (앞쪽)

접수번호	접수일	처리기한: 7일

사업장관리번호(일괄적용)				
대표자	성 명	홍길동	주민(외국인)등록번호	651011-1001911
	주 소	서울 강남구 강남대로 53 우성아파트		전화번호 02-555-4444
본사 사업장	상호 · 법인명	㈜우리건설	대규모기업	[ ]해당 [✓]비해당
	소 재 지	충북 청주시 상당구 1순환로 1202-3		전화번호
	우편물 수령지	상동		전화번호
	E - mail	seojine@seojine.com	팩스번호	휴대전화
	사업자등록번호	220-86-92766	법인등록번호	
	사업종류	건설	(주생산품명 · 제공되는 서비스명:)	
	총 상시근로자 수	20명	총 피보험자 수	20명
	주된(본사)사업우편물 수령지			

건설업	건설업면허관련	면허종류 조적,방수업	면허번호 10-12	등록일자 2011.01.11
	공사현장	충북 청주시 서원구 1순환로 1063번길		
	공사 기간	(실제착공일: 2024.01.01)	공사금액	1억
일반사업	사업장관리번호	지점 · 지사 · 공장명	소재지	사업종류
일괄적용 현황	총 상시근로자 수		총 피보험자 수	
고용보험 성립일(일괄적용)			고용업종코드	
산재보험 성립일(일괄적용)			산재업종코드	

「고용보험 및 산업재해보상보험의 보험료징수 등에 관한 법률 시행령」 제6조제2항 및 같은 법 시행규칙 제4조, 제7조제4항에 따라 위와 같이 신청(신고)합니다.

2024년 01월 01일

신청 · 신고인(사업주) ㈜우리건설 홍길동 (서명 또는 인)

보험사무대행기관 (서명 또는 인)

근로복지공단 ○○○○지역본부(지사)장 귀하

210mm×297mm[백상지(80g/㎡) 또는 중질지(80g/㎡)]

■ 고용보험 및 산업재해보상보험의 보험료징수 등에 관한 법률 시행규칙 [별지 제7호서식] 〈개정 2021. 12. 31.〉

고용 · 산재보험토탈서비스(total.comwel.or.kr)에서도 신청(신고)할 수 있습니다.

[✓]고용보험 [✓]산재보험 일괄적용 해지신청서

※ 뒤쪽의 작성방법을 읽고 작성하기 바라며, 색상이 어두운 난은 신청인이 적지 않습니다. (앞쪽)

접수번호	접수일	처리기한: 5일

사업장관리번호		123-44-12477	
사업장	상호 · 법인명	㈜우리건설	
	소 재 지	충북 청주시 상당구 1순환로 1202-3	전화번호 043-294-1705
	대표자	홍길동	

일괄적용 해지신청	해지 사유	공사완료
	해지 사유 발생일	2024.12.31

「고용보험 및 산업재해보상보험의 보험료징수 등에 관한 법률 시행령」 제6조제3항 및 같은 법 시행규칙 제5조에 따라 위와 같이 신청합니다.

2024년 01 월 01 일

신고 · 신청인(사업주) ㈜우리건설 홍길동 (서명 또는 인)

보험사무대행기관 (서명 또는 인)

근로복지공단 ○○○○지역본부(지사)장 귀하

※ 처리 사항(아래 사항은 신청인이 적지 않습니다)

산재보험 소멸일		고용보험 소멸일	
불승인 사유			

210mm×297mm[백상지(80g/㎡) 또는 중질지(80g/㎡)]

■ 고용보험 및 산업재해보상보험의 보험료징수 등에 관한 법률 시행규칙[별지 제13호서식] 〈개정 2010.12.22〉

국민연금 [✓]사업장 내용변경신고서
건강보험 [✓]사업장(기관) 변경신고서
고용보험 [✓]보험관계 변경신고서
산재보험 [✓]보험관계 변경신고서

※ 유의사항 및 작성방법은 뒷면을 참고하여 주시기 바라며, 색상이 어두운 난은 신청인이 적지 않습니다.

(앞면)

접수번호	접수일자	처리기간 3일

사업개시번호	고용보험	산재보험

사업장		
사업장	사업장관리번호 123-45-67890-0	전화번호(유선/이동전화) 052-000-0000
	명칭 근로복지공단	
	소재지 울산광역시 중구 종가로 340	

보험사무 대행기관 (고용 · 산재)	명칭	번호

사용자(대표자)	성명 김근로	주민(외국인)등록번호 150101-0000000

사용자 (대표자/ 공동대표자)	변경항목	변 경 일	변 경 전	변 경 후
	성명	2015.1.1.	홍길동	김근로
	주민(외국인)등록번호	2015.1.1.	150100-0000000	150101-0000000
	주소	2015.1.1.	서울 영등포구 버드나루로2길 8	울산 중구 종가로 340
	전화번호	2015.1.1.	052-000-0000	052-000-0000

사업장	변경항목	변 경 일	변 경 내 용
	명칭		
	전화번호		
	FAX번호		
	전자우편주소		
	소재지	2015.1.1.	울산 중구 종가로 340
	우편물 수령지	2015.1.1.	울산 중구 종가로 340
	사업자등록번호		
	법인등록번호		
	종류(업종)		
	사업의 기간		
	그 밖의 사항		

건강보험증 수령지	[ ]사업장 주소지 [ ]해당 직장가입자 주민등록표 등본의 주소지

위와 같이 신고합니다.

2015 년 1 월 10 일

신청인(가입자) 근로복지공단 (서명 또는 인)

[ ]보험사무대행기관(고용 · 산재보험만 해당) (서명 또는 인)

국민연금공단 이사장/국민건강보험공단 이사장/근로복지공단 지역본부(지사장) 귀하

210mm×297mm[일반용지(재활용품) 60g/㎡]

■ 고용보험 및 산업재해보상보험의 보험료징수 등에 관한 법률 시행규칙 [별지 제4호서식] 〈개정 2021. 7. 1.〉

국민연금 [✓]사업장 탈퇴신고서
건강보험 [✓]사업장 탈퇴신고서
고용보험 보험관계 [ ]소멸신고서 [ ]해지신청서(근로자 종사 사업장)
산재보험 보험관계 [ ]소멸신고서 [ ]해지신청서(근로자 종사 사업장)

※ 뒤쪽의 유의사항 및 작성방법을 읽고 작성하기 바라며, 색상이 어두운 난은 신고인(신청인)이 적지 않습니다. (앞쪽)

접수번호	접수일	처리기간 3일

사업장	사업장관리번호 911-87-92764-8		
	명칭 ㈜우리건설		전화번호 043-222-8888
	사업자등록번호 228-87-22212		법인등록번호
	소재지 충북 청주시 상당구 1순환로 1202-3 서진빌딩 4~5층 우편번호( )		
	환급(반환) 계좌 사전신고	은행명	계좌번호
		예금주명	* 보험료 정산 등 환급(반환)금액 발생 시 지급될 계좌입니다. (지급 관련하여 통장사본 등 추가 서류를 요청할 수 있습니다.)
보험사무 대행기관 (고용 · 산재)	명칭		번호
사용자 (대표자)	성명 홍길동		주민등록번호 630110-1234567
	주소 서울 강남구 테헤란로 313 우편번호( )		전화번호(유선/이동전화)
신고(신청) 사유	공통사항(중복선택불가) [ ]폐업 [ ]통폐합 [✓]사업 종료 [ ]그 밖의 사유		
	국민연금 · 건강보험 [ ]휴업 [ ]근로자 없음		
	고용 · 산재보험 [ ]근로자 없이 1년 경과 ※ 마지막으로 자격상실한 근로자의 상실일로부터 1년이 지난 날부터 보험관계를 소멸할 수 있습니다.		

사유 발생일자 2024.12.31

탈퇴(소멸) 후 우편물 수령지 충북 청주시 상당구 1순환로 1202-3 서진빌딩 4~5층 우편번호( )

국민연금	휴업기간		탈퇴일
	통폐합 시 흡수하는 사업장	명칭	사업장관리번호
		소재지	
건강보험	근로자 수		탈퇴일
고용/산재	산재보험	근로자 수	소멸일
	고용보험	근로자 수	소멸일

행정정보 공동이용 동의서

본인은 이 건 업무처리와 관련하여 담당 직원이 「전자정부법」 제36조제1항에 따른 행정정보의 공동이용을 통해 뒤쪽의 담당 직원 확인사항 중 휴업 · 폐업사실 증명원을 확인하는 것에 동의합니다. *동의하지 않는 경우에는 신고인(신청인)이 직접 관련 서류를 제출해야 합니다.

신고인(신청인) (서명 또는 인)

위와 같이 신고(신청)합니다.

2024년 12월 31일

신고인 · 신청인(가입자) ㈜우리건설 홍길동 (서명 또는 인)

[ ]보험사무대행기관(고용 · 산재보험만 해당) (서명 또는 인)

국민연금공단 이사장/국민건강보험공단 이사장/근로복지공단 ○○지역본부(지사)장 귀하

210mm×297mm[백상지(80g/㎡) 또는 중질지(80g/㎡)]

■ 고용보험 및 산업재해보상보험의 보험료징수 등에 관한 법률 시행규칙 [별지 제8호서식] 〈개정 2021. 12. 31.〉

고용ㆍ산재보험토탈서비스(total.comwel.or.kr)에서도 신청할 수 있습니다.

[✓]고용보험 [✓]산재보험 하수급인 사업주 보험가입 승인신청서

※ 뒤쪽의 유의사항 및 작성방법을 읽고 작성하기 바라며, 색상이 어두운 난은 신청인이 적지 않습니다. (앞쪽)

접수번호	접수일	처리기간 5일

구분		항목	내용	항목	내용
원수급인(신청인)	본사	상호ㆍ법인명칭	㈜우리건설	대 표 자	홍길동
		소재지	충북 청주시 상당구 1순환로 1202-3, 서진빌딩 4~5층		
		전화번호	02-445-1111	팩스	전자우편주소
	원수급 사업	우편물 수령지	충북 청주시 서원구 1순환로 1063번길		수취인
		관리번호(사업개시번호)	911-87-92763-1	현장명	해양경찰서공사
		소재지	충북 청주시 서원구 1순환로 1063번길		전화번호

구분		항목	내용	항목	내용
하수급인	본사	상호ㆍ법인명칭	㈜대한건설	대 표 자	박철수
		사업자등록번호	220-87-46890	법인등록번호	114672-111244
		소재지	서울 강남구 강남대로 121		
		전화번호	02-444-4444	팩스	전자우편주소
		우편물 수령지	서울 강남구 강남대로 121	수취인 박철수	
		고용보험 업종코드			
	하수급 사업	사업장명(현장명)	해양경찰서 설치공사		
		건설업면허관련	면허종류 종합건설	면허번호 10-21	등록일자 2018.6.1
		하수급(공사)금액(재료 시가환산액 포함)	50,000,000원	공사 기간 24.1.1~24.12.31	(실제착공일:24.1.1)
		소재지	경기도 화성시 동탄지성로		전화번호
		상시근로자 수	20명	총피보험자 수	20명
		업무상 재해 발생 여부	[✓] 없음 [ ] 있음 ([ ] 착공 후 14일 이내, [ ] 착공 후 15일~신청일)		
		사업장관리번호(사업개시번호)			

「고용보험 및 산업재해보상보험의 보험료징수 등에 관한 법률 시행령」 제7조제3항 및 같은 법 시행규칙 제6조제1항에 따라 위와 같이 신청합니다.

2024년 01월 01일

신청인(원수급인) ㈜우리건설 홍길동 (서명 또는 인)

[ ] 보험사무대행기관 (서명 또는 인)

근로복지공단 ○○지역본부(지사)장 귀하

신청인 제출서류	1. 도급계약서 사본 1부 2. 보험료 납부 인수에 관한 계약서(전자문서로 된 계약서를 포함합니다) 사본 1부	수수료 없음

※ 처리 사항(아래의 난은 신청인이 적지 않습니다)

결정사항	[ ]승인 [ ]불승인	하수급인 보험관계 성립일(사업 개시일)	년 월 일
불승인 사유			

210mm×297mm[백상지(80g/㎡) 또는 중질지(80g/㎡)]

■ 고용보험 및 산업재해보상보험의 보험료징수 등에 관한 법률 시행규칙 [별지 제10호서식] 〈개정 2023. 6. 30.〉

고용 · 산재보험토탈서비스(total.comwel.or.kr)에서도 신청할 수 있습니다.

일괄적용사업장의 [✓]고용보험 [✓]산재보험 [✓]사업 개시 [ ]사업 종료 신고서

※ 뒤쪽의 유의사항과 작성방법을 읽고 작성하기 바라며, [ ]에는 해당되는 곳에 "√" 표를 합니다. (앞쪽)

접수번호	접수일	처리기간 1일

일괄적용 사업	명칭 ㈜우리건설		대표자 홍길동	
	일괄적용 사업 관리번호 2005-07-97764-9		전화번호 043-297-1705	
건설공사 개시	공사명 ㈜우리건설 해양경찰서 공사			
	총공사금액 (재료 시가환산액 포함)	500,000,000 원	발주공사총금액 (분리발주된 경우)	원
	공사 기간 2024.01.01.~2024.12.31			
	현장 소재지 충북 청주시 상당구 우암동 365번지		현장 전화번호 043-454-7896	
	건축허가사항 충북시청 건축과		공동도급공사 [ ]해당 [✓]비해당	
	발주자명 충북 경찰청		공제가입번호	
	발주자 주소 충북 청주시 영화동		전화번호 042-444-7777	
벌목작업 개시	벌목 현장명		전화번호	
	현장 소재지			
	벌목 재적량		벌목기간	
	인원		발주자명	
지점 · 지사 · 공장 등 개시	지점 · 지사 · 공장명		전화번호	
	소재지			
	사업종류		사업 개시일	
	사업자등록번호		인원	
사업 종료	개시번호			
	명칭			
	종료일			

「고용보험 및 산업재해보상보험의 보험료징수 등에 관한 법률」 제11조제3항 및 같은 법 시행규칙 제8조에 따라 위와 같이 신고합니다.

2024 년 01 월 01 일

신고인(사업주) ㈜우리건설 홍길동 (서명 또는 인)

[ ]보험사무대행기관 (서명 또는 인)

근로복지공단 ○○지역본부(지사)장 귀하

구분	내용	수수료
신고인 제출서류	1. 공사도급계약서 사본 1부(건설공사 개시신고의 경우에만 제출합니다) 2. 벌목허가서 사본 1부(벌목작업 개시신고의 경우에만 제출합니다)	수수료 없음
담당직원 확인사항	사업자등록증(산재보험의 경우만 해당하며, 건설공사 및 벌목작업 외의 사업 개시신고의 경우만 해당합니다)	

행정정보 공동이용 동의서

본인은 이 건 업무처리와 관련하여 「전자정부법」 제36조제1항에 따른 행정정보의 공동이용을 통하여 담당 직원이 위의 담당 직원 확인사항을 확인하는 것에 동의합니다.

* 동의하지 않는 경우에는 신청인이 직접 사업자등록증 사본을 제출해야 합니다.

신청인(위임한 사람) (서명 또는 인)

210mm×297mm[백상지(80g/㎡) 또는 중질지(80g/㎡)]

■ 고용보험 및 산업재해보상보험의 보험료징수 등에 관한 법률 시행규칙 [별지 제14호서식] 〈개정 2022. 6. 30.〉

고용 · 산재보험토탈서비스(total.comwel.or.kr)에서도 신고할 수 있습니다.

우선지원 대상기업 신고서

※ 뒤쪽의 유의사항 및 작성방법을 읽고 작성하기 바라며, 색상이 어두운 난은 신청인이 적지 않습니다. (3쪽 중 1쪽)

접수번호	접수일	처리기간: 5일

사업주	상호 · 법인명칭	㈜우리건설		
	소재지	충북 청주시 상당구 1순환로 1202-3 서진빌딩 4~5층	전화번호	
	대표자	홍길동	주민등록번호	630110-1001918
주된 사업장	사업장관리번호	220-87-22221	사업장명	해양경찰서 공사
	소재지	충북 청주시 상당구 1순환로 1202-3 서진빌딩 4~5층	전화번호	
	보험사무대행기관 명칭		보험사무대행기관번호	

구분	항목	변경 전	변경 후
변경 내용	사업의 종류 및 업종코드		
	총 상시근로자 수(전년도)	명	명
	「중소기업법」에 따른 중소기업 여부	[ ]해당 [ ]비해당	[ ]해당 [ ]비해당
	상호출자제한기업집단 해당 여부	[ ]해당 [ ]비해당	[ ]해당 [ ]비해당
변경 사유 발생일			총사업장수
변경 사유			

「고용보험 및 산업재해보상보험의 보험료징수 등에 관한 법률 시행령」 제9조 및 같은 법 시행규칙 제10조제2항에 따라 위와 같이 신고합니다.

2024년 01월 01일

신고인(원수급인) ㈜우리건설 홍길동 (서명 또는 인)

□ 보험사무대행기관 (서명 또는 인)

근로복지공단 ○○ 지역본부(지사)장 귀하

※ 처리 사항(아래 사항은 신고인이 적지 않습니다)

변경 후 기업규모	[ ]우선지원 대상기업 [ ]대규모기업	변경적용 개시일	
변경 사유			

210mm×297mm[백상지(80g/㎡) 또는 중질지(80g/㎡)]

■ 고용보험 및 산업재해보상보험의 보험료징수 등에 관한 법률 시행규칙 [별지 제5호서식] 〈개정 2021. 12. 31.〉

고용 · 산재보험토탈서비스(total.comwel.or.kr)에서도 신청(신고)할 수 있습니다.

건설업 및 벌목업 [✓] 고용보험 [✓] 산재보험 [ ] 보험관계 해지신청서 [✓] 보험관계 소멸신고서

※ 뒤쪽의 유의사항 및 작성방법을 읽고 작성하기 바라며, 색상이 어두운 난은 신청(신고)인이 적지 않습니다. (앞쪽)

접수번호		접수일		처리기간 3일
사업장관리번호		222-87-12121	보험사무대행기관명	
사업주(대표자)	성명	홍길동	주민등록번호	630110-1001918
	주소	서울 강남구 테헤란로 313		전화번호 043-294-1705
	휴대전화번호	010-2204-4444	전자우편주소	
본사	사업장명	㈜ 우리건설		
	소재지	충북 청주시 상당구 1순환로 1202-3 서진빌딩 4~5층		
	전화번호	043-667-7777	휴대전화번호 010-2222-4444	
	우편물 수령지			

현장(건설공사 및 벌목작업)	현장명	㈜우리건설 해양경찰서 공사		
	소재지	충북 청주시 서원구 1순환로 1063번길		
	총공사금액	150,000,000원	공사(사업)기간	2024.01.01.~ 2024.12.31
	착공(시작)일	2024. 01. 01.	준공(완료)일	2024. 12. 24.
	고용보험 소멸일	2025.01.01	산재보험 소멸일	2025.01.01
	보험관계 소멸 또는 해지신청 사유	[✓]사업 폐업(공사 종료) [ ]사업 규모 축소 [ ]그 밖의 사유(사유 기재):		
주된 사업장이 소멸되는 경우 새로운 주된 사업장의 관리번호				
거래은행 계좌번호 신고서		은행명	예금주명	
		계좌번호		

「고용보험 및 산업재해보상보험의 보험료징수 등에 관한 법률 시행규칙」 제3조제3항 또는 제7조제3항에 따라 위와 같이 신청(신고)합니다.

2024년 12월 31 일

신청(신고)인 ㈜ 우리건설 홍길동 (서명 또는 인)

[ ] 보험사무대행기관 (서명 또는 인)

근로복지공단 ○○○○지역본부(지사)장 귀하

210mm×297mm[백상지(80g/㎡) 또는 중질지(80g/㎡)]

■ 고용보험 및 산업재해보상보험의 보험료징수 등에 관한 법률 시행규칙 [별지 제22호의5서식] 〈개정 2023. 6. 30.〉

[✓]국민연금 사업장가입자 자격취득 신고서 [✓]건강보험 직장가입자 자격취득 신고서 [✓]고용보험 근로자 피보험자격취득 신고서 [✓]산재보험 근로자 자격취득 신고서

※ 2쪽의 유의사항 및 작성방법을 읽고 작성하기 바라며, 색상이 어두운 난은 신고인이 적지 않습니다.
※ [ ]에는 해당되는 곳에 "√" 표시를 합니다.
※ 같은 사람의 4대 사회보험 각각의 자격취득일 또는 월 소득액(소득월액, 보수월액, 월평균 보수액)이 서로 다른 경우 줄을 달리하여 적습니다. (5쪽 중 1쪽)

접수번호	접수일	처리기간: 3일(고용 · 산재보험은 5일)

사업장				
사업장	사업장관리번호 121-12-12345-0	명칭 ㈜우리건설	단위사업장 명칭	영업소 명칭
	소재지 충북 청주시 상당구 1순환로 1202-3 서진빌딩 4~5층			우편번호( )
	전화번호 043-294-1705		팩스번호	
보험사무 대행기관	번호	명칭	하수급인 관리번호(건설공사 등의 미승인 하수급인만 해당합니다)	

구분	성명 / 주민등록번호 (외국인등록번호 · 국내거소신고번호)	국적 / 체류자격	대표자 여부	월 소득액 (소득월액 · 보수월액 · 월평균 보수액)(원)	자격 취득일 (YYYY. MM.DD)	국민연금 자격취득부호	국민연금 특수직종부호	국민연금 직역연금부호	건강보험 자격취득부호	건강보험 보험료 감면부호	건강보험 공무원·교직원 회계명/부호	건강보험 공무원·교직원 직종명/부호	고용·산재 직종부호	고용·산재 1주 소정근로시간	고용·산재 계약종료연월 (계약직만 작성)	보험료 부과구분(해당자만 작성) 부호	보험료 부과구분 사유
1	김건강		[ ]예	2,000,000	2024.1.1	[✓]국민연금 ([ ]취득 월 납부 희망)			[✓]건강보험	([✓]피부양자 신청)			[✓]고용보험(계약직 여부: [ ]예, [ ]아니오) [✓]산재보험				
	901231-1234567		[✓]아니오										024	40			
2	김공단		[ ]예	2,000,000	2024.1.1	[✓]국민연금 ([ ]취득 월 납부 희망)			[✓]건강보험	([ ]피부양자 신청)			[✓]고용보험(계약직 여부: [ ]예, [ ]아니오) [✓]산재보험				
	911231-1234567		[✓]아니오										027	40			
3	김국민		[ ]예	2,000,000	2024.1.1	[✓]국민연금 ([ ]취득 월 납부 희망)			[✓]건강보험	([ ]피부양자 신청)			[✓]고용보험(계약직 여부: [ ]예, [ ]아니오) [✓]산재보험				
	921231-1234567		[✓]아니오										027	40			
4			[ ]예			[ ]국민연금 ([ ]취득 월 납부 희망)			[ ]건강보험	([ ]피부양자 신청)			[ ]고용보험(계약직 여부: [ ]예, [ ]아니오) [ ]산재보험				
			[ ]아니오														

위와 같이 자격취득을 신고합니다.

2024년 1월 1 일

신고인(사용자 · 대표자) ㈜우리건설 홍길동 (서명 또는 인) / [ ]보험사무대행기관 (서명 또는 인)

국민연금공단 이사장/국민건강보험공단 이사장/근로복지공단 ○○지역본부(지사)장 귀하

297mm×210mm[백상지(80g/㎡) 또는 중질지(80g/㎡)]

■ 고용보험 및 산업재해보상보험의 보험료징수 등에 관한 법률 시행규칙 [별지 제22호의6서식] 〈개정 2023. 6. 30.〉

[✓]국민연금 사업장가입자 자격상실 신고서 [✓]건강보험 직장가입자 자격상실 신고서
[✓]고용보험 근로자 피보험자격상실 신고서 [✓]산재보험 근로자 자격상실 신고서

※ 뒤쪽의 유의사항 및 작성방법을 읽고 작성하기 바라며, 색상이 어두운 난은 신고인이 적지 않습니다.
※ 같은 사람의 4대 사회보험의 상실 연월일이 다른 경우에는 유의사항을 읽고 작성하기 바랍니다.

(앞쪽)

접수번호	접수일자	처리기간 3일(고용 · 산재보험은 7일)

사업장	사업장관리번호 123-45-67890-0	명칭 ㈜우리건설	전화번호 043-297-1705	팩스번호
	소재지 충북 청주시 상당구 1순환로 1202-3 서진빌딩 4~5층			우편번호( )

보험사무대행기관	명칭	번호	하수급인 관리번호(건설공사등의 미승인하수급인에 한함)

일련번호	성명	주민등록번호(외국인등록번호 · 국내거소신고번호)	전화번호(휴대전화번호)	상실 연월일(YYYY.MM.DD)	국민연금		건강보험					[✓]고용보험 [✓]산재보험			
					상실부호	초일취득 · 당월상실자 납부여부	상실부호	연간 보수 총액				상 실 사 유		해당 연도 보수 총액	전년도 보수 총액
								해당 연도		전년도		구체적 사유	구분코드	고용보험	고용보험
								보수 총액	근무 개월 수	보수 총액	근무 개월 수			산재보험	산재보험
1	김근로	910110-1001918	010-2222-4444	2025.1.1	3	희망 [✓]	01	7,200,000	6	12,000,000	12	자진퇴사	11	7,200,000	
														7,200,000	
						희망 [ ]									
						희망 [ ]									
						희망 [ ]									

위와 같이 피보험자격상실 신고를 합니다.

2025 년 1 월 1 일

신고인(사용자 · 대표자) (서명 또는 인) / [ ]보험사무대행기관 ㈜우리건설 홍길동 (서명 또는 인)

국민연금공단 이사장/국민건강보험공단 이사장/근로복지공단 ○○지역본부(지사)장 귀하

297mm×210mm[백상지(80g/㎡) 또는 중질지(80g/㎡)]

■ 고용보험 및 산업재해보상보험의 보험료징수 등에 관한 법률 시행규칙 [별지 제22호의2서식] 〈개정 2022. 6. 30.〉

[ ]국민연금 사업장가입자 기준소득월액 변경신청서
[ ]국민건강보험 직장가입자 보수월액 변경신청서
[ ]고용 · 산재보험 월평균 보수 변경신고서(근로자 종사 사업장)

※ 뒤쪽의 유의사항 및 작성방법을 읽고 작성하기 바라며, 색상이 어두운 난은 신청인(신고인)이 적지 않습니다. (앞쪽)

접수번호		접수일			처리기간 5일	
사업장	사업장관리번호 123-45-67890-0	명칭 ㈜우리건설	전화번호 043-294-1705	팩스번호	전자우편주소	휴대폰번호
	소재지 충북 청주시 상당구 1순환로 1202-3 서진빌딩 4~5층					

성명	주민등록번호 (외국인등록번호 · 국내거소 신고번호)	국민연금 (소득이 보건복지부장관이 고시하는 비율 이상 변동된 자만 신청)			국민건강보험			고용보험 및 산재보험			
		현재 기준소득월액	변경 후 기준소득월액	근로자 동의 (서명 또는 인)	변경 후 보수월액	보수 변경 월	변경 사유	변경 후 월평균 보수		보수 변경 월	변경 사유
								고용보험	산재보험		
김근로	910110-1001918	3,000,000	4,000,000	김근로	4,000,000	2024.1	급여상승	4,000,000	4,000,000	2024.1	급여상승

「국민연금법 시행령」 제9조제5항 · 같은 법 시행규칙 제2조제1항제3호,「국민건강보험법 시행령」 제36조제2항 · 같은 법 시행규칙 제41조 및 「고용보험 및 산업재해보상보험의 보험료징수 등에 관한 법률 시행령」 제19조의3제7항 · 같은 법 시행규칙 제16조의3에 따라 위와 같이 기준소득월액(보수월액, 월평균 보수)의 변경을 신청(신고)합니다.

* **국민연금 사업장가입자 기준소득월액 변경 요건**

- 기준소득월액 대비 실제 소득이 보건복지부장관이 고시하는 비율 이상 변동(상승 · 하락)된 사업장가입자만 가능(근로자의 동의 필요)
- 변경된 기준소득월액은 신청일이 속하는 달의 다음 달부터 다음 연도 6월까지 적용하며, 변경된 기준소득월액이 과세 자료 등을 통해 확인되는 실제 소득과 일치하는지 확인하여 과부족분에 대해서는 사후정산

2024 년 1 월 1 일

신청인(신고인)(사용자 · 대표자) ㈜우리건설 홍길동 (서명 또는 인)

[ ] 보험사무대행기관(고용보험 및 산재보험) (서명 또는 인)

국민연금공단 이사장/ 국민건강보험공단 이사장/ 근로복지공단 ○○지역본부(지사)장 귀하

297mm×210mm[백상지(80g/㎡) 또는 중질지(80g/㎡)]

■ 국민건강보험법 시행규칙 [별지 제1호서식] 〈개정 2023. 9. 11.〉

피부양자 자격(취득 · 상실) 신고서

※ 작성방법은 뒤쪽을 참고하시기 바라며, 바탕색이 어두운 난은 신고인이 적지 않습니다. (앞쪽)

접수번호		접수일	처리기간 3일
사업장(기관)	① 사업장 관리번호 123-45-67890-0	② 사업장 명칭 ㈜우리건설	③ 전화번호 043-294-1705
가입자	④ 성명 김근로	⑤ 주민등록번호(외국인등록번호 · 국내거소신고번호) 910110-1001918	⑥ 전화번호

	⑦ 관계	⑧ 성명	⑨ 주민등록번호 (외국인등록번호 · 국내거소신고번호)	⑩ 취득(상실) 년월일	⑪ 취득(상실) 부호	⑫ 장애인 · 국가유공자		⑬ 외국인		
						종류 부호	등록일	국적	체류자격	체류기간
피부양자	배우자	김건강	711201-2001010	2024.1.1	06					

「국민건강보험법 시행규칙」 제2조 및 제61조의3에 따라 위와 같이 피부양자 자격 취득(상실) 사항을 신고합니다.

2024 년 1 월 1 일

신고인 ㈜우리건설 홍길동 (서명 또는 인)

국민건강보험공단 이사장 귀하

297㎜× 210㎜[백상지 80g/㎡]

■ 고용보험 및 산업재해보상보험의 보험료징수 등에 관한 법률 시행규칙 [별지 제22호의7서식] 〈개정 2023. 6. 30.〉

[✓]고용보험 [✓]산재보험 근로내용확인신고서(일용근로자)(2024년1월분)

※ 2쪽의 유의사항 및 작성방법을 읽고 작성하기 바라며, [ ]에는 해당되는 곳에 "√" 표시를 합니다. (3쪽 중 1쪽)

접수번호	접수일	처리기간: 7일

공통 사업장			
	사업장관리번호 123-45-67890-0	명칭 ㈜우리건설	
	사업자등록번호 (국세청 일용근로소득지급명세서 갈음하여 제출하는 경우에만 적습니다)	하수급인관리번호 (건설공사등 미승인 하수급인만 적습니다)	
		공사명(유기사업명)	
	소재지 충북 청주시 상당구 1순환로 1202-3	보험사무대행기관 번호	보험사무대행기관 명칭
	전화번호 (유선) 043-294-1705 (휴대전화)	팩스번호	
	고용관리 책임자 (※건설업만 해당)	(성명) (직무내용)	(주민등록번호) (근무지)[ ]본사 [ ]해당 사업장(현장) [ ]다른 사업장(현장) (직위)

성명	김근로			
주민등록번호 (외국인등록번호)	911231-1112222	-	-	-
국적 / 체류자격	한국 /	/	/	/
전화번호(휴대전화)	010-2022-4444			
직종 부호	701			

근로일자 ("o"표시)	1	2	3	4	5	1	2	3	4	5	1	2	3	4	5	1	2	3	4	5
	○		○																	
	6	7	8	9	10	6	7	8	9	10	6	7	8	9	10	6	7	8	9	10
				○																
	11	12	13	14	15	11	12	13	14	15	11	12	13	14	15	11	12	13	14	15
			○																	
	16	17	18	19	20	16	17	18	19	20	16	17	18	19	20	16	17	18	19	20
	21	22	23	24	25	21	22	23	24	25	21	22	23	24	25	21	22	23	24	25
		○																		
	26	27	28	29	30	26	27	28	29	30	26	27	28	29	30	26	27	28	29	30
	31					31					31					31				

근로일수 / 일평균 근로시간	5일 / 10시간	일 / 시간	일 / 시간	일 / 시간
보수지급기초일수	5일	일	일	일
보수총액	500,000원	원	원	원
임금총액	500,000원	원	원	원
이직사유 코드	1			
보험료부과구분(해당하는 사람만 적습니다)				
부호 / 사유	/	/	/	/
국세청 일용근로소득 신고 - 지급월	1월	월	월	월
국세청 일용근로소득 신고 - 총지급액 (과세소득)	500,000원	원	원	원
국세청 일용근로소득 신고 - 비과세소득	원	원	원	원
국세청 일용근로소득 신고 - 원천징수액 소득세	원	원	원	원
국세청 일용근로소득 신고 - 원천징수액 지방소득세	원	원	원	원

「고용보험법 시행령」 제7조제1항 후단, 같은 법 시행규칙 제5조제2항 및 「고용보험 및 산업재해보상보험의 보험료징수 등에 관한 법률 시행규칙」 제16조의7제2항제1호에 따라 위와 같이 확인하여 신고합니다.

2024년 2 월 1 일

신고인(사용자 · 대표자) ㈜우리건설 홍길동 (서명 또는 인)

[ ] 보험사무대행기관 (서명 또는 인)

근로복지공단 ○○지역본부(지사)장 귀하

210mm×297mm[백상지(80g/㎡) 또는 중질지(80g/㎡)]

■ 고용보험 및 산업재해보상보험의 보험료징수 등에 관한 법률 시행규칙[별지 제22호의10서식] 〈개정 2022. 12. 30.〉

[✓]국민연금 사업장가입자 내용변경 신고서
[✓]건강보험 직장가입자 내용변경 신고서
[✓]고용보험 피보험자 내용변경 신고서(근로자 종사 사업장)
[✓]산재보험 근로자 내용변경 신고서(근로자 종사 사업장)

※ 뒤쪽의 유의사항 및 작성방법을 읽고 작성하기 바라며, 색상이 어두운 난은 신고인이 적지 않습니다. (앞쪽)

접수번호		접수일		처리기간	3일

사업장	사업장관리번호 1 2 3 - 4 5 - 6 7 8 9 0 - 0	
	명칭 ㈜우리건설	
	전화번호 043-294-1705	FAX번호
	소 재 지 충북 청주시 상당구 1순환로 1202-3 서진빌딩 4~5층 우편번호( )	
보험사무 대행기관	번호	명칭
하수급인 관리번호	※ 건설공사 등의 미승인 하수급인의 경우만 해당합니다.	

일련번호	성명	주민(외국인)등록번호 · 국내거소신고번호	변경내용			
			변경일	부호	변경 전	변경 후
1	김근로	910110-1001918	2024.01.01	1	김근로	김노동

[내용변경부호]: 1. 성명 2. 주민(외국인)등록번호 · 국내거소신고번호 3. 특수직종근로자 해당 여부(국민연금만 해당) 4. 자격취득일자(국민연금 · 건강보험만 해당) 5. 자활근로종사자의 보장자격[생계급여 수급자 ⇔ 급여특례 · 차상위계층, 주거급여 · 의료급여 또는 교육급여 수급자](고용보험만 해당) 6. 휴직 종료일(고용 · 산재보험만 해당) 7. 자격상실일자(국민연금 · 건강보험만 해당)

※ 건강보험 자격상실일을 변경할 경우 "직장가입자 보험료 정산내역 착오자 변경 신청서"를 별도 해당 기관으로 신고하기 바랍니다.

위와 같이 신고합니다.

2024년 1월 1 일

신고인(대표자) ㈜우리건설 홍길동 (서명 또는 인)

[ ]보험사무대행기관 (서명 또는 인)

국민연금공단 이사장 · 국민건강보험공단 이사장 · 근로복지공단 ○○지역본부(지사)장 귀하

210mm×297mm[백상지(80g/㎡) 또는 중질지(80g/㎡)]

■ 고용보험법 시행규칙[별지 제75호의4서식] 〈개정 2023. 12. 1.〉

피보험자 이직확인서

※ 뒤쪽의 작성요령을 읽고 작성하기 바랍니다. 별표(*) 표시가 되어 있는 항목은 필수 기재항목입니다.

(앞쪽)

접수번호	접수일자	처리기간:10일

*사업장	사업장관리번호	123-45-67890-0		
	명 칭	㈜우리건설	전화번호	
	소재지	충북 청주시 상당구 1순환로 1202-3 서진빌딩 4~5층		
	하수급인관리번호(건설공사 등의 미승인 하수급인인 경우에만 작성)			

*피보험자 (이직자)	성 명	김근로	(휴대)전화번호	010-2222-4444
	주민등록번호	910110-1001918		
	주 소	울산광역시 중구 종가로 380		
	입사일(피보험자격 취득일)	2024.1.1	이직일(근로제공 마지막 날)	2024.12.31

①*이직코드 및 이직사유 (이직사유 구분코드 뒤쪽 참조)	구분코드	(구체적 사유, 10자 이상 기재) 경영악화로 인한 권고사직
	23	

②*피보험단위기간 산정대상기간	③*보수지급 기초일수
2024.12.1.~2024.12.31	31
2024.11.1.~2024.11.30	30
2024.10.1.~2024.10.31	31
2024.9.1.~2024.9.30	30
2024.8.1.~2024.8.31	31
2024.7.1.~2024.7.31	31
2024.6.1.~2024.6.30	30
2024.5.1.~2024.5.31	31
2024.4.1.~2024.4.30	30
2024.3.1.~2024.3.31	31
2024.2.1.~2024.2.29	29
2024.1.1.~2024.1.31	31
④*통산피보험단위기간	366일

평균임금 산정명세

⑤*임금계산기간		12.1부터 12.31까지	11.1부터 11.30까지	10.1부터 10.31까지	부터 까지	총 합
⑥*임금계산기간 총 일수		31일	30일	30일	일	일
⑦* 임금내역	기본급	2,000,000원	2,000,000원	2,000,000원	원	원
	기타 수당	200,000원	200,000원	200,000원	원	원
	상여금(이직 전 12개월간 지급된 상여금 총액 × 3/12)					원
	연차수당(이직 전 12개월간 지급된 연차수당 총액× 3/12)					원
⑧ 1일 통상임금(필요한 경우에만 작성)						원
⑨ 1일 기준보수(해당되는 사람만 작성)						원

⑩* 1일 소정 근로시간	□ 1시간 이하, □ 2시간, □ 3시간, □ 4시간, □ 5시간, □ 6시간, □ 7시간, ■ 8시간 이상
⑪ 초단시간 근로일수(해당자만 작성)	이직 전 24개월 동안 1주 소정근로시간이 15시간 미만이고, 1주 소정근로일수는 2일 이하인 날의 총 일수 (일)

⑫ 기준기간 연장(해당자만 작성) 사유코드: 1. 질병 · 부상 2. 사업장 휴업 3. 임신 · 출산 · 육아 4. 기타 사유	사유코드				
	연장기간				

「고용보험법」 제42조제3항(제43조제4항) 및 같은 법 시행규칙 제82조의2제1항 · 제2항(제82조의2제4항 · 제5항)에 따라 위와 같이 발급(제출)합니다.

제출일 2025년 1월 1일

발급자(제출자) □ 사업장명

□ 보험사무대행기관 ㈜우리건설 홍길동(서명 또는 인)

210mm×297mm[백상지(80g/㎡) 또는 중질지(80g/㎡)]

■ 고용보험 및 산업재해보상보험의 보험료징수 등에 관한 법률 시행규칙 [별지 제22호의8서식] 〈개정 2021. 12. 31.〉

고용 · 산재보험토탈서비스(total.comwel.or.kr)에서도 신고할 수 있습니다.

근로자 휴직 등 신고서

※ 뒤쪽의 유의사항과 작성방법을 읽고 작성하기 바라며, [ ]에는 해당하는 곳에 √ 표시를 합니다. (앞쪽)

접수번호	접수일자	처리기간 3일

사업장	
사업장관리번호	123 – 45 – 67890 – 0
명칭	㈜우리건설
소재지	충북 청주시 상당구 1순환로 1203-3 서진빌딩 4~5층
전화번호 / 팩스번호 / 전자우편주소 / 휴대전화번호	

번호	성 명	주민등록번호	휴업 · 휴직 등 시작일	휴업 · 휴직 등 종료일	휴업 · 휴직 등 사유
1	김근로	910110–1001918	2024.3.1	2024.4.30	[ ] 휴업 · 휴직(사업장 사정 [■] 육아휴직 [ ] 휴직(병가 등 근로자 사정) [ ] 유산 · 사산 휴가 [ ] 노조전임자 [ ] 출산전후휴가 [ ] 기타( ) [ ] 육아기 근로시간단축
		–			[ ] 휴업 · 휴직(사업장 사정) [ ] 육아휴직 [ ] 휴직(병가 등 근로자 사정) [ ] 유산 · 사산 휴가 [ ] 노조전임자 [ ] 출산전후휴가 [ ] 기타( ) [ ] 육아기 근로시간단축
		–			[ ] 휴업 · 휴직(사업장 사정) [ ] 육아휴직 [ ] 휴직(병가 등 근로자 사정) [ ] 유산 · 사산 휴가 [ ] 노조전임자 [ ] 출산전후휴가 [ ] 기타( ) [ ] 육아기 근로시간단축
		–			[ ] 휴업 · 휴직(사업장 사정) [ ] 육아휴직 [ ] 휴직(병가 등 근로자 사정) [ ] 유산 · 사산 휴가 [ ] 노조전임자 [ ] 출산전후휴가 [ ] 기타( ) [ ] 육아기 근로시간단축
		–			[ ] 휴업 · 휴직(사업장 사정) [ ] 육아휴직 [ ] 휴직(병가 등 근로자 사정) [ ] 유산 · 사산 휴가 [ ] 노조전임자 [ ] 출산전후휴가 [ ] 기타( ) [ ] 육아기 근로시간단축
		–			[ ] 휴업 · 휴직(사업장 사정) [ ] 육아휴직 [ ] 휴직(병가 등 근로자 사정) [ ] 유산 · 사산 휴가 [ ] 노조전임자 [ ] 출산전후휴가 [ ] 기타( ) [ ] 육아기 근로시간단축

「고용보험 및 산업재해보상보험의 보험료징수 등에 관한 법률」 제16조의10제5항, 같은 법 시행령 제19조의7제7항제1호부터 제3호까지 및 같은 법 시행규칙 제16조의9제1항에 따라 위와 같이 우리 사업장의 근로자가 휴업 · 휴직 등을 하였음을 신고합니다.

2024 년 2 월 28 일

신고인(사용자 · 대표자) ㈜우리건설 홍길동 (서명 또는 인)

[ ] 보험사무대행기관 (서명 또는 인)

근로복지공단 ㅇㅇ지역본부(지사)장 귀하

210mm×297mm[백상지(80g/㎡) 또는 중질지(80g/㎡)]

– 근태 관리시스템

1. 개요

건설현장에서는 수많은 일용직근로자들이 출입하기 때문에 일용직근로자 출퇴근관리(근태관리)가 매우 중요하다. 또한 공사원가 관리에서 노무비가 차지하는 비율이 총원가의 40% 이상을 차지하기 때문에 정확하고 투명한 근태관리는 필수사항일 수밖에 없다. 건설업의 특성상 일용직근로자 관리는 일일 출역 관리를 통한 노무비 산정, 4대보험을 비롯하여 퇴직공제부금까지 각종 신고업무로 노무관리 담당자는 중복된 업무를 반복해서 처리해야 한다. 이러한 건설업무 환경을 개선하고자 전산화된 근태 관리시스템을 도입하게 되었다. 전산화된 근태 관리시스템은 4대보험, 퇴직공제부금 등 각종 신고자료(EDI 전산매체) 자동생성 등 담당 직원의 효율적인 업무개선 뿐만 아니라, 건설현장 일용직근로자에게도 안정적인 근로 환경을 제공할 수 있게 되었다.

2. 근태 관리시스템의 변천 과정

건설현장의 근태관리는 사람이 직접 현장 출입구에서 통제하고 수기로 작성하던 방식에서 바코드(Bar Code) 기술, RFID(Radio Frequency Identification) 기술을 활용한 출입 카드 인증 시스템으로 근태관리의 첫 전산화가 시작되었다. 그러나 이러한 카드 인증 시스템은 복사, 분실, 대여 등의 운영상의 문제로 오래 유지되지 못하였다. 그래서 카드 인증 방식의 단점을 보완하게 된 것이 생체 인증 방식이며, 초기 생체 인증 방식으로 지문 인식 시스템이 등장하게 되었다. 그러나 지문 인식 시스템 역시 건설현장의 일용직근로자의 경우 지문이 없거나 인식되지 않는 사람들이 발견됨에 따라 건설현장의 근태 관리시스템으로는 활성화 되지 못하였다. 그 이후 손 혈관 생체인식 기술의 도입되었으며, 이 또한 일용직근로자들이 출근 시에 등록한 혈관이 퇴근 시 근육 사용으로 인식의 오류가 많아 생체인식 기술로서의 장점이 100% 발휘되지 못한 채 건설현장에서 철수되고 있다. 그래서 현재 건설현장에서는 홍채 인식, 얼굴 인식, 사진 촬영 시스템 도입이 새로운 건설현장 관리시스템으로 활발하게 운영되고 있다.

〈근태 관리시스템의 변천 과정〉

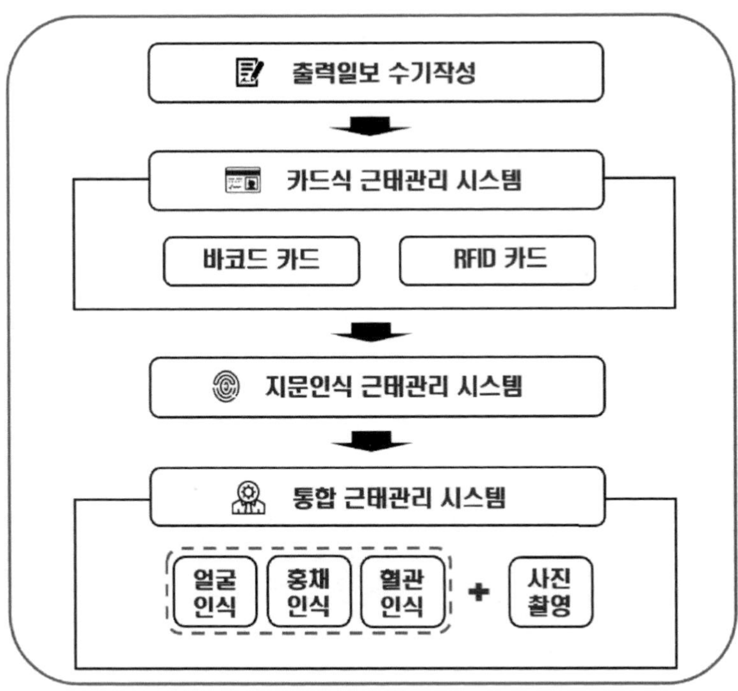

3. 근태 관리시스템 비교

근태시스템	근태장비	특 징	
RFID 카드		장점	· RFID 카드 인식으로 간편한 출/퇴근 관리
		단점	· RFID 카드 분실의 위험 · 근로자들의 출퇴근 위조의 가능성 (카드 복사, 대여 등)
지문인식 시스템		장점	· 지문인식으로 간편한 출/퇴근 관리 · 타 장비보다 저렴한 가격
		단점	· 일용직 근로자의 경우 낮은 지문 인식률 · 등록 및 인식기로 2대가 필요
얼굴인식 시스템		장점	· 얼굴인식으로 간편한 출/퇴근 관리 · 얼굴좌표 인식의 용이 · 뛰어난 인식률 · 높은 보안성
		단점	· 다양한 각도의 얼굴 등록 필요 · 얼굴 등록 시간 소요 (3~5분) · 등록 및 인식기로 2대가 필요

<table>
<tr><th>근태시스템</th><th>근태장비</th><th colspan="2">특 징</th></tr>
<tr><td rowspan="2">홍채인식
시스템</td><td rowspan="2"> </td><td>장점</td><td>· 홍채인식으로 간편한 출/퇴근 관리
· 높은 보안성</td></tr>
<tr><td>단점</td><td>· 고가의 장비
· 홍채 등록 시간 소요 (3~5분)
· 등록 및 인식기로 2대가 필요</td></tr>
<tr><td rowspan="2">손 혈관
인식 시스템</td><td rowspan="2"> </td><td>장점</td><td>· 혈관인식으로 간편한 출/퇴근 관리
· 높은 보안성</td></tr>
<tr><td>단점</td><td>· 일용직 근로자의 경우 근육 사용으로 출퇴근 혈관 인식 오류
· 등록 및 인식기로 2대 필요</td></tr>
<tr><td rowspan="2">사진촬영
+얼굴인식
시스템
[얼굴인식
시스템]15.2인치</td><td rowspan="2"> </td><td>장점</td><td>· 기존 얼굴인식시스템과 사진촬영시스템의 장점을 도입
· 얼굴 등록 후 사용 및 후처리 모두 가능
· 주/야간 구분 없이 높은 인식률
· 인식 후 자동 및 수동 처리 모두 가능</td></tr>
<tr><td>단점</td><td>· 기존 근태장비시스템의 단점을 모두 보완</td></tr>
<tr><td rowspan="2">사진촬영
+얼굴인식
시스템
[얼굴인식
시스템]
10.4인치</td><td rowspan="2"> </td><td>장점</td><td>· 기존 얼굴인식+사진촬영 장비의 소형화
· 얼굴 등록 후 사용 및 후처리 모두 가능
· 주/야간 구분 없이 높은 인식률
· 인식 후 자동 및 수동 처리 모두 가능</td></tr>
<tr><td>단점</td><td>· 기존 근태장비시스템의 단점을 모두 보완</td></tr>
</table>

– 건설근로자 전자카드

1. 개요

퇴직공제 근로일수 신고를 위해 건설근로자가 공사현장에 설치된 단말기에 전자카드를 태그하여 자신의 출퇴근 내역을 직접 기록하는 제도이다. 건설현장의 효율적인 인력관리와 퇴직공제 근로 내역 신고 누락방지를 위해 도입되었다.

2. 전자카드 관리시스템 의무적용 사업장

구분	20.11.27 ~ 22.06.30	22.07.01 ~ 23.12.31	24.01.01 ~ (현재)
공공공사	100억이상	50억이상	[건설근로자법] 제 10조 제 1항 전단에 따른 퇴직공제 당연 가입대상 건설 공사 (공공 1억, 민간 50억 이상)
민간공사	300억이상	100억이상	

3. 전자카드 운영체계

4. 단말기 타입 및 특징

(1) KITS(서진자회사)

① 타입

② 특징

개발사양	상세스펙
프로세서	ARM Cortex–A53 Quad–Core
메모리	8GB FLASH / 2GB RAM
디스플레이	7.0 TFT LCD
RFID	유니온커뮤니티 13.56MHz(RF CARD) & 2.4GHz(BLE) READER (CWUM–B1)
방수/방우기능	단말기 자체 IP44 인증 (생활방수)
생체인식모듈(지문)	슈프리마 제공모듈 (SFM Slim)
네트워크	10/100/1000M Ethernet RJ–45 IEEE802.11B/G/N.2.4GHzWIFI
전원	전압 DC–5V / 전류 최대 6A
제품사이즈	벽부형 250×280×70 (mm) 이동형 250×280×115 (mm)
동작온도	–20℃~50℃
인증	R–R–kit–NB–PASSCAMW / R–R–kit–NB–PASSCAM H
OS	Android

(2) 유니온커뮤니티

① 타입

부스형

이동형

벽부형

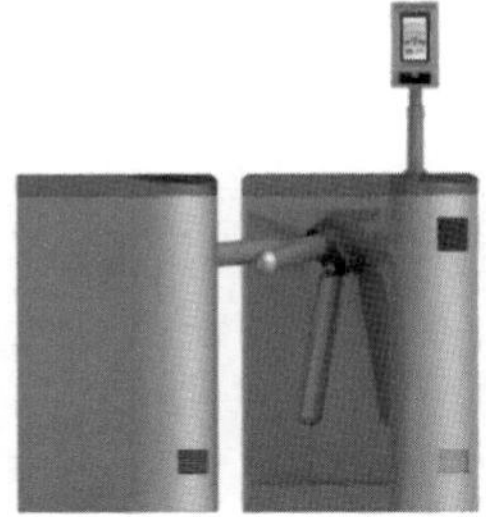

턴게이트형

② 특징

개발사양	상세스펙
지문센서 타입	13.4mm 슬림한 광학식 센서 탑재
CPU	1.4GHz Quad Core (Coretex–A9)
메모리	8GB FLASH / DDR3 2GB RAM (512MB × 4)
디스플레이	5인치 컬러 TET LCD 터치 스크린
RF/Smart Card 옵션	13.56MHz Smart Card Reader (Module), 125khz–EM, EM, HID Prox / iClass RF Card Reader (Optional)
용량	Max Users : 500,000 / Fingerprint 1:200,000 Templates 〈 1sec / Event Logs : 10,000,000 / Photo Logs : 50,000
인증	KC, CE, FCC
인터페이스	RS–232/RS–485, Wiegand IN/Out, Wi–Fi (Optional), USB 2.0 OTG
제품사이즈	벽부형 232×276×90 (mm) 이동형 359×205×99 (mm)
OS	리눅스 3.4

5. 주요기능 및 특성

건설근로자공제회
단말기 지정 인증
다양한 재질의 위조지문까지
판별할 수 있는 고성능
위조 지문 방지(LFD)기술 탑재
cw
건설근로공제회 지정
전자카드 인식
전자카드 입력을 통한
출·퇴근 등록 기능
근로자 생체인식(지문)을 통한
출·퇴근 등록 기능
전자카드 근무관리시스템
운영서버와 통신 보안
프로토콜 연동
TCP/IP(유선),
LTE(무선)통신방식 지원
13.4mm의 광학식
지문인식 슬림 센서 탑재
단말기 상태 원격 체크 가능
(통신상태, 자동업데이트 등)
터치 LCD를 통한
각종 정보 상태 체크 가능
출·퇴근 기록
암호화 전송 기능
대용량
메모리 내장

참고문헌

- 건설근로자공제회(2021), 건설근로자 전자카드 단말기 지정제도 운영지침
- 손원준, 경리야! 4대보험이랑 놀자, KGB 지식만들기
- 구동훈외11인, 상담자를 위한 노동상담 매뉴얼, 서울노동권익센터
- 이덕조, 건설달인이 본 건설업 노무관리 실무, 건설경제
- 이항수, 김성중, 인건비&4대보험실무 비법전수, ㈜영화조세통람
- 이강호, 임종석, 2019 건설업 회계와 세무실무, ㈜광교이택스
- 김경하, 급여와 4대보험 실무, 삼일인포마인
- 이강오, 임종석, 박상용, 2024 건설업 회계와 세무실무, ㈜광교이택스
- 최신혜, 채용부터 퇴직까지 4대보험 완전정복, 경제법륜사
- 이영화, 김상국, 건설ERP관리사 1급/2급, 고시계
- 김소리, 2023 급여담당자를 위한 임금 및 4대보험 트랜드 완전정복, 경제법륜사
- 고용보험공단, 산재고용보험 가입 및 부과업무 실무편람

저자소개

서진씨엔에스(주) www.seojine.com

- 건설/유통/고객ERP 통합솔루션 개발
- 건설업무 토탈 서비스 플랫폼 운영
- 건설ERP 솔루션 및 근태장비 특허 20여건 등록

[주요사업분야]

- 건설ERP/생체인식 근태장비
- 그룹웨어/메신저
- 건설근로자공제회 전자카드단말기
- 건설ERP관리사/4대보험관리사 교육사업
- 4대보험 사무대행

4대보험
관리사

초판인쇄 2024년 6월 24일
초판발행 2024년 6월 24일

지은이 서진CNS(주)
펴낸이 채종준
펴낸곳 한국학술정보(주)
주 소 경기도 파주시 회동길 230(문발동)
전 화 031-908-3181(대표)
팩 스 031-908-3189
홈페이지 http://ebook.kstudy.com
E-mail 출판사업부 publish@kstudy.com
등 록 제일산-115호(2000. 6. 19)

ISBN 979-11-7217-412-5 93300

책에 대한 더 나은 생각, 끊임없는 고민, 독자를 생각하는 마음으로 보다 좋은 책을 만들어갑니다.